古代歷史文化研究輯刊

十七編

王明蓀 主編

第 8 冊

近世社會的形成
——宋代的士族與民間信仰（上）

王章偉 著

國家圖書館出版品預行編目資料

近世社會的形成——宋代的士族與民間信仰（上）／王章偉
著 — 初版 — 新北市：花木蘭文化出版社，2017〔民106〕
序 2+ 目 2+298 面；19×26公分
（古代歷史文化研究輯刊 十七編：第 8 冊）
ISBN 978-986-404-948-6（精裝）
1. 社會史 2. 士 3. 民間信仰 4. 宋代
618   106001383

古代歷史文化研究輯刊
十七編　第 八 冊　　　　　ISBN：978-986-404-948-6

近世社會的形成
——宋代的士族與民間信仰（上）

作　　者　王章偉
主　　編　王明蓀
總 編 輯　杜潔祥
副總編輯　楊嘉樂
編　　輯　許郁翎、王筑　美術編輯　陳逸婷
出　　版　花木蘭文化出版社
社　　長　高小娟
聯絡地址　235 新北市中和區中安街七二號十三樓
　　　　　電話：02-2923-1455／傳真：02-2923-1452
網　　址　http://www.huamulan.tw 信箱 hml810518@gmail.com
印　　刷　普羅文化出版廣告事業
初　　版　2017 年 3 月
全書字數　449972 字
定　　價　十七編 34 冊（精裝）台幣 68,000 元

近世社會的形成
——宋代的士族與民間信仰（上）

王章偉　著

作者簡介

王章偉，1965 年生，廣東省潮州市人，香港中文大學文學士（一級榮譽）、哲學碩士，香港大學哲學博士，專攻宋代史和民間信仰研究。師承著名宋史學者羅球慶教授與陶晉生院士。曾任《香港社會科學學報》副編輯，現為香港理工大學中國文化學系客席講師。著作有《文明世界的魔法師——宋代的巫覡與巫術》（臺北：三民書局，2006 年）、《在國家與社會之間——宋代巫覡信仰研究》（香港：中華書局，2005 年），編有《奇蹟背後——解構東亞現代化》（香港：牛津大學出版社，1997 年，與羅金義合編），並發表論文數十篇，刊於《新史學》、《九州學林》等臺、港學刊。

提　　要

　　宋代是中國近世社會形成的關鍵時期，本書從「士族」與「民間信仰」兩大範疇分析其中的巨大變化。

　　〈士族篇〉以宋代最重要的大族「河南呂氏家族」為研究對象，探討中古門第大族沒落、科舉制度代興後，宋代形成了一種「新門閥」。作者從朝廷政治的起伏、科舉制度對家勢維持的異化、姻親關係的利弊和新宗族組織的重組等幾方面，精彩地析論了宋代士族精英和社會結構轉變的情況。此外，透過呂氏家族婦女的墓誌銘、及對一部宋代兒童史和一部中國教育史的討論，作者也檢討了關於近世社會中的婦女、兒童和科舉教育等問題，讓讀者更了解從「唐宋變革」到宋元以後中國社會的發展。

　　〈民間信仰篇〉延續了作者對宋代巫覡信仰的權威研究，分別從研究方法、史料、新視角及新議題透視宋代的民間信仰。作者以一個「薩滿」溝通古今的志向，兼用了歷史學、人類學、宗教學等不同理論和方法，重現宋代民間巫覡信仰的真像，引領讀者探討宋代中原文明隨著國土拓展，對南方巫覡巫術的了解、想像與對策。「邪神信仰」一章，更是過去史家所忽略的近世民俗信仰，其中呈現近世社會文化發源的多樣性，是作者最新的重要研究。

謹以此書

獻給

先嚴　　王文松先生（1923～2009）

先慈　　王林綠淡女士（1928-2014）

萬古維乾坤，一生資父母。乾坤春復春，父母恩難補。
瞻彼林中鳥，猶能懷反哺。翅茲六尺軀，不念劬勞苦。

宋・趙友直，〈墓廬追親〉

陶晉生院士序

　　王章偉博士的這本書從宋代家族和民間信仰兩個課題，探求宋代社會的
發展進程。在家族研究方面，二十多年前，章偉即以宋代最重要的大族河南
呂氏為題，寫成碩士論文，嶄露頭角。現在參考了最新出土的浙江武義縣明
招山呂祖謙家族的十七件墓誌以及其他新史料，增補了過去關於家族研究的
卓見。在宋代民間巫覡信仰的研究方面，章偉早已發表了權威的著作，成為
專家。現在搜集新史料，運用新研究方法、和新視角，將新議題在本書呈現。
讀者會發現章偉的研討兼用歷史學、人類學和宗教學的不同理論和方法，重
現民間巫覡信仰的真相。「邪神信仰」一章，更是章偉最新的成果，在學術上
有重要的意義。

　　章偉的新書發表，令我讚嘆之餘，不禁回想幾近三十年前在香港中文大
學任教，得到章偉助理的往事。從那時起，和章偉一直保持聯絡，深知他是
一個勤奮用功的史學工作者。在五十年的教學生涯中，能得到章偉這樣的好
朋友，自是人生樂事。他對歷史的興趣濃厚，善於發掘問題，文筆也很出眾。
而待人謙虛誠懇，處事細心，深得師長的器重和同學以及日後同事的信賴。
他在繁重的教學和行政工作的壓力之下，仍能繼續努力的從事研究工作，是
十分難能可貴的。我期望章偉不斷有更新的著作問世。

陶晉生

2016 年 11 月 26 日　臺北

目次

前　言

　　研讀中國歷史，浸潤於過去千百年的長河之中，無論是爲了更好掌握歷史自身的發展，抑或欲從中汲取鑑古的經驗教訓，將悠長的歷史發展分期，從中考察其「連續」或「轉變」，似乎是必須和有意義的。這方面，日本史學界的「唐宋變革」論，對中國歷史、尤其是宋代歷史的研究，影響至爲深遠。

　　1922 年，京都學派鼻祖內藤湖南發表了〈唐宋時代の研究——概括的唐宋時代觀〉一文，[註1] 將中國歷史分爲上古（ancient）、中古（medieval）和近世（modern）三個時期，而唐宋之交即處於中古轉變爲近世的過渡期，大約相當於歐洲的工業革命前夕。內藤之論由其學生宮崎市定加以闡發，成爲戰後日本東洋史學界的重要課題，且深深影響著歐美的漢學研究，張廣達就說：「一些西方學者把宋代呈現的種種新氣象比擬爲中國近世的文藝復興，有的稱之爲『新世界』。這樣的評價，非常可能就是受到了內藤史學的宋代近世說的直接、間接影響。」[註2] 關於「唐宋變革」論，本書無法詳述，有關的研究汗牛充棟，讀者可自行參考；[註3] 不過，誠如柳立言的嚴厲批評，後來

〔註1〕　日・內藤湖南，〈唐宋時代の研究——概括的唐宋時代觀〉，《歷史と地理》，第 9 卷第 5 號，1922 年，頁 1～11。中譯本見黃約瑟譯，〈概括的唐宋時代觀〉，載於劉俊文主編，《日本學者研究中國史論著選譯》，第 1 卷，《通論》，北京：中華書局，1992 年，頁 10～18。

〔註2〕　張廣達，〈內藤湖南的唐宋變革說及其影響〉，載於鄧小南、榮新江主編，《唐研究》，第 11 卷，「唐宋時期的社會流動與社會秩序研究專號」，北京：中華書局，2005 年，頁 6。

〔註3〕　這裡只舉列幾篇最重要的著作：邱添生，《唐宋變革期的政經與社會》，臺北：文津出版社，1999 年；葛金芳，《唐宋變革期研究》，武漢：湖北人民出版社，2004 年；張廣達，〈內藤湖南的唐宋變革說及其影響〉，《唐研究》，第 11 卷，

不少打著「唐宋變革」的研究，其實跟內藤湖南和宮崎市定論著的原旨並不相符，將「變革」與「轉變」混淆，將「唐宋變革期」與「唐宋時期」混淆。〔註4〕

　　本書不是要研究「唐宋變革」的問題，我一直關心的是宋代社會的構成，「士族」和「民間信仰」是我著力的兩個範疇，由於其中涉及「唐宋變革」論主線中「統治階級的構成和流動」及「文化特性和價值觀念」，〔註5〕故無可避免地需要和相關的論著對話，特別是美國學者在上世紀中後期的重要論述。前者自郝若貝（Robert M. Hartwell）及韓明士（Robert P.Hymes）挑戰柯睿格（E. A. Kracke Jr.）對宋代社會流動的觀點後，〔註6〕研究宋代士大夫、家族甚至是官僚和地方社會問題的學者，都必須了解處於「唐宋變革」的宋代近世社會，當中究竟有何「變」與「不變」。〔註7〕至於民間信仰方面，除了受到歐美人類學界的影響外，在「唐宋變革」論的基礎上，日、美學者也積極探討唐宋時代的宗教和社會關係；〔註8〕而韓森（Valerie Hansen）在上世

頁 5～71；盧向前主編，《唐宋變革論》，合肥：黃山書社，2006 年；李華瑞主編，《「唐宋變革」論的由來與發展》，天津：天津古籍出版社，2010 年。

〔註4〕　柳立言，〈何謂「唐宋變革」〉，載於柳立言，《宋代的家庭和法律》，上海：上海古籍出版社，2008 年，頁 1～42。柳立言此文是目前所見這個課題最發人深省的檢討評論，作者筆鋒尖銳凌厲，是所有研究「唐宋變革期」的學者必須面對的詰難。

〔註5〕　柳立言詳細表列了內藤湖南和宮崎市定的觀點，顯示他們強調唐、宋兩代不同的情況，其中掌握的六條主線的確是中國甚至世界歷史的根本問題，包括：（1）政治體制；（2）統治階級的構成，權力的取得和分配；（3）社會組織和階級的構成流動；（4）經濟的自由化、商業化，新的生產關係和交換方式；（5）文化特性和價值觀念；（6）國際關係。見柳立言，〈何謂「唐宋變革」〉，頁 10。

〔註6〕　見 E.A.Kracke, *Civil Service in Early Sung China, 960-1067*, Cambridge, Mass. & London: Harvard University Press, 1953; Robert M. Hartwell, "Demographic, Political and Social Transformations of China, 750-1500", *Harvard Journal of Asiatic Studies*, Vol.42, No.2, 1982, pp.354-442; Robert P. Hymes, *Statesmen and Gentlemen: The Elite of Fu-Chou, Chiang-Hsi, in Northern and Southern Sung*, Cambridge: Cambridge University Press, 1986。

〔註7〕　臺灣中央研究院第四屆國際漢學會議即有一場專門討論宋代的問題，後來出版的論文集即凸顯了這個方向，見柳立言主編，《近世中國之變與不變》，《第四屆國際漢學會議論文集》，臺北：中央研究院，2013 年。

〔註8〕　宋代史研究會編，《宋代の社會と宗教》，東京：汲古書院，1985 年；Patricia B.Ebrey, & Peter N.Gregory（eds.）, *Religion and Society in Tang and Sung China*, Honolulu: University of Hawaii Press, 1993。關於「唐宋變革」論對宋代民間信仰研究的影響，參考日・丸山宏，《民間信仰の形成》，東京：岩波書店，1999

紀九十年代出版的宋代祠神專著，〔註9〕更開展了近二十多年來近世民間信仰的研究熱潮。

　　宋代是中國近世社會形成的關鍵時期。本書〈士族篇〉主要以筆者二十多年前的研究為基礎，並參考了近年在浙江明招山新出土的一批壙誌，對宋代最重要的大族「河南呂氏家族」進行考察，探討中古門第大族沒落、科舉制度代興後，宋代形成了一種「新門閥」。筆者從朝廷政治的起伏、科舉制度對家勢維持的異化、姻親關係的利弊和新宗族組織的重組等方面，析論宋代士族的發展及轉變情況。此外，透過呂氏家族婦女的墓誌銘，及對一部宋代兒童史及一部中國教育史的討論，我也簡略檢討了關於近世社會中的婦女、兒童和科舉教育等問題，希望關心這些課題的讀者能夠稍稍了解近世社會的一些源頭。

　　〈民間信仰篇〉延續了過去我對宋代巫覡信仰的研究，分別從研究方法、史料、新視角及新議題透視宋代的民間信仰。借用林富士教授研究北臺灣厲鬼信仰的角度，〔註10〕筆者以一個「薩滿」溝通古今的志向，兼用了歷史學、人類學、宗教學等不同理論和方法，重現宋代民間巫覡信仰的真像外，也引領讀者探討宋代中原文明隨著國土拓展，對南方巫覡巫術的了解、想像與對策；「邪神信仰」一章，則從過去史家所忽略的宋代民間信仰的另一種面相，呈現近世社會文化發源的多樣性。

　　本書各章研究前後綿亙二十多年，寫作時需要參考的著作，當中不少範圍現在已有更新更完備者（例如科舉史），但考慮到保留筆者最初的觀點和研究進路，除了在學理上有必要訂正者外，其餘均不作更動。〈士族篇〉和〈民間信仰篇〉因寫作時間前後相距十多年，引用同一批史料時的版本會有差異；特別是〈士族篇〉，初稿完成於上世紀九十年代初，當時《全宋文》仍未出版齊全，也未能運用今日的全文電子資料庫，錯漏是必然的，請讀者原諒。

　　年，頁 327～349。

〔註9〕 Valerie Hansen, *Changing Gods in Medieval China, 1127-1276*, Princeton: Princeton University Press, 1990.

〔註10〕 林富士，《孤魂與鬼雄的世界——北臺灣的厲鬼信仰》，臺北：臺北縣立文化中心，1995 年，頁 231～232。

士　族　篇

宋代新門閥
——河南呂氏家族研究

第一章　緒　論

　　研究國史者，對「唐宋變革期」一詞定不陌生，蓋唐宋之際在政治、社會及經濟各方面均發生了顯著變化，以內藤湖南及宮崎市定爲首的日本學者，遂以此認定宋代乃中國近世期的開端，著力於「唐宋變革期」之研究，形成「京都學派」。其中，在政治社會方面，他們認爲魏晉以來的世族政治，於唐中葉以後趨於衰頹，而門閥社會也因唐代的科舉取士等措施，使世族的門第特權遭受破壞，終致崩潰，至宋代乃出現與前代迥異的社會結構。〔註1〕

　　國人方面，自錢穆先生提出「士人政治」的觀念後，〔註2〕學者就以少數著名的士人作爲研究宋代政治和社會的對象，而認爲世家大族在科舉的競爭中旋起旋落，不足深究。孫國棟先生及陳義彥則透過量化分析及運用社會流動論，不約而同指出唐代門閥世族至北宋已零落淨盡，科舉制度促使士人政治及平民社會崛興；〔註3〕而李弘祺師對宋代科舉與社會階級開放之關係，也

〔註1〕　日・內藤湖南，〈唐宋時代の研究——概括的唐宋時代觀〉，《歷史と地理》，第9卷第5號，1922年，頁1～11。中譯見黃約瑟譯，〈概括的唐宋時代觀〉，載於劉俊文主編，《日本學者研究中國史論著選譯》，第1卷，《通論》，北京：中華書局，1992年，頁10～18。關於這方面的研究與討論，見邱添生，〈論「唐宋變革期」的歷史意義〉，《國立臺灣師範大學歷史學報》，第7期，1979年，頁83～111；Thomas J. Meskill,（ed.）, *The Pattern of Chinese History: Cycles, development or stagnation?* Boston: D.C. Heath, 1965；張廣達，〈內藤湖南的唐宋變革說及其影響〉，載於鄧小南、榮新江主編，《唐研究》，第11卷，「唐宋時期的社會流動與社會秩序研究專號」，北京：中華書局，2005年，頁5～71；柳立言，〈何謂「唐宋變革」〉，載於柳立言，《宋代的家庭和法律》，上海：上海古籍出版社，2008年，頁1～42。

〔註2〕　錢穆，〈唐宋時代文化〉，載於國立編譯館主編，《宋史研究集》，第3輯，臺北：國立編譯館，1985年，頁1～16。

〔註3〕　孫國棟，〈唐宋之際社會門第之消融〉，載於孫國棟，《唐宋史論叢》，香港：

曾加以探討。〔註4〕

　　西方學者研究宋代政治社會的轉變，可以柯睿格（E.A. Kracke）為鼻祖，他利用俄國社會思想家梭羅金（P.A. Sorokin）的社會流動（Social Mobility）論，考察宋代科舉考生的父、祖及曾祖三代的背景及家世，得出之結論是有一半以上的進士之前三代都無人當官，故宋代之社會十分開放，無復隋唐時代門閥貴族社會之況。〔註5〕姜士彬（David Johnson）則以趙郡李氏為個案研究，發現唐代顯赫極盛的大族趙郡李氏，其家世發展至宋初已沒落凋零，從而證明門閥社會之破壞。〔註6〕

　　綜合上論，中、日、美等史家過去均認為門閥貴族社會經歷唐末五代大亂後經已崩廢，宋代以科舉取士，致令士人及平民抬頭，社會階級更趨開放。然而，自二十世紀八十年代開始，部份學者對此論提出異議，其中可以美國學者郝若貝（Robert M. Hartwell）為代表，他透過研究北宋官員的家庭、婚姻及出身方式，指出宋代朝廷仍為數十個大家族所壟斷，科舉制度並無打破唐代以來世族壟斷政權的情況，考試制度並非真正開放，亦無改變社會之階級結構。〔註7〕郝氏的學生韓明士（Robert P. Hymes）更詳細研究宋代江西撫州的精英份子，證明其師之言及批評柯睿格之論。〔註8〕

　　　　龍門書店，1980 年，頁 211～308；陳義彥，《北宋統治階層社會流動之研究》，臺北：嘉新水泥公司文化基金會，1977 年。

〔註4〕 Thomas H. C. Lee, *Government Education and Examinations in Sung China,* Hong Kong: The Chinese University Press, 1985；李弘祺，《宋代教育散論》，臺北：東昇出版事業有限公司，1980 年；李弘祺，〈宋代社會與家庭──評三本最近出版的宋史著作〉，《清華學報》，新 19 卷第 1 期，1989 年 6 月，頁 191～207；李弘祺，《宋代官學教育與科舉》，臺北：聯經出版事業公司，1994 年。

〔註5〕 E.A. Kracke Jr., *Civil Service in Early Sung China 960-1067,* Cambridge, Mass. & London: Harvard University Press, 1953；又參閱 Menzel Johanna M.（ed.）, *The Chinese Civil Service*, Washington: D.C. Heath and Company, 1963。

〔註6〕 David Johnson, "The Last Years of a Great Clan : The Li Family of Chao Chun in Late Tang and Early Sung", *Harvard Journal of Asiatic Studies*, Vol.37, No.1, 1977, pp.5-102.

〔註7〕 Robert M. Hartwell, "Demographic, Political and Social Transformations of China, 750-1550", *Harvard Journal of Asiatic Studies*, Vol.42, No.2, 1982, pp.354-442.

〔註8〕 Robert P. Hymes, *Statesmen and Gentlemen : The Elite of Fu-Chou, Chiang-Hsi, in Northern and Southern Sung*, Cambridge: Cambridge University Press, 1986。郝若貝和韓明士師徒認為宋代的精英在南宋時代轉向「地方化」，唐宋變革其實發生在南宋而非北宋，故南宋才是中國「近世」的開始。這種論調，後來美國學者再加發揚，乃有「宋元明變革」的說法，見 Paul J. Smith & Richard von Glahn（eds.）, *The Song-Yuan-Ming Transition in Chinese History*, Cambridge and

　　郝若貝師徒之論引起很大回響，戴仁柱（Richard L. Davis）及李弘祺師等均曾加以批評，〔註9〕伊佩霞（Patricia B. Ebrey）亦有詳細的討論；〔註10〕而賈志揚（John W. Chaffee）則專研宋代科舉的社會影響，修正郝氏等論，提出中肯的觀點。〔註11〕歐美史學界的激烈討論，也促令國人重新思考檢討這個問題，陶晉生師首先繼接日人青山定雄等對婚姻關係的研究，指出北宋大家庭透過婚姻關係，幾已形成「新門閥」；〔註12〕而柳立言亦通過研究北宋吳越錢家之婚宦，進一步提出假如我們能證明北宋其他的舊族或新興名族採用同樣的婚姻策略而交錯聯結，則所謂「士人政治」可能有大部份只算是「新門閥政治」，至於科舉制度對促進社會流動的貢獻，恐怕也要重新評估。〔註13〕

　　以上的介紹顯示我們對宋代社會及政治的認識仍很不足，宋代是否因科舉制度之施行而打破唐代以來的門閥政治及社會，爭論很多。不過，部份學者在指出宋代門閥貴族社會破壞之時，並無對「門閥社會」一詞給予清楚析述，致令所論頗為含糊。個人以為，維持魏晉隋唐門閥制度之一些要素如九品中正制、莊園制、譜牒學及郡望等在宋代已經崩潰，世族及士人不能再以高門之族望求得一官半職，舊族子弟也不能憑此自貴。因此，若我們再以魏

　　　　　Mass. & London: Harvard University Press, 2003。

〔註9〕 Richard L. Davis, *Court and Family in Sung China, 960-1279 : Bureaucratic Success and Kinship Fortunes for the Shih of Ming-Chou*, Durham: Duke University Press, 1986, pp.182, 185-187；李弘祺，《宋代官學教育與科舉》，〈中譯本導論〉，頁 i-xxv；李弘祺，〈宋代社會與家庭──評三本最近出版的宋史著作〉，頁 191～207。李弘祺師曾詳細評析韓明士一書的問題，必須參考，見 Thomas H. C Lee, "Book Review: *Statesmen and Gentlemen: The Elite of Fu-Chou, Chiang-Hsi, in Northern and Southern Sung*", *Journal of the American Oriental Society*, 109.3（1989）, pp.494-497。

〔註10〕 Patricia B. Ebrey, "The Dynamics of Elite Domination in Sung China", *Harvard Journal of Asiatic Studies*, Vol.48, No.2, 1988, pp.493-519.

〔註11〕 John W. Chaffee, *The Thorny Gates of Learning in Sung China: A Social History of Examinations*, Cambridge: Cambridge University Press, 1985.

〔註12〕 日‧青山定雄，〈宋代における華北官僚の婚姻關係〉，《中央大學八十周年紀念論文集》，第 4 卷，東京，1965 年，頁 363～388；陶晉生，〈北宋幾個家族間的婚姻關係〉，載於中央研究院第二屆國際漢學會議論文集編輯委員會編，《第二屆國際漢學會議論文集‧歷史與考古組》，臺北：中央研究院，1989 年，頁 933～943；陶晉生，〈北宋士族的婚姻關係〉，「中國近世社會的構成研究計劃報告之一」（手稿），未刊，頁 1～35。陶師後來將整個研究出版專著，是這個領域最重要的著作，必須參考，見陶晉生，《北宋士族──家族‧婚姻‧生活》，臺北：中央研究院歷史語言研究所，2001 年。

〔註13〕 柳立言，〈北宋吳越錢家婚宦論述〉，《中央研究院歷史語言研究所集刊》，第 65 本第 4 分，1994 年，頁 904。

晉隋唐門閥制度之標準去檢視宋代的情況，所得的結論自然是宋代並非門閥
社會。可是，每一個時代都會有高門大族，只是其性質有異而已，故我們必
須對宋代這些所謂的「門閥」給予一較切實之定義，然後才可以討論其與社
會結構及政治之關係。當然，如果宋代根本不存有累世爲官之高門大族，則
我們便不須對不存在的東西下定義，但事實並非如此，宋人屢屢把當世之高
門冠以「門閥」或「閥閱」之辭，如李宗諤（965～1013）卒，眞宗（趙恒，
968～1022，997～1022 在位）謂宰相曰：「國朝將相家，能以身名自立不墜門
閥者，惟李昉、曹彬爾。」〔註 14〕仁宗（趙禎，1010～1063，1022～1063 在
位）亦曾「評及本朝文武之家箕裘嗣續閥閱之盛。諸公屈指，若文臣惟韓大
參億之家，武臣惟夏宣徽守贇之家。」〔註 15〕可見宋人確曾稱部份官僚大族
爲「門閥」。

「門閥」一語，在魏晉南北朝及隋唐時代均有很嚴格的內涵，〔註 16〕但
若撇開其於上述時代的特殊定義，則「門閥」一語或可簡單解釋爲：一個家
族累代繼世有族人爲官，並因之成爲政治及社會的精英，擁有甚至壟斷政治
權力及財富、榮譽等。筆者就是用這個定義來討論宋代的高門大族及社會結
構，當然這並不是唯一及權威之定義，學者可各就本身之標準界定「門閥」
一語，並以之建立一個「模範」，然後從其標準角度討論。可以說，筆者希望
給「門閥」下一定義，以使與讀者達成共識，循同一角度討論問題，否則便
會因定義不同而造成誤會。根據這一個定義來衡量宋代的官僚家族，我們可
發現宋代確實存在一些累代爲官的「門閥」大族，如呂、韓、史三家均「繼
世爲相」；〔註 17〕其中韓億（972～1044）及呂蒙正（946～1011）二族更與宋
室相始終，成爲宋代最知名的大族。〔註 18〕不過，個別累世爲官的門閥的存

〔註 14〕 宋·李燾，《續資治通鑑長編》，卷 80，大中祥符 6 年 5 月己未，北京：中華
書局，1979～1995 年，頁 1827；宋·江少虞，《宋朝事實類苑》（以下簡稱《類
苑》），卷 10，〈名臣事跡〉，上海：上海古籍出版社，1981 年，頁 108～109；
《類苑》，卷 24，〈衣冠盛事、不墜門閥〉，頁 295。

〔註 15〕 宋·文瑩，《湘山野錄》，卷中，北京：中華書局，1984 年，頁 30；《類苑》，
卷 24，〈閥閱之盛〉，頁 299。

〔註 16〕 參閱下列諸書：何啓民，《中古門第論集》，臺北：學生書局，1982 年；毛漢
光，《兩晉南北朝士族政治之研究》，臺北：中國學術著作獎助委員會，1966
年；王伊同，《五朝門第》，香港：中文大學出版社，1978 年。

〔註 17〕 清·趙翼，《廿二史箚記》，卷 26，〈繼世爲相〉，臺北：世界書局，1970 年，
頁 345。

〔註 18〕 宋·方勺，《泊宅編》，卷 1，北京：中華書局，1983 年，頁 5。

在，並不表示當時一定是不開放或封閉的門閥社會，除非我們證明宋代的朝廷均由這些門閥所壟斷，否則便不能指宋代的政治社會其實與唐代無甚分別，過去的研究均著重宏觀的角度，考察宋廷是否爲這些高門累世所壟斷，就是此因。然而，筆者認爲透過研究一些高門如本文的河南呂氏家族的個案，或可有助我們了解這些大族保持家族勢力之方法；集多個個案的研究成果後，或又可以之討論整個宋代的社會結構，這正如我們討論魏晉南北朝的門閥時，除以宏觀角度檢視門第制度及眾多豪族外，亦有專研「博寧崔」、「瑯琊王」、「范陽盧」、「趙郡李」等甲姓高門。

至於「士」、「士大夫」和「士族」等稱呼，據陶晉生師後來的研究顯示，在宋人的筆下，士人就是讀書人。一般來說，做了官的和沒有入仕的讀書人都通稱爲「士」、「士人」、甚至是「士大夫」；而最常見關於士人家族的稱呼是「士族」，還有「世族」、「舊族」、「舊閥」和「著姓」等等。當然，有關這類大族的美稱大都沿襲前朝，實際上並非全都是眞的世家大族；河南呂氏家族數代中舉的族人連綿不絕，加以爲官一帆風順，才成爲宋代名族。〔註19〕

本研究開始於二十世紀八十年代末，當時有關宋代家族的論著並不多見，只有少量學者出版了一些專題個案，例如戴仁柱研究史浩（1106～1194）一族，〔註20〕柳立言研究錢俶（929～988）及曹彬（931～999）二族；〔註21〕此外，陶晉生師研究韓琦（1008～1075）一族，〔註22〕黃寬重研究四明袁氏家族，〔註23〕葛紹歐研究湖州莫氏家族等。〔註24〕但是，對於宋代兩大望族──韓億（972～1044）及呂蒙正二族之研究，可以說仍處於初步探討的階段，成果不多。呂蒙正家族爲宋代最顯赫的大族，代出雄才，王明清便謂「本朝

〔註19〕陶晉生，《北宋士族──家族・婚姻・生活》，頁2～10。
〔註20〕Richard L. Davis, *Court and Family in Sung China, 960-1279 : Bureaucratic Success and Kinship Fortunes for the Shih of Ming-Chou.*
〔註21〕柳立言，〈北宋吳越錢家婚宦論述〉；柳立言，〈宋初新興武將家族成名之條件──以眞定曹氏爲例〉，載於中央研究院歷史語言研究所出版品編輯委員會編，《中國近世社會文化史論文集》，臺北：中央研究院歷史語言研究所，1992年，頁39～88。
〔註22〕陶晉生，〈北宋韓琦的家族〉，載於中央研究院歷史語言研究所出版品編輯委員會編，《中國近世社會文化史論文集》，頁89～103。
〔註23〕黃寬重，〈宋代四明袁氏家族研究〉，載於中央研究院歷史語言研究所出版品編輯委員會編，《中國近世社會文化史論文集》，頁105～131。
〔註24〕葛紹歐，〈宋代湖州莫氏事蹟考〉，載於陶希聖先生九秩榮慶祝壽論文集編輯委員會編，《陶希聖先生九秩榮慶祝壽論文集》，臺北：食貨出版社，1987年，頁129～139。

一家爲宰執者，呂氏最盛。」〔註 25〕因此，筆者乃揀選河南呂氏家族作爲研究對象，並希望透過研究其保持家世之方法，了解或以之討論前述有關宋代的社會結構等問題。就筆者所知，當時有關呂氏家族的研究，僅有日本學者衣川強及國人孔東二位的著作，〔註 26〕其中尤以衣川強一文最富啓發性，惜其爲對呂氏家族之初步研究，故無論在史料及觀點方面都嫌不足，論旨亦與本文有異；至於孔東一書，只以魏晉南北朝時代的門閥觀念爲本，然後將宋代史料代入硬套，所說的其實並非宋人的眞貌，價值不高。

　　時光荏苒，在筆者完成這項研究初稿後，近二十多年來，因爲以郝若貝和韓明士師徒爲代表的「南宋精英地方化」論的影響，〔註 27〕宋代家族史的研究蔚爲風尙，出版的著作多不勝數，〔註 28〕學者也多有介紹與評論，這裡就請從略。〔註 29〕諸書中，美國學者柏文莉（Beverly J. Bossler）以兩宋的宰相世家和浙江婺州的地方精英家族爲題，研究親屬關係、社會地位和政治勢

〔註 25〕　宋・王明清，《揮麈錄・前錄》，卷 2，北京：中華書局，1961 年，頁 18。

〔註 26〕　日・衣川強，〈宋代の名族——河南呂氏の場合〉，原刊於《神戶商科大學人文論集》，第 9 卷第 1、2 期，1973 年，頁 134～166；今收於日・衣川強，《宋代官僚社會史研究》，東京：汲古書院，2006 年，頁 77～122。孔東，《宋代東萊呂氏之族望及其貢獻》，臺北：商務印書館，1988 年。

〔註 27〕　有關南宋精英地方化的檢討，可參考包偉民，〈精英們「地方化」了嗎？——試論韓明士《政治家與紳士》與「地方史」研究方法〉，載於鄧小南、榮新江主編，《唐研究》，第 11 卷，頁 653～671。

〔註 28〕　詳細的書目可見粟品孝，〈宋代家族研究論著目錄〉，載於四川大學古籍整理研究所、四川大學宋代文化研究中心編，《宋代文化研究》，第 8 輯，成都：巴蜀書社，1999 年，頁 305～311；粟品孝，〈宋代家族研究論著目錄續一〉，載於四川大學古籍整理研究所、四川大學宋代文化研究中心編，《宋代文化研究》，第 13、14 輯，下冊，成都：四川大學出版社，2006 年，頁 822～833。

〔註 29〕　讀者可參考下列諸文：郭恩秀，〈八○年代以來宋代宗族史中文論著研究回顧〉，《新史學》，第 16 卷第 1 期，2005 年，頁 125～157；張邦煒，〈黃寬重《宋代的家族與社會》讀後〉，《歷史研究》，2007 年第 2 期，頁 170～179；馬雪、吉成名，〈1991 年以來宋代家族史研究述略〉，《中國史研究動態》，2007 年第 4 期，頁 10～16；趙丹、程漢傑，〈宋代家族史、宗族史研究狀況略述〉，《考試周刊》，2007 年第 46 期，頁 144～145；粟品孝，〈組織制度、興衰浮沉與地域空間——近八十年宋代家族史研究走向〉，《社會科學戰線》，2010 年第 3 期，頁 81～87；常建華，〈近十年宋遼金元宗族研究綜述〉，《安徽史學》，2011 年第 1 期，頁 108～115；日・佐竹靖彥，〈宋代の家族と宗族——宋代の家族と社會に關すみ研究の進展のために——〉，刊於東京都立大學人文學部編，《人文學報》，第 257 期，1995 年 3 月，頁 1～49；日・井上徹、遠藤隆俊編，《宋——明宗族の研究》，東京：汲古書院，2005 年，頁 3～37。

力三者的關係，深化和修正了韓明士關於撫州精英的討論，最爲精彩。〔註30〕
不過，要特別一提的是，柳立言在數年前以宋代明州個案的研究爲出發點，
質疑過去從家族研究士大夫的方法，將宋代的家庭、家族和宗族混淆，他甚
至認爲：「以『家族』爲出發點研究當地士大夫的合作，恐怕是一個假議題，
因爲他們背後的力量主要是家庭而非家族。同樣，以『家族』爲單位挑戰社
會流動，恐怕也是一個假議題，因爲科舉成功背後的力量也主要是來自家庭
而非家族。」〔註31〕正如本書前言提到柳立言對「唐宋變革」論的嚴厲批評
一樣，他對宋代家族史研究的深刻批判，值得我們尊敬之餘，我認爲同樣也
是所有研究宋代士人、家族、宗族甚至是社會流動或地方社會等問題的學者
所必須面對的詰難，筆者也深深感受到柳文的銳不可當。

　　要回應柳立言的責難，或許，呂氏家族本身並非一個適合的案例，因爲
呂氏雖然是兩宋最顯赫的官僚大族，但存世的史料卻不比近年學者專注研究
的明州等地的地方大族多，尤其是北宋的地方志等史料遠不及南宋豐富，而
呂家最風光的時代卻在太宗至神宗（趙頊，1048～1085，1067～1085 在位）
元豐年間。不過，我贊同周揚波對柳立言的一點駁論：

　　　　再就是柳先生的七準則偏重「硬件」而忽視「軟件」。分家分
　　產、族譜、族祭、有組織性的互助活動、非組織性的互助活動五項
　　均屬可見的硬性物事，而恰恰精神性的家族傳統、分化分裂的誘因
　　兩項柳先生語焉不詳。一部中國宗族史，實質是一部精神認同史。
　　制度設施等等，乃是之上的衍生物。無論如何，我們不應忽視宋人
　　筆下俯拾皆是的「我族」、「吾門」、「吾宗」等表達。這些表達，一
　　般都以傑出族人及其德業爲中心。基於此輻聚的宗族認同，往往可
　　以超越五服之外。樓鑰咏歸會講辭劈頭就是「吾門自高祖先生以儒
　　學起家，衣冠六世」。其實南宋族譜修撰，已普遍突破歐蘇的小宗譜
　　法，世代在五世以上乃至十世以上者不鮮見。宗族認同起點繫於起
　　家者而非始遷祖，標誌著宗族傳統的成型；而超越服制，意味著宗

〔註30〕Beverly J. Bossler, *Powerful Relations: Kinship, Status and the State in Sung China
　　　　（960-1279）*, Cambridge, Mass., and London: Harvard University Press, 1998.

〔註31〕柳立言，〈宋代明州士人家族的形態〉，《中央研究院歷史語言研究所集刊》，
　　　　第 81 本第 2 分，2010 年，頁 289～364。並參考同作者另外兩文：柳立言，〈士
　　　　人家族與地方主義：以明州爲例〉，《歷史研究》，2009 年第 6 期，頁 10～18；
　　　　柳立言，〈科舉、人際網絡與家族興衰：以宋代明州爲例〉，《中國社會歷史評
　　　　論》，第 11 卷，天津：天津古籍出版社，2010 年，頁 1～37。

　　族凝聚力的增長。這種認同甚至可超越本支，上接所從出支及其代

　　表人物。〔註32〕

的確，宋人及呂氏宗人對呂氏家族的看法，不少史料就呈現這種「精神性的家族傳統」，這在本文通篇裡都可以找到例證。其實，柳立言之論，明顯是受到現代學術研究的影響，試圖為「家庭」、「家族」和「宗族」定出嚴謹的準則，以便釐清和討論問題，本來無可厚非，也功德無量；不過，以現代人的目光和學術理論研究古代歷史，卻往往有削足適履的毛病，古、今觀念不同和中、西語彙迥異的翻譯及解讀，當中問題重重。〔註33〕陳其南多年前的一篇精彩論文就指出，family, lincage 及 clan 等西方人類學的中國家族研究用語，本身無法分辨系譜性的宗祧概念和功能性的團體概念，故他提出「房」才是釐清漢人家族制度的關鍵。〔註34〕我相信，這個問題仍有待學者繼續探究，但柳立言提出的問題，肯定是今後研究的重要方向。

　　撇除一些專研呂氏族人的文學或哲學等傳記專著不計，〔註35〕除了前引孔東的小書在 1988 年出版外，筆者的碩士論文是最早研究宋代河南呂氏家族的中文論著，〔註36〕也是最全面的一種。〔註37〕進入二十世紀以後，內地湧

〔註32〕周揚波，〈宋代家族史研究的創新——並就正於柳立言先生〉，《華南師範大學學報（社會科學版）》，2011 年第 3 期，頁 21。

〔註33〕韓明士及謝康倫（Conrad Schirokauer）等西方學者在運用社會科學及政治學研究宋代歷史時，已指出「國家」（state）、「社會」（society）這些現代英語詞彙，在文化差異及時代不同的情況下，根本無法找到與宋代意思完全相等的對譯。見 Conrad Schirokauer & Robert P. Hymes, "Introduction", in Robert P. Hymes and Conrad Schirokauer（eds.）, *Ordering the World: Approaches to State and Society in Sung Dynasty China*, Berkeley, Los Angeles & Oxford: University of California Press, 1993, pp.5-12。這點讓我們深切反思，用現代人受西方學術傳統影響的「家庭」（family）、「家族」（lineage）和「宗族」（clan）準則去研究宋代的家族歷史，其中的適切度究竟若何？

〔註34〕見陳其南，《家族與社會——臺灣和中國社會研究的基礎理念》，第四章，〈「房」與傳統中國家族制度：兼論西方人類學的中國家族研究〉，臺北：聯經出版事業公司，1990 年，頁 129～213。

〔註35〕相關的著作其實很多，例如：潘富恩、徐餘慶，《呂祖謙思想初探》，杭州：浙江人民出版社，1984 年；潘富恩、徐餘慶，《呂祖謙評傳》，南京：南京大學出版社，1992 年；徐儒學，《婺學之宗——呂祖謙傳》，杭州：浙江人民出版社，2005 年；劉昭仁，《呂東萊之文學與史學》，臺北：文史哲出版社，1986 年。由於這些著作多不涉及我這個史學研究的專題，故暫且按下不表。

〔註36〕王章偉，〈宋代河南呂氏家族研究〉，香港：香港中文大學歷史學部碩士論文，1991 年。其中一章曾以〈宋代士族婚姻研究——以河南呂氏家族為例〉為題，發表於《新史學》，第 4 卷第 3 期，1993 年，頁 19～58，頗受學界重視。

現了一批研究呂氏家族或呂家重要人物的博、碩論文，就筆者所見，依時序計有：王志雙〈呂夷簡與宋仁宗期政治研究〉、〔註38〕張菫〈北宋呂氏官僚家族問題研究〉、〔註39〕紀雲華〈宋代河南呂氏家族研究〉、〔註40〕趙璐〈宋代東萊呂氏家族教育研究〉、〔註41〕李成學〈呂夷簡評傳〉、〔註42〕方亞蘭〈呂公著研究〉、〔註43〕劉玉民〈呂祖謙與南宋學術交流〉。〔註44〕諸文或專論呂家的重要人物，或通論呂氏家族在政治和社會方面的發展，頗有拾遺補闕之功，卻未見突破過去之論。此外，還有大量研究呂氏人物的散篇論文，但大部分亦只是重複前人的研究，未見有甚麼特別之處；到了近年，內地又連續出版了四部研究呂氏家族的專著，即陳開勇的《宋代開封──金華呂氏文化世家研究》、〔註45〕姚紅的《宋代東萊呂氏家族及其文獻考論》、〔註46〕羅鎣的《宋代東萊呂氏家族研究》和楊松水的《兩宋壽州呂氏家族著述研究》，〔註47〕可說是呂氏家族研究的高峰期。

　　陳開勇《宋代開封──金華呂氏文化世家研究》一書的重點，是專門探討其家族文化的內涵，他認為呂氏家族文化的內在核心是追求修心養性，而表現在聚居講學、躬行守禮、中原文獻傳家、讀經重史、借鑑釋道之學等具體外在事相中。姚紅《宋代東萊呂氏家族及其文獻考論》則分為兩部分，先全面考察呂氏家族在政治和文獻上的基礎構成，即考述宋代東萊呂氏全部成

〔註37〕 臺灣也有一批研究呂祖謙的博、碩論文，例如吳春山，〈呂祖謙研究〉，臺北：國立臺灣大學中國文學研究所博士論文，1967年；高焜源，〈呂祖謙的史學批評〉，新北市：臺灣華梵大學東方人文思想研究所碩士論文，1989年；楊宗錫，〈呂祖謙學術思想研究〉，高雄：國立高雄師範大學國文教學碩士論文，1992年等等。因為同樣與本文的旨趣無關，故不詳論。
〔註38〕 王志雙，〈呂夷簡與宋仁宗期政治研究〉，保定：河北大學碩士論文，2000年。
〔註39〕 張菫，〈北宋呂氏官僚家族問題研究〉，西安：西北大學碩士論文，2001年。
〔註40〕 紀雲華，〈宋代河南呂氏家族研究〉，濟南：山東大學中國古代史碩士論文，2004年。
〔註41〕 趙璐，〈宋代東萊呂氏家族教育研究〉，上海：華東師範大學碩士論文，2009年。
〔註42〕 李成學，〈呂夷簡評傳〉，湘潭市：湘潭大學碩士論文，2010年。
〔註43〕 方亞蘭，〈呂公著研究〉，上海：上海師範大學碩士論文，2011年。
〔註44〕 劉玉民，〈呂祖謙與南宋學術交流〉，武漢：華中師範大學博士論文，2013年。
〔註45〕 陳開勇，《宋代開封──金華呂氏文化世家研究》，北京：中國社會科學出版社，2010年。
〔註46〕 姚紅，《宋代東萊呂氏家族及其文獻考論》，北京：中國社會科學出版社，2010年。
〔註47〕 羅鎣，《宋代東萊呂氏家族研究》，北京：人民出版社，2011年；楊松水，《兩宋壽州呂氏家族著述研究》，合肥：黃山書社，2012年。

員的政治活動和文獻著述，然後從家族文化層面予以解釋；第二部分進一步從學理上挖掘呂氏家族的政治活動在宋代政治史和社會史上的貢獻和影響，揭示呂氏家族成員不同方面的文獻著述的內容、特點及價值意義。羅瑩《宋代東萊呂氏家族研究》的著作動機，是因為東萊呂氏家族在宋代的文化中極具代表性，故希望透過對東萊呂氏家族的研究，以微見著，揭示宋代文化家族的某些特質，進而彰顯宋代文化精神。至於楊松水的《兩宋壽州呂氏家族著述研究》，以呂氏家族的著述為切入點，與羅瑩的目的很相似，同樣宣稱欲借此以微見著，探索兩宋時代的學術特徵。

上述四部專著，其研究重點其實與本文迥異，但都做了不少補闕拾遺的文獻工作，對研究呂氏家族提供了很好的基礎，必須肯定。其中，除了楊松水是史學出身者外，其餘三位本科都是研究文學，故要批評其著作在史學上的錯漏，似乎有欠公允，也沒有必要。不過，由於這四部著作都有部分篇幅涉及呂氏家族與宋代政治和社會的史學問題，故我還是要點出其中三個重要的缺失：

首先，正如本書前言及本章的討論提到，宋代士人、家族及其相關問題，其實牽涉「唐宋變革」、「宋元明變革」、「科舉與社會流動」及「南宋精英地方化」等等重大爭議，除了美、日學者的大量經典著作外，內地和臺港的史學前輩也做了很多研究，貢獻至大，數其重要者如陶晉生、孫國棟、王德毅、王曾瑜、朱瑞熙、胡昭曦、李弘祺、梁庚堯、黃寬重、柳立言、張邦煒、鄧小南等；中青輩則有包偉民、蔡東洲、鄒重華、王善軍、粟品孝、周揚波、李貴祿、魏峰等等，不能盡錄。奇怪的是，這四部著作除了個別問題偶有徵引一、二論著外，罕見有與上述學人的研究對話，箇中原因，令人費解。忽略和沒有參考這些重要著作，客觀而言，令這四部有關呂氏家族的專著都未能汲取過去二十多年有關宋代家族史的豐富成果，致所論往往過時，徒費筆墨。舉例說，談到呂氏家族的姻親關係，我在 1993 年於《新史學》發表的論文及前引柏文莉的專著，早已全面談到呂氏家族的婚姻概況與策略問題，姚紅和羅瑩在二十多年後重彈這些舊調，價值不大。

此外，對呂氏家族、對宋代士人和士族、對宋代社會流動等等問題沒有認識，也令到這四部專著的問題意識不足，未能把握研究呂氏家族的重要性和意義。即使著者的重點並非宋代的政治與社會問題，但如果對呂家在宋代政治和社會裡的位置認知不足，其實也未能深入了解呂家的自身發展。舉例

說，上述著作均頗著重呂氏家族的學術和思想問題，但作者似乎對美國學者伊佩霞有關宋代士大夫生活倫理等一系列討論一無所知，〔註48〕結果自然無法了解宋代士人從門閥轉向文官再演爲地方精英等政治社會情勢，如何影響呂家這類大士族的生活、文化與思想。這四部呂氏家族的專著，未能參考前人研究之餘，成果就只能停留在「文獻」與相關問題，視野不夠廣闊，無法超越前賢。

最後在史料方面，這幾部專著也常常運用後世編修的方志和族譜資料，對於研究宋代歷史而言，這其實要非常謹愼。〔註49〕魏峰及鄭嘉勵最近就利用出土的呂氏家族〈壙誌〉及傳世文獻，討論陳開勇論著中經常徵引的《白沙圩呂氏宗譜》（同治九年木活字本）、並及另一部《上木阜呂氏宗譜》（1937年修，愼德堂木活字本）等，對研究宋代呂氏家族歷史的用途及缺失，〔註50〕對於前者，其實我仍抱有很大懷疑，這在後文相關的章節裡會再討論；但魏峰及鄭嘉勵至少盡了史學工作者的責任，運用這些族譜時與出土資料和存世文獻相比對，細加考證。正如費成康指出，「要確認一條出自家譜的史料是否可靠，需要做不少考證工作。」〔註51〕但陳開勇和姚紅二書似乎未經愼密考

〔註48〕研究宋代士族的思想，自然必須了解其生活倫理、與儒家思想的關係；研究宋代一個「家族」的思想，更加應該了解當時的士大夫家庭如何重構「家」的觀念、對家禮的研究等等，因此伊佩霞下列三部著作，都必須參考：Patricia B. Ebrey, *Family and Property in Sung China: Yuan Ts'ai's Precepts for Social Life*, Princeton: Princeton University Press, 1984；Patricia B. Ebrey, *Confucianism and Family Rituals in Imperial China: A Social History of Writing about Rites*, Princeton: Princeton University Press, 1991；Patricia B. Ebrey, *Chu Hsi's Family Rituals: The Twelfth-Century Chinese Manual for the Performance of Cappings, Weddings, Funerals and Ancestral Rites*, Princeton : Princeton University Press, 1991。其實，即使不參考美國學者的研究，但前引柳立言在這方面的重要討論，卻是不可或缺的。

〔註49〕關於族譜的用途與缺失等等，柳立言亦有詳細研究，見其〈族譜與社會科學研究〉及〈論族譜選錄人物的標準〉二文，均載於柳立言，《宋代的家庭和法律》，頁45～108。以族譜研究歷史，必須謹愼，其實是常識，這方面的著作極多，不能盡引，可參考下列兩篇短文：費成康，〈漫談家譜中的史料應用〉，《檔案與史學》，2003年第4期，頁79～80；萬劍雄，〈家譜：作爲歷史文獻的價值與局限〉，《歷史教學問題》，1997年第6期，頁1～6。

〔註50〕魏峰、鄭嘉勵，〈出土文獻與族譜文獻研究簡論──試以武義呂祖謙家族爲例〉（討論稿），宣讀於「十至十三世紀中國史國際學術研討會暨中國宋史研究會第十七屆年會」，廣州：中山大學，2016年8月20日至21日，頁3～7。

〔註51〕費成康，〈漫談家譜中的史料應用〉，頁80。

證就逕用這類族譜，據之所論的往往不盡可信，讀者必須辨明。

研究呂氏家族，筆者是其中最早的一員；但有趣的是，至少截至目前為止，我卻是最遲出版專著者。不過，這讓我擁有上述四部著作所沒有的一個史料優勢：能夠運用近年在浙江省武義縣明招山山上的十七通呂氏家族墓誌，〔註52〕補述我在過去研究時的一些缺失，這裡我必須向浙江省文物考古研究所的學者鄭嘉勵致敬，〔註53〕沒有他刊行的這批出土資料，筆者就無法重寫本文的一些章節。不過，整體而言，本文的構架仍以二十多年前的舊作為本，一方面以保留筆者最初的觀點和研究進路，另一方面則反映我對呂氏家族的發展仍抱持過去的看法，而經過這二十多年宋代家族史研究的熱潮，本文似乎仍然經得起考驗。

最後，附帶一提的是，本文會先討論呂氏家族在兩宋之發展，藉此透視朝廷政治與官僚家族興衰之關係，然後分從科舉、婚姻、宗族等（亦即從個人出發，而後擴展為姻家及宗族）數方面分析其保存家族勢力之方法，最後作出結論。由於涉及之年代很長、範圍很大、問題極多，故文中對前賢時彥之論，多所徵引，並提出筆者的不同見解。

〔註52〕 鄭嘉勵，〈明招山出土的南宋呂祖謙家族墓誌〉，載於包偉民、劉後濱主編，《唐宋歷史評論》，第1輯，北京：社會科學文獻出版社，2015年，頁186～215。
〔註53〕 參考網上資源：〈考古才子鄭嘉勵：武義明招山，一場理想主義者的族葬〉，點擊日期：2016年9月10日。網址見：http://zj.zjol.com.cn/news/135962.html。

第二章　河南呂氏家族之發展

　　中國人談到一個家族的源流，一般都喜歡或習慣溯源遠古，既顯示考證論述嚴謹，亦反映其族的郡望門第；如果說的是本家，更可凸出自己的地位非比尋常，呂祖謙（1137～1181）為曾祖父呂好問（1064～1132）立傳時，也是這樣交代宋代呂氏家族的源流：

　　　　呂氏系出神農，受氏虞、夏之間，更商、周、秦、漢、魏、晉，下逮隋唐，或封或絕。五代之際，始號其族為三院。言河南者，本後唐戶部侍郎夢奇；言幽州者，本晉兵部侍郎琦；言汲郡者，本周戶部侍郎咸休。其昭穆疏遠，世遠軼其譜，而河南者祖為最盛。〔註1〕

宋代對譜牒學有深入研究的王明清，其《揮麈錄》亦有相類的記載：

　　　　五代時有姓呂為侍郎者三人，皆名族，俱有後，仕本朝為相。呂琦，晉天福為兵部侍郎，曾孫文惠端相太宗。呂夢奇，後唐長興中為兵部侍郎，孫文穆蒙正相太宗，曾孫文靖夷簡相仁宗，衣冠最盛，已具《前錄》。呂咸休，周顯德中為戶部侍郎，七世孫正愍大防，相哲宗。異哉。〔註2〕

不過，「或封或絕」、「昭穆疏遠，世遠軼其譜」等說法，正好反映文獻不足徵，相關論述的意義其實不大，這裡也就不再重複糾纏呂氏源流諸說了〔註3〕；而王明清未有提及「三院呂氏」之說，呂姓三侍郎的後裔在宋代也未見有「敘

〔註1〕　宋・呂祖謙，《呂東萊先生文集》，卷9，〈家傳〉，《叢書集成初編》，上海：商務印書館，1936年，頁203。
〔註2〕　宋・王明清，《揮麈錄・後錄》，卷2，北京：中華書局，1961年，頁105。
〔註3〕　關於宋人的郡望和宗族觀念，詳見本文第五章，並參考王善軍最完備的研究：《宋代宗族和宗族制度研究》，石家莊：河北教育出版社，2000年。

昭穆」或互通聲氣，顯然他們也並非真的出於同一始祖，相信只是郡望之說罷了。〔註4〕

呂夢奇一支據說因先世居東萊（今山東省掖縣），世稱東萊呂氏；入宋後呂氏遷居於洛，故有稱為河南呂氏者。〔註5〕呂氏家族後來枝葉繁衍，散居各地，宋人的記載於是有因呂氏先世的郡望或後人的居地，而分別稱其為「東萊呂氏」、「東平呂氏」、「河東呂氏」、「河南呂氏」、「開封呂氏」、「壽州呂氏」、「婺州呂氏」及「金華呂氏」等等。〔註6〕本文研究這個家族在兩宋之發展，故將其定名為「宋代河南呂氏家族」，也與呂祖謙和王明清的說法相合。〔註7〕

宋代河南呂氏家族，為當代著名望族，衣冠最盛。其中呂蒙正（946～1011）相太宗（趙炅，939～997，976～997 在位）；猶子呂夷簡（979～1044）參真宗政事，相仁宗。夷簡子呂公弼（998～1073）為英宗（趙曙，1032～1067，1063～1067 在位）副樞、為神宗樞使；次子呂公著（1018～1089）為神宗知樞，相哲宗（趙煦，1077～1100，1085～1100 在位）。公著孫呂好問為高宗（趙構，1107～1187，1127～1162 在位）右丞。呂氏相繼執七朝政，王明清號為盛事；〔註8〕且族中巨儒輩出，《宋元學案》凡九十一學案，呂氏

〔註4〕 姜士彬（David Johnson）在四十年前研究趙郡李氏時，已極具慧眼地指出，這些標榜大多是假託的，在宋代「我們已經看到一種世系記錄的方式形成了，它將在往後不斷地出現：含混的敘述中古時代的偉大祖先，並故作嚴肅地宣稱為某位神話性的聖王之後裔，然後從北宋的某個時間起，有一詳盡且令人信服的世系。」見美‧詹森（即姜士彬）著、耿立群譯，〈世家大族的沒落──唐末宋初的趙郡李氏〉，載於美‧Arthur F. Wright 等著、陶晉生等譯，《唐史論文選集》，臺北：幼獅文化事業公司，1990 年，頁 285。

〔註5〕 宋‧杜大珪，《名臣碑傳琬琰集》（以下簡稱《琬琰集》），上卷15，〈呂文穆公蒙正神道碑〉，《四庫全書珍本十一集》，臺北：商務印書館，1981 年，頁 1。

〔註6〕 紀雲華對呂氏家族成員的籍貫做了一個扼要的析述，可參考。見紀雲華，〈宋代河南呂氏家族研究〉，濟南：山東大學中國古代史碩士論文，2004 年，頁10；又參見陳開勇，《宋代開封──金華呂氏文化世家研究》，北京：中國社會科學出版社，2010 年，頁 3。

〔註7〕 前引姜士彬的研究就提到：「北宋早期，大多數的人沒有真正的族譜知識，而去信任得自各種文獻中皮毛的知識。假使歷史記錄中說，在早年某個姓氏較傑出的人，通常都有一個特定的地望，或習慣出於某個地方，那麼宋代擁有這個姓的人，就只會說他的祖先也出於那些地方。」見姜士彬，〈世家大族的沒落──唐末宋初的趙郡李氏〉，頁 284。我同意姜士彬的觀點，故認為呂氏家族既於太宗朝崛興，而其在晚唐以前的發展根本無跡可尋，故以「河南呂氏」為題最為適合，無須再糾纏「東萊」等先世諸說。

〔註8〕 《揮塵錄‧前錄》，卷2，頁 18。

諸儒居三十一，四人更爲學宗，即呂公著（〈范呂諸儒學案〉）、呂希哲（〈滎陽學案〉）、呂本中（1084～1145）（〈紫微學案〉）及呂祖謙（〈東萊學案〉），全祖望（1705～1755）謂其族登學案者，「七世十七人」。〔註 9〕這樣一個顯赫的家族，在當代有蓬勃的發展，族人支衍，惜其譜系今已失傳，〔註 10〕故爲方便檢查討論，筆者乃將其族人可考者製列一幅「河南呂氏家族譜系圖」（附圖一），然後分代析述其發展。〔註 11〕

（一）五代宋初呂氏家族之勃興

　　河南呂氏爲兩宋之望族，時人呼爲「東平呂」或「東萊呂」，頗有唐代郡

〔註 9〕　清・黃宗羲原著、全祖望補修，《宋元學案》，卷 19，〈范呂諸儒學案〉全祖望箚記，北京：中華書局，1986 年，頁 789。

〔註 10〕　案：宋・尤袤，《遂初堂書目》，〈姓氏類〉錄有《三院呂氏世譜》，但今已失佚，見明・陶宗儀等編，《說郛三種》，卷 28，上海：上海古籍出版社，1988年，頁 18。

〔註 11〕　筆者在 1988 年剛開始研究呂氏家族時，只有日本學者衣川強和國人孔東做過這方面的譜系圖，見日・衣川強，〈宋代の名族──河南呂氏の場合〉，原刊於《神戸商科大學人文論集》，第 9 卷第 1、2 期，1973 年，頁 134～166，今收於日・衣川強，《宋代官僚社會史研究》，東京：汲古書院，2006 年，頁 77～122；孔東，《宋代東萊呂氏之族望及其貢獻》，臺北：商務印書館，1988 年。筆者的碩士論文在衣川強論文的基礎上，增補史料，繪製成一個更完備的「呂氏譜系圖」。進入二十一世紀，中國內地接連出版了四部呂氏家族的專著，除前引陳開勇一書外，按出版時間順列爲：姚紅，《宋代東萊呂氏家族及其文獻考論》，北京：中國社會科學出版社，2010 年；羅瑩，《宋代東萊呂氏家族研究》，北京：人民出版社，2011 年；楊松水，《兩宋壽州呂氏家族著述研究》，合肥：黃山書社，2012 年。諸書都有論述呂氏家族的世系和繪製圖表，且補充了不少過去論史者未提及的呂氏家族成員，特別是姚紅和陳開勇二書，不過，我對其中不少的「新成員」抱有懷疑，蓋姚、陳二氏大量運用了清人及近人所修的族譜，並及後世的一些方志，如姚著運用清人呂錫時主修的《新昌呂氏宗譜》和民國年間纂者不詳的《（莘湖）呂氏宗譜》，陳著則運用美國猶他州家譜學會藏1930 年重修的《白沙圩呂氏宗譜》。陳開勇雖然點出了家譜的缺點，但他和姚紅在面對宋代史料中不少無法確認爲河南呂氏家族成員的情況時，往往就只利用這些族譜中的世系或記載，將這些人說成是呂氏家族的族人，然後又循環論證其與呂氏家族的關係，這是很不妥當的。因此，本文在筆者原碩士論文的基礎上修訂譜系，加入了一些舊著所忽略或未見的史料，重新編制成這個「河南呂氏家族譜系圖」，姚、陳二書這類後人族譜中記載的「新成員」，除非有其他充足和有力的史料佐證，否則一概不收。反而，一些新發現的史料或考古遺物，可補充呂家的成員內容，卻爲姚、陳所忽略，例如上世紀九十年代出土的「合肥北宋馬紹庭夫妻合葬墓」，及新登錄的〈舒昭敘墓誌〉。至於近年在浙江省武義縣明招山呂祖謙家族墓地出土的十七通呂氏家族族人墓誌銘，更是新見最重要的史料，本文已加運用（詳後文）。

望之味，故有學者以爲呂氏是由唐代世族大姓綿延持續而成的「專業精英份子」家族。〔註12〕案呂氏雖非布衣出身，但其族絕不能與唐代之大士族如清河崔、范陽盧、趙郡李或瑯琊王等相比，兩《唐書》均不見載其族之活動，而其族人姓名事蹟最早可考者爲呂蒙正之曾祖父呂韜，故我們把他作爲呂氏家族之第一代。

有關呂韜的事蹟我們知道很少，只富弼（1004～1083）所撰〈呂文穆公蒙正神道碑〉記其爲唐莫州莫縣主簿，娶妻太原王氏，〔註13〕可見呂韜只是唐末幽州節度使轄下之一個小縣官，家族勢力並不顯赫。然而，到了呂氏之第二代即呂韜之子呂夢奇時，其宦途發展已不俗，夢奇於後唐明宗時授爲幽州節度判官，天成元年（926）遷右諫議大夫，三年爲御史中丞，四年因坐曾借毛璋馬故，責授太子右贊善大夫，到了長興三年（932）才以北京副留守復爲戶部侍郎。〔註14〕呂夢奇之事蹟我們同樣知道不多，據《舊五代史》載，他曾與趙敬怡構殺聶嶼；〔註15〕又與劉昫（887～946）及張麟於上國大寧山結庵共處，以吟誦自娛；〔註16〕其著述今存的有〈後唐招討使李存進墓碑〉。〔註17〕呂夢奇曾爲北京副留守，當時之北京是指太原，故呂氏一族遂於唐末徙籍太原，宋興後則遷居於洛陽。〔註18〕

呂夢奇是五代呂氏三院名族，家族勢力遠較其父時代顯赫，但其二子呂龜圖及呂龜祥（977年進士）入宋後之官運並不亨通，龜圖歷官起居郎，妻爲彭城劉氏；〔註19〕而龜祥則於開寶八年（974）爲太子洗馬詣金陵籍李煜（937

〔註12〕 Robert M. Hartwell, "Demographic, Political and Social Transformations of China, 750-1550", *Harvard Journal of Asiatic Studies*, Vol.42, No.2, 1982, p.407。

〔註13〕《琬琰集》，上卷15，〈呂文穆公蒙正神道碑〉，頁7。

〔註14〕 宋・薛居正等，《舊五代史》，卷36，〈唐書〉12〈明宗紀〉2，北京：中華書局，1986年，頁500；卷39，〈明宗紀〉5，頁540；卷40，〈明宗紀〉6，頁551；卷43，〈明宗紀〉9，頁587。

〔註15〕《舊五代史》，卷73，〈唐書〉49〈聶嶼傳〉，頁960。

〔註16〕《舊五代史》，卷89，〈晉書〉15〈劉昫傳〉，頁1171。

〔註17〕 清・董皓等，《全唐文》，卷840，〈呂夢奇〉，臺南：經緯書局，1965年，頁1。

〔註18〕《琬琰集》，上卷15，〈呂文穆公蒙正神道碑〉，頁1；宋・范祖禹，《范太史集》，卷42，〈左中散大夫守少府監呂公墓誌銘〉，《四庫全書珍本初集》，上海：商務印書館，1934年，頁5。

〔註19〕《琬琰集》），上卷15，〈呂文穆公蒙正神道碑〉，頁1；宋・王稱，《東都事略》，卷32，〈呂蒙正傳〉，臺北：文海出版社，1967年，頁3；元・脫脫等，《宋史》，卷265，〈呂蒙正傳〉，北京：中華書局，1977年，頁9145；宋・章定，《名賢氏族言行類稿》（以下簡稱《言行類稿》），卷36，〈呂蒙正〉，《四庫全書珍本

～978）所藏圖書，〔註20〕歷殿中丞，出知壽州，妻爲李氏。〔註21〕兄弟倆一
爲六品之起居郎，一爲從八品之殿中丞；而龜祥更因在壽州有善政，故整家
移居壽州，〔註22〕與其兄龜圖的洛陽一支分地而居。可見呂氏家族在宋初之
發展並不如意，族中二房更因宦途生活而分居，家族之凝聚力亦減弱。然而，
在家道中落之際，第四代的呂蒙正卻幸運地登太平興國二年（977）進士第，
且爲狀元，振興家族勢力，〔註23〕並開創呂氏家族在兩宋蓬勃發展之事業。

　　呂蒙正，字聖功，父龜圖以多內寵故，逐其母劉氏，並蒙正出之，頗淪
躓窘乏，劉氏誓不復嫁。太平興國二年，蒙正舉進士，太宗親試擢冠甲科，
遂迎二親，同堂異室，奉養備至。〔註24〕關於呂蒙正之登第，我們會在下章
詳析，此處不贅。太平興國八年（983），呂蒙正擢參知政事，至端拱元年（988）
拜中書侍郎兼戶部尚書同中書門下平章事，〔註25〕自登第不十年而執政，十
二年拜相，當世罕見。〔註26〕未幾，趙普（922～992）罷相，呂蒙正代爲上

　　　　初集》，上海：商務印書館，1934年，頁13。
〔註20〕宋・李燾，《續資治通鑑長編》（以下簡稱《長編》），卷16，開寶8年12月辛
　　　　丑，北京：中華書局，1979～1995年，頁354；宋・江少虞，《宋朝事實類苑》
　　　　（以下簡稱《類苑》），卷31，〈詞翰書籍〉，上海：上海古籍出版社，1981年，
　　　　頁393；宋・周應合，《景定建康志》，卷33，〈文籍志〉，《宋元地方志叢書》，
　　　　臺北：大化書局，1980年，頁2；清・徐松，《宋會要輯稿》，〈崇儒〉4之15，
　　　　北京：中華書局，1987年，頁2237。
〔註21〕宋・張方平，《樂全集》，卷36，〈呂文靖神道碑〉，《四庫全書珍本初集》，上
　　　　海：商務印書館，1934年，頁1；《宋史》，卷311，〈呂夷簡傳〉，頁10206。
〔註22〕《樂全集》，卷36，〈呂文靖神道碑〉，頁1；《宋史》，卷311，〈呂夷簡傳〉，
　　　　頁10206。
〔註23〕明代史料載呂龜祥同於此年登第，見明・凌迪之，《古今萬姓統譜》，卷75，〈宋・
　　　　呂龜祥〉，臺北：新興書局，1971年，頁6。我對這個說法有懷疑，詳見本文
　　　　第3章的討論。
〔註24〕《琬琰集》，上卷15，〈呂文穆公蒙正神道碑〉，頁1；《東都事略》，卷32，〈呂
　　　　蒙正傳〉，頁3；《宋史》，卷265，〈呂蒙正傳〉，頁9145；《言行類稿》，卷36，
　　　　〈呂蒙正〉，頁13；宋・曾鞏，《隆平集》，卷4，〈宰臣〉，臺北：文海出版社，
　　　　1967年，頁187；宋・朱熹，《五朝名臣言行錄》，卷1之6，〈丞相許國呂文
　　　　穆公〉，《四部叢刊初編》，臺北：商務印書館，1967年，頁23。
〔註25〕《琬琰集》，上卷15，〈呂文穆公蒙正神道碑〉，頁1；《東都事略》，卷3，〈本
　　　　紀〉3，頁4；同書，卷32，〈呂蒙正傳〉，頁3；《宋史》，卷265，〈呂蒙正傳〉，
　　　　頁9145；《言行類稿》，卷36，〈呂蒙正〉，頁13；《隆平集》，卷4，〈宰臣〉，
　　　　頁187；《五朝名臣言行錄》，卷1之6，〈丞相許國呂文穆公〉，頁23；宋・徐
　　　　自明撰、王瑞來校補，《宋宰輔編年錄校補》（以下簡稱《編年錄》），卷2，太
　　　　平興國8年11月壬申，北京：中華書局，1986年，頁43。
〔註26〕宋人多有稱頌此事，見宋・李心傳，《建炎以來繫年要錄》（以下簡稱《繫年要

相，至淳化二年（991）罷，任相凡四年；淳化四年（993）復爲上相，至至道元年（995）罷，期間獨相一年六閏月；咸平四年（1001）再復爲上相，明年感疾，凡七上章求解政事，至咸平六年（1003）罷，居相位二年七閏月。〔註27〕

呂蒙正三次任相，在位約九年，其政尙寬簡，行無爲之治，他曾謂：「老子稱『治大國若烹小鮮』。夫魚撓之則潰，民撓之則亂」，游說太宗「漸行清靜之化以鎮之」，〔註28〕對人民採寬大措施，〔註29〕取人則以「德行爲先」，並退小人，使「賞罰無濫」。〔註30〕至於邊政方面，呂蒙正亦反對用師討伐，他曾向太宗說：「兵者傷人匱財，不可屢動」，〔註31〕後又再語眞宗曰：「唐太宗征高麗，親負土，不能克其城而旋。隋煬帝伐遼，致寇盜群起。前鑒不遠，唐太宗踵而行之，識者所不取也。」〔註32〕至其罷相歸西京養疾，仍囑眞宗：「北戎請和，從古以爲上策。今先啓誠意，繼好息民，天下無事，惟願以百姓爲念。」〔註33〕然而，呂蒙正對邊政亦非只爲消極之策而已，眞宗時西北

錄》），卷169，紹興25年8月丙戌，北京：中華書局，1988年，頁27；李心傳，《建炎以來朝野雜記》（以下簡稱《朝野雜記》），甲集卷9，〈狀元十年執政五年持橐人數〉，《叢書集成初編》，上海：商務印書館，1936年，頁113；宋·葉夢得，《石林燕語》，卷6，北京：中華書局，1984年，頁84～86；宋·洪邁，《容齋隨筆》，卷9，〈高科得人〉，上海：上海古籍出版社，1978年，頁119。

〔註27〕《琬琰集》，上卷15，〈呂文穆公蒙正神道碑〉，頁1；《東都事略》，卷32，〈呂蒙正傳〉，頁3；《宋史》，卷265，〈呂蒙正傳〉，頁9145；《言行類稿》，卷36，〈呂蒙正〉，頁13；《編年錄》，卷2，端拱元年2月庚子，頁49～51；同書同卷，頁66～67；同書卷3，頁91；宋·佚名，《宋大詔令集》，卷51，〈呂蒙正拜相制〉，北京：中華書局，1962年，頁261～262。

〔註28〕《長編》，卷34，淳化4年閏10月丙午，頁758；《五朝名臣言行錄》，卷1之6，〈丞相許國呂文穆公〉，頁23；《類苑》，卷2，〈祖宗聖訓·太宗皇帝〉，頁12。

〔註29〕《長編》和《五朝名臣言行錄》同載一事，可見蒙正之政及其德：「上（太宗）謂宰相曰：『倖門如鼠穴，何可塞之！但去其甚者，斯可矣。近來綱運之上，舟人水工有少販鬻，但不妨公，一切不問，卻須官物至京無侵損爾。』呂蒙正對曰：『水至清則無魚，人至察則無徒。小人情僞，君子豈不知？蓋以大度容之，則庶事俱濟。昔曹參以獄市爲守，政恐姦人無所容也。陛下如此宣諭，深合黃、老之道。』見《長編》，卷35，淳化5年2月己酉，頁774；《五朝名臣言行錄》，卷1之6，頁23；《類苑》，卷2，頁14。

〔註30〕《長編》，卷30，端拱2年8月丙子，頁687；同卷，端拱2年12月庚申，頁692；卷34，淳化4年10月丁丑，頁757。

〔註31〕《長編》，卷34，淳化4年11月甲寅，頁759。

〔註32〕《長編》，卷52，咸平5年6月乙亥，頁1137。

〔註33〕《長編》，卷59，景德2年正月乙巳，頁1320。

邊臣屢請益兵禦夏，蒙正便謂「兵非取於民不可」，「請於河南諸州籍壯丁，量數抽取。」〔註34〕又請令於保州、威虜靜戎順安軍預芻粟，〔註35〕後更主授西涼府六谷部首領潘囉支爲觀察使，〔註36〕可見其積極之處。其實呂蒙正主清靜無爲之政，實有其背景及需要，蓋宋初經歷統一諸戰，太宗時又三敗於遼，國家元氣大傷，民生受損，故當政者實須行黃老之策，與民休息，惟倘若邊禍嚴峻，則亦應積極對付。

　　呂蒙正任內雖主無爲之策，但行事絕不苟且，知人善任，遇事敢言，多次觸怒太宗，同列爲之汗流，然終不可奪其志。〔註37〕因此，太宗極信任蒙正，嘉其無隱，〔註38〕曾賜御篆「淳德守正」一軸；〔註39〕眞宗更倚重之，蒙正多次以疾求退，眞宗詔下不允，且親自臨問，賞賜金帛，〔註40〕終以蒙正七上表求退，始罷爲太子太師，封萊國公。〔註41〕眞宗祠汾封禪時，車駕更親幸蒙正在洛中之第，〔註42〕且詔續給蒙正請罷之俸，〔註43〕歷封蔡、許

〔註34〕《長編》，卷52，咸平5年5月壬寅，頁1131；《揮塵錄‧餘話》，卷1，頁286。

〔註35〕《長編》，卷52，咸平5年6月癸酉，頁1137。

〔註36〕《長編》，卷54，咸平6年2月己卯，頁1181。

〔註37〕《長編》，卷35，淳化5年正月甲寅：「上語蒙正曰：『夫否極則泰來，物之常理。晉、漢兵亂，生靈凋喪殆盡。周祖自鄴南歸，京城士庶，皆罹掠奪，下則火光，上則彗孛，觀者恐懼，當時謂無復太平日矣。朕躬覽庶政，萬事粗理，每念上天之眷，致此繁盛，乃知理亂在人。』蒙正避席曰：『乘輿所在，士庶走集，故繁盛如此。臣常見都城外不數里，飢寒而死者甚眾，未必盡然。願陛下視近以及遠，蒼生之幸也。』上變色不言。蒙正侃然復位，同列多感其亢直。他日，上欲遣人使朔方，論中書選才而可責以事者。蒙正退，以名上，上不許。他日又問，復以前所選對，上亦不許。他日又問益急，蒙正終不肯易其人。上怒，投其手奏于地曰：『何太執耶！必爲我易之。』蒙正徐對曰：『臣非執，蓋陛下未諒爾。』因固稱：『其人可使，餘不及。臣不欲用媚道妄隨人主意以害國事。』同府皆惕息不敢動，蒙正撏笏俛而拾其書，徐懷之而下。上退，謂親信曰：『是翁氣量我不如。』既而卒用蒙正所選，復命，大稱旨。上于是益知蒙正能任人，而嘉其有不可奪之志。」頁765～766。從此二事可見蒙正之爲人。

〔註38〕《長編》，卷29，端拱元年正月庚辰，頁647；《五朝名臣言行錄》，卷1之6，〈丞相許國呂文穆公〉，頁24。

〔註39〕《長編》，卷36，淳化5年11月丙辰，頁801；宋‧宋敏求，《春明退朝錄》，卷上，北京，中華書局，1980年，頁3。

〔註40〕《長編》，卷54，咸平6年5月丙申，頁1193；同卷，同月甲寅，頁1194。

〔註41〕《長編》，卷55，咸平6年9月壬辰，頁1213。

〔註42〕《長編》，卷65，景德4年2月辛巳，頁1446；宋‧吳處厚，《青箱雜記》，卷1，北京：中華書局，1985年，頁2。

等國公。〔註44〕大中祥符四年（1011）蒙正卒，眞宗震悼，哭甚悲，不能視朝三日，遣使弔祭，賻賜特厚，贈中書令，諡文穆。〔註45〕

呂蒙正見知於太宗、眞宗二朝，三次入相，門生故吏遍天下；淳化年間更曾獨相踰年，其勢力之大，自可想見。歐陽修（1007～1072）等曾記一事：

呂文穆公蒙正以寬厚爲宰相，太宗尤所眷遇。有一朝士，家藏古鑑，自言能照二百里，欲因公弟獻以求知。其弟伺間從容言之，公笑曰：「吾面不過楪子大，安用照二百里？」其弟遂不復敢言。聞者歎服，以謂賢於李衛公遠矣。〔註46〕

此事固可見蒙正之賢，但亦可反映其弟可借此薦士，甚或市恩，而呂氏家族更可借蒙正爲相而發展勢力，倘若蒙正不賢，則朝中便遍布呂氏之恩戚。事實上，蒙正任內對其微時摯友均曾多加援引，例如他微時與溫仲舒（944～1010）及另一朋友讀書於洛陽龍門利涉院，三人誓不得狀元不仕，結果蒙正高中狀元，仲舒猶中甲科，而另一人則拂袖歸隱。後蒙正作相，太宗問昔誰爲友，蒙正即以歸隱者對，遽以著作郎召之。〔註47〕至於溫仲舒，他與蒙正同年登第，情契篤密，後知汾州，坐私監軍家婢，除籍爲民，窮棲京師屢年，時蒙正在中書，極力援引，遂復籍。及後仲舒驟被任遇，反攻蒙正援引親暱，蒙正以之罷相，時論醜之。〔註48〕此外，與蒙正同年登第者如王沔（950～992）、王化基（944～1010）、張齊賢（943～1014）等均陸續被擢大用，〔註49〕其勢力逐漸膨漲。據研究顯示，宋代同年登第者會形成一個集團，

〔註43〕《長編》，卷55，咸平6年8月己巳，頁1209。

〔註44〕《長編》，卷70，大中祥符元年12月癸卯，頁1581；《春明退朝錄》，卷上，頁5；《容齋隨筆》，卷14，〈宰相爵邑〉，頁388；《類苑》，卷27，〈官職儀制〉，頁344。

〔註45〕《長編》，卷75，大中祥符4年3月壬申，頁1721；《宋會要輯稿》，〈禮〉41之45，頁1400；又〈儀制〉11之3，頁2026；《春明退朝錄》，卷上，頁7；《琬琰集》，上卷15，〈呂文穆公蒙正神道碑〉，頁2。

〔註46〕宋‧歐陽修，《歸田錄》，卷2，北京：中華書局，1981年，頁29；《五朝名臣言行錄》，卷1之6，〈丞相許國呂文穆公〉，頁24；《類苑》，卷8，〈名臣事跡‧呂文穆〉，頁89。

〔註47〕宋‧邵伯溫，《邵氏聞見錄》，卷7，北京：中華書局，1983年，頁71；《青箱雜記》，卷1，頁2；《類苑》，卷35，〈詩歌賦詠‧呂文穆〉，頁449。

〔註48〕《長編》，卷32，淳化2年9月丁丑，頁720。

〔註49〕《長編》，卷31，淳化2年2月甲寅，頁700；卷32，淳化2年4月辛巳，頁714；宋‧文瑩，《玉壺清話》，卷8，北京：中華書局，1984年，頁77～78；《類苑》，卷8，〈名臣事跡‧王沔〉，頁84；卷42，〈曠達隱逸‧郭延卿〉，頁

互相薦引，不同榜者形成不同黨派，黨同伐異。宋初之黨爭，不能簡單理解爲南北之爭，而是「不同年」之黨爭。〔註50〕因此，蒙正任內與其同年太平興國二年一榜者乃形成一集團，勢力龐大，但受到以寇準（961～1023）爲首的九八零年一榜之攻擊，故蒙正曾指責寇準「輕脫好聲譽，不可不察。」〔註51〕然而蒙正胸襟廣闊，〔註52〕太宗曾謂「是翁氣量我不如。」〔註53〕他不熱衷於權力，〔註54〕不結黨與，〔註55〕故到了咸平四年再相時，其與寇準一榜之鬥爭開始緩和，最後其子呂居簡（？～1070）及其姪呂夷簡分別娶寇準同榜進士馬亮的兩個女兒，二派在第二代以後混合，〔註56〕呂家勢力並未因此受挫。此外，蒙正好薦人材，〔註57〕嘗提拔王曾（978～1038），〔註58〕照顧富弼，〔註59〕故後來王曾薦呂夷簡，富弼與呂居簡善，未嘗不和

549：宋・王銍，《默記》，卷中，北京：中華書局，1981年，頁32；宋・羅志仁，《姑蘇筆記》，載於《說郛三種》，頁20。

〔註50〕　見同門摯友何冠環博士的研究，Ho Koon-wan, *Politics and Factionalism: K'ou Chun（962-1023） and his T'ung-Nien*, Unpublished Ph.D. Dissertation, The University of Arizona, 1990, pp. 64-116，294-295。本文承何冠環兄賜閱，謹此致謝。

〔註51〕　《長編》，卷64，景德3年11月己未，頁1434。

〔註52〕　《宋史》，卷265，〈呂蒙正傳〉，頁9146、《類苑》，卷13，〈德量智識・呂蒙正〉，頁147，載一事，可見蒙正之氣量：「呂蒙正相公不喜記人過。初參知政事，入朝堂，有朝士於簾內指之曰：『是小子亦參政邪？』蒙正佯爲不聞而過之，其同列怒之，令詰其官位姓名，蒙正遽止之。罷朝，同列猶不能平，悔不窮問，蒙正曰：『若一知其姓名，則終身不能復忘，固不如毋知也。不問之，何損？』時皆服其量。」

〔註53〕　《長編》，卷35，淳化5年正月甲寅，頁765～766。

〔註54〕　《長編》，卷31，淳化2年2月甲寅，頁700；卷32，淳化2年4月辛巳，頁714；《玉壺清話》，卷8，頁77～78；《類苑》，卷8，〈名臣事跡・王沔〉，頁84；卷42，〈曠達隱逸・郭延卿〉，頁549；《默記》，卷中，頁32。

〔註55〕　《長編》，卷29，端拱元年正月庚辰，頁647；《五朝名臣言行錄》，卷1之6，〈丞相許國呂文穆公〉，頁24。

〔註56〕　*Politics and Factionalism: K'ou Chun（962-1023）and his T'ung-Nien*，頁136～137。

〔註57〕　《五朝名臣言行錄》，卷1之6，〈丞相許國呂文穆公〉：「（蒙正）曰：『我誠無能，但有一能，善用人耳。』此眞宰相之事也。公夾袋中有冊子，每四方人替罷謁見，必問其有何人才，客去隨即疏之，悉分門類，或有一人而數人稱之者，必賢也，朝廷求賢，取之囊中。故公爲相，文武百官各稱職者以此。」頁24。

〔註58〕　宋・文瑩，《湘山野錄》，卷上，北京：中華書局，1984年，頁9；《類苑》，卷36，〈詩歌賦詠・王沂公〉，頁471。

〔註59〕　《邵氏聞見錄》，卷8，頁76；《五朝名臣言行錄》，卷1之6，〈丞相許國呂文穆公〉，頁24。

此有關，這對呂家之發展極有幫助。

呂蒙正雖不攬權，但宰相家族子弟自可憑蔭獲官。自蒙正登第爲相後，呂氏第四代族人亦因此勃興，諸弟因蒙正之請而被太宗擢任，呂蒙叟授鄠城縣主簿、呂蒙莊授楚邱縣主簿、呂蒙巽授沈邱縣主簿；〔註60〕呂蒙休則舉咸平進士，至殿中丞；呂蒙周亦舉淳化進士。〔註61〕諸弟中，蒙正與蒙巽最友愛，故蒙巽「久留轂下，不得補官于外」，〔註62〕官至虞部員外郎。〔註63〕至於蒙正從弟即夷簡之父呂蒙亨，嘗舉進士，禮部高等薦名，以從兄執政嫌，不就廷試。後蒙亨選集吏部銓，得引對，太宗授爲光祿寺丞，改丞大理，後知壽州，終無祿早世，〔註64〕太宗便曾對王旦（957～1017）說：「此人（蒙亨）於兄弟中最優，蒙正何以不言？」〔註65〕蒙正爲相，雖與倨傲之寇準異黨爲敵，但無釀成大爭，且終化之；其與位尊權重之趙普並相共事，不但沒有衝突，且甚獲趙普推許，〔註66〕故呂中盛讚其相業；〔註67〕其未嘗以姻戚徼寵澤，〔註68〕姻戚柴成務（934～1004）避嫌辭職；〔註69〕凡此種種，再加上蒙正不言蒙亨事，均可見其人行事之謹慎，故不易爲人攻擊，對家族之勃興、家族勢力之維持，極其重要。事實上，終宋一代，呂蒙正之評價都很高，

〔註60〕《長編》，卷31，淳化元年9月戊寅，頁705。有一點須指出，呂蒙巽實乃呂蒙正的堂弟，《長編》在這裡卻稱其爲「蒙正弟」，而蒙亨同樣是蒙正堂弟，但下文記宋太宗亦稱其爲「蒙正弟」，蓋這是國人常見對族弟的一種統稱而已，不一定是親兄弟。因此，筆者懷疑呂蒙叟和呂蒙莊也未必是蒙正的親兄弟，蓋宋代的其他史料均只記呂蒙正有蒙休一弟，從沒提及此二人。究竟此二人是呂龜圖還是呂龜祥的兒子，因史料所限，存疑。

〔註61〕《宋史》，卷265，〈呂蒙正傳〉，頁9149。又，宋·上官融，《友會談叢》，《說苑》100卷本，臺北：新興書局，1963年，頁2，記呂蒙周任江南幕職，既受代而泛舟西歸，結果舟沉葬身大海，全家罹難。據此，呂蒙周一房遂絕，惟此呂蒙周可能非呂蒙正之弟，或只姓名相同而已？今列舉存疑。

〔註62〕宋·王珪，《華陽集》，卷40，〈壽安縣太君呂氏墓誌銘〉，《叢書集成初編》，上海：商務印書館，1936年，頁556。

〔註63〕《宋史》，卷265，〈呂蒙正傳〉，頁9149；《友會談叢》，頁2。

〔註64〕《長編》，卷26，雍熙2年3月己未，頁595；〈呂文靖神道碑〉，頁1～2；《容齋隨筆》四筆，卷13，〈宰執子弟廷試〉，頁762。

〔註65〕《長編》，卷34，淳化4年5月丁未，頁749。

〔註66〕《長編》，卷29，端拱元年正月庚辰，頁647；《五朝名臣言行錄》，卷1之6，〈丞相許國呂文穆公〉，頁24。

〔註67〕《長編》，卷47，咸平3年11月庚寅，頁1033。

〔註68〕《類苑》，卷8，〈名臣事跡·呂文穆〉，頁89。

〔註69〕《宋史》，卷306，〈柴成務傳〉，頁10114。

從未被指爲奸邪，王稱及《宋史》均稱其爲「盛德君子」及名相；〔註70〕而後來更有很多關於蒙正之神怪傳聞，〔註71〕可見其譽。

呂蒙正自登太平興國二年第，以廷魁三居相位，時譽甚隆，〔註72〕其爲政寬簡，深得人主寵任，且行事謹愼，不易樹敵，使呂氏家族得以勃興，其後呂夷簡、呂公著等均曾多次入相；〔註73〕蒙正、夷簡及公著又曾爲司徒司空；〔註74〕蒙正及夷簡更以宰相兼僕射，〔註75〕勢力之大，世所罕見。蒙正對呂氏家族之崛興，貢獻至大。

（二）家族勢力之奠定

呂氏家族在第四代族人呂蒙正拜相後，家族勢力開始勃興，據蒙正之神道碑記載，「諸子位于朝」，〔註76〕可知蒙正諸子都曾爲官。按理說，宰相子憑父蔭，官運自然亨通，家族勢力定有很大發展；但事實上在呂氏第五代族人中，蒙正諸子之發展並不及其從兄弟呂夷簡之大。

呂蒙正有子男十人，一早夭未名，其他九人分別是從簡、知簡、惟簡、承簡、行簡、易簡、務簡、居簡及師簡。〔註77〕從簡官國子博士，歷衞尉寺

〔註70〕《東都事略》，卷32，〈呂蒙正傳〉，頁9；《宋史》，卷265，〈呂蒙正傳〉，頁9163。
〔註71〕如《類苑》，卷68，〈神異幽怪‧陰聲塚〉：「又有陰聲塚者，陰雨，則塚中有歌樂之聲。呂文穆公因過，其塚中云：『相公來，且住歌樂。』」頁909；宋‧委心子，《新編分門古今類事》，卷15，〈祥兆門〉又有〈蒙正槐瑞〉之載，北京：中華書局，1987年，頁236。關於此類傳說，詳細參見王秋桂的精彩研究，C. K. Wang , "Lu Meng-cheng in Yuan and Ming Drama", *Monumenta Serica: Journal of Oriental Studies*, Vol.XXXVI, 1984-1985, pp.303-408。
〔註72〕《五朝名臣言行錄》，卷1之6，〈丞相許國呂文穆公〉，頁23；《玉壺清話》，卷3，頁24；宋‧費袞，《梁谿漫志》，卷1，〈廷魁入相〉，上海：上海古籍出版社，1985年，頁2。
〔註73〕《朝野雜記》，甲集卷9，〈國朝父子祖孫兄弟宰執數〉，頁108；《春明退朝錄》，卷下，頁36；《揮麈錄‧前錄》，卷2，頁17；《類苑》，卷24，〈衣冠盛事〉，頁292；宋‧徐度，《卻掃編》，卷上，《叢書集成初編》，上海：商務印書館，1936年，頁12；宋‧劉斧，《清瑣高議》，後集卷8，〈一門二相〉，上海：上海古籍出版社，1983年，頁181；清‧趙翼，《廿二史箚記》，卷22，〈二入相〉及〈繼世爲相〉，臺北：世界書局，1970，頁345。
〔註74〕《春明退朝錄》，卷上，頁4；《容齋隨筆》，卷9，〈三公改他官〉，頁118；宋‧蘇頌，《蘇魏公文集》，卷14，北京：中華書局，1988年，頁96；宋‧蘇象先，《丞相魏公譚訓》，卷4，〈文學〉，北京：中華書局，1988年，頁1146。
〔註75〕《春明退朝錄》，卷上，頁4；《容齋隨筆》，卷9，〈三公改他官〉，頁118；《蘇魏公文集》，卷14，頁96；《丞相魏公譚訓》，卷4，〈文學〉，頁1146。
〔註76〕《琬琰集》，上卷15，〈呂文穆公蒙正神道碑〉，頁2。
〔註77〕姚紅認爲富弼所撰神道碑中呂蒙正諸子的長幼次序有錯亂，見其《宋代東萊

丞、駕部員外郎，終官國子博士；〔註78〕知簡歷官校書郎、大理寺丞，終官太子右贊善大夫；〔註79〕惟簡歷官司門員外郎、庫部郎中，終官太子中舍；〔註80〕承簡歷官司門員外郎、虞部郎中；〔註81〕行簡歷官比部員外郎、右贊善大夫；〔註82〕易簡官奉禮郎；〔註83〕務簡歷官國子博士、通判鄧州、尚書水部員外郎、光祿少卿；〔註84〕師簡歷官虞部員外郎、比部員外郎、右贊善大夫、知汝州、殿中丞、司農少卿。〔註85〕

呂蒙正諸子之官位不高，約為五至九品之中下級官員而已，考其原因，首先是蒙正拒絕恩蔭子弟為高官。案宋初舊制，宰相奏子起家，即授水部員外郎，加朝階，蒙正長子從簡時當奏補，但蒙正卻奏曰：「臣昔忝甲科及第，釋褐，止授六品京官。況天下才能，老於巖穴，不能霑寸祿者無限。今臣男從簡，始離襁褓，一物不知，膺此寵命，死罹陰譴，止乞以臣釋褐所授官補

呂氏家族及其文獻考論》，頁17～21。

〔註78〕《琬琰集》，上卷15，〈呂文穆公蒙正神道碑〉，頁7；《長編》，卷90，天禧元年9月癸巳，頁2084；《宋史》，卷265，〈呂蒙正傳〉，頁9149。

〔註79〕《琬琰集》，上卷15，〈呂文穆公蒙正神道碑〉，頁7；《長編》，卷59，景德2年正月乙巳，頁1320；《宋史》，卷265，〈呂蒙正傳〉，頁9149。

〔註80〕《琬琰集》，上卷15，〈呂文穆公蒙正神道碑〉，頁7；《宋史》，卷265，〈呂蒙正傳〉，頁9149；宋·胡宿，《文恭集》，卷15，〈呂惟簡可司門郎中制〉，《四庫全書珍本別輯》，臺北：商務印書館，1975年，頁184。惟簡的事跡已多不可考，但一通新發現的墓誌銘，記載了他有一個女兒嫁舒昭敘。據銘文載，其祖父為舒元（923～977），父親為舒知崇。舒元官終白波兵馬都盛，知崇官至河北安撫副使，舒昭敘八遷至內殿崇班。見宋·舒之翰，〈舒昭敘墓誌〉，收於北京圖書館金石組編，《北京圖書館藏中國歷代石刻拓本匯編》，第39冊，鄭州：中州古籍出版社，1990年，頁113。

〔註81〕《琬琰集》，上卷15，〈呂文穆公蒙正神道碑〉，頁7；《宋史》，卷265，〈呂蒙正傳〉，頁9149。

〔註82〕《琬琰集》，上卷15，〈呂文穆公蒙正神道碑〉，頁7；《宋史》，卷265，〈呂蒙正傳〉，頁9149；《宋會要輯稿》，〈職官〉11之63，頁2654。

〔註83〕《琬琰集》，上卷15，〈呂文穆公蒙正神道碑〉，頁7。

〔註84〕《琬琰集》，上卷15，〈呂文穆公蒙正神道碑〉，頁7；《宋史》，卷265，〈呂蒙正傳〉，頁9149；宋·宋庠，《元憲集》，卷26，〈呂務簡可尚書水部員外郎制〉，《叢書集成初編》，上海：商務印書館，1936年，頁269；宋·劉摯，《忠肅集》，卷13，〈清海軍推官呂君墓誌銘〉，《叢書集成初編》，上海：商務印書館，1936年，頁188。

〔註85〕《琬琰集》，上卷15，〈呂文穆公蒙正神道碑〉，頁7；《宋史》，卷265，〈呂蒙正傳〉，頁9149；《元憲集》，卷25，〈呂師簡可殿中丞制〉，頁259；宋·歐陽修，《歐陽修全集·外制集》，卷1，〈虞部員外郎呂師簡可比部員外郎制〉，北京：中國書店，1986年，頁583。

之。」〔註86〕故其子遂不得蔭補爲大官，宦途之發展受到一定窒礙。此外，才能亦爲一重要因素，蒙正子雖未能得補高官，惟若其才能出眾，自可憑藉恩蔭及自身之才學以獲取高官厚爵，惜其子弟中又有不肖者，如蒙正長子呂從簡爲國子博士監麴院時，便曾因坐盜官物除名，後於眞宗朝上獻其父文集，才得錄爲衛尉寺丞。〔註87〕不過，影響蒙正諸子宦途發展最大的，卻是他們的壽命，這是一個最普通最易爲人忽視但又是最重要之因素，無論族人蔭官多大、才能多高，但若命不久予，亦是徒然。蒙正諸子之生卒年我們不大清楚，但據其神道碑可知除居簡外，其他九人均早夭，〔註88〕而事實上呂居簡就是蒙正諸子中官途發展最大者。

呂居簡，蒙正第八子，明道二年（1033）以國子博士召試學士院，賜同進士出身。〔註89〕居簡妻爲馬亮女，〔註90〕如前節所述，馬亮與寇準同年登第，居簡娶其女，不單是門當戶對，加強二家之地位，更使呂、寇二黨融和，對呂家之發展大有幫助。居簡曾以光祿少卿爲吳郡守，〔註91〕嘉祐二年（1057）爲集賢院學士知梓州，〔註92〕治平元年至四年（1064～1067）爲荊湖北路經撫，〔註93〕後爲廣南東路經撫，〔註94〕知鄭州，〔註95〕終以龍圖閣直學士進封開國公，以兵部侍郎判西京御史台，〔註96〕頗受寵用。〔註97〕居簡爲官，治績斐然，爲吳郡守時，頗知民間疾苦，多番撫恤，更爲其開至和塘，大有功於地方，極

〔註86〕 《長編》，卷29，端拱元年閏5月己丑，頁653；《揮塵錄·後錄》，卷2，頁102；《玉壺清話》，卷3，頁24。

〔註87〕 《長編》，卷90，天禧元年9月癸巳，頁2084。

〔註88〕 《琬琰集》，上卷15，〈呂文穆公蒙正神道碑〉，頁8。

〔註89〕 《宋會要輯稿》，〈選舉〉9之8，頁4400。

〔註90〕 《琬琰集》，中卷1，〈馬肅公亮墓誌銘〉，頁12。

〔註91〕 宋·范成大，《吳郡志》，卷11，〈本朝牧守題名〉，《宋元地方志叢書》，臺北：大化書局，1980年，頁11。

〔註92〕 《宋會要輯稿》，〈選舉〉33之9，頁4760；《歐陽修全集·內制集》，卷8，〈賜右諫議大夫知梓州呂居簡進奉乾元節無量壽佛一幀敕書〉，頁673。

〔註93〕 吳廷燮，《北宋經撫年表》，卷5，北京：中華書局，1984年，頁345。

〔註94〕 《北宋經撫年表》，卷5，頁380。

〔註95〕 《宋會要輯稿》，〈瑞異〉3之34，頁2121。

〔註96〕 宋·韓維，《南陽集》，卷18，〈外制〉，〈龍圖閣直學士尚書刑部侍郎呂居簡可尚書兵部侍郎、依前龍圖閣直學士進封開國公、加食邑五百戶實封二百戶〉，《四庫全書珍本二集》，臺北：商務印書館，1971年，頁16；《石林燕語》，卷2，頁22；《琬琰集》，上卷15，〈呂文穆公蒙正神道碑〉，頁7。

〔註97〕 《王華陽集》，卷20，〈賜給事中呂居簡轉官謝恩進馬詔〉，頁180～182。

受吳郡百姓愛戴；〔註98〕爲京東提點刑獄，則曾捕反賊孔直溫。〔註99〕然而，居簡最爲人所稱頌者乃其爲石介（1005～1045）辨誣，免去發棺之禍。

慶曆中，呂夷簡罷政事，以司徒歸第，晏殊（991～1055）和章得象（978～1048）爲相，又以諫官歐陽修、余靖（1000～1064）上疏，罷夏竦（985～1051）樞密使。是時，石介爲國子監直講，獻《慶曆聖德頌》，襃貶甚峻，而於夏竦尤極詆斥。未幾，黨議起，介在指名，通判濮州，歸徂徠山而病卒。會山東舉子孔直溫謀反，或言直溫嘗從介學，於是夏竦言於仁宗曰：「介實不死，北走胡矣。」仁宗遂出旨編管介妻於江淮，又出中使與京東部刺史發介棺以驗虛實。是時呂居簡爲東京轉運使，謂中使曰：「若發棺空，而介果北走，則雖孥戮不足以爲酷。萬一介屍在，未嘗叛去，即是朝廷無故剖人塚墓，何以示後世耶？」中使云：「然則何以應中旨？」居簡曰：「介之死，必有棺斂之人，又內外親族及會葬門生無慮數百，至於舉柩窆棺，必用凶肆之人，今皆檄召至此，劾問之，苟無異說，即皆令具軍令狀，以保任之，亦足以應詔也。」中使大以爲然，遂自石介親屬及門人已下并凶肆棺斂舁柩之人合數百狀，皆結罪保證，中使持以入奏，仁宗亦悟夏竦之譖，尋有旨放石介妻子還鄉，而世以居簡爲長者。〔註100〕

富弼以爲蒙正諸子中，呂居簡最克肖其父，〔註101〕從居簡之治績及處理石介一事，可見富弼之言不謬。這裏我們要留意一點，慶曆年間，呂夷簡與范仲淹（989～1052）爭，歐陽修、富弼和石介等均曾力攻夷簡，但居簡卻爲石介辨誣，且與富弼相善（蒙正之神道碑，就是居簡請富弼代誌），可知呂氏一族之政見及交遊等是多源之發展，任何一派勝利都不致令呂氏家族全受打擊，對其家族勢力之鞏固發展極有幫助。

〔註98〕 宋·朱長文，《吳郡圖經續記》，卷下，〈治水〉，《宋元地方志叢書》，臺北：大化書局，1980年，頁3；宋·鄭虎臣，《吳都文粹》，卷5，〈至和塘記〉，《宋元地方志叢書》，臺北：大化書局，1980年，頁24。

〔註99〕 《長編》，卷161，慶曆7年11月甲申，頁3889；卷165，慶曆8年12月庚寅，頁3978。

〔註100〕《長編》，卷157，慶曆5年11月辛卯，頁3806；卷160，慶曆7年6月庚午，頁3876；宋·魏泰，《東軒筆錄》，卷9，北京：中華書局，1983年，頁104。

〔註101〕《琬琰集》，上卷15，〈呂文穆公蒙正神道碑〉：「惟龍圖公（呂居簡）最爲肖公（呂蒙正），沉識懿行，動有規法。力以詞業，自登名於英俊之域，入踐臺閣，出更藩服，蔼著嘉績，稔於輿論，異日必能蹈公之武於廊廟之上而增大乎門構矣。」頁8。

以呂居簡之寬厚賢能，足可維持蒙正之業，惜其兄弟均早夭，至居簡以後，〔註102〕蒙正一支之發展便差強人意，後裔可考者更只零星數人而已，發展家族勢力之責任遂落在呂蒙亨一房之上。蒙正崛起於科場，使呂家勃興，其為政寬厚，不易樹敵，可令剛發展之家族勢力不受攻擊；居簡克肖其父，雖能保持其勢，惟宋中業以後政治日趨複雜，單靠仁厚並未足以奠定及維持家族勢力；且居簡不曾任參或拜相，故呂氏欲使蒙正創下之事業得以繼續，則極需要一個有權有謀之人，而夷簡便是最適合之人選。

呂夷簡，字坦夫，隨父蒙亨徙居壽州，遂為壽州人。夷簡少時已顯才華，蒙正不以任子薦之，以為「彼當自致公輔，豈可以門閥卑之。」〔註103〕故夷簡隨其父縣福州時仍為布衣，但馬亮一見夷簡，知其必貴，遂不顧其妻之反對，妻之以女。〔註104〕後夷簡果進士及第，補絳州軍事推官，稍遷大理寺丞，祥符中登制舉，通判通州、濠州，再遷太常博士。〔註105〕然而，夷簡之得獲大任，實仍賴蒙正之薦，祥符四年（1011）蒙正致仕居洛，真宗幸其第，問蒙正諸子孰可用，蒙正對曰：「臣之子，豚犬耳。猶子夷簡，宰相才也。」真宗記其語，後夷簡遂至大用。〔註106〕蒙正薦姪而不薦子，或因他深知夷簡之才能，故為全族著想，遂不薦子；而呂氏家族之發展，從此便得以奠定下來。

呂夷簡獲蒙正推薦後，便開始受真宗重用，歷知濱州、提點兩浙刑獄、權知開封府等，其間頗有治譽，如其知濱州時「固提防、導水勢，卒不為民患」，又上言乞免河北諸州收稅農器；〔註107〕提點兩浙刑獄則疏請緩建宮觀工徒之役，真宗稱其有「為國愛民之心」；〔註108〕治開封府則嚴辦有聲，真宗識其姓名於屏風，意將大用之也。〔註109〕但夷簡之政途發展，實與當時之政治鬥爭有很大關係，前引研究宋代「同年」黨爭之何冠環博士指出，寇準、王旦一派與呂蒙正一榜之爭消融後，二派結合；而繼之而來與寇準黨相爭的為

〔註102〕居簡卒於1070年，見《長編》，卷218，熙寧3年12月丙子，頁5306。
〔註103〕《丞相魏公譚訓》，卷10，〈雜事〉，頁1176。
〔註104〕《長編》，卷110，天聖9年8月丁丑，頁2565；《宋史》，卷298，〈馬亮傳〉，頁9917；《東軒筆錄》，卷3，頁28。
〔註105〕《長編》，卷68，大中祥符元年4月甲寅，頁1535；《宋史》，卷311，〈呂夷簡傳〉，頁10206；《五朝名臣言行錄》，卷6之1，〈丞相許國呂文靖公〉，頁101。
〔註106〕《長編》，卷75，大中祥符4年3月甲申，頁1716；《邵氏聞見錄》，卷8，頁76。
〔註107〕《五朝名臣言行錄》，卷6之1，〈丞相許國呂文靖公〉，頁101；《長編》，卷81，大中祥符6年7月壬寅，頁1842；《宋會要輯稿》，〈食貨〉1之18，頁4810。
〔註108〕《長編》，卷88，大中祥符9年10月壬辰，頁2025。
〔註109〕《長編》，卷96，天禧4年9月己酉，頁2215。

王欽若（962～1025）、丁謂（966～1037）一派。後來寇準雖然失敗下台，但其同年王旦及其裔流王曾、呂夷簡等卻成功將王欽若、丁謂一派消滅。〔註110〕其實，呂居簡、呂夷簡同娶馬亮二女，已可見二家之目的，馬亮為寇準同年，更證二派之融合。如果我們細加考察夷簡崛起大拜之過程，便可知此論正確。

呂夷簡提點兩浙刑獄時，寇準判永興軍，黥有罪者徙湖南，道出京師，竟告寇準有異謀，是時夷簡乃為寇準辨誣，結果真宗從其言；及後寇準廢死南荒，夷簡辨其枉而請加甄敘賜諡以褒之。〔註111〕從此二事，得窺夷簡與寇準之關係；夷簡既屬寇準，遂致力打擊王欽若一黨。王小波、李順叛起，嶺南獲賊誤以為李順者而獻於京，時欽若在樞府即稱慶，及台劾非是，賀者欲趣具獄，時夷簡知雜事，乃曰：「是可欺朝廷乎？」卒以實奏，由是忤大臣意。〔註112〕過去論者只道夷簡此舉實不欺上，更不媚宰執意，可見其賢，但這其實亦可反映他藉此攻擊王欽若一派。此外，夷簡又曾審錢惟演（962～1034）考校不公事，結果惟演降一官，〔註113〕而惟演實為丁謂之黨。〔註114〕夷簡治事嚴明，既能打擊政敵，又可得親黨之扶持，王旦在未識夷簡前已向王曾極力推薦夷簡，謂其必秉國政，〔註115〕及後又結為姻親（詳第四章），夷簡便因此得到王旦一派之照顧，他於天聖七年（1029）拜相，實是王曾之力薦：

> 始，王曾薦夷簡可相，久不用。（張）士遜將免，曾因對言：「太后不相夷簡，臣以度聖意，不欲其班樞密使張耆上爾。耆一赤腳健兒，豈容妨賢至此！」太后曰：「吾無此意，行用之矣。」於是，卒相夷簡，以代士遜。〔註116〕

不過，夷簡在拜相前任參政，除得王旦等相助外，也賴其智謀把宰相丁謂打

〔註110〕 Ho Koon-wan, *Politics and Factionalism: K'ou Chun（962-1023）and his T'ung-Nien*, Chapter 6-8, pp.193-291.

〔註111〕《五朝名臣言行錄》，卷6之1，〈丞相許國呂文靖公〉，頁102及105；《長編》，卷88，大中祥符9年10月壬辰，頁2025。

〔註112〕《長編》，卷90，天禧元年11月癸卯，頁2086；《五朝名臣言行錄》，卷6之1，〈丞相許國呂文靖公〉，頁102。

〔註113〕《長編》，卷93，天禧3年3月癸未，頁2141。

〔註114〕 Ho Koon-wan, *Politics and Factionalism: K'ou Chun（962-1023）and his T'ung-Nien*, p.225.

〔註115〕宋・蘇轍，《龍川別志》，卷上，北京：中華書局，1982年，頁74；宋・范鎮，《東齋記事》，卷3，北京：中華書局，1980年，頁23；《五朝名臣言行錄》，卷6之1，〈丞相許國呂文靖公〉，頁101。

〔註116〕《長編》，卷107，天聖7年2月丙寅，頁2495。

跨。案眞宗崩，丁謂爲山陵大禮使，宦官雷允恭爲都監，丁謂辦理此事不善，致朝論大喧。時夷簡知開封，推鞫此獄，其「凡行移、推劾文字，及追證左右之人，一切止罪允恭，略無及丁之語。獄具，欲上聞，丁信以爲無疑，遂令許公奏對。公（夷簡）至上前方暴其絕地之事，謂意以此投海外，許公遂參知政事矣。」〔註117〕至此丁謂、王欽若一派大敗下台，王曾及呂夷簡等勝利。由此可見，夷簡之崛起除得蒙正薦蔭外，實賴其才智及同黨之支持。

　　呂夷簡治丁謂一事，足見其智謀權術，〔註118〕但他以此道對付其恩人王曾，實欠忠厚。王曾於明肅劉太后（968～1033）前屢薦夷簡，至夷簡爲相，專決用事；曾不能堪，論議多不合，數求去，至交論帝前，結果王曾罷相，兩人「晚年睽異，勢同水火」。〔註119〕夷簡打擊王曾之目的，是欲獨相專政，蓋夷簡權力慾極強，爲求達到目的，不擇手段。因此除王曾外，他又暗擠賢相李迪（971～1047），爲世人所詬病。李迪曾忤章獻太后被貶，及太后上仙，迪乃復相，自以受不世之遇，盡心輔佐，知無不爲。時呂夷簡在中書，「事頗專制，心忌迪，潛短之於上，迪性直而疏，不悟也。」迪終罷相，其謂人曰：「吾自以爲宋璟，而以夷簡爲姚崇，不知其待我乃如是也。」〔註120〕雖然如此，夷簡並不算是壞宰相，〔註121〕他任相期間曾智罷宦官監軍；〔註122〕編修《中書總例》，使庸夫執之亦可爲相；〔註123〕請詔諸州皆立學校；〔註124〕罷輔臣領宮觀使、勸劉太后葬天書及停止營造等等，〔註125〕均大有益於國家民

〔註117〕《東軒筆錄》，卷3，頁27。

〔註118〕關於呂夷簡之功過，王德毅有深入研究，見氏著，〈呂夷簡與范仲淹〉，載於王德毅，《宋史研究集》，第2輯，臺北：鼎文出版社，1962年，頁119～184。

〔註119〕《長編》，卷120，景祐4年4月甲子，頁2826；《東軒筆錄》，卷7，頁83。

〔註120〕《長編》，卷116，景祐2年2月丁卯，頁2722～2723；宋‧司馬光，《涑水記聞》，卷8，北京：中華書局，1989年，頁79～80；《五朝名臣言行錄》，卷5之2，〈丞相李文定公〉，頁93。

〔註121〕劉子健，《歐陽修的治學與從政》，臺化：新文豐出版公司，1984年，頁144；王德毅，〈呂夷簡與范仲淹〉，頁119～184。

〔註122〕宋‧王闢之，《澠水燕談錄》，卷2，〈名臣〉，北京：中華書局，1981年，頁15；《五朝名臣言行錄》，卷6之1，〈丞相許國呂文靖公〉，頁108；《類苑》，卷9，〈名臣事跡‧呂文靖〉，頁100。

〔註123〕《長編》，卷117，景祐3年9月戊申，頁2758；《五朝名臣言行錄》，卷6之1，〈丞相許國呂文靖公〉，頁109。

〔註124〕《五朝名臣言行錄》，卷6之1，〈丞相許國呂文靖公〉，頁105。

〔註125〕《長編》，卷99，乾興元年8月己卯，頁2297；卷108，天聖7年6月丁未，頁2515；同卷，7月乙酉，頁2520；《五朝名臣言行錄》，卷6之1，〈丞相許

生。然而，諸事中以處理李宸妃（987～1032）葬事及調和劉太后與仁宗兩宮之事，最值得稱道。

仁宗本非劉太后所生，但他不知事實，且亦不知李宸妃是其生母，這就是家傳戶曉的「狸貓換太子」故事。李宸妃死，太后欲薄葬之，呂夷簡卻主厚葬。太后不肯，夷簡乃謂：「太后他日不欲全劉氏乎？」又向傳事之內使說：「異時治今日之事，莫道夷簡不爭。」結果太后終允厚葬宸妃，及太后死，仁宗發現此事，易梓宮視之，見李妃容貌如生，乃遇劉氏更厚。〔註126〕此事足見夷簡預事之明及調和兩宮之功，而當中最見其謀略者，是夷簡令李宸妃之弟李用和（988～1050）檢驗梓宮，這便可免卻很多謠言或陰謀。仁宗以沖齡即位，政歸章獻明肅太后，夷簡乃以調和兩宮庇護幼主為職志，且救護大臣如曹利用（？～1029）、劉渙（998～1078）等；〔註127〕惟夷簡功勞再大，他翊贊廢后一事，卻永為人所詬病。

仁宗親政，與呂夷簡謀出張耆、夏竦等章獻太后曾用之士，郭皇后（1012～1035）乃向仁宗說：「夷簡獨不附太后邪？但多機巧善應變耳！」夷簡因此而罷相，後夷簡乃以此怨而翊贊仁宗廢后，且逐諫官范仲淹、孔道輔（985～1039）。翌年，仲淹上百官圖，指斥夷簡偏袒私人，又進四論譏切時政，夷簡大怒；而余靖、尹洙（1001～1047）、歐陽修等群起助仲淹，結果被夷簡指為朋黨，一律貶出，風波雖然平息，但朋黨之論自此大興。〔註128〕此次政爭起因雖為廢后及夷簡之專橫二事，但另一方面也是王曾之反擊。原來范仲淹也是王曾及李迪之派裔，呂夷簡背叛他們後，王曾等乃支持范仲淹攻擊夷簡，廢后一事乃成為最好之機會。〔註129〕但其時夷簡深得仁宗寵信，在朝中勢力

國呂文靖公〉，頁102～103；《石林燕語》，卷7，頁95。

〔註126〕《長編》，卷111，明道元年2月丁卯，頁2577；卷112，明道2年4月庚子，頁2610～2613；《東軒筆錄》，卷4，頁43。

〔註127〕《長編》，卷113，明道2年11月戊寅，頁2644；《五朝名臣言行錄》，卷6之1，〈丞相許國呂文靖公〉，頁102～105；王德毅，〈呂夷簡與范仲淹〉，頁132～137；又，關於劉皇后朝之政事，同門摯友張月嬌曾為文論之，見張月嬌，〈章獻明肅劉皇后與北宋真、仁二朝之政治〉，香港：香港中文大學哲學碩士論文，1988年。

〔註128〕《長編》，卷113，明道2年12月甲寅，頁2648～2654；卷118，景祐3年2月甲寅，頁2776；同卷，5月辛卯，頁2785～2787；卷122，寶元元年10月丙寅，頁2881；《涑水記聞》，卷8，頁85；《琬琰集》上，卷20，〈范文正公仲淹神道碑〉，頁315；劉子健，《歐陽修的治學與從政》，頁143。

〔註129〕Ho Koon-wan, *Politics and Factionalism: K'ou Chun（962-1023）and his T'ung-Nien*, p.298

龐大，故地位仍可保持。

　　呂夷簡與其從伯父呂蒙正一樣，自天聖至慶曆年間三居相位，凡十年十閱月，〔註130〕其間更曾獨相三年，〔註131〕又以宰相兼樞密；〔註132〕後更與其子呂公著異時加「平章軍國事」銜，〔註133〕宋興以來大臣以三公平章軍國者四人，二人出自呂氏，可見其勢。〔註134〕慶曆四年（1044）夷簡薨，仁宗親臨殯喪，輟朝三日，諡文靖，歷封申、許國公；後更御賜「懷忠之碑」，〔註135〕配享廟庭。〔註136〕

　　呂夷簡在中書二十年，三冠輔相，所言無不聽，所請無不行，有宋得君，一人而已。〔註137〕夷簡當國，同列不敢預事，唯諾書紙尾而已；〔註138〕而阿附親己者，夷簡則悉力護之。〔註139〕因此，朝中滿布夷簡之親舊，「內外姻族之盛，冠於當時」，〔註140〕蔡襄（1012～1067）便曾力攻其子呂公綽（999～

─────────────

〔註130〕第一次是1029至1033年，第二次是1033至1037年，第三次是1040至1043年。見《隆平集》，卷2〈宰執〉，頁16；《東都事略》，卷5，〈本紀〉5，頁2～7；《宋會要輯稿》，〈帝系〉1之21，頁25；《五朝名臣言行錄》，卷1之6，〈丞相許國呂文穆公〉，頁23；《玉壺清話》，卷3，頁24；《梁谿漫志》，卷1，〈廷魁入相〉，頁2；《朝野雜記》，甲集卷9，〈國朝父子祖孫兄弟宰執數〉，頁108；《春明退朝錄》，卷下，頁36；《揮麈錄·前錄》，卷2，頁17；《類苑》，卷24，〈衣冠盛事〉，頁292；《卻掃編》，卷上，頁12；《清瑣高議》，後集卷8，〈一門二相〉，頁181；《廿二史劄記》，卷22，〈二入相〉及〈繼世為相〉，頁345。並參考孔東，《宋代東萊呂氏之族望及其貢獻》，頁59。

〔註131〕《石林燕語》，卷8，頁122。

〔註132〕《長編》，卷137，慶曆2年7月戊午，頁3283；同卷，9月乙巳，頁3290；《東都事略》，卷6，〈本紀〉6，頁2；《石林燕語》，卷5，頁68及卷8，頁123；《揮麈錄·後錄》，卷1，頁66。

〔註133〕《類苑》，卷24，〈衣冠盛事·呂文靖〉，頁286；《澠水燕談錄》，卷2，〈名臣〉，頁19。

〔註134〕宋·朱熹，《三朝名臣言行錄》，卷8之1，〈丞相申國呂正獻公〉，《四部叢刊初編》，臺北：商務印書館，1967年，頁195；孔東，《宋代東萊呂氏之族望及其貢獻》，頁61。

〔註135〕《春明退朝錄》，卷上，頁4～7；《宋會要輯稿》，〈禮〉41之5，頁1380、及41之44，頁1399。

〔註136〕《長編》，卷199，嘉祐8年11月丙午，頁4832；《宋會要輯稿》，〈禮〉11之1，頁555。

〔註137〕《長編》，卷139，慶曆3年正月丙申，頁3345。

〔註138〕《長編》，卷132，慶曆元年5月辛未，頁3127。

〔註139〕《長編》，卷140，慶曆3年4月壬戌，頁3367。

〔註140〕宋·蘇舜欽，《蘇舜欽集》，卷15，〈兩浙路轉運使司封郎中王公墓表〉，北京：中華書局，1961年，頁328。

1055）在夷簡執政之日，倚權賣勢，「貨賂交通」；而夷簡之黨更遷公綽之官，「以酬夷簡之惠」。〔註 141〕歐陽修亦指「夷簡子弟因父僥倖，恩典已極」，「豈可使姦邪巨蠹之家，貪贓愚駿子弟不住加恩」，更稱連夷簡僕人袁宗等亦為奉職，〔註 142〕可見其勢。

　　呂蒙正帶興了呂氏家族，夷簡卻不但能承其業，且憑藉其智謀，於當時險惡之政治環境（包括黨爭、皇室鬥爭）中得到君主之寵任，擴充家族子弟各人之利益，故他實是呂氏家族勢力之奠定者。自此以後，呂氏多人在朝中據佔要職，使家族勢力蒸蒸日上。然而，夷簡為人非常謹慎，〔註 143〕雖營黨植私，「然所斥士，旋復收用，亦不終廢。」〔註 144〕最後他又與范仲淹和解，〔註 145〕朱熹（1130～1200）以為其乃欲補前之過。〔註 146〕正因為夷簡這種謹慎的做法，故他雖受時人攻擊，卻並未為家族樹敵，影響家族勢力發展，他的兒子呂公著和呂公弼便和歐陽修等相善，而當世對夷簡之批評也就愈來愈少。蒙正、居簡之寬厚不記人過及夷簡之謹慎，是家族勢力不受攻擊之重要原因。

　　呂夷簡一房是呂氏家族第五代最重要的分支，除夷簡外，還有其弟呂宗簡，他亦曾登第，〔註 147〕仕至尚書刑部員外郎，贈金紫光祿大夫，妻為魯氏。〔註 148〕宗簡與夷簡尤為友愛，〔註 149〕夷簡任京官後自壽州遷居汴京，宗簡似

〔註 141〕宋・蔡襄，《端明集》，卷 17，〈乞罷呂夷簡商量軍國事〉，《四庫全書珍本四集》，臺北：商務印書館，1973 年，頁 3；卷 18，〈再論呂公綽〉，頁 6。

〔註 142〕《長編》，卷 143，慶曆 3 年 9 月丁卯，頁 3444；《歐陽修全集・奏議集》，卷 4，〈論呂夷簡箚子〉，頁 800。

〔註 143〕茲舉二事以見之，《宋會要輯稿》，〈職官〉77 之 37：「呂申公夷簡平生朝會出入進止，皆有常處，不差尺寸。」頁 4151；《五朝名臣言行錄》，卷 6 之 1，〈丞相許國呂文靖公〉：「文靖夫人因內朝，皇后曰：『上好食糟淮白魚，祖宗舊制，不得取食味於四方，無從可致。相公家壽州，當有之。』夫人歸，欲以十奩為進，公見問之，夫人告以故。公曰：『兩奩可耳。』夫人曰：『以備玉食，何惜也？』公愀然曰：『玉食所無之物，人臣之家，安得有十奩也！』」頁 109。

〔註 144〕《長編》，卷 152，慶曆 4 年 9 月戊辰，頁 3698。

〔註 145〕關於范呂解仇之史料及爭論極多，不詳引，參考王德毅，〈呂夷簡與范仲淹〉，頁 165。

〔註 146〕宋・黎靖德，《朱子語類》，卷 129，〈本朝〉3，北京：中華書局，1986 年，頁 3087。

〔註 147〕《宋史》，卷 265，〈呂蒙正傳〉，頁 9149；《長編》，卷 103，天聖 2 年 3 月壬子，頁 2354。

〔註 148〕宋・韓元吉，《南澗甲乙稿》，卷 20，〈左太中大夫充龍圖閣待制致仕贈左正奉大夫呂公墓誌銘〉，《叢書集成初編》，上海：商務印書館，1936 年，頁 394。

亦隨往，[註150] 其事蹟不詳，但其曾孫呂廣問（1103～1175）為呂家第八代之重要人物，下文會詳加討論。

（三）全盛期與中衰

夷簡以後，呂氏家族之發展進入全盛時期，第六代族人均於朝廷中高踞要津。但承前所論，蒙正一支之發展遠不如夷簡後人發達，據蒙正神道碑載：「孫二十五人，曾孫三十一人」，「孫皆有官，而曾孫亦有出仕者」，[註151] 但蒙正一房第六及第七代人事蹟可考者只昌辰、昌宗、昌祐、昌齡、昌緒、仲敏、仲履、仲耒及仲甫寥寥數人而已，想來其他人均為官不大，甚或早夭，故不見載於史冊。

昌辰為呂務簡子，「以世父蔭調和州歷陽漢州雒縣兩主簿，徙江寧建寧令，父喪不之官，服除調萊州推官」，後「遷荊南推官，又補商州，坐州將累免，以山南東道推官知金州石泉縣，改清海軍推官知桂州修仁縣」，卒年六十一。昌辰雖生貴家，但不以一毫取人，故家極貧，至死無以斂蓋，娶妻劉氏，有子六人。其中仲敏為通直郎知鄆州陽穀縣，仲履和仲耒舉進士，但以後事蹟不可考，其餘均早死。[註152]

昌宗為呂師簡子，以父遺表恩試將作監主簿，[註153] 事蹟未詳。呂昌祐曾以將作監主簿遷太常寺太祝，[註154] 事蹟亦不可考。呂昌齡的父親不知為

[註149]《琬琰集》，下卷8，〈呂夷簡神道碑〉，頁10。

[註150] 張方平撰寫的神道碑提到呂夷簡與宗簡「休暇相對談名理之蹟，不及公家之事」，所謂「休」、「暇」的時候常常聊天，或可猜估他們兄弟至少住得很近。另，宋・佚名，《異聞總錄》，卷4記：「呂文靖公宅在京師榆林巷，群從數十。遇時節朔望，則昧旦共集於一處，以須尊者之出。文穆公之孫公雅，年十八歲，時當元日謹禮，以卑幼故起太早……。」《筆記小說大觀》，江蘇：揚州古籍書店，1983年，頁8。呂公雅是呂宗簡的兒子，他住在呂夷簡在京師的大宅，或可反映夷簡、宗簡兄弟友愛，故聚族同居。又見本文第五章之討論。

[註151]《琬琰集》，上卷15，〈呂文穆公蒙正神道碑〉，頁8。

[註152]《忠肅集》，卷13，〈清海軍推官呂君墓誌銘〉，頁189。

[註153] 宋・王安石，《臨川先生文集》，卷52，〈光祿少卿知單州呂師簡遺表次男昌宗試將作監主簿制〉，香港：中華書局，1971年，頁558。據此制可知師簡至少還有一子，但其生平也不可考。

[註154] 案，就筆者所蒐集到的宋代史料中，只沈遘提及呂昌祐，見宋・沈遘，《西溪文集》，卷4，〈將作監主簿呂昌祐可太常寺太祝〉，《四部叢刊續編》，臺北：商務印書館，1966年，頁72。此文稱讚呂昌祐時說：「以爾故相之後」，考宋初呂氏為相者，只呂餘慶呂端及呂蒙正二族，而餘慶族人並無以「昌」字排輩，故其必為蒙正之孫。姚紅，《宋代東萊呂氏家族及其文獻考論》，頁24，

何人，昌齡曾因族父呂夷簡不予進用而生怨，助王曾攻夷簡；〔註155〕後張方平（1007～1091）舉昌齡爲三司判官，〔註156〕方平爲呂夷簡黨，〔註157〕可見昌齡、夷簡二人關係有所改善。呂昌齡曾爲江南轉運使，有以贓誣之者，卒賴御史台推直官單煦爲之明辨；〔註158〕歷官群牧判官、國子博士，〔註159〕妻爲都官郎中王世昌（955～1032）女。〔註160〕

呂昌緒亦是呂蒙正孫，但史料所限，其父同樣未知是何人。昌緒歷官亳州司法，妻爲丞相蘇頌（1020～1101）長妹，歸三年而昌緒卒，有子二人，亦早卒。〔註161〕蒙正八子早卒，昌緒亦復如是，其後人未如夷簡一房之盛，設想壽命不長是其要因。

蒙正一房中，除昌齡外，以曾孫呂仲甫事蹟最可考。〔註162〕呂仲甫，

謂昌祐是呂居簡之子，卻完全沒有解釋，不知何據？想必又是後人編修的《莘湖呂氏宗譜》而已。
〔註155〕《五朝名臣言行錄》，卷5之2，〈丞相李文定公〉，頁94；《龍川別志》，卷上，頁81。按昌齡既爲夷簡族子，而呂氏族人中只蒙正之孫以「昌」字排輩，故其必爲蒙正之孫。不過，宋人史料卻沒有記載其父親之名，跟前註一樣，姚紅在沒有解釋下又逕稱昌齡是呂從簡兒子，見《宋代東萊呂氏家族及其文獻考論》，頁22
〔註156〕《樂全集》，卷30，〈舉呂昌齡充三司判官〉，頁9。
〔註157〕《長編》，卷137，慶曆2年閏9月壬午，頁3299。
〔註158〕宋・鄭克，《折獄龜鑑》，卷3，〈單孟陽鞫贓〉，北京：中華書局，1987年，頁152；《宋史》，卷333，〈單煦傳〉，頁10714。
〔註159〕《樂全集》，卷30，〈舉呂昌齡充三司判官〉，頁9；《長編》，卷159，慶曆6年7月癸卯，頁3842。另，宋・羅濬，《寶慶四明志》，卷1，〈郡守〉，《宋元地方志叢書》，臺北：大化書局，1980年，頁19～21；元・袁桷，《延祐四明志》，卷2，〈知府制置姓名〉，《宋元地方志叢書》，臺北：大化書局，1980年，頁6～7，兩書均有大觀三年朝奉郎尚書金部員外郎、知軍州兼市舶務呂昌齡的記載，惟大觀與慶曆相距六十多年，姚紅認爲二者並非同一人。其說可取，今從之。見《宋代東萊呂氏家族及其文獻考論》，頁22～23。
〔註160〕《歐陽修全集・居士外集》，卷11，〈都官郎中王公墓誌銘〉，頁441。
〔註161〕《蘇魏公文集》，卷62，〈萬壽縣令張君夫人蘇氏墓誌銘〉，頁951～952；卷71，〈祭亡妹張氏五縣君〉，頁1077。蘇頌撰寫的銘文並無提及呂昌緒的父親爲何人，姚紅同樣在沒有解釋和證據下說他是呂居簡的兒子，見姚紅，《宋代東萊呂氏家族及其文獻考論》，頁23。
〔註162〕清・陸心源，《宋詩紀事補遺》，卷22，〈呂仲甫〉，臺北：鼎文書局，1971年，頁12，稱仲甫爲蒙正孫，但蒙正孫實以「昌」字排輩，而前論之呂昌辰子仲敏、仲履及仲棐均以「仲」字名，故仲甫應爲蒙正曾孫。一如前面的情況，姚紅又是根據《莘湖呂氏宗譜》，逕稱仲甫是呂昌齡的兒子，見《宋代東萊呂氏家族及其文獻考論》，頁25。

字穆仲，登治平二年（1065）第；〔註163〕熙寧中以京寺丞爲抗州推官，與東坡（蘇軾，1037～1101）唱和；元豐七年（1084）提點河北東路刑獄，紹聖四年（1097）爲發運副使，元符元年（1098）移江淮荊浙路兼制置鹽礬茶事，後直祕閣、知荊南，二年坐奉使淮浙用妓樂宴集降一官。呂氏家族中名相公著、公弼兄弟均反對新法，但仲甫之態度則較爲審慎，故蔡卞（1048～1117）向哲宗語及仲甫時曰：「（仲甫）曉事卻不敢爲非，亦恐未可也。」崇寧元年（1102）復爲集賢殿修撰，後知鄧州，但終乃對新法採觀望態度，尋於二年落職知海州。〔註164〕新法黨爭對仲甫之打擊雖不至太大，但蒙正一房因前述諸故，於仲甫後族人遂不再見於史傳。（不過，八百年後，可能是呂蒙正一個女性後人的古墓卻重現於世，〔註165〕詳見本文第四章。）

　　與呂蒙正後人相比，夷簡一房到了第六代後發展蓬勃，爲呂氏家族之全盛時期。夷簡有七子，二早夭，呂公餗後亦卒，贈右贊善大夫；〔註166〕其餘諸子呂公綽、呂公弼、呂公著及呂公孺均大顯於當世。夷簡執政時，爲家族積極擴張勢力，子弟恩典已極，歐陽修及蔡襄先後力攻之，已見前論；而歐、蔡批評夷簡子弟最多者爲公綽。呂公綽，字仲裕（一字仲祐），隨父夷簡家開封，妻爲兵部員外郎上官佖女。公綽少補將作監丞、知陳留縣，天聖中爲館閣對讀，召試直集賢院，改校理，遷太子中允。夷簡薨，知制誥、拜

〔註163〕案，宋・林表民，《天台續集別編》，卷1，有呂穆仲，〈送羅仲之年兄出使二浙〉，《文淵閣四庫全書》，臺北：商務印書館，1986年，頁4～5，羅適登治平二年第，從呂仲甫稱羅適爲「年兄」，可知他亦同登榜第。羅適登科資料，見龔延明、祖慧，《宋代登科總錄》，桂林：廣西師範大學出版社，2014年，頁967。

〔註164〕仲甫事蹟，詳見：《長編》，卷348，元豐7年8月乙亥，頁8345；卷485，紹聖4年4月甲午，頁11527；卷493，紹聖4年12月癸卯，頁11720；卷494，元符元年2月庚子，頁11755；卷500，同年7月戊辰，頁11916；卷516，元符2年閏9月戊寅，頁12273；卷519，同年12月壬寅，頁12345；《宋會要輯稿》，〈選舉〉33之22，頁4766；〈食貨〉65之73，頁6193；宋・蘇軾，《東坡全集・續集》，卷2，〈曾元恕遊龍山呂穆仲不至〉，北京：中國書店，1986年，頁49；《東坡全集・前集》，卷7，〈寄呂穆仲寺丞〉，頁111；《東坡全集・外制集》，卷上，〈呂穆仲京都提刑〉；《宋大詔令集》，卷210，〈知應天府呂仲甫落修撰差遣依舊制〉，頁798；《宋史》，卷170，〈食貨〉，頁4332；《北宋經撫年表》，卷2，頁110及卷5，頁384；《宋詩紀事補遺》，卷22，〈呂仲甫〉，頁12。

〔註165〕合肥市文物管理處，〈合肥北宋馬紹庭夫妻合葬墓〉，《考古》，1991年，第3期，頁26～38，70。

〔註166〕《琬琰集》，下卷8，〈呂夷簡神道碑〉，頁9。

龍圖閣直學士知永興軍，徙秦州，召為龍圖閣學士知開封府，除翰林侍讀學士，移右司郎中，未拜而卒，年五十七，贈左諫議大夫。〔註167〕公綽於其父執政時，「多涉干請，喜名好進者趨之，時漏除拜以市恩，時人以比竇申。」故屢為包拯（999～1062）、歐陽修及蔡襄所抨擊，〔註168〕可知其人其勢。然而，公綽亦「通敏有才」，知開封府時察慝懲惡；〔註169〕知秦州，撫安遠砦諸羌；〔註170〕知鄭州，嘗問民疾苦，為奏免牛稅；〔註171〕歷官多所建白，判太常寺時對宗廟禮制頗多改革，〔註172〕且曾參予編修《崇文總目》。〔註173〕另一方面，公綽行事亦頗謹慎，夷簡當國時多請徙官以避父嫌，久處閒曹，〔註174〕故歐陽修及蔡襄雖曾批評公綽，但亦無影響其勢，其後王安石（1021～1086）更譽其能嗣父業，〔註175〕鄭獬（1022～1072）亦謂其雖為丞相子孫，卻能「自奮於世，累富貴而不傾」；〔註176〕公綽與其父又

〔註167〕《琬琰集》，中卷15，〈呂諫議公綽墓誌銘〉，頁4；《王華陽集》，卷38，〈翰林侍讀學士贈左諫議大夫呂公墓誌銘〉，頁506；《東都事略》，卷52，〈呂公綽傳〉，頁7；《宋史》，卷311，〈呂夷簡傳〉，頁10210；《北宋經撫年表》，卷3，頁187及241。

〔註168〕《長編》，卷145，慶曆3年11月癸未，頁3502；卷170，皇祐3年7月乙亥，頁4098；《端明集》，卷18，〈乞罷呂公綽糾察在京刑獄〉、〈再論呂公綽〉，頁5～7。

〔註169〕《折獄龜鑑》，卷5，〈呂公綽安眾〉，頁263；卷6，〈呂公綽疑仇〉，頁360。

〔註170〕《長編》，卷171，皇祐3年10月己卯，頁4111；《宋會要輯稿》，〈兵〉22之5，頁7146。

〔註171〕《琬琰集》，中卷15，〈呂諫議公綽墓誌銘〉，頁4；《王華陽集》，卷38，〈翰林侍讀學士贈左諫議大夫呂公墓誌銘〉，頁506；《東都事略》，卷52，〈呂公綽傳〉，頁7；《宋史》，卷311，〈呂夷簡傳〉，頁10210；《北宋經撫年表》，卷3，頁187及241。

〔註172〕《長編》，卷134，慶曆元年10月壬辰，頁3189；卷151，慶曆4年7月癸酉，頁3666；卷160，慶曆7年正月辛丑，頁3861；卷165，慶曆8年9月己亥，頁3968；《宋會要輯稿》，〈禮〉14之29，頁601；〈禮〉25之82，頁995～996；〈禮〉42之8，頁1411～1412。

〔註173〕《長編》，卷134，慶曆元年12月庚寅，頁3207；《春明退朝錄》，卷中，頁14。

〔註174〕《琬琰集》，中卷15，〈呂諫議公綽墓誌銘〉，頁4；《王華陽集》，卷38，〈翰林侍讀學士贈左諫議大夫呂公墓誌銘〉，頁506；《東都事略》，卷52，〈呂公綽傳〉，頁7；《宋史》，卷311，〈呂夷簡傳〉，頁10210；《北宋經撫年表》，卷3，頁187及241；《長編》，卷116，景祐2年4月戊寅，頁2729；卷140，慶曆3年4月戊申，頁3365。

〔註175〕《臨川先生文集》，卷85，〈祭呂侍讀文〉，頁889。

〔註176〕宋・鄭獬，《鄖溪集》，卷5，〈職方員外郎呂希道父翰林侍讀學士右司郎中公

均曾掌誥，時人榮之。〔註177〕

　　呂公孺字稚卿，夷簡季子，以父任爲奉禮郎，康定元年（1040）賜同進士出身，〔註178〕先後娶張士遜（964～1049）女、〔註179〕鄭戩（992～1049）女爲妻。〔註180〕仁宗時歷知澤、潁、廬、常四州，提點福建、河北路刑獄，入爲開封府推官，後判都水監，改陝西轉運使；神宗時歷知渭州、鄆州、蔡州、秦州；元祐初加龍圖閣直學士，遷刑部侍郎、知開封府，後擢戶部尚書，卒年七十。〔註181〕韓絳（1012～1088）曾指「公孺父夷簡執政日，公孺兄公綽受四方賂遣，往往爲公孺恐喝奪之，又與綽小女姦。」然此事恐非眞實，公孺曾自訟爲絳所誣，乞置獄考實；〔註182〕孫升（1038～1099）又曾指公孺「文學本非所能，行義不爲人稱，徒以世家致位通顯。」〔註183〕案家世對呂氏兄弟之幫助，已見前論夷簡一節，但呂氏兄弟能大顯於當世者，實有其本身之才華，前論之公綽就是一例。至於公孺，其判吏部南曹，「占對詳敏，仁宗以爲可用」；爲開封府推官，尹包拯善其守；知河陽，定洛口兵之變；知秦州，借提舉司錢救恤屬蕃弓箭手；知開封府，治明政寬。〔註184〕凡此種種，均爲公孺之善政，包拯曾攻擊公綽，卻稱頌公孺，及爲三司使，公孺爲判官，事皆咨決之，正可反映公孺之爲人。史稱「公孺廉儉，與人寡合。嘗護曹佾喪，得厚餉，辭不受，談者清其節焉。」〔註185〕卒贈右光祿大夫。〔註186〕

　　公綽、公孺均能保持家族勢力，而公弼和公著兄弟更把呂氏的發展推至高峰，繼父夷簡爲相後，公弼先爲樞使，公著繼任宰相，此實爲呂氏家族之

　　　　綽可贈尙書戶部侍郎制〉，《四庫全書珍本三集》，臺北：商務印書館，1972年，頁16。

〔註177〕《春明退朝錄》，卷上，頁10；《類苑》，卷24，〈衣冠盛事〉，頁292。
〔註178〕《宋會要輯稿》，〈選舉〉9之9，頁4401。
〔註179〕《琬琰集》上，卷4，〈張文懿公士遜舊德之碑〉，頁13。
〔註180〕《王華陽集》，卷51，〈丹陽郡夫人李氏墓誌銘〉，頁11。
〔註181〕《宋史》，卷311，〈呂夷簡傳〉，頁10215；《東都事略》，卷52，〈呂公孺傳〉，頁9；《北宋經撫年表》，卷2，頁86、134及158；卷3，頁191及243。
〔註182〕《長編》，卷189，嘉祐4年5月戊午，頁4567。
〔註183〕《長編》，卷400，元祐2年5月癸丑，頁9742。
〔註184〕《長編》，卷299，元豐2年8月丁未，頁7281；卷323，元豐5年2月丙子，頁7791～7792；卷423，元祐4年3月丙子，頁10232；《宋史》，卷311，〈呂夷簡傳〉，頁10215。
〔註185〕《宋史》，卷311，〈呂夷簡傳〉，頁10265。
〔註186〕《長編》，卷439，元祐5年3月壬辰，頁10585；《宋會要輯稿》，〈儀制〉11之9，頁2029。

全盛時期。呂公弼，字寶臣，公綽弟，任爲將作監簿，賜進士出身，積遷直
史館、河北轉運使，後擢都轉運使、知瀛州，入權開封府；改同群牧使，以
樞密直學士知渭、延二州，徙成都府。英宗罷三司使蔡襄，召公弼代之，後
拜樞密副使；神宗立，拜爲樞密使凡六年，後以劾安石而罷爲觀文殿學士知
太原府，俄判秦州，卒年七十六，先後娶扈氏及王旦女爲妻。〔註187〕公弼
之出身頗得父蔭，明道二年（1033）夷簡上《三寶讚》而得賜公弼進士出身；
〔註188〕仁宗因念夷簡，聞公弼有才，書其名於殿柱，嘗語宰相曰：「公弼甚
似其父」，乃授龍圖閣直學士，並特增群牧使一名額以任公弼；〔註189〕年十
九便以水部員外郎知廬州，〔註190〕可見其進用之速。但公弼實頗具才能，
故當諫官陳旭言其只藉父蔭而不當除轉運使時，仁宗卻不取旭言；余靖也曾
謂「議者論其（公弼）才，但云故相之子，所以進用太速。」〔註191〕公弼
爲都轉運使，通御河，漕粟實塞下；治成都府，威名有播，軍紀肅然；知太
原府，拒夏人，保麟州；熙寧年間，韓絳議復肉刑，公弼力陳不可，終爲之
止，〔註192〕可見其賢。故歐陽修等雖曾力攻呂氏父子，但歐陽修後與公弼
相善；而公弼亦曾薦歐陽修，並爲蔡襄辨誣。〔註193〕公弼見重於仁、英、

〔註187〕《琬琰集》，上卷26，〈呂惠穆公公弼神道碑〉，頁1：宋・王安禮，《王魏公
　　　　集》，卷7，〈呂公弼行狀〉，《四庫全書珍本別輯》，臺北：商務印書館，1975
　　　　年，頁27：《東都事略》，卷52，〈呂公弼傳〉，頁7：卷7，〈本紀〉7，頁2：
　　　　《宋史》，卷311，〈呂夷簡傳〉，頁10212；《北宋經撫年表》，卷2，頁131：
　　　　卷3，頁173、203、215及卷5，頁367。
〔註188〕《長編》，卷112，明道2年正月己丑，頁2604；《宋會要輯稿》，〈選舉〉9
　　　　之8，頁4400。
〔註189〕《長編》，卷176，至和元年7月己巳，頁4267。
〔註190〕宋・王林，《燕翼詒謀錄》，卷5，北京：中華書局，1981年，頁55。
〔註191〕《長編》，卷147，慶曆4年3月己巳，頁3555；卷170，皇祐3年4月辛丑，
　　　　頁4089。
〔註192〕《琬琰集》，上卷26，〈呂惠穆公公弼神道碑〉，頁1；《王魏公集》，卷7，〈呂
　　　　公弼行狀〉，頁27；《東都事略》，卷52，〈呂公弼傳〉，頁7：卷7，〈本紀〉7，
　　　　頁2；《宋史》，卷311，〈呂夷簡傳〉，頁10212；《北宋經撫年表》，卷2，頁
　　　　131：卷3，頁173、203、215及卷5，頁367；《長編》卷171，皇祐3年9
　　　　月己未，頁4109～4110；卷192，嘉祐5年12月戊寅，頁4654；宋・呂陶，
　　　　《淨德集》，卷13，〈重修成都西樓記〉，《叢書集成初編》，上海：商務印書
　　　　館，1936年，頁138；宋・朱弁，《曲洧舊聞》，卷9，《筆記小說大觀》，江
　　　　蘇：揚州古籍書店，1983年，頁2。
〔註193〕《歐陽修全集・表奏書啓四六集》，卷7，〈賀樞密使呂太傅公弼書〉，頁763；
　　　　《樂全集》，卷2，〈熙寧壬子歲寄丁未同甲諸公秦亭呂宣徽寶臣汝陰歐陽少

神宗三朝，先後任三司使、樞密副使及正使，兼軍、經大權，〔註194〕與父親及兄弟先後秉政，時譽隆之，終諡惠穆，神宗爲輟朝二日。〔註195〕然而，公弼行事同樣小心謹慎，其爲樞密使，弟公著除御史中丞，公弼乃乞罷樞密，公著亦辭；〔註196〕兄弟同參大政，仍能謙退自辭，家族及自身之發展自不易爲人攻擊。

呂公著，字晦叔，公弼弟，妻爲魯宗道（996～1029）女。恩補奉禮郎，登進士第，歷官通判潁州、崇文院檢討、同判太常寺、天章閣待制兼侍讀；英宗親政，加龍圖閣直學士、知蔡州；神宗召爲翰林學士、知開封府、御史中丞，元祐初拜尙書右僕射兼中書侍郎，後拜司空、同平章軍國事，元祐四年（1089）薨，年七十二，贈太師、申國公，諡曰正獻，御書碑首曰「純誠厚德」。〔註197〕公著少時已穎異，夷簡謂「此兒必作相」；〔註198〕其父當政時，公著自書舖投應舉家狀，敝衣蹇驢，謙退如寒素，人不知爲宰相子，〔註199〕後果登科在第一甲，但夷簡未唱名先奏於朝，自陳公著詩賦得意，恐在高第致嫌疑，乞降十名後，竟從之。〔註200〕

夷簡之謹愼，加上公著之謙退，得蔭三十年「未曾有所干請」，〔註201〕終使呂氏一族名譽隆極，連攻呂氏父子最力之歐陽修及范仲淹，也以公著有賢行，還朝後力薦之，終成莫逆之交。〔註202〕案公著識量深敏，任政期間，

師永叔京下王尚書仲義〉，頁15；《宋會要輯稿》，〈儀制〉3之23，頁1883；《長編》，卷204，治平2年2月辛丑，頁4946。
〔註194〕孔東，《宋代東萊呂氏之族望及其貢獻》，頁65。
〔註195〕《長編》，卷243，熙寧6年3月丙辰，頁5918；《宋會要輯稿》，〈禮〉41之43，頁1399、及〈禮〉41之46，頁1400；《朝野雜記》，甲集卷9，〈國朝父子祖孫兄弟宰執數〉，頁108；《春明退朝錄》，卷上，頁7；《卻掃編》，卷上，頁12。
〔註196〕《東軒筆錄》，卷5，頁53；《石林燕語》，卷9，頁138。
〔註197〕《宋史》，卷336，〈呂公著傳〉，頁10772；《琬琰集》，下卷10，〈呂正獻公公著傳〉，頁1；《三朝名臣言行錄》，卷8之1，〈丞相申國呂正獻公〉，頁175；《東都事略》，卷88，〈呂公著傳〉，頁1。
〔註198〕丁傳靖，《宋人軼事彙編》，卷6，北京：中華書局，1981年，頁268。
〔註199〕《宋人軼事彙編》，卷6，頁269；《曲洧舊聞》，卷4，頁4。
〔註200〕《丞相魏公譚訓》，卷4，頁1142。
〔註201〕《長編》，卷175，皇祐5年8月壬子，頁4229；《宋會要輯稿》，〈選舉〉33之8，頁4759。
〔註202〕宋・張邦基，《墨莊漫錄》，卷8，《筆記小說大觀》，江蘇：揚州古籍書店，1983年，頁5；《歐陽修全集・表奏書啓四六書》，卷2，〈舉呂公著自代狀〉，頁691；卷7，〈與開封府呂內翰公著啓〉，頁764及769；《歐陽修全集・奏

政通人和，多所興革，百姓歡呼鼓舞；〔註203〕且又好薦賢，〔註204〕曾薦名士
周敦頤（1017～1073）、〔註205〕張載（1020～1077）張戩（1030～1076）兄弟
〔註206〕及程頤（1033～1107）等，〔註207〕故當時「二府大臣，皆公厚善，或
所汲引。」〔註208〕子弟親戚，遍布於朝。〔註209〕此外，呂氏爲「百年舊族，
荷累朝不貲之恩」，〔註210〕公著又繼其父爲平章軍國事，並兼僕射；〔註211〕
且甚得神宗及宣仁后（1032～1093）信任，神宗曾謂：「來春建儲，以司馬光、
呂公著爲師保。」以爲非二公不可託聖子也，〔註212〕宣仁后則以公著年老故，
詔使入朝凡有拜禮，宜並特免，並許其致仕後俸賜依宰相例，且一月三赴經
筵、二日一朝；〔註213〕卒時帝爲輟朝三日，且親臨其第祭奠，〔註214〕家族勢

議集》，卷14，〈薦王安石呂公著箚子〉，頁870；《歐陽修全集·書簡》，卷2，
〈與呂正獻〉，頁1232；《三朝名臣言行錄》，卷8之1，〈丞相申國呂正獻公〉，
頁175；同書同卷2之2，〈參政歐陽文忠公〉，頁59。

〔註203〕 《宋史》，卷336，〈呂公著傳〉，頁10772；《琬琰集》，下卷10，〈呂正獻公
公著傳〉，頁1；《三朝名臣言行錄》，卷8之1，〈丞相申國呂正獻公〉，頁175；
《東都事略》，卷88，〈呂公著傳〉，頁1。

〔註204〕 《三朝名臣言行錄》，卷8之1，〈丞相申國呂正獻公〉，頁197；宋·呂本中，
《童蒙訓》，卷上，《萬有文庫薈要》，臺北：商務印書館，1965年，頁2～3；
又宋·呂希哲，《呂氏雜記》，卷下，《四庫全書珍本別輯》，臺北：商務印書
館，1975年，頁9。

〔註205〕 《童蒙訓》，卷上，頁1。

〔註206〕 《童蒙訓》，卷上，頁2；《宋會要輯稿》，〈選舉〉33之11，頁4761。

〔註207〕 《長編》，卷361，元豐8年11月丁巳，頁8648。

〔註208〕 宋·汪應辰，《文定集》，卷10，〈讀申國春秋〉，《四庫全書珍本十集》，臺北：
商務印書館，1979年，頁118。

〔註209〕 《長編》，卷411，元祐3年5月丁巳，頁9997～9998；卷413，同年8月辛
丑，頁10044～10048；卷417，同年11月戊辰，頁10133～10135；宋·劉
安世，《盡言集》，卷1，〈論差除多執政親戚〉及〈論歐陽棐差除不當〉，《叢
書集成初編》，上海：商務印書館，1936年，頁5～11；卷3，〈論胡宗愈除
右丞不當〉第8、10及12，頁37～44。

〔註210〕 宋·呂本中，《紫微詩話》，載於《說郛三種》，頁9。

〔註211〕 《類苑》，卷24，〈衣冠盛事·呂文靖〉，頁286；《澠水燕談錄》，卷2，〈名
臣〉，頁19；孔東，《宋代東萊呂氏之族望及其貢獻》，頁61及68。

〔註212〕 《邵氏聞見錄》，卷11，頁115。

〔註213〕 《長編》，卷404，元祐2年8月癸卯，頁9844～9845；卷409，元祐3年4
月辛巳，頁9963～9965；《宋會要輯稿》，〈禮〉59之5，頁1672、及〈職官〉
57之47，頁3675。

〔註214〕 《長編》，卷422，元祐4年2月甲辰，頁10210～10211；《宋會要輯稿》，〈禮〉
41之4，頁1379、41之19，頁1387、及41之42，頁1398。

力之發展，至此爲顚峰。

顚峰過後，往往代表開始走下陂，呂氏家族之勢力亦復如是，而其中之關鍵爲王安石變法。案安石本與呂氏兄弟相善，與公著素相厚，介甫自少氣高一世，獨屈服推重公著一人，待之甚恭，以爲「呂十六不作相，天下不太平。」曾舉公著自代。〔註215〕安石與公著爲同年進士，時「韓、呂朝廷之世臣也，天下之士，不出於韓，即出於呂」，安石乃深交韓、呂二家，公著等乃爲其爭揚於朝，安石之名始盛。〔註216〕安石任事後，欲公著等爲助，故薦之爲中丞，而公著亦多舉條例司人作台官。既而天下苦條例司之害，公弼數言宜務安靜，先爲安石貶逐，公著亦請罷條例司及青苗法，終出知潁州。〔註217〕及後宣仁臨朝，呂公著、司馬光（1019～1086）同參大政，罷黜新法；〔註218〕惟哲宗親政後，復用新黨，紹聖紹述，公著等屢遭追貶，〔註219〕崇寧黨禍起，公著及三子呂希純、呂希哲、呂希績等入黨籍，〔註220〕使呂氏家族勢力受到嚴重打擊。〔註221〕

〔註215〕《邵氏聞見錄》，卷12，頁125～126；《臨川先生文集》，卷40，〈舉呂公著自代狀〉，頁436；《文集定》，卷11，〈跋王荊公與呂申公書〉，頁127。

〔註216〕《邵氏聞見錄》，卷3，頁24；《三朝名臣言行錄》，卷6之2，〈丞相荊國王文公〉，頁133。

〔註217〕《長編》，卷210，熙寧3年4月丁丑，頁5100；卷213，同年7月壬辰，頁5166；卷237，熙寧5年8月己卯，頁5758；《宋會要輯稿》，〈食貨〉5之4，頁4862～4863；《邵氏聞見錄》，卷12，頁125。

〔註218〕《長編》，卷357，元豐8年6月戊子，頁8550～8555；《三朝名臣言行錄》，卷8之1，〈丞相申國呂正獻公〉，頁182～189；《東都事略》，卷14，〈英宗宣仁聖烈皇后高氏〉，頁1。

〔註219〕《長編》，卷486，紹聖4年4月辛丑，頁11538～11544；《宋會要輯稿》，〈職官〉67之9，頁3892；71之27，頁3985。

〔註220〕宋‧李心傳，《道命錄》，卷2，〈元祐黨籍碑〉，《叢書集成初編》，上海：商務印書館，1936年，頁15；宋‧張綱，《華陽集》，卷18，〈看詳元祐黨人狀〉，《四庫全書珍本三集》，臺北：商務印書館，1972年，頁8；宋‧馬純，《陶朱新錄》，載於《說郛三種》，頁7；《宋元學案》，卷96，〈元祐黨案〉，頁3149。

〔註221〕筆者這個研究初稿完成二十年後，姚紅和紀雲華研究呂家的著作亦詳述了王安石新法對呂氏家族的打擊，紀雲華的碩士論文更有專節〈宋代河南呂氏家族與熙寧新法及新舊黨爭〉，但兩文似無新的觀點。見姚紅，《宋代東萊呂氏家族及其文獻考論》，頁89～111；紀雲華，〈宋代河南呂氏家族研究〉，頁18～28。紀雲華更在文中說：「呂氏成員中只有一人站在了家族的對立面，跟隨王安石實施新法，那就是呂嘉問。」（頁24）此說明顯有誤，我們在後文提到的呂公雅，他就是另一個支持新法的呂氏族人，事俱載於《長編》，紀雲華之論，叫人不明。

　　第七代族人之發展是呂氏家族之中衰期。公綽有六子，二早亡未名，長子希傑，歷官太常博士、殿中丞、通判鄭州，妻爲王旦長子王雍（988～1045）女；〔註222〕次子希道（1025～1091），字景純，妻爲虞部郎中王珣瑜女，慶曆六年（1041）以遺恩呂試學士院，賜進士出身，歷知解、和、滁、汝、澶、亳、湖諸州及吳興六邑，又曾爲河南群牧使、中散大夫、開封府推官、屯田員外郎，終爲少府少監，元祐六年（1091）卒。熙寧、元豐間，士急於進取，希道獨雍容安分，遇事不可必力爭；及元祐初，吏道寬平，希道雅量自如，亦不改其故，以此甚爲時所稱。〔註223〕公綽三子希俊，官太常寺太祝，妻爲尚書工部侍郎傅求（1003～1073）女；〔註224〕季子希亞，秘書省正字，妻爲吏部尚書王拱辰（1012～1085）女，〔註225〕曾坐李中師（1015～1075）獄（見第四章）。〔註226〕公弼亦有四子，希逸官右贊善大夫贈尚書司門員外郎，希仁大理評事贈殿中丞，均早亡；希明官祕書省校書郎，希彥贊善大夫簽判陝州、邠州，累遷驍騎尉、尚書庫部員外郎。〔註227〕

　　公綽、公弼子均不甚顯，公著諸子則極得時譽，卻飽受新法黨爭打擊。公著長子希哲，字原明，妻爲張昷之（985～1062）女，以恩補官，元祐中除尚書兵部員外郎崇政殿說書，其本與王安石善，從之學；紹聖初出知太平州，

〔註222〕《琬琰集》，中卷15，〈呂諫議公綽墓誌銘〉，頁11；《王華陽集》，卷38，〈翰林侍讀學士贈左諫議大夫呂公墓誌銘〉，頁511；《蘇舜欽集》，卷15，〈兩浙路轉運使司封郎中王公墓表〉，頁229。

〔註223〕《范太史集》，卷42，〈左中散大夫守少府監呂公墓誌銘〉，頁5；《長編》，卷256，熙寧7年9月丙午，頁6251；卷439，元祐5年3月丁亥，頁10581；《宋會要輯稿》，〈選舉〉9之11，頁4402；宋・談鑰，《嘉泰吳興志》，卷14，〈郡守提名〉，《宋元地方志叢書》，臺北：大化書局，1980年，頁41；清・陸心源，《宋史翼》，卷1，〈呂希道傳〉，臺北，文海出版社，1967年，頁18。

〔註224〕《琬琰集》，中卷15，〈呂諫議公綽墓誌銘〉，頁11；《王華陽集》，卷38，〈翰林侍讀學士贈左諫議大夫呂公墓誌銘〉，頁511；《蘇舜欽集》，卷15，〈兩浙路轉運使司封郎中王公墓表〉，頁229；《樂全集》，卷36，〈傅求神道碑〉，頁42。

〔註225〕宋・劉敞，《公是集》，卷51，〈王開府行狀〉，《文淵閣四庫全書》，臺北：商務印書館，1986年，頁23。

〔註226〕《琬琰集》，中卷15，〈呂諫議公綽墓誌銘〉，頁11；《王華陽集》，卷38，〈翰林侍讀學士贈左諫議大夫呂公墓誌銘〉，頁511；《蘇舜欽集》，卷15，〈兩浙路轉運使司封郎中王公墓表〉，頁229。

〔註227〕《琬琰集》，上集卷26，〈呂惠穆公神道碑〉，頁7；《王魏公集》，卷7，〈呂公弼行狀〉，頁35；《長編》，卷207，治平3年正月丙子，頁5022；宋・梅堯臣，《梅堯臣集》，卷27，〈送呂寺丞希彥邠州簽判〉，上海：上海古籍出版社，1980年，頁986；《宋詩紀事補遺》，卷16，〈呂希彥〉，頁1。

降官分司南京，居和州；徽宗即位，稍復舊官，知單州，召爲光祿少卿，以直祕閣知曹州，尋奪職知相州、邢州，罷爲宮祠，羈寓淮、泗間，十餘年卒，年七十八。〔註228〕公著次子希績，字紀常，先後娶錢暄（1018～1085）及吳充（1021～1080）女，有賢操。元祐中爲兵部員外郎，除淮南路轉運副使，知壽州，以庶官入元祐黨籍，分司南京光州居住，後以壽終。〔註229〕希績弟希純，字子進，登第，先後娶宋敏求（1019～1079）女及程嗣弼（1027～1086）女。歷太常博士、宗正、秘書丞，拜中書舍人；章惇（1035～1105）既相，出爲寶文閣待制、知亳州，爲張商英（1043～1121）力攻，連徙睦州、歸州。公著追貶，希純亦以屯田員外郎分司南京，居金州，又責舒州團練副使，道州安置，終入崇寧黨籍，卒年六十。〔註230〕據史傳載，公著止三子，但《長編》曾言公著有一男名希孟，然無述其事蹟，〔註231〕今姑錄之以備考。

公著三子均入黨籍，分謫異地居住，史稱希哲「謫居歷陽，閉戶卻掃，不交人物」，「晚居宿州眞揚間十餘年，衣食不給，有至絕糧數日者」，〔註232〕可見黨禍使呂氏家族沒落。然而，希哲兄弟頗有時譽，三人均登《宋元學案》，希哲少從焦千之（？～1080）、孫復（992～1057）、石介、胡瑗（993～1059）學，復從二程、張載遊，學者稱榮陽先生，晚年名益重，遠近皆師尊之。〔註233〕事

〔註228〕《呂東萊先生文集》，卷9，〈家傳〉，頁203；宋・朱熹，《伊洛淵源錄》，卷7，〈呂侍講家傳〉，《叢書集成初編》，上海：商務印書館，1936年，頁65；《宋史》，卷336，〈呂公著傳〉，頁10777；《三朝名臣言行錄》，卷8之1，〈崇政殿說書榮陽呂公〉，頁198～201；《東都事略》，卷88，〈呂希哲傳〉，頁5。

〔註229〕《東都事略》，卷88，〈呂希績傳〉，頁6；《宋史翼》，卷1，〈呂希績傳〉，頁19；《范太史集》，卷42，〈安康郡太夫人胡氏墓誌銘〉，頁4；《琬琰集》中，卷27，〈吳正憲公充墓誌銘〉，頁8。

〔註230〕《東都事略》，卷88，〈呂希純傳〉，頁6；《宋史》，卷336，〈呂公著傳〉，頁10779；《范太史集》，卷38，〈朝議大夫致仕程公墓誌銘〉，頁17；《蘇魏公文集》，卷51，〈龍圖閣直學士修國史宋公神道碑〉，頁771。

〔註231〕《長編》，卷518，元符2年11月辛卯：「大宗正司言據故公著男希孟狀，係袒免以外三世無官並無請俸之人，合存卹或賜田土。詔特依袒免外兩世條支破錢米屋舍。」頁12337。

〔註232〕《三朝名臣言行錄》，卷8之1，〈崇政殿說書榮陽呂公〉，頁201；宋・吳曾，《能改齋漫錄》，卷12，〈養病不如閒〉，上海：商務印書館，1984年，頁342；宋・呂本中，《少儀外傳》，卷下，《叢書集成初編》，上海：商務印書館，1936年，頁40。

〔註233〕詳見《宋元學案》，卷19，〈范呂諸儒學案〉，頁807；卷23，〈榮陽學案〉，頁902；何炳松，《浙東學派溯源》，北京：中華書局，1989年，頁195；劉昭仁，《呂東萊之文學與史學》，臺北：文史哲出版社，1986年，頁9；潘富

實上，呂氏自公著講學以後，便成為當世學者之領導，故日人衣川強以為由公著而後，出政治家之呂氏轉為出學者。〔註234〕呂氏家族之崛興，乃依靠蒙正、夷簡二代之經營，至公著一代雖攀頂峰，但經新法黨爭之打擊，加上呂氏族人轉向學術研究，缺乏具政治魅力之人如夷簡輩，故家族勢力遂趨下墮。

俗語有謂「破船也有三分鐵」，呂家雖受新法黨爭打擊，家族勢力發展受挫，然其仍有一定之基礎，故終能與宋室相始終。另一方面，呂氏家族族人多有任官參政者，其政見自無可能相同統一，故公著兄弟雖反對新法，前論之呂仲甫卻態度審慎，而呂公雅、呂嘉問等其他族人更黨附新法。因此，新法黨爭對呂氏家族發展之影響程度，頗耐人尋味。

呂公雅，夷簡弟宗簡子，仕至徽猷閣待制，贈少師，妻安氏。〔註235〕公雅生平，我們所知甚少，其年少時曾居於伯父夷簡在京師榆林巷之宅，〔註236〕後歷官提舉開封府界保甲保馬、同管勾京西路保甲保馬，知濠州、毗陵、蘇州、齊州及管勾鴻慶宮、少府少監等。〔註237〕公雅在元豐、元祐、紹聖年間，曾提舉開封府界及京西路之保甲兼保馬，多所建言，〔註238〕可見他並不反對新法。期間，韓絳、孫升、陳次升（1044～1119）等均曾多次指公雅提舉保馬急圖己功，將十五年合買之馬作二年半買足，使民力困弊，〔註239〕反映公雅遵行新法圖利。可惜由於史料缺乏，我們無法知道公雅以後之情況，而其子

恩、徐餘慶，《呂祖謙思想初探》，杭州：浙江人民出版社，1984年，頁1。

〔註234〕衣川強，〈宋代の名族——河南呂氏の場合〉，《宋代官僚社會史研究》，頁101～109。

〔註235〕《南澗甲乙稿》，卷20，〈左太中大夫充龍圖閣待制致仕贈左正奉大夫呂公墓誌銘〉，頁394。

〔註236〕《異聞總錄》，卷4，頁8；《宋人軼事彙編》，卷6，頁271。

〔註237〕《長編》，卷356，元豐8年5月庚子，頁8514；卷448，元祐5年9月丁丑，頁10769；卷490，紹聖4年8月丙申，頁11627；卷508，元符2年4月乙酉，頁12106；《宋會要輯稿》，〈職官〉61之42，頁3775、及77之60，頁4162；宋·史能之，《咸淳毗陵志》，卷8，〈秩官〉，《宋元地方志叢書》，臺北：大化書局，1980年，頁6。

〔註238〕《長編》，卷335，元豐6年6月戊辰，頁8086；卷341，同年12月甲申，頁8212；卷343，元豐7年2月庚午，頁8235；卷344，同年3月癸丑，頁8258及11；卷345，同年7月辛未，頁8271；卷350，同年12月戊寅，頁8394。

〔註239〕《長編》，卷346，元豐7年6月庚辰，頁8309；卷368，元祐元年閏2月庚寅，頁8855；卷434，元祐4年10月壬寅，頁20461；卷492，紹聖4年10月乙酉，頁11679～11680。

希朴亦僅知他仕至承議郎，贈右正議大夫，配張氏。〔註240〕呂氏第六、七代族人都因新法被貶，但公雅卻因此獲利，對其一支勢力之發展，應有一定的幫助。最後，附帶一提呂氏第六、七代還有數人，族屬及生平不詳，其中呂希常只知是夷簡族孫，〔註241〕紹興五年（1135）知平江府長州縣，〔註242〕八至十年監六部門兼權右侍郎，〔註243〕十三年以右朝散郎除司農少卿總領淮東；〔註244〕呂希圓，只知是蒙正曾孫，紹興甲子倅洋州，子宣問歷官錄事參軍、峽州推官，改知蘄春縣，先後娶李氏和韓氏；〔註245〕呂仲儀及其子希元更只知為希哲族人而已。〔註246〕

呂氏與新法之關係，除公雅之外，第八代的呂嘉問更是重要。呂嘉問，字望之，以蔭入官，與王安石善，〔註247〕安石變法，熙寧初引嘉問為條例司屬，後命其提舉市易務。居二年，連以羨課受賞，神宗聞其擾民，安石力保之；後遭曾布（1036～1107）、何琬治劾，出知常州、江寧府、潤州，繼又遭削三秩，黜知淮陽軍。紹聖中，擢寶文閣待制、戶部侍郎，加直學士，知開封府，專附章惇、蔡卞，後罷知懷州，徽宗時分司南京、光州居住，郢州安置。〔註248〕紹聖末以雜學士守成都，被誣搆，以貴品責散官安置，領宮祠二

〔註240〕《南澗甲乙稿》，卷20，〈左太中大夫充龍圖閣待制致仕贈左正奉大夫呂公墓誌銘〉，頁394。

〔註241〕元・張鉉，《至正金陵新志》，卷13上，〈宋・游宦〉，《宋元地方志叢書》，臺北：大化書局，1980年，頁39。

〔註242〕《宋會要輯稿》，〈食貨〉14之24，頁5050；65之82，頁6197。

〔註243〕《朝野雜記》，乙集卷13，〈六部監門官〉，頁509；《宋史》，卷163，〈職官〉3，頁3836。

〔註244〕《宋會要輯稿》，〈食貨〉57之19，頁5820；宋・張擴，《東窗集》，卷11，〈呂希常除司農少卿總領淮東財賦制〉，《四庫全書珍本初集》，上海：商務印書館，1934年，頁1；宋・周應合，《景定建康志》，卷26，〈官府〉3，《宋元地方志叢書》，臺北：大化書局，1980年，頁7；宋・羅憲，《嘉定鎮江志》，卷17，〈寓治〉，《宋元地方志叢書》，臺北：大化書局，1980年，頁13。

〔註245〕《景定建康志》，卷48，〈孝悌傳・呂宣問〉，頁7。案蒙正孫輩無以「希」及「問」之排行，而夷簡一房則有，故竊以為希圓等應為夷簡後人。

〔註246〕《呂氏雜記》，卷下：「族父仲儀少卿曾獲一小蜃蛤……其子希元至今寶之。」頁32。

〔註247〕《臨川先生文集》，卷1，〈與呂望之上東嶺〉、〈聞望之解舟〉、〈要望之過我廬〉、〈與望之至八功德水〉，頁86～87；卷17，〈招望之使君〉，頁229；〈祭呂望之母郡太文〉，頁897。

〔註248〕《宋史》，卷355，〈呂嘉問傳〉，頁11187；《宋會要輯稿》，〈職官〉66之31，頁3883；68之14～15，頁3915；《宋詩紀事補遺》，卷26，〈呂嘉問〉，頁4。

十年，前後磨勘及八寶恩轉寄祿官，以正議大夫八十餘歲卒，得善終。〔註249〕
嘉問黨附新法，然其提舉市易務頗有功績，故屢遭神宗陞官賜金帛獎賞，
〔註250〕又得王安石力保；〔註251〕而嘉問子與蔡卞又同娶安石女及孫，結爲死
黨，〔註252〕可見其勢之盛，這對受黨禍打擊中衰之呂氏家族有否幫助呢？

　　據史稱，王安石變法，呂公弼以爲宜務安靜，從採嘉問竊公弼論事奏章
以示安石，安石輒先白上，公弼以是斥於外，呂氏號嘉問爲「家賊」，不得與
呂氏同傳。〔註253〕從此可知嘉問與本宗之關係很差，被視爲叛逆；事實上，
公綽的墓誌銘中只記嘉問是其孫，卻無記其父是哪人，〔註254〕諱言其父即可
反映此一關係。〔註255〕不過，嘉問之爲人亦有可稱道處，如他力薦名士鄒浩
（1060～1111），終受浩累而貶官，卻不怨一言，與浩更相善，〔註256〕陸游（1125
～1209）便極稱頌；〔註257〕而其爲襄守，鄒浩更讚譽嘉問「政教修明，人以

〔註249〕宋・朱彧，《萍洲可談》，卷1，上海：上海古籍出版社，1989年，頁8。
〔註250〕《長編》，卷245，熙寧6年5月庚午，頁5962；卷248，同年12月辛未，頁
　　　　6052；卷252，熙寧7年5月甲辰，頁6191；卷256，同年9月癸丑，頁6256；
　　　　卷260，熙寧8年2月癸酉，頁6338；卷277，熙寧9年9月辛未，頁6783。
〔註251〕《長編》，卷236，熙寧5年閏7月丙辰，頁5736；卷261，熙寧8年3月己未，
　　　　頁6366；卷262，同年4月甲申，頁6407；卷264，同年5月壬午，頁6476。
〔註252〕《長編》，卷491，紹聖4年9月己卯，頁11670～11674；《宋史》，卷310，
　　　　〈李迪傳〉，頁10180。
〔註253〕《長編》卷213，熙寧3年7月壬辰，頁5166；《宋會要輯稿》，〈職官〉78
　　　　之22；《東都事略》，〈呂公弼傳〉，頁8；《宋史》，卷355，〈呂嘉問傳〉，頁
　　　　11189。
〔註254〕《琬琰集》，中卷15，〈呂諫議公綽墓誌銘〉，頁4；《王華陽集》，卷38，〈翰
　　　　林侍讀學士贈左諫議大夫呂公綽墓誌銘〉，頁506；《東都事略》，卷52，〈呂公
　　　　綽傳〉，頁7；《宋史》，卷311，〈呂夷簡傳〉，頁10210；《北宋經撫年表》，
　　　　卷3，頁187及241。
〔註255〕宋代的史料並無記載呂嘉問是何人之子，姚紅逕云是呂希傑之子，卻無舉出
　　　　任何史源，見，《宋代東萊呂氏家族及其文獻考論》，頁35及頁41。陳開勇
　　　　引用《白沙圩呂氏宗譜》，同樣指出呂嘉問爲呂希傑子，除了前面說過後人編
　　　　纂的族譜不盡可信外，嘉問既被號爲「呂氏家賊，不得與族人同傳」，那麼後
　　　　來的族譜又根據甚麼資料和準則處理嘉問的問題？我以爲當中疑團重重，故
　　　　必須謹慎一點，究竟嘉問是何人之子，暫且存疑。
〔註256〕《長編》，卷515，元符2年9月乙丑，頁12260；卷517，同年10月癸亥，
　　　　頁12306～12307；卷518，同年11月乙亥，頁12323～12324；宋・鄒浩，《道
　　　　鄉集》，卷27，〈吳通直送行詩敘〉，《宋名家集彙刊》，臺北：漢華文化事業
　　　　股份有限公司，1970年，頁21。
〔註257〕宋・陸游，《陸放翁全集・老學庵筆記》，卷7，北京：中國書店，1986年，
　　　　頁44。

說服」，且大興學校，治績斐然。〔註258〕案鄒浩爲北宋名士，與呂公著善，〔註259〕那嘉問與公著之關係究竟如何呢？《老學庵筆記》曾記一事：

> 呂正獻平章軍國時，門下客因語次，或曰：「嘉問敗壞家法可惜。」公不答，客媿而退。一客少留，曰：「司空尚能容呂惠卿，何況族黨。此人妄意迎合，可惡也。」公又不答。既歸，子弟請問二客之言何如，公亦不答。〔註260〕

由此可見公著與嘉問之關係頗微妙。嘉問與鄒浩深交，可知亦非大奸；而公著性秉和大量，加上族黨關係，故未忍重責。職是之故，我頗懷疑嘉問與族黨之關係未必完全破裂，事實上我們亦不見他們互相攻擊（除號家賊外），那麼在政見分歧上，嘉問或會念同族之情，對勢蹇之呂氏家族予以一定之幫助？今因史料缺乏，故此爲推論存疑。

《鐵圍山叢談》又載有一段饒有趣味之佚事，對探討呂氏家族在黨禍中之發展提供了部分線索：

> 呂司空公著生重牙，亦異常人也。當元祐平章軍國重事時，魯公（蔡京）以待制從外鎮罷，召過闕。呂司空邀魯公詣東府，列諸子侍其右，而謂魯公曰：「蔡君，公著閱人多矣，無如蔡君者。」則以手自撫其座曰：「君他日必據此座，願以子孫託也。」魯公後每謂吾言，惜以黨錮事愧不能力副其意者。吾且謂人之不知也。及在博白，一日，呂公孫切問來，因爲道是，而切問曰：「頃魯公居從班時，〈祭司空公文〉蓋備之矣。」於是相與得申其契好。噫，前輩識鑑，類多如此。（案呂氏兩世相業，門閥昌大，何至預以子孫託人？且重以公著之賢，而其子希哲、希績、希純，異時歷官，皆有賢聲。知子莫若父，公著寧不知之而必京之託乎？且自章惇爲相，公著既削謚貶官矣，迨京擅國，復指爲姦黨首惡，置元祐黨籍刻石殿庭，若惟恐其罪之不著於天下者。受人之託，報之固當如是乎？欲蓋其父之惡，而不恤誣衊賢者，以欺後世，條眞小人尤哉！）
> 〔註261〕

案此書作者蔡條爲蔡京子，繼其父弄權爲姦，此事亦疑點百出，故筆者完全

〔註258〕《道鄉集》，卷25，〈襄州遷學記〉，頁6；卷28，〈呂望之送行詩序〉，頁1。
〔註259〕《道鄉集》，附錄〈年譜〉，頁10。
〔註260〕《陸放翁全集・老學庵筆記》，卷7，頁44。。
〔註261〕宋・蔡條，《鐵圍山叢談》，卷3，北京：中華書局，1983年，頁51。

同意注者所言，這是蔡絛捏造之事，公著不曾爲此。然而，我要指出的是，
爲甚麼蔡絛捏造的當事人是呂公著，而非司馬光或蘇轍（1039～1112）等舊
黨名相呢？筆者以爲，此實與公著之性格行事有關。公著「平生未嘗較曲直，
聞謗未嘗辯」，「有長者忠厚之行」，〔註 262〕度量海涵，如曾肇（1047～1107）
修史，書呂夷簡事不少假借，後公著當國，或以爲言，公著不答，待曾肇如
初；〔註 263〕賈種民曾誣公著（見本文第四章），後種民得罪，公著反救之，
並謂人曰：「人才實難得，宜使自新，豈盡使自棄耶！」〔註 264〕宣仁臨朝，
公著復執大政，其許異己者改過自新，或咎其持心太恕，除惡不盡，爲異日
患，呂公著對如上言；〔註 265〕並力排眾議，准許章惇提舉洞霄宮，與父團
聚。〔註 266〕公著對政敵不趕盡殺絕，雖爲後患，但其仇敵或許亦會因此手
下留情，故蔡絛要捏造誣言，也取公著爲對象，蓋謊言也需選取較令人信服
的說法。雖然，無史料證明公著族人因而免禍，但呂氏族人或已因此得庇，
否則死無葬身之地。（呂氏族人被貶者多享天年，或與此有關？）事實上，
呂氏世以謹愼寬大爲政，蒙正、居簡、夷簡及公著均復如是，這或是其政治
家風，或亦是家族不多樹敵、得以長足發展之因。

綜上所述，嘉問之勢力及其與呂氏家族之微妙關係、蔡絛之記述及呂公
著之氣量，均可能使呂氏家族在新法黨爭中減少被禍的程度，再加上呂公雅
循行新法，使宗簡一支亦得以保存，故使呂氏家族終能渡過難關，伺機再起。

（四）國事與家事，再起與再跌

政治上的打擊，使呂氏第八代之發展並不理想，公綽、公弼兩房除嘉問
外，餘皆爲官不顯，事蹟罕見，今只錄其可見可言者。

呂公綽子希道有子九人，之問朝奉郎、延問宣德郎、君問通直郎、昭問
宣德郎、榮問河南府左軍巡判官、徽問眞州六合縣主簿、舜問泗州司理參軍、
舅問假承務郎、次不及名，延問亦早亡。〔註 267〕諸子中，之問歷官光祿寺丞，

〔註 262〕《三朝名臣言行錄》，卷 8 之 1，〈丞相申國呂正獻公〉，頁 197；《默記》，卷
上，頁 8。

〔註 263〕《曲洧舊聞》，卷 3，頁 3。

〔註 264〕《長編》，卷 381，元祐元年 6 月甲寅，頁 9249；《三朝名臣言行錄》，卷 8
之 1，〈丞相申國呂正獻公〉，頁 190。

〔註 265〕《三朝名臣言行錄》，卷 8 之 1，〈丞相申國呂正獻公〉，頁 190。

〔註 266〕《長編》，卷 390，元祐元年 10 月壬寅，頁 9478～9479；卷 392，同年 11 月
戊寅，頁 9531；《東都事略》，卷 95，〈章惇傳〉，頁 1。

〔註 267〕《范太史集》，卷 42，〈左中散大夫守少府監呂公墓誌銘〉，頁 10。

娶龍圖閣直學士朝散大夫李中師女；〔註268〕延問亦曾歷官光祿寺丞，娶殿中丞梁彥回（1026～1066）女；〔註269〕昭問則娶武將郭逵（1022～1088）女。〔註270〕至於公弼一房，有孫四人，均不知是何人子，淑問大理評事、善問、淵問並太常寺太祝，請問則未仕。〔註271〕

公綽、公弼二房既不甚顯，振興家族之責任便落在公著一房身上，而其中之表表者為呂希哲長子好問。呂好問，字舜徒，以蔭補官，娶王曾弟王子融之曾孫女為妻，〔註272〕少從滎陽與當世名士遊，吳安詩（吳充子）見之歎曰：「呂氏有子矣！」宣和之季，諸儒有「南有楊中立，北有呂舜徒」之語，蓋天下倚以任道。崇寧初，治黨事，好問以元祐子弟坐廢，兩監東嶽廟，司揚州儀曹，上奉二親，下任數百指之責，家族勢力雖窘迫，然堅守正道，嚴拒蔡卞之招攬。欽宗（趙桓，1100～1156，1126～1127在位）立，靖康元年（1126）好問以薦召為左司諫、諫議大夫，賜進士出身，擢御史中丞，前後疏十上，乞投蔡京（1047～1126）於海外、削王安石爵、正神宗配饗及除青苗令等，數建大義。每奏對，帝雖當食，輒使畢其說。〔註273〕好問得欽宗重用，扶搖直上，家族勢力本可藉此再起，惟其時國事艱難，女

〔註268〕宋・強至，《祠部集》，卷34，〈李中師行狀〉，《文淵閣四庫全書》，臺北：商務印書館，1986年，頁14。
〔註269〕《蘇魏公文集》，卷58，〈屯田郎中知博州梁君墓誌銘〉，頁896。
〔註270〕《范太史集》，卷40，〈檢校司空左武衛上將軍郭公墓誌銘〉，頁17。又，南宋史料載有呂昭問知太平州蕪湖縣時曾被劾以和糴米為名，禁止米斛不得下河，令饒州旱傷，詔降一官放罷。見《宋會要輯稿》，〈食貨〉58之11，頁5826；《景定建康志》，卷14，〈建康表〉10，頁27；《至正金陵新志》，卷3中，頁89。姚紅指出，以年代計，此呂昭問肯定不是呂希道的兒子，其說可取，從之。見《宋代東萊呂氏家族及其文獻考論》，頁42～43。
〔註271〕《琬琰集》，上卷26，〈呂惠穆公公弼神道碑〉，頁7。
〔註272〕據《北山集》及《東萊集》附錄載，呂好問妻為王氏，背景不詳。見宋・程俱，《北山集》，卷23，〈(呂好問)故妻永嘉郡夫人王氏贈東萊郡夫人〉，《四庫全書珍本三集》，臺北：商務印書館，1972年，頁12；《東萊集》，附錄2，〈呂祖謙壙記〉，頁16。又，元代不知撰人修，《排韻增廣事類氏族大全》載云：「呂希哲子好問，娶王佶女，乃沂公曾孫女也，少有淑質，侍舅姑盡禮。」見元・佚名，《排韻增廣事類氏族大全》，卷14，〈淑質〉，《文淵閣四庫全書》，臺北：商務印書館，1986年，頁399。姚紅據此謂王氏乃王曾的曾孫女，見《宋代東萊呂氏家族及其文獻考論》，頁43。不過，據呂本中自稱，其外高祖實為王子融，子融為王曾弟，祥符進士，由此可知王氏應是王曾弟王子融之曾孫女，見《童蒙訓》，卷下，頁18。
〔註273〕《呂東萊先生文集》，卷9，〈家傳〉，頁203；《宋史》，卷362，〈呂好問傳〉，頁11329。

眞壓境，家事與國事難分，結果好問涉入僞楚風雲中，使家族發展大受影響。

靖康之禍，呂好問留守汴京，及張邦昌（1081～1127）建楚稱帝，拜好問爲權領門下省，即宰相之重任，但好問並不以此爲榮，「出入頗形憂愧」。期間，好問曾試探邦昌之眞意，並勸其以扶助趙氏爲己任；而好問領省後只是繫掛爲書銜，仍蒞舊職，蓋以其舊職爲欽宗所賜，不可擅自除改；對於一些大臣稱欽宗爲廢帝，好問非常憤怒，申之以大義，而僞楚的文書雖然必去大宋年號，好問卻必書靖康年號，以是不敢忘宋。此外，好問又多次勸諫張邦昌不能寓居大內和於正衙接見金使，皇帝的車駕只在接見金人時使用，作爲掩飾。呂好問之功績，除上述諸事外，以說服金人去兵和勸服邦昌請元祐孟皇后（1073～1131）垂簾二事最重要；而當金人去後，好問即勸邦昌退位，請孟后聽政，並派人至大元帥府游說康王趙構登位。

先是計謀誘使金人退兵，再勸張邦昌去位迎元祐太后垂簾，並遣使勸進康王，使中國天下重歸趙宋，這一幕政權移交的劇本，完全由呂好問策劃。「身在曹營心在漢」這一句話，正好用來形容好問的忠心，難怪當康王即位，元祐太后派遣呂好問奉手書到高宗的行在所時，高宗慰勞他說：「宗廟獲全，卿之力也」。〔註274〕

高宗即位，好問以功除尚書右丞，後兼門下侍郎，名望更隆，〔註275〕家族勢力亦復振。然而，未幾李綱（1083～1140）奏治僞楚臣僚罪，好問以爲「責以不能死則可，若直謂之叛逆，彼豈無辭乎？」綱由是不樂，數遣其客論圍城事；而鄧肅（1091～1132）也上疏謂「好問本非奸雄，但怯懦耳」，「豈容有怯懦無立之士，廁跡於二府乎？」侍御史王賓也論好問嘗汙僞命，不可

〔註274〕好問於僞楚之事蹟，見《東都事略》，卷122，〈僭僞傳〉，頁3～7；宋・徐夢莘，《三朝北盟會編》（以下簡稱《會編》），卷83～105，上海：上海古籍出版社，1987年，頁621～775；《繫年要錄》，卷2～4，頁37～114；《宋史》，卷362，〈呂好問傳〉，頁11331。筆者曾撰文討論張邦昌，其中頗涉及呂好問事，可參閱之。見王章偉，〈試論張邦昌〉，《史潮》，新刊號，第12期（無出版年份），香港：中文大學聯合書院歷史學會，頁10～26。

〔註275〕《會編》，卷103，頁757；《繫年要錄》，卷5，建炎元年5月乙未條及丙申，頁121及123；《宋會要輯稿》，〈職官〉，42之69，頁3269；宋・汪藻，《浮溪集》，卷11，〈呂好問除尚書右丞制〉，《叢書集成初編》，上海：商務印書館，1936年，頁135；宋・孫覿，《鴻慶居士集》，卷26，〈呂好問除尚書右丞〉，《四庫全書珍本十二集》，臺北：商務印書館，1982年，頁2；孔東，《宋代東萊呂氏之族望及其貢獻》，頁68。

以立新朝。〔註276〕結果好問自辯僞楚事，高宗亦謂「考其心跡，非他人比。」
然好問終不能自安，力求退，終除資政殿學士、知宣州、提舉洞霄宮，後避
地轉徙於筠、連、郴、全、桂等州，以恩封東萊郡侯，卒於桂州，享年六十
有八。〔註277〕呂好問汙僞楚命事，頗多爭議，除鄧肅等人外，清代之趙翼
（1727～1814）也深責之；〔註278〕但反正之功、中興之業，實賴之以成，
故王明清、胡安國（1074～1138）、周紫芝（1082～1155）、袁燮（1144～1224）
等則多加稱譽，〔註279〕《會編》亦因此削去鄧肅詆呂好問之語。〔註280〕然
而，無論評價如何，此事對再起之呂氏家族又爲一大打擊，好問死時竟「家
貧不能辦官殮」，〔註281〕正可反映其境況；而好問子呂本中及呂用中於建炎
紹興間屢次上章爲父辯僞楚事，〔註282〕又可見此事對他們家聲家譽之影響。

　　好問罷相後，呂家政治勢力受挫，但這並無影響其在學術界之地位，好
問及其弟切問仍與當世名儒如田腴、顧敦、尹焞（1071～1142）、楊時（1053
～1135）等遊，〔註283〕兄弟倆同登〈滎陽學案〉。呂切問，字舜從，崇寧初以
黨人子弟補外官，知河南府鞏縣，與程頤相交；又曾守官會稽，人或譏其不
求知者，對曰：「勤於職事，其他不敢不慎。」歷官承奉郎、宣德郎，妻爲張
晶之兒子朝請郎張次元（1031～1097）女。〔註284〕好問還有兩個弟弟言問和

〔註276〕《呂東萊先生文集》，卷9，〈家傳〉，頁203；《宋史》，卷362，〈呂好問傳〉，
　　　　頁11329；《會編》，卷105，頁773～775；宋・鄧肅，《栟櫚集》，卷12，〈辭
　　　　免除左正言箚子〉第6，《四庫全書珍本四集》，臺北：商務印書館，1973年，
　　　　頁8及卷15，〈辭免除左正言箚子〉第15，頁25。
〔註277〕《呂東萊先生文集》，卷9，〈家傳〉，頁203；《宋史》，卷362，〈呂好問傳〉，
　　　　頁11329；《會編》，卷108，頁795～797；《繫年要錄》，卷7，建炎元年7
　　　　月癸卯，頁182。
〔註278〕《廿二史箚記》，卷23，〈宋史各傳迴護處・呂好問〉，頁310。
〔註279〕《揮塵錄・後錄》，卷4，頁130；《朱子語類》，卷130，〈本朝〉4，頁3136；
　　　　宋・周紫芝，《太倉稊米集》，卷58，〈見呂右丞〉，《四庫全書珍本二集》，臺
　　　　北：商務印書館，1971年，頁9；宋・袁燮，《絜齋集》，卷8，〈題呂子約帖〉，
　　　　《叢書集成初編》，上海：商務印書館，1936年，頁126。
〔註280〕《會編》，卷111，頁810。
〔註281〕《宋會要輯稿》，〈禮〉44之19，頁1441。
〔註282〕《會編》，卷106，頁778、卷109，頁798；《繫年要錄》，卷123，紹興8年
　　　　11月戊子，頁1981。
〔註283〕《童蒙訓》，卷上，頁4～9；《宋元學案》，卷31，〈呂范諸儒學案〉，頁1118；
　　　　《伊洛淵源錄》，卷11，〈尹侍講〉，頁115；宋・楊時，《龜山集》，卷2，〈舉
　　　　呂好問自代〉，《四庫全書珍本四集》，臺北：商務印書館，1973年，頁2。
〔註284〕《三朝名臣言行錄》，卷8之1，〈崇政殿說書滎陽呂公〉，頁201；《童蒙訓》，

疑問，言問於好問薨時得錄爲通判桂州，〔註285〕趙鼎（1085～1147）〈辯誣筆
錄〉記云：

> 一日，舊同官呂言問見訪，云：「朝廷議迎請元祐后歸禁中，
> 家兄令言問與孟氏議定。」兄舜徒也，言問與孟氏親，故舜徒委之。
> 言問後作《垂簾記》備見本末。〔註286〕

此事再見呂氏兄弟與張邦昌奉還大政關係之深，而呂言問與孟后家族的親
密，居中週旋於元祐太后臨朝一事，相信也是後來宋高宗未有深責呂好問僞
楚污命的主因。呂氏一家之起伏安危，與朝廷政治息息相關，其中的凶險艱
難，實非筆墨所能形容。至於呂疑問則生平不詳，〔註287〕大抵其人並不甚
顯。

公著一房中，除希哲外，希績子欽問及希純二子聰問、能問亦見載於史。
〔註288〕呂欽問字知止，官監酒，與陳與義善，相唱遊；〔註289〕據其〈無題〉
詩云：「彭澤有琴嘗無弦，大令舊物惟青氈，我亦四壁對默坐，中有一床供晝
眠。」〔註290〕可見生活並不寬裕，家道已衰落。呂聰問，曾於北宋末登科，
〔註291〕歷官右朝散大夫、宗正少卿、吏部員外郎、福建路提刑、廣南西路提

卷中，頁13；《道鄉集》，卷37，〈壽昌縣太君嚴氏墓誌銘〉，頁12；卷40，〈故
朝請張公行狀〉，頁4；《伊洛淵源錄》，卷7，〈呂侍講家傳〉，頁68；《宋元
學案》，卷23，〈榮陽學案〉，頁910；宋·程顥、程頤，《二程集·河南程氏
外書》，卷12，北京：中華書局，1981年，頁444。

〔註285〕《繫年要錄》，卷46，紹興元年7月丁酉，頁822。
〔註286〕宋·趙鼎，《忠正德文集》，卷9，〈辯誣筆錄〉，《文淵閣四庫全書》，臺北：
商務印書館，1986年，頁756。
〔註287〕其名只見於《三朝名臣言行錄》，卷8之1，〈崇政殿說書榮陽呂公〉，頁200。
〔註288〕案，呂本中曾提到有從叔名呂大有者，惟宋代史料未提及爲何人，見宋·呂本
中，《東萊呂紫微詩話》，《叢書集成初編》，上海：商務印書館，1936年，頁1
～2。陳開勇引《白沙圩呂氏宗譜》記載呂希純有子曰呂光問，字大有，故他
和姚紅都以爲呂希純有一子名呂光問，即呂本中提及的從叔呂大有。見陳開
勇，《宋代開封——金華呂氏文化世家研究》，頁21；姚紅，《宋代東萊呂氏家
族及其文獻考論》，頁46。由於呂本中確曾提到從叔呂大有，惟以後世之族譜
確認其即爲呂光問，仍有可疑處，故暫不於正文提出，僅在註釋中錄之備考。
〔註289〕宋·陳與義，《陳與義集》，卷1，〈送呂欽問監酒受代歸〉，北京：中華書局，
1982年，頁17；《紫微詩話》，頁7；清·厲鶚，《宋詩紀事》，卷42，〈呂知
止〉，上海：上海古籍出版社，1983年，頁1072；清·陸心源，《宋詩紀事小
傳補正》，卷3，〈呂知止〉，臺北：鼎文書局，1971年，頁2。
〔註290〕見北京大學古文獻研究所編，《全宋詩》，北京：北京大學出版社，1991年，
頁13834。
〔註291〕龔延明、祖慧，《宋代登科總錄》，頁6810。

刑、直祕閣，其爲官守法，曾捕海賊有功，〔註292〕紹興四年（1134）上祖父公著神道碑，並請奪王安石諡。〔註293〕呂能問於紹興元年（1131）召保自陳，得復其父希純職名，其生平不詳。〔註294〕

　　在本期中，呂好問於北宋末南宋初爲家族之發展提供了一定之幫助及貢獻，惜因僞楚汙命及與李綱之爭而罷，但同代不同支之族人呂廣問接著又繼獲重用，顯示呂氏家族仍有一定的實力。呂廣問，字仁甫，公雅孫希朴子，登宣和七年（1125）進士第，授宣州士曹掾，改司理參軍，調婺源縣主簿。李光（1078～1159）帥江西，辟廣問爲主管機宜文字，會光入參大政，詔薦西北人材，乃首以廣問應詔，給事中劉一止（1078～1160）、周葵（1098～1174）等交薦之。時秦檜（1090～1155）爲相，專愎用事，斥其爲黨，廣問與薦者皆罷去，後李光亦南遷。〔註295〕案李光乃江南人，其與秦檜之爭除因與金和議政策有異外，亦代表江南地主階級與北方官僚特權階級之爭，〔註296〕呂廣問以西北流寓士人而靠攏李光，加上他反對和議，故遭當權者打擊。廣問被貶後，屏居黃山之隅，監西京中嶽廟，知江州德安縣，招輯流亡，建學舍以教其子，獄訟幾息，邑人相與祠於學。後通判筠州、虔州，直至秦檜死後，呂廣問稍稍復用，但不久言者又因舊怨而攻其黨周葵，復除提舉江南東路常平茶鹽公事，歷兩浙副運、直祕閣，至孝宗（趙昚，1127～1194，1163～1189在位）即位後遷中書門下省檢正諸房公事，拜起居郎、權禮部侍郎，以龍圖

〔註292〕《繫年要錄》，卷75，紹興4年4月癸未，頁1235；卷90，紹興5年6月丙午，頁1499；卷99，紹興6年3月甲申，頁1630；卷105，同年9月辛巳，頁708；《宋會要輯稿》，〈選舉〉34之6，頁4778；《張華陽集》，卷7，〈呂聰問除宗正少卿〉、〈呂聰問除吏部郎官〉，頁6～8；宋·梁克家，《三山志》，卷25，〈秩官類〉6，《宋元地方志叢書》，臺北：大化書局，1980年，頁6。

〔註293〕《繫年要錄》，卷77，紹興4年6月庚子，頁1268；卷79，同年8月丙申，頁1296；《琬琰集》，下卷14，〈王荊公安石傳〉，頁8。

〔註294〕《宋會要輯稿》，〈職官〉76之64，頁4127。

〔註295〕《南澗甲乙稿》，卷20，〈左太中大夫充龍圖閣待制致仕贈左正奉大夫呂公墓誌銘〉，頁394；《繫年要錄》，卷133，紹興9年10月己巳，頁2141；《宋史》，卷385，〈周葵傳〉，頁11834。

〔註296〕見日·寺地遵，〈南宋政權確立過程研究覺書〉，第3章，〈李光の參知政事就任と罷免〉，《廣島大學文學部紀要》，42卷特輯號，1982年，頁39；又寺地遵，《南宋初期政治史研究》，第2章，〈宋政權再建構想をめぐる政治鬥爭〉及第6章，〈南宋政權と江南地主層——李光の參知政事就任を中心として——〉，廣島：溪水社，1988年。

閣待制奉祠致仕，卒年七十三，妻爲太府寺丞王有女。〔註297〕

廣問可以說是除好問外呂氏第八代族人中成就最大者，其家本於河南，後遷符離，再因廣問之南而遷至甯國太平縣；而其一支之族人亦與之同居，廣問少時家貧，「聚族數百指，無閒言」。〔註298〕廣問貴後，族人亦得庇蔭，如其主婺源簿，即奉其兄和問以俱。〔註299〕呂和問，字節夫，曾爲池州銅陵縣丞，〔註300〕兄弟倆均爲尹焞學生，與當時名士遊，同登〈和靖學案〉。〔註301〕周紫芝記其兄弟倆買地建立園亭，其中更有「卷書閣」，生活悠然：

> 呂節夫兄弟買地築屋于麻川之上，鑿山疏泉種藥藝花，爲遊觀
> 之所十有一。官閒則居之，食不足則出而仕，當世高之。其弟仁父
> 爲余道其名，且使賦詩。〔註302〕

呂氏家族第八代族人，除上述諸人外，姓名可考的還有應問、庭問、察問、游問、叔炤、叔異六人及呂公孫孫呂端問。應問，官右奉議郎，爲當時著名之贓官，紹興初知華亭縣，亦坐贓抵死，編管化州。執政趙鼎以應問乃呂公著族子，以故家之因，屈法貸之，貸死除名而已。〔註303〕庭問，只知他是呂夷簡後人，歷官福建路轉運判官、尚書金部郎中，曾知臨安。〔註304〕察問，自稱呂夷簡爲其叔曾祖，曾爲玉峰縣丞。〔註305〕游問，紹興末乾道年間歷官知閬州、均州、嘉州，總領湖廣江西京西財賦，直顯謨閣知襄陽府，〔註306〕游問曾因將官屋虧賣與族姪呂昭中而落職。〔註307〕叔炤，子必中、

〔註297〕《南澗甲乙稿》，卷20，〈左太中大夫充龍圖閣待制致仕贈左正奉大夫呂公墓誌銘〉，頁394。

〔註298〕《南澗甲乙稿》，卷20，〈左太中大夫充龍圖閣待制致仕贈左正奉大夫呂公墓誌銘〉，頁394。

〔註299〕《宋元學案》，卷27，〈和靖學案〉，頁1009。

〔註300〕《宋會要輯稿》，〈禮〉37之41，頁1340。

〔註301〕《宋元學案》，卷27，〈和靖學案〉，頁1009～1010及1020。

〔註302〕周紫芝，《太倉稊米集》，卷13，〈題呂節夫園亭十一首〉，頁4。

〔註303〕《繫年要錄》，卷68，紹興3年9月戊午，頁1146；卷80，紹興4年9月丁未，頁1303；卷88，紹興5年4月丙午，頁1465。

〔註304〕《繫年要錄》，卷59，紹興2年10月丙辰，頁1026；《宋會要輯稿》，〈禮〉44之19～20，頁1441～1442；〈食貨〉63之3；宋·潛說友，《咸淳臨安志》，卷51，〈秩官〉，《宋元地方志叢書》，臺北：大化書局，1980年，頁23。

〔註305〕《異聞總錄》，卷4，頁9；宋·凌萬頃，《玉峰續志》，〈縣丞〉，《宋元地方志叢書》，臺北：大化書局，1980年，頁9。

〔註306〕《宋會要輯稿》，〈瑞異〉1之27，頁2078、〈職官〉11之51，頁2648、及71之14～15，頁3978～3979、〈選舉〉34之26，頁4788；《繫年要錄》，紹

會中，自稱呂夷簡曾孫，淳熙甲寅歲爲甯國府太平縣宰。〔註308〕叔巽，呂本中從叔，生平不詳。〔註309〕至於呂端問，米芾（1051～1107）〈跋李邕帖〉載有：

> 右，唐秘書省監李邕字泰和墨蹟，五十字。易於呂文靖丞相家戶部尚書稺（稚）卿之孫端問有三帖……。〔註310〕

可見他是呂公孺的孫子，惟宋人史料未見記載公孺的兒子，我們對呂端問的生平所知也不多。據米芾自述，他是用了幾件六朝名畫和古董才跟呂端問換得上述的〈李邕帖〉，〔註311〕他們之間似乎很有交情，而呂端問身爲故相之後，愛好書法藝術之餘，生活似乎也還不俗。

　　呂氏家族經崇寧禍後，好問、廣問先後繼起，惜前者受累於僞楚國難；而廣問亦因反對和議國策，投閒置散十多年，晚年雖獲孝宗重用，但爲時已晚。因此，呂氏家族發展至第八代時雖曾再起，但旋因國事之禍而再受挫，其勢雖較崇寧時稍優，但已無復全盛期之興旺情況。

　　呂氏第九代族人之發展，顯較第八代遜色，可證家族勢力旋起旋跌。此代中爲呂希道孫者八人，時中早亡，有中、守中、剛中並假承務郎，和中、惇中亦早亡，適中未仕，〔註312〕民中於宣和六年（1124）以奉議郎知東平府中都縣，後以功績轉一官；〔註313〕靖康元年（1126）在澤州任通判，金人陷

　　　　興27年9月辛卯，頁2936；吳廷燮，《南宋制撫年表》，卷上，頁506。
〔註307〕《宋會要輯稿》，〈職官〉72之11。案宋・周必大，《文忠集》，卷100，〈戶部郎官湖廣總領呂游問除直顯謨閣知襄陽府〉，《四庫全書珍本二集》，臺北：商務印書館，1971年，頁2～3，記游問知襄陽制，稱其「爾食德相門」，而宋代呂氏爲相者又以「問」、「中」字排葷者，只夷簡一族，故可知游問與昭中均是河南呂氏族人。
〔註308〕《異聞總錄》，卷4，頁9；宋・洪邁，《夷堅志》，支景卷9，北京：中華書局，1981年，頁948。
〔註309〕《能改齋漫錄》，卷13，〈記事〉，頁398；《少儀外傳》，卷上，頁17。陳開勇引《白沙圩呂氏宗譜》記呂聰問字叔巽，則呂叔巽就是呂聰問。見《宋代開封——金華呂氏文化世家研究》，頁21。惟此條只見於後代之族譜，故暫且存疑，錄之備考。
〔註310〕載於曾棗莊、劉琳主編，《全宋文》，卷2601，〈米芾〉5，上海：上海辭書出版社，2006年，頁9。
〔註311〕明・汪砢玉，《珊瑚網書錄》，卷22，〈米襄陽鑒收法書〉，《適園叢書》，民國烏程張氏刊本，1916年，頁18。
〔註312〕《范太史集》，卷42，〈左中散大夫守少府監呂公墓誌銘〉，頁10。
〔註313〕《宋會要輯稿》，〈職官〉59之18，頁3726。

州，知州高世由與呂民中被迫降金，〔註314〕後事不詳。自此以下，希道一房之裔不復可考。呂氏「家賊」嘉問僅一子安中，紹聖年間提舉茶鹽，妻為王安石子王雱（1044～1076）獨女，生一女而安中卒。〔註315〕呂公綽一支於希道孫及安中後不見傳。與其兄一支相若，呂公弼裔族可考者亦止及第九代，曾孫二人，師中試將作監主簿，舉中則未仕。〔註316〕

　　在廣問為李光辟用前，好問長子呂本中亦崛起，惜終亦因忤秦檜而罷，未能促進家族勢力。呂本中，字居仁，隨曾祖遷居於京師，以公著遺表恩，授承務郎，紹聖黨禍，公著追貶，本中亦坐焉。紹興六年（1136），以范沖（1067～1141）薦，召賜進士出身，〔註317〕寓居於首都之寺院。〔註318〕紹興初年，趙鼎參政，高宗命薦人才，鼎素主元祐之學，謂本中乃公著後，又范沖所薦，故深相知，薦為中書舍人兼直學士院。〔註319〕趙鼎於高宗即位初年獲重用，後與張浚（1097～1164）並相，協心圖興復之功，他雖不完全反對和議，然終因與秦檜議論不合，罷謫嶺南，所汲引之人亦同遭厄運。〔註320〕呂本中初與秦檜同為郎，相得甚歡，檜既用，私有引用，本中封還除目，檜勉其書行，卒不從。會《哲宗實錄》成，趙鼎遷僕射，本中草制曰：「合晉、楚之成，不若尊王而賤霸；散牛、李之黨，未如明是而去非。」檜以其反對和議，深恨之，風御史蕭振劾罷之，後鼎既罷相，本中亦奉祠而去，卒於上饒，卒年六十二，諡文清。〔註321〕廣問、本中二代均遭秦檜挫折，家

〔註314〕《會編》，卷61，頁459。

〔註315〕《宋會要輯稿》，〈禮〉61之6，頁1690、〈食貨〉14之18，頁5047、及〈食貨〉30之30，頁5333；《長編》，卷485，紹聖4年4月戊戌，頁11534。

〔註316〕《琬琰集》上，卷26，〈呂惠穆公公弼神道碑〉，頁7。

〔註317〕《繫年要錄》，卷103，紹興6年7月癸酉，頁1680；《宋會要輯稿》，〈選舉〉9之18，頁4405；《朝野雜記》，乙集卷12，〈任子賜出身〉，頁472；宋·陳騤，《南宋館閣錄》，卷8，〈官聯〉下，《四庫全書珍本別輯》，臺北：商務印書館，1975年，頁11；《宋史》，卷376，〈呂本中傳〉，頁11635。

〔註318〕宋·周密，《癸辛雜識》後集，〈許占寺院〉，北京：中華書局，1988年，頁73；《南澗甲乙稿》，卷15，〈兩賢堂記〉，頁291。

〔註319〕《宋史》，卷376，〈呂本中傳〉，頁11637；《繫年要錄》，卷74，紹興4年3月戊午，頁1222；卷100，紹興6年4月壬寅，頁1638；卷120，紹興8年6月壬午，頁1947。

〔註320〕James T.C. Liu, *China Turning Inward : Intellectual Political Changes in the Early Twelfth Century*, Chapter 6: "A Case Study: From Excellence to Exile", Cambridge, Mass. & London: Harvard University Press, 1988, p.105；寺地遵，《南宋初期政治史研究》，第4章，〈趙鼎集團の形成と張浚路線の破產〉，頁111。

〔註321〕《宋史》，卷376，〈呂本中傳〉，頁11637；《會編》，卷225，頁1624；《繫年

族勢力再受打擊，然其於學術界之地位則愈隆，本中與當世名士遊，學者稱東萊先生，自爲〈紫微學案〉之宗，〔註322〕政治生涯遠不如學術成就，有《官箴》三十三則，亦是重道德多於政事。〔註323〕

　　本中有四弟，揆中、弸中、用中、忱中。呂揆中終於郊社齋郎，〔註324〕曾與趙鼎臣長女議婚，惜英年早夭而未遂。〔註325〕呂弸中（1089～1146），〔註326〕字仁武，以祖蔭授假將仕郎，他在靖康之禍中曾替康王趙構傳遞訊息，任淮寧府司儀曹事、大元帥府參議東南道都總管司主管機宜文字，又請康王早日登位以應天下之望，〔註327〕可見其在國難中亦爲呂氏家族的發展提供了一定的幫助。嘗任駕部員外郎，趙鼎薦爲提舉福建茶事，終於右朝請郎主管台州崇道觀。呂弸中從學於尹焞，登〈和靖學案〉，妻爲章甫女，其自武林遷婺，呂氏自此爲婺源名族，〔註328〕後再娶文彥博（1006～1097）之曾孫文氏爲妻。〔註329〕弸中弟呂用中（1091～1162），字惇智，與曾幾（1084～1166）善，〔註330〕早以父任授將仕郎，深居不出。北宋末登進士第，〔註331〕歷官樞密院計議官、福建提舉茶事、兵部員外郎、兩浙路提刑、直

　　　　要錄》，卷119，紹興8年4月庚辰，頁1922；卷122，同年9月丁未，頁1970。
〔註322〕《宋元學案》，卷36，〈紫微學案〉，頁1233。
〔註323〕柳立言，〈從官箴看宋代的地方官〉，載於國際宋史研討會秘書處編，《國際宋史研討會論文集》，臺北：中國文化大學史學研究所，1988年，頁399。
〔註324〕《呂東萊文集》，卷9，〈家傳〉，頁212。
〔註325〕宋·趙鼎臣，《竹隱畸士集》，卷3：「昔官會稽，故侍講呂公原明文請以其孫揆中者娶余之長女。既受幣矣，無何，揆中與余女未成婚而俱卒。」《文淵閣四庫全書》，臺北：商務印書館，1986年，頁11。
〔註326〕呂弸中卒年據〈呂弸中壙誌〉，見鄭嘉勵，〈明招山出土的南宋呂祖謙家族墓誌〉，載於包偉民、劉後濱主編，《唐宋歷史評論》，第1輯，北京：社會科學文獻出版社，2015年，頁190。〈壙誌〉又記其享年57歲，故生年應爲1089年。
〔註327〕〈呂弸中壙誌〉，見鄭嘉勵，〈明招山出土的南宋呂祖謙家族墓誌〉頁189。
〔註328〕《呂東萊文集》，卷9，〈家傳〉，頁212；《繫年要錄》，卷119，紹興8年5月丙戌，頁1923；《龜山集》，卷35，〈章端叔墓誌銘〉，頁5；《宋元學案》，卷27，〈和靖學案〉，頁1011。
〔註329〕見新發現之〈呂弸中壙誌〉及〈呂弸中妻文氏壙誌〉，載鄭嘉勵，〈明招山出土的南宋呂祖謙家族墓誌〉，文見包偉民、劉後濱主編，《唐宋歷史評論》，第1輯，北京，社會科學文獻出版社，2015年，頁192。
〔註330〕宋·曾幾，《茶山集》，卷4，〈挽呂惇智直閣〉，《叢書集成初編》，上海，商務印書館，1936年，頁45。呂用中生年據〈呂用中壙誌〉，見鄭嘉勵，〈明招山出土的南宋呂祖謙家族墓誌〉，頁194。
〔註331〕龔延明、祖慧，《宋代登科總錄》，頁6806。

祕閣，[註332]紹興九年（1139）爲言者攻，以其黨趙鼎而知建州，[註333]十二年元祐孟太后弟忠厚（？～1157）言其應辦無闕，得進一官，[註334]終於右朝奉大夫主管台州崇道觀。[註335]根據最新發現的呂用中和其再娶韓氏的〈壙誌〉可知，呂用中於紹興二十二年（1162）六月二十八日卒於其子呂大麟常州武進令的治所，而韓氏爲韓億（972～1044）四世孫。[註336]

本中、用中、彌中兄弟均黨趙鼎，不見用於秦檜，然其弟呂忱中卻媚視秦檜。呂忱中（1097～1162），字偉信，少以父任授承事郎，[註337]歷官右通直郎添差通判信州、提舉江東常平茶鹽公事、承議郎知泰州。案呂氏父子本與秦檜善，此已見前論，檜爲相後，乃薦忱中爲婺倅，時論認爲忱中「天資陰險，所至貪墨」，與其兄弟異趣，訐林機、陷王晌，以侍秦檜，終於右朝奉郎知饒州。[註338]忱中黨秦檜，或與嘉問支持新法一樣，使呂氏家族之政策多元，使家族於不同派別當政時不至完全被擠，家族勢力或得以保存一定的發展？新發現的〈呂忱中壙誌〉顯示，呂忱中二子早卒，忱中死後的葬送及〈壙誌〉刻寫都是由呂彌中的長子呂大器代勞，[註339]足見忱中與彌中兄弟之情未絕，呂氏家族成員在政治上的不同取向，對呂家的發展頗堪玩味。此外，〈呂忱中壙誌〉說他「剛介寡合，故屢起屢仆，雖小試而不盡。平生篤意學問，沉酣經史，精博該洽，作書數百卷藏於家。」[註340]可知忱中士途顚

[註332] 《繫年要錄》，卷87，紹興5年3月丙子，頁1436；同月戊戌，頁1448；《東窗集》，卷7，〈呂用中除直祕閣制〉，頁7；宋·劉一止，《苕溪集》，卷46，〈呂用中福建提舉茶事〉，《四庫全書珍本二集》，臺北：商務印書館，1971年，頁3；宋·張淏，《會溪續志》，卷2，〈提刑題名〉，《宋元地方志叢書》，臺北：大化書局，1980年，頁16。

[註333] 《繫年要錄》，卷127，紹興9年3月己丑，頁2061。

[註334] 《繫年要錄》，卷147，紹興12年11月壬辰，頁2365。

[註335] 《呂東萊文集》，卷9，〈家傳〉，頁212。

[註336] 〈呂用中壙誌〉、〈呂用中妻韓氏壙誌〉，載鄭嘉勵，〈明招山出土的南宋呂祖謙家族墓誌〉，頁195。

[註337] 呂忱中卒年據〈呂忱中壙誌〉，見鄭嘉勵，〈明招山出土的南宋呂祖謙家族墓誌〉，頁196。又，壙誌記其享年65歲，以此逆推計算，其生年爲1097。

[註338] 《呂東萊文集》，卷9，〈家傳〉，頁212；《繫年要錄》，卷168，紹興25年4月庚子，頁2747；同年5月壬戌，頁2750；卷176，紹興27年正月丙子，頁2901；卷181，紹興29年4月己酉，頁3013；卷200，紹興32年12月辛巳，頁3407。

[註339] 〈呂忱中壙誌〉，見鄭嘉勵，〈明招山出土的南宋呂祖謙家族墓誌〉，頁195～197。

[註340] 〈呂忱中壙誌〉，見鄭嘉勵，〈明招山出土的南宋呂祖謙家族墓誌〉，頁197。

簸，爲官聲名不佳，但身爲宰相世家之後，個人還是有一定的實力。

公著一房除希哲諸孫外，希純孫企中於本期內亦有不俗之發展。呂企中字仲及，父未知是聰問抑或能問，少孤貧，雖受蔭得官，然仍漂轉建昌間，後得給事中王日嚴力薦，連加擢用，歷官金部員外郎、直敷文閣福建路提刑、淮南轉運兼淮西提刑、知揚州、知隆興府，「四持節，七典藩位，至祕閣修撰。」與周必大（1126～1204）、汪應辰（1118～1176）善，〔註341〕周必大讚他「故家遺俗，具知文獻之傳；熟路輕車，見謂經綸之蘊。伸體國愛君之術，旌失民御眾之才。」〔註342〕惟企中後人亦不見傳，家族勢力終絕。至於廣問一支，其後亦未見顯，廣問三子，得中官修職郎，娶朝請大夫李彥恢女；二子庶中與其兄均早世，季子自中官承務郎，後裔不復載於史傳。〔註343〕

最後，第九代族人除會中、必中及昭中已見前論外，可考的還有愿中、求中、行中、存中、稽中及堅中六人。呂愿中爲夷簡玄孫，未知出於何房，紹興初爲和州倅、知靜江府、直祕閣、廣西經略安撫，〔註344〕曾媚視秦檜、誣李光與胡銓（1102～1180）作詩譏訕，〔註345〕爲官貪贓不法，後謫果州團練副使、封州安置。〔註346〕呂求中同爲呂夷簡玄孫，建炎中爲從事郎、衢州江山縣令、主管勸農工事，〔註347〕李正民（1112年進士）曾應詔薦舉呂求中，讚他「材力有餘，涖政臨民，威惠兼著。」〔註348〕呂行中，字聖與，曾知黃

〔註341〕《夷堅志》，三志壬，卷2，〈呂仲及前程〉，頁1482；《宋會要輯稿》，〈職官〉62之21，頁3793；〈選舉〉34之23，頁4786及34之29，頁4789；《南宋制撫年表》，卷上，頁454、467；《文忠集》，卷26，〈跋司馬溫公呂申公同除內翰告〉，頁26；《文定集》，卷10，〈題呂申公〉、〈題呂子進集〉，頁117～119；《三山志》，卷7，〈公廨類〉1，頁7686；《吳郡志》，卷7，〈官宇〉，頁5。

〔註342〕宋・周必大，〈回隆興呂少卿企中啓〉，《全宋文》，卷5080，〈周必大〉67，頁389。

〔註343〕《南澗甲乙稿》，卷20，〈左朝散大夫致仕李公墓誌銘〉，頁392；同卷，〈左太中大夫充龍圖閣待制致仕贈左正奉大夫呂公墓誌銘〉，頁396。

〔註344〕《繫年要錄》，卷167，紹興24年7月乙亥，頁2724；《宋會要輯稿》，〈職官〉70之40，頁3964；《宋詩紀事續補》，卷19，〈呂愿中〉，頁783；《南宋制撫年表》，卷下，頁585。

〔註345〕《繫年要錄》，卷168，紹興25年3月辛亥，頁2744；《朱子語類》，卷131，〈本朝〉5，頁3158；《宋史》，卷363，〈李光傳〉，頁11342；《宋元學案》，卷20，〈元城學案〉，頁835。

〔註346〕《繫年要錄》，卷168，紹興25年7月辛酉，頁2758；卷171，紹興26年2月庚子，頁2822；卷173，同年6月甲戌，頁2844。

〔註347〕宋・呂求中，〈藏璽書于璵源寺記〉，《全宋文》，卷3998，〈呂求中〉，頁276。

〔註348〕宋・李正民，〈應詔薦士狀〉，《全宋文》，卷3540，〈李正民〉6，頁103。

縣，紹興中知零陵縣，蠲除橫斂，與楊萬里（1127～1206）善。〔註349〕呂存中，淳熙間宰長州縣，並爲建蟠翠亭，頗有治聲。〔註350〕呂稽中，字德元，本中從兄弟，張浚宣撫川陝，辟爲計議官，歷官右朝請郎，知邵州、江南東路轉運判官、官管台州崇道觀；稽中從尹焞學，爲其得意門人，登〈和靖學案〉，〔註351〕惟引人注意的是，稽中同樣黨附秦檜，助其嚴辦辛永宗，史稱其「殘刻如此」。〔註352〕堅中，字景實，稽中弟，曾爲祁陽縣令，修先聖廟，且興縣學，堅中亦爲尹焞門人，與其兄同登學案。〔註353〕

（五）沒落——附金元之呂氏

呂好問後人移居婺源後，在政治上的影響力日窶，族人的史料記載亦愈來愈少，除大儒呂祖謙外，過去我們甚至弄不清呂本中兄弟後人的譜系情況，出現很多錯誤。〔註354〕近年來，浙江省武義縣明招山出土了呂氏家族墓誌共十七通，均爲新見史料，經浙江省考古文物研究所學者鄭嘉勵的介紹，讓我們得以據之修正關於南宋末年呂氏家族的發展情況。〔註355〕

呂氏家族於北宋末南宋初經歷僞楚風雲及秦檜擅權後，族人中雖仍多有出仕者，但其政治實力已不大，惟學術地位則愈高。第十代族人姓名可考者，除大鈞、大琮外，餘皆爲好問之後人；而大鈞、大琮之生平亦不可考，大鈞

〔註349〕 宋・楊萬里，《誠齋集》，卷79，〈書呂聖與零陵序〉，《文淵閣四庫全書》，臺北：商務印書館，1986年，頁4～5；《宋詩紀事補遺》，卷48，〈呂行中〉，頁13。據此二書，稱行中爲「東平名族」，「東平」乃呂氏之族望，而「中」亦爲其行輩，故知行中爲夷簡之裔。

〔註350〕 《吳郡志》，卷37，〈縣記〉，頁7；《吳都文粹》，卷9，〈蟠翠亭記〉，頁37。據文中龔頤正稱存中爲「中國呂君」，中國乃夷簡、公著父子封國，加上「中」字行輩，故知存中實爲夷簡之後。

〔註351〕 《繫年要錄》，卷162，紹興21年9月己酉，頁2644；卷194，紹興31年11月辛巳，頁3270；《宋詩紀事續補》，卷10，〈呂德元〉，頁379；《景定建康志》，卷26，〈官守志〉，頁21；《宋元學案》，卷27，〈和靖學案〉，頁1010；宋・尹焞，《尹和靖集》，〈書易傳後序〉，《叢書集成初編》，上海：商務印書館，1936年，頁4；〈師說〉，頁16；同書〈呂德元撰墓誌銘〉，頁24。

〔註352〕 《繫年要錄》，卷160，紹興19年9月己未，頁2596。

〔註353〕 宋・胡寅，《斐然集》，卷21，〈祁陽縣學記〉，《四庫全書珍本初集》，上海：商務印書館，1934年，頁6；《尹和靖集》，〈答祁居之〉，頁6；《宋元學案》，卷26，〈和靖學案〉，頁1010。

〔註354〕 基於史料的闕失，筆者和前引衣川強、孔東、紀雲華、陳開勇、姚紅、羅瑩及楊松水諸人的論著都有這個問題，值此修訂舊稿之機會，本文將參考最新的考古資料，修正相關的論述。

〔註355〕 鄭嘉勵，〈明招山出土的南宋呂祖謙家族墓誌〉，頁186～215。

只知是愿中子，〔註356〕大琮則爲本中族姪。〔註357〕

　　呂本中二子，大猷及大同。〔註358〕呂大猷字允升，曾知汀州，然爲官乏善可陳，曾「自陳以漕臣按甚昏耄，權歸掾吏，獄訟淹延。」得主管建寧府武夷山沖佑觀。〔註359〕呂大同，字逢吉，汪應辰稱其所講釋者，莫非前言往行之要，蓋皆有得於家學云；〔註360〕大同早夭，〔註361〕死時不祿，及至其子呂祖平通朝籍，以宗祀恩贈從事通直郎，妻爲朝散郎方元矩女。〔註362〕兄弟二房仕途不顯，但同登〈紫微學案〉。〔註363〕

　　呂弸中有三子，大器、大倫和大陽。〔註364〕呂大器（1113～1172），〔註365〕字治先，以祖致仕恩補右承務郎，歷官江東提舉司、浙東提刑司及福建提刑司幹官，後通判岳州，知黃州、池州、江州、齊安及吉州，累官尙書倉部郎。大器與曾幾唱遊，妻爲曾幾女，隨父弸中居於婺源，乾道八年（1172）卒，葬於婺源之明招山祖塋。〔註366〕大器弟呂大倫，字時敘，紹興十五年（1145）丞於武義縣，築豹隱堂與大器、大猷及大同講學，同登《宋元學案》。〔註367〕新發現的史料顯示，呂大倫有繼室程氏，爲程頤之曾孫女；

〔註356〕《宋詩紀事小傳補正》，卷3，〈呂愿中〉，頁8。

〔註357〕宋・呂本中，《軒渠錄》，載於《說郛三種》，頁13。

〔註358〕《言行類稿》，卷36，〈呂本中〉，頁23。

〔註359〕《宋會輯稿》，〈職官〉72之35，頁4005；《文定集》，卷9，〈豹隱堂記〉，頁102。

〔註360〕《文定集》，卷9，〈豹隱堂記〉，頁102。

〔註361〕呂祖謙，《呂東萊先生文集》，卷9，〈家傳〉，頁212。

〔註362〕《陸放翁全集・渭南文集》，卷36，〈呂從事夫人方氏墓誌銘〉，頁221。

〔註363〕《宋元學案》，卷36，〈紫微學案〉，頁1243。

〔註364〕過去宋人的史料只記大器爲呂弸中兒子，但明招山出土由呂弸中兒子呂大倫執筆的〈呂弸中壙誌〉及呂大器寫的〈呂弸中妻文氏壙誌〉，清楚記載了呂弸中三子爲大器、大倫和大陽。見鄭嘉勵，〈明招山出土的南宋呂祖謙家族墓誌〉，頁189～192。

〔註365〕呂大器生卒年據〈呂大器壙誌〉，見鄭嘉勵，〈明招山出土的南宋呂祖謙家族墓誌〉，頁199。

〔註366〕《繫年要錄》，卷199，紹興32年4月己卯，頁3361；《渭南文集》，卷32，〈曾文清公墓誌銘〉，頁203；《文忠集》，卷24，〈答吉州太守呂治先大器啓〉，頁18；《茶山集》，卷4，〈呂治先以職事至常山〉，頁40；卷5，〈送呂倉部治先守齊安〉，頁60；宋・薛季先，《浪語集》，卷34，〈祭呂郎中〉，《文淵閣四庫全書》，臺北：商務印書館，1986年，頁17；宋・呂祖謙，《東萊集》，附錄1〈年譜〉，《四庫全書珍本十一集》，臺北：商務印書館，1981年，頁1；〈呂大器壙誌〉，見鄭嘉勵，〈明招山出土的南宋呂祖謙家族墓誌〉，頁199。

〔註367〕《文定集》，卷9，〈豹隱堂記〉，頁102；《宋會要輯稿》，〈職官〉72之9，頁3992；〈食貨〉68之78，頁6292。

〔註 368〕至於呂大陽，呂祖謙的〈家傳〉謂其早夭，而明招山出土的〈呂弸中壙誌〉亦記其爲「通仕郎，早亡」。〔註 369〕

據呂用中及其妻韓氏的〈壙誌〉，用中有子四人，大鳳、大原、大麟及大虬。呂大鳳官右從事郎、監潭州南嶽廟，未授室而卒；呂大原早夭，呂大麟則爲右宣教郎、知常州武進縣、右承議郎、江南東路轉運司主管文字；呂大虬爲右從政郎、充措置兩淮節制軍馬準備差遣、文林郎、總領淮西江東軍馬錢糧所準備差遣。〔註 370〕諸子中，大麟事最可考，其於淳熙九年（1183）守徽州，爲官因有循良之稱，遷知常德府，後以右司郎官放罷，蓋言者論大麟「謬當劇曹，吏牘紛然，漫不加省」，故乞罷斥。〔註 371〕大麟妻爲右通直郎薛鎡女兒薛南英。〔註 372〕

明招山出土呂忱中的〈壙誌〉提到其子孫時有點複雜：

> 娶李氏，權刑部侍郎與權之女，今封安人。男二人：大原、大興，將仕郎，蚤世。公遺言以侄大猷之第四子祖新更名祖信爲後。……侄、右奉議郎、權知黄州軍州事大器泣血謹記。〔註 373〕

據此可見忱中本有二子名大原和大興者，均早亡，故欲以呂本中長子呂大猷一房過繼其第四子祖新接續香火；此事後來似未果行，因爲〈呂忱中妻李氏壙誌〉又如斯記載：

> 男二人：大興將仕郎，蚤夭；大信，迪功郎、□處州遂昌縣尉。……哀子大信泣血謹志。〔註 374〕

這裡提到的呂大信，並未見於〈呂忱中壙誌〉，鄭嘉勵利用呂祖謙的《東萊集》和清代《白沙圩呂氏宗譜》考訂，呂大信原名大彭，爲呂欽問孫、呂堅中次

〔註 368〕〈呂大倫繼室程氏壙誌〉，見鄭嘉勵，〈明招山出土的南宋呂祖謙家族墓誌〉，頁 201。

〔註 369〕《呂東萊先生文集》，〈家傳〉，頁 212；〈呂弸中壙誌〉，見鄭嘉勵，〈明招山出土的南宋呂祖謙家族墓誌〉，頁 190。

〔註 370〕〈呂用中壙誌〉及〈呂用中妻韓氏壙誌〉，見鄭嘉勵，〈明招山出土的南宋呂祖謙家族墓誌〉，頁 194

〔註 371〕宋・樓鑰，《攻媿集》，卷 35，〈呂大麟知常德府〉，《叢書集成初編》，上海：商務印書館，1936 年，頁 477。

〔註 372〕〈呂大麟妻薛氏壙誌〉，見鄭嘉勵，〈明招山出土的南宋呂祖謙家族墓誌〉，頁 203。

〔註 373〕〈呂忱中壙誌〉，見鄭嘉勵，〈明招山出土的南宋呂祖謙家族墓誌〉，頁 197。

〔註 374〕〈呂忱中妻李氏壙誌〉，見鄭嘉勵，〈明招山出土的南宋呂祖謙家族墓誌〉，頁 197～198。

子，故應是從欽問一房過繼之後人，最終並無以呂祖新爲後。案，呂堅中是否爲呂欽問孫、呂大信是否爲呂堅中子等，我有點懷疑，畢竟運用後人修訂的族譜爲據必須非常謹慎；〔註375〕但這裡我要指出的是，呂忱中的〈壙誌〉提到他有子名大原者，竟然與其兄呂用中夫婦〈壙誌〉的次子大原同名，這實在令人費解。呂用中夫婦的〈壙誌〉是由其三子呂大麟執筆，而呂忱中的〈壙誌〉則由兄長弸中的長子呂大器代勞；呂用中和呂忱中均卒於紹興三十二年（1162），呂大麟沒可能錯記二兄呂大原之名，而呂大器也不應胡亂刻寫叔父兒子的名稱，當中究竟如何？研究這批壙誌的學者鄭嘉勵似乎沒有注意

〔註375〕鄭嘉勵在〈明招山出土的南宋呂祖謙家族墓誌〉一文及最近另一篇和魏峰在會議上發表的文稿〈出土文獻與族譜文獻研究簡論──試以武義呂祖謙家族爲例〉中，詳細討論了以出土文獻配合族譜研究的長處和缺失，有很多精彩的論點和例子。不過，我認爲本文仍有些觀點忽視了以族譜補足出土文獻和史料的危險。簡單而言，即使有出土文獻互證，顯示族譜中有十例爲以往文獻未見登錄者是正確的，我們也不能因此引伸認爲族譜中的第十一例未見於文獻、而跟出土文物有某種關係者，是一定可信的。就以呂大信這個例子而言，雖然《白沙圩呂氏宗譜》有很多過去論史者不知的呂氏族人譜系，得到明招山出土的〈壙誌〉證明可信，但呂大信此例卻未有充足證據。我們雖然見到〈呂忱中壙誌〉提到呂大信，也肯定他是從其他旁系過繼的呂氏族人，但憑後人編訂的族譜如《白沙圩呂氏宗譜》中記載呂大信是呂欽問孫、呂堅中次子，就確認〈壙誌〉中的呂大信、呂堅中、呂欽問三人的父祖關係，實在不能成立。即使《白沙圩呂氏宗譜》在其他多例均有〈壙誌〉證明，我們又如何能肯定《宗譜》中這條記載一定沒有錯記？事實上，鄭嘉勵在前引後一篇文章中就舉出了這本族譜也有不少錯處。我研究呂氏家族多年，雖然從名字或某些史事上相信一些呂姓族人是河南呂氏家族的成員，但如果沒有充足證據，爲謹慎故，我仍然傾向存疑；至於某些族人的譜系次序，更要小心，例如前面討論過的「呂氏家賊」呂嘉問，宋人的史料完全不知道其父親爲何人，但《白沙圩呂氏宗譜》等後人編修的族譜就逕稱他是呂希傑之子，究竟有何證據？我不能因爲《呂氏宗譜》記載其他各房譜系的資料跟部分史事配合，就認爲這是同樣可信；事實上，後人編修前人的族譜，除了有很多可靠的資料參考外，實在也包含了不少因「攀附」或其他原因造成的錯誤失實。我們更要指出，後人編的族譜一定有很多正確的記述，但正正是如此我們就要更小心，呂欽問和呂堅中的例子就跟呂嘉問的例子一樣，筆者暫時還未看到有足夠的可靠史料證明他們的父子關係、及與呂大信的關係。這也是本文多番不採用姚紅和陳開勇引用族譜證明呂氏族人譜系的原因，蓋治史者必須謹慎，非專事挑剔，請讀者原諒。前引魏峰和鄭嘉勵之論，見魏峰、鄭嘉勵，〈出土文獻與族譜文獻研究簡論──試以武義呂祖謙家族爲例〉（討論稿），頁3～7。不過，鄭嘉勵是傑出的考古學家，我相信他可能在明招山呂氏家族墓地看到了很多呂氏族人的墓葬，有充份的證據證明其中的親屬譜系，可惜我未能看到，只有暫時存疑。

到這個問題，未見有任何討論。由於呂大原爲呂大麟的兄長，大麟的記錄不容置疑，故筆者認爲他肯定是呂用中的兒子；至於呂忱中的〈壙誌〉以其爲子、但其妻的〈壙誌〉卻未見提及，筆者大膽推論，或許就是上面提到的香火接續問題：呂忱中的兒子大興早夭，故欲以兄長的兒子大原過繼，但後來大原也身亡，故在呂忱中死後再從旁系過繼呂大信者爲兒子，是以呂忱中夫妻的〈壙誌〉都記有大興、惟大原和大信就分別只見於夫妻各自的〈壙誌〉了。

呂氏第十代之發展並不理想，到了第十一代，族人於政治上及學術上之成就，均超越前代，惟似亦迴光反照而已。諸房中，以呂大器一支最爲重要，據最新發現的壙誌顯示，除了過去最爲人所熟悉的祖謙和祖儉兄弟外，大器還生有第三子祖節和第四子祖烈，惟二人事蹟不顯。〔註376〕

呂祖謙，字伯恭，隨其祖居於婺源。祖謙初以蔭補官，後登孝宗隆興元年（1163）進士第，又中博學宏辭科，調南外宗教，除太學博士，添差教授嚴州，尋復召爲國史院編修官、實錄院檢討官。後遷著作郎，成《皇朝文鑑》，詔除直祕閣，以疾請祠歸，主管沖祐觀，淳熙七年（1181）卒，年四十五，謚曰成。〔註377〕

祖謙之學，本之家庭，有中原文獻之傳，長從林之奇（1112～1176）、汪應辰、胡憲（1086～1162）遊，既又友張栻（1133～1180）、朱熹，講索益精，學者稱「小東萊」。全祖望以爲其學「平心易氣，不欲逞口舌與諸公角」，且謂「而《宋史》之陋，遂抑之於儒林。然後世之君子其不以爲然也。」〔註378〕祖謙晚年講學會友於金華麗澤書院，講友門生遍布天下，其中不乏宰相名士如朱熹、張栻、陸九淵（1139～1193）、陳傅良（1137～1203）、陳亮（1143～1194）、喬行簡（1156～1241）、舒璘（1136～1199）、袁燮等，實爲當世學宗，故全祖望又謂：「宋乾淳以後，學派分而爲三：朱學也，呂學也，陸學也。」而明招學者，「自成公下世，忠公（祖儉）繼之，由是遞

〔註376〕〈呂大器壙誌〉及〈呂大器妻曾氏壙誌〉，見鄭嘉勵，〈明招山出土的南宋呂祖謙家族墓誌〉，頁199～200。

〔註377〕《宋史》，卷434，〈呂祖謙傳〉，頁12872；《東萊集》，附錄1〈年譜〉，頁1及附錄2呂祖儉〈壙記〉，頁16；《呂東萊文集》，〈本傳〉，頁1；《宋元學案》，卷51，〈東萊學案〉，頁1652；《道命錄》，卷8，〈東萊先生呂成公謚議〉，頁100。

〔註378〕《宋史》，卷434，〈呂祖謙傳〉，頁12872；《宋元學案》，卷51，〈東萊學案〉，頁1652。

傳不替，明招諸生歷元至明不絕，四百年文獻之所寄也。」由是可見祖謙之
學術地位及影響。〔註379〕

　　呂祖謙之婚姻非常坎坷，其先娶韓元吉（1118～1187）二女，繼爲芮燁
（1115～1172）女，但「三娶皆先卒」；〔註380〕然其仕途則較爲平坦，這與
他在政治上和生活上取隨和不爭、息事寧人的態度分不開，他實際參加之政
治活動不多。〔註381〕因此，遷婺後呂氏家族自祖謙中舉出仕後，發展可謂
中規中矩，無受太大之打擊，惜祖謙以四十五歲之壯年而逝，家族命運受挫。
蓋呂祖謙本來深得宰相周必大的信任，也獲宋孝宗的賞識，倘若祖謙不死，
以其自身之仕宦發展，再加上門人多有任高官者（如喬行簡後拜相），互相
支持照應，定必有助呂氏之發展。可知族人壽命對家族勢力之重要性，這點
我們在前面已曾指出。

　　呂氏第十一代之發展，先見挫於祖謙之早世，復弱於祖儉、祖泰之貶死。
呂祖儉（？～1196），字子約，號大愚，祖謙弟，監明州倉，後調衢州法曹，
除司農簿，通判台州。寧宗（趙擴，1168～1224，1194～1224 在位）即位，
除太府寺丞。〔註382〕時韓侂胄（1152～1207）用事，唆正言李沐（1172 年
進士）論右相趙汝愚（1140～1196），罷之，祖儉奏曰：「汝愚亦不得無過，
然未至如言者所云。」侂胄怒曰：「呂寺丞乃預我事耶？」遂於慶元元年（1195）
置黨禁，規定道學是僞學，貶斥道學之士，祖儉亦被指朋比罔上，送韶州安
置。〔註383〕祖儉在謫所，讀書窮理，賣藥以自給。每出，必草屨徒步，爲

〔註379〕《宋史》，卷 434，〈呂祖謙傳〉，頁 12872；《宋元學案》，卷 51，〈東萊學案〉，
　　　　頁 1652。關於祖謙之學，學者有詳細之論述，參閱前引何炳松、劉昭仁、潘富
　　　　恩及徐餘慶等三書及下列各部專著：潘富恩、徐餘慶，《呂祖謙評傳》，南京：
　　　　南京大學出版社，1992 年；徐儒學，《婺學之宗——呂祖謙》，杭州：浙江人民
　　　　出版社，2005 年；浙江省武義縣政協文史資料委員會編，《呂祖謙與浙東明招
　　　　文化》，北京：社會科學文獻出版社，2006 年；劉玉民，〈呂祖謙與南宋學術交
　　　　流——以呂祖謙書信爲中心的考察〉，武漢：華中師範大學博士論文，2013 年。
〔註380〕《呂東萊文集》，卷 7，〈祔韓氏誌〉，頁 166；卷 8〈祔芮氏誌〉，頁 193。
〔註381〕潘富恩、徐餘慶，《呂祖謙思想初探》，頁 5～6。
〔註382〕《宋史》，卷 455，〈呂祖儉傳〉，頁 13368；《嘉定赤城志》，卷 10，〈秩官門〉
　　　　3，頁 19；《延祐四明志》，卷 1，頁 28。
〔註383〕《宋史》，卷 455，〈呂祖儉傳〉，頁 13368；《宋會要輯稿》，〈職官〉73 之 19，
　　　　頁 4026；《朝野雜記》，甲集卷 6，〈道學興廢〉及〈學黨五十九人姓名〉，頁
　　　　79～81；《絜齋集》，卷 8，〈題晦翁帖〉，頁 126；宋・葉紹翁，《四朝聞見錄》，
　　　　丁集〈慶元黨〉，北京：中華書局，1989 年，頁 141；宋・真德秀，《真西山
　　　　文集》，卷 25，〈東萊大愚二先生祠記〉，臺北：商務印書館，1968 年，頁 441。

踰嶺之備。後有謂韓侂冑曰：「自趙丞相去，天下已切齒，今又投祖儉瘴鄉，不幸或死，則怨益重，曷若少徙內地。」侂冑亦悟。祖儉至廬陵，將趨嶺，得旨改送吉州，後遇赦，量移高安。侂冑雖對祖儉手下留情，未幾亦廢僞學之禁，但祖儉終於移高安後二年卒，〔註384〕嘉熙初謚忠。〔註385〕袁燮曾說：

> 右丞（即好問）遭僞楚之變，雖不能死，然以大義，開曉僭逆，
> 迎奉昭慈，垂簾聽政，不爲無功矣，而議者終疑之。子約及其兄禮
> 部口雖不言，常有蓋前人愆之意。禮部既卒，子約獨當門戶之責，
> 益自奮勵，卒以觸權要，獲罪謫死。〔註386〕

從此可見朝廷政治對呂氏家族之打擊，僞楚汙命使呂氏子弟蒙上陰影，中間雖歷秦檜擅國，但祖謙兄弟仍欲奮勵以補父祖輩之愆，結果呂祖儉終爲韓侂冑所貶竄，死於謫所，無法重振呂氏家族的政治地位。不過，祖儉雖蒙難貶死，但其學術聲望很高，號大愚，受業於其兄如諸生，妻爲大儒曾幾女，與舒璘、楊簡（1141～1226）、沈煥（1139～1191）、袁燮等名士遊，並與楊、沈、袁三人合稱四先生，而祖儉亦登〈東萊學案〉。〔註387〕

慶元黨禁對呂氏家族之打擊很大，族人中除祖儉貶死外，大猷子祖泰亦同遭貶謫。案呂本中一房中，長子大猷有子四人：祖仁、祖泰、〔註388〕祖義和祖新。呂祖泰（1163～1211），字泰然，其兄祖仁曾爲新昌縣丞，並於乾道三年（1166）爲新城尉。〔註389〕祖泰登進士第，嘉泰元年（1201）周必大降少保致仕，祖泰乃詣登聞鼓院請誅韓侂冑，代之以周必大。俄而有旨拘管連州，配欽州牢城收管，至侂冑伏誅，朝廷訪其所在，詔雪其冤，特補上州文學，改授迪功郎、監南嶽廟。祖泰性疏達，尚氣誼，學問該洽，遍遊江、淮，交當世知名士，亦登學案。〔註390〕祖泰雖得湔前冤，但其政治生

〔註384〕《宋史》，卷455，〈呂祖儉傳〉，頁13370。

〔註385〕元・吳師道，《敬鄉錄》，卷13，〈奏請謚陳龍川呂大愚箚子〉，《四庫全書珍本十一集》，臺北：商務印書館，1981年，頁2。

〔註386〕《絜齋集》，卷8，〈題呂子約帖〉，頁126。

〔註387〕《宋史》，卷434，〈呂祖謙傳〉，頁12872；卷455，〈呂祖儉傳〉，頁13370；《宋元學案》，卷51，〈東萊學案〉，頁1652；《渭南文集》，卷32，〈曾文清公墓誌銘〉，頁203。

〔註388〕宋人著作中僅《名賢氏族言行類稿》，卷36，〈呂本中傳〉，頁23，載祖泰、祖仁爲大猷子。陳開勇認爲呂祖泰並非大猷子，而是呂公孺之五世孫，其說有一定理據，但似未能完全否定章定的記載，今暫從舊說，存疑備考。見陳開勇，《宋代開封——金華呂氏文化世家研究》，頁35～36。

〔註389〕《宋詩紀事續補》，卷13，〈呂祖仁〉，頁502。

〔註390〕《宋史》，卷455，〈呂祖儉傳〉，頁13368；同書同卷，〈呂祖泰傳〉，頁13372；

涯則大受影響，史載祖泰「丁內艱無以葬，來中都謀於諸公間，遇寒疾死，年四十八。」「尹王枏為具棺斂歸葬焉」，〔註391〕可反映呂氏家族勢力之沒落。至於呂祖義和呂祖新，過去從呂祖謙所撰的〈家傳〉僅知其為呂好問的曾孫，〔註392〕但明招山出土了其孫呂宜之的〈壙誌〉，清楚記載祖義是大猷兒子，官從事郎、紹興府會稽縣主簿，娶妻田氏；〔註393〕呂忱中的〈壙誌〉則記忱中二子早死，忱中遺言以姪「大猷之第四子祖新更名祖信為後」，此事最終沒有實行，〔註394〕而祖新的事跡亦不再見錄。又，呂本中次子呂大同也是不祿早世，其子祖平則「力紹家學」，官歷承議郎知興化軍仙遊縣、廣西漕屬、大理寺丞、毗陵守、知徽州、處州，後以監察御史盛章（1162～？）言其「屢試郡府，並無善狀」而罷，祖平與周必大及陸游善，事跡多見於二人之文集中。〔註395〕

　　弸中一房除大器有子四人外，其弟婦呂大倫繼室程氏的〈壙誌〉亦載錄有子男二人，長子呂祖永，將仕郎，次子名祖慈，事跡不詳。〔註396〕用中一房則只有三子呂大麟有後，餘皆似因早夭而無香火傳續。大麟有子五人，祖恕、祖愨、祖憲、祖志和祖忞，祖恕和祖愨皆以祖蔭授將仕郎，〔註397〕其中

_____

《宋會要輯稿》，〈職官〉62之16，頁3790；同書，〈職官〉73之19，頁4026；《朝野雜記》，甲集卷6，〈道學興廢〉及〈學黨五十九人姓名〉，頁79～81；《絜齋集》，卷8，〈題晦翁帖〉，頁126；《四朝聞見錄》，丁集〈慶元黨〉，頁141；《真西山文集》，卷25，〈東萊大愚二先生祠記〉，頁441；《道命錄》，卷7下，〈呂泰然論不當立偽學之禁〉，頁80；《毗陵志》，卷17，〈人物〉2，頁27；宋·岳珂，《桯史》，卷11，〈周益公降官〉，北京：中華書局，1981年，頁123。

〔註391〕《宋史》，卷455，〈呂祖泰傳〉，頁13372；《道命錄》，卷7下，〈呂泰然論不當立偽學之禁〉頁81。

〔註392〕《呂東萊先生文集》，卷9，〈家傳〉，頁212。

〔註393〕〈呂宜之壙誌〉，見鄭嘉勵，〈明招山出土的南宋呂祖謙家族墓誌〉，頁213。

〔註394〕〈呂忱中壙誌〉，見鄭嘉勵，〈明招山出土的南宋呂祖謙家族墓誌〉，頁197。

〔註395〕《渭南文集》，卷36，〈呂從事夫人方氏墓誌銘〉，頁222；卷14，〈呂居仁集序〉，頁80；《文忠集》，卷8，〈題呂文靖惠穆帖〉，頁3～4；卷18，〈跋呂居仁帖〉，頁16；卷48，〈題呂侍講希哲歲時雜記後〉，頁13；《宋會要輯稿》，〈職官〉73之43，頁4038、及〈職官〉75之18，頁4083；《毗陵志》，卷8，〈秩官〉，頁11。

〔註396〕〈呂大倫繼室程氏壙誌〉，見鄭嘉勵，〈明招山出土的南宋呂祖謙家族墓誌〉，頁201。

〔註397〕過去亦據《呂東萊先生文集》，卷9，〈家傳〉，頁212，僅知五人為呂好問曾孫；明招山〈呂大麟妻薛氏壙誌〉及〈呂祖忞壙誌〉標錄其均為呂大麟兒子。見鄭嘉勵，〈明招山出土的南宋呂祖謙家族墓誌〉，頁203及208。

祖恕官迪功郎新鎮江府司法參軍，妻爲滕庚（1106年進士）孫女；〔註398〕祖忞歷鎮江府金壇縣主簿、泰州如皋縣令、衢州軍事判官，後以薦者改通直郎、知處州慶元縣等，先娶嚴州觀察支使馮鏞女，繼娶葛氏。〔註399〕祖憲曾爲吳江縣令，倡議興學，盛章謂其「學問源流，蓋有得于伯氏東萊。」〔註400〕祖志則曾官臨安縣令。〔註401〕

第十一代族人中姓名可考者還有四人，祖節、祖重、祖寬均爲好問曾孫，〔註402〕然均不甚顯，未見記載；至於呂祖异，不知爲何人子，〔註403〕淳祐間曾爲建康安撫司幹官、迪功郎添差充幹辦公事。〔註404〕

韓侂胄敗政後，道學解禁，呂氏第十二代族人亦復有出仕者，其中祖義有子呂嵩年，娶時氏，生平均不詳；〔註405〕祖平子呂檁年，〔註406〕寶慶二年（1226）曾爲建康觀察推官。〔註407〕過去，根據呂祖謙的文集資料，我們得知祖謙有三子，呂岳孫、呂齋孫早夭；〔註408〕呂延年字伯愚，祖謙之卒也甫三歲，受學於祖儉，歷官會稽郡幕、建德宰、通直郎知嚴州、軍器監主簿，累遷至太府寺丞、大理寺丞。〔註409〕而本代中比延年成就還要大的卻是呂康

〔註398〕《文忠集》，卷29，頁27。

〔註399〕〈呂祖忞壙誌〉，見鄭嘉勵，〈明招山出土的南宋呂祖謙家族墓誌〉，頁208。

〔註400〕明·錢穀，《吳都文粹續集》，卷6，〈重修吳江縣學記〉，《四庫全書珍本初集》，上海：商務印書館，1934年，頁18。

〔註401〕《咸淳臨安志》，卷51，〈秩官〉9，頁24。

〔註402〕《呂東萊先生文集》，卷9，〈家傳〉，頁212。

〔註403〕《景定建康志》，卷25，〈官守志〉2，頁42，載祖异書，他自稱「東萊呂祖异」，可知其爲呂氏之族人。

〔註404〕《景定建康志》，卷25，〈官守志〉2，頁42及頁46。

〔註405〕〈呂宜之壙誌〉，見鄭嘉勵，〈明招山出土的南宋呂祖謙家族墓誌〉，頁213。

〔註406〕《渭南文集》，卷36，〈呂從事夫人方氏墓誌銘〉，頁222。又，據鄭嘉勵指出，紹興縣曾出土一〈呂有年壙誌〉（紹興藏家張笑容所收），碑主呂有年是呂大同孫、呂祖平的兒子，見鄭嘉勵，〈明招山出土的南宋呂祖謙家族墓誌〉，頁213。筆者未見這篇〈壙誌〉，而〈呂從事夫方氏墓誌銘〉只記大同有一孫檁年，暫無從判斷，存疑，錄之備考。

〔註407〕《景定建康志》，卷24，〈察推題名〉，頁30。

〔註408〕《東萊集》，附錄2，〈壙記〉，頁17。

〔註409〕宋·洪咨夔，《平齋文集》，卷22，〈太府寺丞呂延年除大理寺丞制〉，《四部叢刊續編》，臺北：商務印書館，1966年，頁15；《會稽續志》，卷7，〈拾遺〉，頁17；宋·陳公亮，《嚴州圖經》，卷2，〈知縣題名〉，《宋元地方志叢書》，臺北：大化書局，1980年，頁8；宋·鄭瑤、方仁榮，《景定嚴州續志》，卷2，〈名宦〉，《宋元地方志叢書》，臺北：大化書局，1980年，頁9；《宋元學案》，卷51，〈東萊學案〉，頁1687。

年，他於嘉定十三年（1220）爲鄞縣邑簿，興學定規，貢獻良多；〔註410〕康年曾於淳熙甲戌廷對，眞德秀文忠欲「賓之狀頭。同列以其言中書之務未清，恐觸時政，文忠固爭不從，遂自甲賓乙。」〔註411〕關於呂康年，《宋元學案》謂其乃呂祖儉從子，並於〈進士呂先生康年〉小傳中說：「呂康年，成公猶子。」〔註412〕因此，學者一直未知其出於哪一房，只認爲他「既非呂祖謙子，亦非呂祖儉子」，實爲何人之子，不可考。〔註413〕可是，最近明招山發見韓元吉所撰其長女即呂祖謙第一任妻子的墓誌卻清楚記述，原來呂康年是呂祖謙的兒子：

> 吾女性慈惠……將沒之夕……撫其嬰兒曰：「吾有一女而又一男，亦足奉吾祀矣。」……蓋享年二十有三，女曰復，男曰康年。
> 〔註414〕

而呂康年妻子劉氏的壙誌也這樣記載：

> 初，錄參君（即呂康年）以諸生登第，主慶元鄞縣簿，再調，未上而卒。……錄參仲兄永嘉貳車（即呂延年）命立會稽簿（呂）正之、（呂）安之爲錄參嗣。〔註415〕

這裡提到呂康年早卒，於是以仲兄呂延年之命，由呂祖義孫呂正之和呂安之過繼給康年，以續香火。上面兩條資料很珍貴，宋末的史料何以沒清楚記錄呂康年爲祖謙的兒子，原因不明；惟韓氏爲祖謙妻子，故康年爲呂祖謙兒子，應可肯定。〔註416〕事實上，呂祖謙爲一代宗師，康年能克紹箕裘，爲呂氏家族「年」字輩中的表表者，也很是合理；不過，劉氏的壙誌卻又提到其姑（丈夫的母親）是「曾夫人」，但呂祖謙先後娶韓元吉和芮燁的女兒爲妻，而呂祖儉妻子才是曾幾的孫女，故康年是否確爲祖謙兒子，暫時只能依韓元

〔註410〕清・莊仲方，《南宋文範》，卷45，〈鄞縣儒學乾淳四先生祠記〉，《國學名著珍本彙刊》，臺北：鼎文書局，1975年，頁10；《延祐四明志》，卷13，〈鄞縣儒學〉，頁31；《寶慶四明志》，卷12，〈鄞縣志〉，頁7。

〔註411〕《四朝聞見錄》，乙集〈洛學〉，頁48。

〔註412〕《宋元學案》，卷51，〈東萊學案〉，頁1687。

〔註413〕陳開勇，《宋代開封──金華呂氏文化世家研究》，頁36。

〔註414〕〈呂祖謙妻前韓氏墓誌〉，見鄭嘉勵，〈明招山出土的南宋呂祖謙家族墓誌〉，頁204～205。

〔註415〕〈呂康年妻劉氏壙誌〉，見鄭嘉勵，〈明招山出土的南宋呂祖謙家族墓誌〉，頁211。

〔註416〕但鄭嘉勵在〈呂康年妻劉氏壙誌〉的釋文中，謂呂康年是呂祖儉次子，不知何所據？見鄭嘉勵，〈明招山出土的南宋呂祖謙家族墓誌〉，頁211。

吉爲女兒韓招寫的墓誌爲本了，待他日有更清楚的史料再議改之。康年妻爲呂祖謙門人劉清臣女。〔註 417〕至於呂祖儉雖然貶死，惟亦有一子呂喬年，字巽伯，克俏其父，妻沈煥女，「能守家學」，〔註 418〕但其仕途未載，恐也不顯。康年、延年及喬年三人亦同登〈東萊學案〉。

同樣是明招山發現的呂祖憲撰的〈呂榮年壙誌〉，自述有四子，長子榮年（1183～1204）在二十二歲時因感疾而亡，另一子呂叔駿七歲早夭，餘皆不詳；〔註 419〕〈呂祖忞壙誌〉則載其有兩子，長子呂裕年先夭，次子呂裒年即爲碑文撰寫者，但未見提及自己的情況。〔註 420〕

葬於浙江明招山的呂氏族人，自第十代起均爲呂好問的後人，第十三代以後見於史冊者已寥寥，且所知不多。其中呂康年本有二子，均早亡，如前所述，後以旁系族人呂正之及呂安之過繼爲嗣，據學者考證，其後人呂應焱於宋理宗（趙昀，1205～1264，1224～1264 在位）景定三年（1262）進士及第；〔註 421〕延年子呂寶之，曾爲建德宰。〔註 422〕又，呂裒年撰其父祖忞的〈壙誌〉提到其兄裕年先夭，而祖忞有一孫男名呂習之，猜想應是裒年的兒子了。明招山族人中，呂祖義曾孫、呂嵩年孫呂克莊所撰其父〈呂宜之壙誌〉，對南宋末年呂氏一族的凋落，也有很珍貴的記載：

> 先君稟性剛毅，律己端方，志氣軒昂，不在人下。睦宗族，和姻黨，恩意周洽，待人接物，寒暑靡倦。幼從家學，接聞諸長。乙卯秋，以從叔祖戎監胄牒領舉，旋染目眚，端居杜門，自號「水村」，分甘淡泊，而植立門戶，未嘗少置靖念。先君一生勤約，營創數椽，意圖容老。時異事殊，弗遑寧處，遂遷先祠，觸景傷懷，積慢成疾，竟終寓止。鳴呼痛哉！〔註 423〕

〔註417〕〈呂康年妻劉氏壙誌〉，見鄭嘉勵，〈明招山出土的南宋呂祖謙家族墓誌〉，頁210。

〔註418〕《宋元學案》，卷 51，〈東萊學案〉，頁 1687；《絜齋集》，卷 14，〈通判沈公行狀〉，頁 241；卷 20，〈居士阮君墓誌銘〉，頁 332。

〔註419〕〈呂榮年壙誌〉，見鄭嘉勵，〈明招山出土的南宋呂祖謙家族墓誌〉，頁 211～212。

〔註420〕〈呂祖忞壙誌〉，見鄭嘉勵，〈明招山出土的南宋呂祖謙家族墓誌〉，頁 208～209。

〔註421〕龔延明、祖慧，《宋代登科總錄》，頁 6806。此呂應焱究竟是否呂氏家族的後人，筆者仍有懷疑，暫從姚紅之看法。

〔註422〕《景定嚴州續志》，卷 2，〈名宦〉，頁 9。

〔註423〕〈呂宜之壙誌〉，見鄭嘉勵，〈明招山出土的南宋呂祖謙家族墓誌〉，頁 213。

我們可以清楚看見一個沒落大族，宗人仍然謹守家法，睦愛親黨，以祖蔭力
學應舉；惜最後除了因爲自己的眼疾而被迫退隱外，更因爲宋元易代，甚至
連自己安老的家宅也要捨棄，叫人心酸。呂氏家族與宋室相始終，國既破，
家亦亡也。惟從〈壙誌〉所記，宜之有子男三人，長子呂克莊，次子克開，
三子克昌，孫男一人名呂紹復。

　　呂氏一族於北宋爲高門大族，至靖康末歷僞楚之禍，繼而爲秦檜及韓侂
胄打擊，南宋亡後，族人散居各地，而婺源呂氏似亦更趨衰落，元代吳師道
（1283～1344）曾記：

> 　　呂文穆……建炎度江，裔孫一派僑居吾婺，于是東萊先生出
> 焉。先生之祖父暨其季大愚忠公，皆葬武義之明招山，呂氏遂爲婺
> 之望，近益衰微，凡譜牒告身遺像之屬，爲人所購售，至冒稱苗裔
> 者有之，竊嘗爲之歎息。茲來京師，獲見文穆進封徐國公加食邑誥
> 一通，蓋祥符元年東封泰山霈澤也，九世孫某所藏，故物宛然，典
> 刑如在，非賢子孫不能世守也。伯溫昆季方進，進華要，河南之世
> 復興，又得不爲深喜乎。〔註424〕

據此，我們知道三點重要訊息：第一，元代呂氏雖已式微，譜牒爲人所購，
但婺源一脈尚存；第二，呂蒙正九世孫居於元京大都，藏有文穆誥詞，且與
吳師道善；第三，呂氏似有後人名伯溫者顯於元代。

　　吳師道所說的呂伯溫兄弟者究爲何人，我曾遍尋元代史冊，終無法得知
其人，惟筆者最後於《滋溪文稿》中獲知呂氏另一裔派有呂端善者，在元代
曾任大官，其謂：「呂端善……七世祖公緒，與申國正獻公爲從兄弟，六世
希衍失其官封。希衍生衡，金初涉河家武陟，衡生三子，全、佺、亽。全生
五子，唐、慶、庭、膺、欽。貞祐中舉族徙汴，膺語伯仲曰：『今兵戈方興，
宜各逃難，庶幾宗祀幸有存者。』乃挈其子儻入宋，儻改名文蔚，以經義登
進士第。庭避地河內，大兵遽至，謂其內子佑曰：『汝已長立，當自求生。』
佑艱關險阻，由河南山東轉入雲代，既久至京兆，事已稍定，樂其國土，家
焉。佑即公之考府君也。」其後，呂佑子端善乃隨元代大儒許衡（1209～1281）
遊學，及忽必烈（1215～1294，1260～1294在位）登位，乃以佑爲國子博士
伴讀；至於入宋之呂儻（文蔚），後爲襄陽制閫參謀，終退居鄂而與呂佑聚宗。

〔註424〕元・吳師道，《吳正傳先生文集》，卷 18，〈呂文穆公誥詞〉，《元代珍本文集
　　　彙刊》，臺北：國立中央圖書館，1970 年，頁 555。

元仁宗（愛育黎拔刀八達，1285～1320，1311～1320 在位）登位，呂端善累官至翰林侍讀學士中奉大夫知制誥同修國史，延祐元年（1314）卒，年七十八，葬於咸寧縣東陵鄉驪山，贈通奉大夫陝西行省參知政事，追封東平郡公，諡文穆。端善有三了，昂末及什而卒，果贈中議大夫，槙知禮州；孫三人，曾、著、魯均仕；曾孫男二人，公直、公肅俱補國子員。〔註425〕

　　據《滋溪文稿》所載，我們可得一圖如下：（圖見下頁）

　　自希衍失祿入金境後，雖然呂儻曾一度入宋，登第爲襄陽參謀，但呂端善這一支族人似並無與公著後人聚宗或聯絡，因此筆者姑且將其名爲「金元之呂氏」，作爲本節附錄。再者，據《滋溪文稿》，呂端善字伯充，前引吳師道所謂「伯溫昆季方進，進華要，河南之世復興。」此伯溫昆季，或與伯充有關乎？

　　呂好問、呂弸中、呂大器和呂祖謙祖孫輩移居婺源後，子孫遂在安徽、浙江一帶繁衍；其他旁系甚至遷移至湖北、山西、漳州、潮州等地，〔註426〕惟歷經宋元明清諸代的世變，族屬演變混亂不清，攀附僞託者也難於辨認；或以爲明清崛起的新安呂氏文學大族（呂維祺、呂履恒、呂謙恒等），其遠祖即是呂蒙正云云。〔註427〕其中眞僞，已非本文研究範圍，惟呂端善時仕元，官至華要之地，或亦可見文穆裔孫之賢。

〔註425〕元・蘇天爵，《滋溪文稿》，卷7，〈元故翰林侍讀學士贈陝西行省參知政事呂文穆公神道碑〉，《元代珍本文集彙刊》，臺北：國立中央圖書館，1970 年，頁 1。

〔註426〕參考浙江省武義縣政協文史資料委員會編，《呂祖謙與浙東明招文化》，頁 29～54。

〔註427〕參見杜培響，〈明清之際新安呂氏家族及文學研究〉，福州市：福建師範大學博士論文，2012 年。

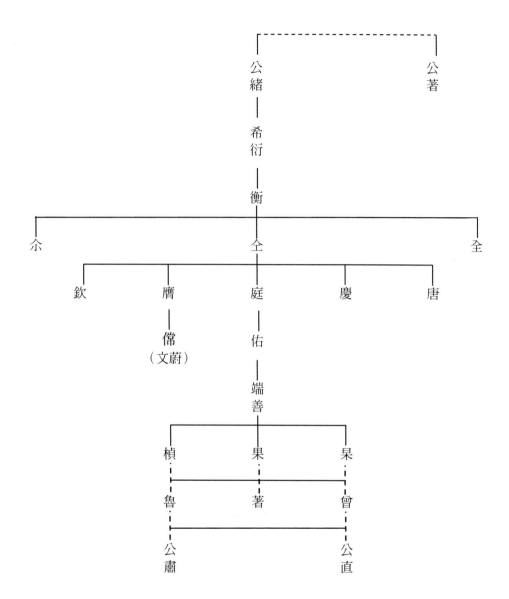

第三章　科舉、宦途與家勢

（一）科舉制度之奠定與宋太宗之求才

漢代選官取士之法，主要為察舉制；東漢末迄魏晉南北朝時代，鄉舉里選之職歸於中正之官，仕途完全為豪門世族把持，孤寒難與競進。隋統一中國後，曾一度實行「九品中正制」，但大業以後終以分科舉人代之，然諸事草創，未遑確定。到了唐代，科舉制度有進一步的發展，分置秀才、明經、俊士、進士、明法、明字及明算等科；中葉以後，進士科獨盛，唯門第舊族仍有其地位，朝廷官職多由門閥世族的餘胤壟斷，由科舉出身的官吏數目不多。故科舉作為選士之主要途徑，要到宋代才真正奠定下來。〔註1〕

五代十國時期，科舉制度基本上被沿用，分別在於科目之簡和帖經之重，得士亦遠較前代為少，蓋五代五十二年間，「土宇分割，人士流離」，「舉筆能文者罕見之」。〔註2〕加上當時武人專權，而權臣執政，公然支略，科第差除各有等差，所以其時諺語云：「及第不必讀書，作官何須事業。」〔註3〕宋太祖（趙匡胤，927～976，960～976 在位）統一中國後，為鞏固其統治及

〔註1〕 有關宋代以前選舉取士的情況，可參考下列各文：鄧嗣禹，《中國考試制度史》，臺北：學生書局，1967 年；鄭欽仁，〈鄉舉里選——兩漢的選舉制度〉及〈九品官人法——六朝的選舉制度〉，均載於鄭欽仁主編，《中國文化新論——立國的宏規》，臺北：聯經出版事業公司，1987 年，頁 187～256；李弘祺，〈科舉——隋唐至明清的考試制度〉，載於鄭欽仁主編，《中國文化新論——立國的宏規》，頁 257～315。

〔註2〕 元‧馬端臨，《文獻通考》，卷30，〈選舉〉3，北京：中華書局，1986 年，頁284。

〔註3〕 宋‧趙令時，《侯鯖錄》，卷4，《筆記小說大觀》，江蘇：揚州古籍書店，1983年，頁2。

地位，乃進一步發展隋唐的中央集權制，建立龐大的官僚機構，於是國家需要大量的人才以作資備。然而太祖初定天下之際，「儒學之士，初未甚進用。」〔註4〕乾德三年（966）宋軍平蜀，得一蜀鑑背刻「乾德四年鑄」數字，太祖大驚以示宰相群臣，眾皆不能對，於是詔問學士陶穀（903～970）和竇儀（914～966），儀對曰：「此必蜀物，昔僞蜀王衍有此號，當是其歲所鑄也。」太祖乃喜曰：「宰相須用讀書人。」〔註5〕日人荒本敏一認爲中國「讀書人」一詞即始於此。〔註6〕後來翰林學士盧多遜（934～985）攝太僕卿，占對詳敏，儀物極盛，太祖又再重申「作宰相須用儒者」，〔註7〕由是益重儒臣與讀書人，甚至謂「武臣欲盡令讀書，貴知爲治之道。」〔註8〕而「國家懸科取士」，目的是要「爲官擇人」，〔註9〕科舉自此便成爲國家選官取士之主要途徑。〔註10〕

宋太祖雖然強調重用讀書人，以科舉取士，但除了於開寶六年（973）確立殿試制度以保持公正外，〔註11〕他對科舉制度之發展改進無甚建樹。蓋宋初諸事草創，趙匡胤忙於整肅國內軍人勢力、削平南方割據諸雄，加上強鄰契丹窺伺於側，故無暇修文，宋初進士尚仍唐代舊制，每歲多不過二三十人。〔註12〕到了太宗繼位後，乃大力提倡用科舉吸取彥俊之士，以輔國政。《長編》：

〔註4〕　宋・江少虞，《宋朝事實類苑》（以下簡稱《類苑》），卷1，〈祖宗聖訓・太祖皇帝〉，上海：上海古籍出版社，1981年，頁3。

〔註5〕　宋・李燾，《續資治通鑑長編》（以下簡稱《長編》），卷7，乾德4年5月甲戌，北京：中華書局，1979～1995年，頁171；《類苑》，卷1，〈祖宗聖訓・太祖皇帝〉，頁10。

〔註6〕　日・荒本敏一，《宋代科舉制度研究》，東京：同朋社，1969年，頁1～11。

〔註7〕　《類苑》，卷1，〈祖宗聖訓・太祖皇帝〉，頁3。

〔註8〕　《長編》，卷3，建隆3年2月壬寅，頁62；宋・司馬光，《涑水記聞》，卷1，北京：中華書局，1989年，頁15。

〔註9〕　清・徐松，《宋會要輯稿》，〈選舉〉3之2，北京：中華書局，1987年，頁4262。

〔註10〕有關宋代科舉制度之論著極多，本文不擬贅述，可參考下列各專著：日・荒木敏一，《宋代科舉制度研究》；John W. Chaffee, *The Thorny Gates of Learning in Sung China: A Social History of Examinations,* Cambridge: Cambridge University Press, 1985; Thomas H. C. Lee, *Government Education and Examinations in Sung China,* Hong Kong: The Chinese University Press, 1985；E. A. Kracke Jr., *Civil Service in Early Sung China, 960-1067,* Cambridge, Mass. & London: Harvard University Press, 1953；及金中樞，〈北宋科舉制度研究〉，《新亞學報》，第6卷，1965年，第1期，頁205～181；第2期，頁163～242。最新最完備的研究，見張希清，《中國科舉制度通史──宋代卷》，上海：上海人民出版社，2015年。

〔註11〕《長編》，卷14，開寶6年3月辛酉，頁298。

〔註12〕宋・王栐，《燕翼詒謀錄》，卷1，北京：中華書局，1981年，頁4。

上（太宗）即位，以疆宇至遠，吏員益眾，思廣振淹滯，以資
其闕，顧謂侍臣曰：「朕欲博求俊乂於科場中，非敢望拔十得五，止
得一二，示可爲致治之具矣。」〔註13〕

宋太祖得位於孤兒寡婦手中，國內人心未定，且又致力於南征北討，故對文
士儒生只示優容之禮，實際並無多大進用。但到太宗時代，割據勢力大致已
被敉平，國家基本上已穩固下來，面對強敵契丹的威脅和龐大的官僚機構，
宋王朝實需要大批有能之士協助統治。此外，宋立國於軍閥豪族和強鄰之中，
權力受到很大挑戰，因而極需要扶立一親己的精英集團與之對抗，強化中央
集權和提高君主威望，強調「賢治」的讀書人正適合此一要求。他們在五代
軍閥擅權中久被忽略，又缺乏有力的資據與專制王權對抗，而儒家思想向又
提倡忠君之念，是以宋王朝乃利用科舉制度將他們納入國家官僚機構內，一
方面幫助統治，另一方面以之打擊軍人勢力，故日人宮崎市定認爲將科舉直
接置於君主之下，國家控制用人之權，是強化專制統治的必要步伐。〔註14〕
韋伯（Max Weber）在研究中國文官制度時則指出，君主利用考試制度使士人
互相爭衡，因而不會聯結一致對抗君權；〔註15〕而李弘祺師亦認爲科舉制度
以重酬、榮譽和權力來牢籠社會中的精英份子，以維持社會安定。〔註16〕總
之，基於上述種種原因，求治心切的宋太宗遂大肆提倡開科取士，希望把太
祖「馬上得天下」的政權變爲文治色彩濃厚的王朝。

宋太宗既思以科第博求俊彥，太平興國二年（977）禮部上所試合格人
名，太宗乃御講武殿覆試，命李昉（925～996）、扈蒙（915～986）定其優
劣爲三等，得呂蒙正以下一百九人。越二日覆試諸科，得二百七人，並賜及
第；又詔禮部閱貢籍，得十五舉以上進士及諸科一百八十四人，並賜出身。

〔註13〕《長編》，卷18，太平興國2年正月丙寅，頁393；元・脫脫等，《宋史》，卷
　　　　155，〈選舉志〉1，北京：中華書局，1977年，頁3607；《文獻通考》，卷30，
　　　　〈選舉〉3，頁284。
〔註14〕見賈志揚（Chaffee），*The Thorny Gates of Learning in Sung China: A Social
　　　　History of Examinations*，頁50引宮崎之論。
〔註15〕Max Weber, "The Struggle of Monarch and Nobility : Origin of the Career Open to
　　　　Talent", in Johanna M. Menzel（ed.），*The Chinese Civil Service*, Washington: D.C.
　　　　Heath and Company, 1963, p.60。
〔註16〕見李弘祺，〈科舉──隋唐至明清的考試制度〉，頁293；李弘祺，〈公正、平
　　　　等與開放〉，載於李弘祺，《宋代教育散論》，臺北：東昇出版事業有限公司，
　　　　1980年，頁23～34。

當時薛居正（912～981）便說「取人太多，用人太驟。」﹝註17﹞而賈志揚（John W. Chaffee）在比較過五代的進士科後，亦指出太平興國二年一榜實爲巨變，進士科人數激增。﹝註18﹞自此以後，科舉恩數愈隆，﹝註19﹞科舉制度更趨完備成熟。﹝註20﹞

自太宗力倡科舉後，天下才俊之士皆投身其中，冀能藉此晉身統治階層，一展抱負，攫取榮譽、特權和財富。因此，宋世特多「衣冠盛事」，即父子、兄弟或家族多人得意於科場，如陳省華（939～1006）三子堯叟（961～1017）、堯佐（963～1044）及堯咨（970～1034）「皆登進士第，而伯仲爲天下第一。」﹝註21﹞宋庠（996～1066）、宋祁（998～1061）兄弟「皆奏名廷中」，「天下學者以宋氏兄弟爲師法。」﹝註22﹞韓億三子綜（1009～1053）、絳、縝（1019～1097）亦相繼中科甲；﹝註23﹞而父子狀元及第者有三家：﹝註24﹞張去華（938～1006）、張師德（1011年進士）；梁顥（963～1004）、梁固（987～1019）及安德裕（940～1002）、安守亮，時人譽之曰：「封禪汾陰連歲榜，狀元俱是狀元兒。」﹝註25﹞李宗諤（965～1013）子昭遘、昭遘子杲卿、杲卿子士廉則「三世俱曾爲探花郎」，﹝註26﹞謝濤（960～1034）、汪藻（1079

﹝註17﹞《長編》，卷18，太平興國2年正月丙寅，頁393；《宋史》，卷155，〈選舉志〉1，頁3607；《文獻通考》，卷30，〈選舉〉3，頁284。

﹝註18﹞John W. Chaffee, *The Thorny Gates of Learning in Sung China: A Social History of Examinations*, p.49。

﹝註19﹞宋‧洪邁，《容齋隨筆‧續筆》，卷13，〈科舉恩數〉，上海：上海古籍出版社，1978年，頁367。

﹝註20﹞參考註﹝10﹞各文。

﹝註21﹞《長編》，卷63，景德3年5月丙午，頁1400；宋‧杜大珪，《名臣碑傳琬琰集》（以下簡稱《琬琰集》），上卷15，〈陳文惠公堯佐神道碑〉，《四庫全書珍本十一集》，臺北：商務印書館，1981年，頁15年；宋‧王闢之，《澠水燕談錄》，卷2，〈名臣〉，北京：中華書局，1981年，頁12；宋‧張世南，《游宦紀聞》，卷2，北京：中華書局，1981年，頁12；《類苑》，卷24，〈衣冠盛事〉，頁287。

﹝註22﹞《琬琰集》，上卷7，〈宋元憲公庠忠規德範之碑〉，頁3；卷7，〈宋景文公祁神道碑〉，頁9～14。

﹝註23﹞宋‧王明清，《揮麈錄‧後錄》，卷5，北京：中華書局，1961年，頁148。

﹝註24﹞《揮麈錄‧前錄》、《澠水燕談錄》、《類苑》及《東齋記事》均只列張、梁二家，但《舊聞證誤》則補安德裕、安守亮父子，合共三家。見宋‧李心傳，《舊聞證誤》，卷1，北京：中華書局，1981年，頁3。

﹝註25﹞《揮麈錄‧前錄》，卷3，頁28；《澠水燕談錄》，卷6，〈貢舉〉，頁69；《類苑》，卷24，〈衣冠盛事〉，頁295～296；及宋‧范鎮，《東齋記事》，卷1，北京：中華書局，1980年，頁2～3。

﹝註26﹞《揮麈錄‧前錄》，卷3，頁23。

～1154）、張宗諤及鮑煜四家更三世聯登；〔註27〕而劉沆（995～1060）祖孫
三世登科於仁宗一朝，更爲蘇子容所盛讚；〔註28〕至於王禹玉一族，更爲
興盛，其家自太平興國至元豐十牓，皆有人登科，「三朝遇主惟文翰，十牓
傳家有姓名」，實爲他人所無有也。〔註29〕這些衣冠世家，其崛起和發展均
得力於科舉制度，故宋初科舉制度之奠定及太宗之力倡，培養及振興了一些
大族巨室，而呂氏家族即爲其表表者，呂蒙正的崛起即源於太宗的求才。

（二）一登龍門，聲價十倍

有關呂蒙正登第前的貧窘事蹟，國人早已耳熟能詳，俗語便有謂：「窮不
過呂蒙正。」而「飯後鐘」、「蒙正祭灶」等事，更已成爲膾炙人口的民間故
事。〔註30〕不過，呂蒙正的家世其實並不差，其幼年貧困無依，實由於其母
劉氏與父親呂龜圖不和。《長編》：

> 初，蒙正父龜圖多內寵，與妻劉氏不睦，并蒙正出之，頗淪躓
> 窘乏。〔註31〕

蒙正被逐後，生活頗形困乏，曾爲胡旦（978年進士）所薄；〔註32〕而當蒙正
貴後，曾有人誣其未第時匄索於張紳不果而公報私仇，〔註33〕由此可反映當
時蒙正之潦倒。

呂蒙正母子離開其父後，居於洛陽龍門山的利涉寺院，其寺僧識蒙正爲貴
人，於是爲鑿山巖爲龕以居之，文穆乃居其家九年。〔註34〕當時蒙正爲一介寒
士，其欲出人頭地，唯一的方法便是投考科舉，謀取一官半職以改善生活；蒙
正遂讀書於龍門，〔註35〕爲舉人後，則客於建隆觀道士丁君之舍。〔註36〕結果，

〔註27〕《琬琰集》，中卷40，〈謝尚書濤神道碑〉，頁12；《游宦紀聞》，卷6，頁55。
〔註28〕宋・王得臣，《麈史》，卷下，〈盛事〉，上海：上海古籍出版社，1986年，頁77。
〔註29〕宋・葉夢得，《石林燕語》，卷9，北京：中華書局，1984年，頁135。
〔註30〕關於呂蒙正的傳說，可參閱史梅岑，〈先賢呂蒙正瑣記〉；劉嘯月，〈閒話呂蒙
　　　正〉，二文均載於劉昭仁，《呂東萊之文學與史學》，臺北：文史哲出版社，1986
　　　年；更詳細及深入之研究，可見王秋桂下列文章：C.K. Wang, "Lu Meng-cheng
　　　in Yuan and Ming Drama", *Monumenta Serica: Journal of Oriental Studies*,
　　　Vol.XXXVI, 1984-1985, pp.303-408。
〔註31〕《長編》，卷31，淳化元年9月戊寅，頁705。
〔註32〕《類苑》，卷65，〈談諧戲謔・語嘲〉，頁865。
〔註33〕《長編》，卷34，淳化4年10月辛未，頁755。
〔註34〕丁傳靖，《宋人軼事彙編》，卷4，北京：中華書局，1981年，頁148～149。
〔註35〕《類苑》，卷35，〈詩歌賦詠・呂文穆〉，頁449。
〔註36〕宋・委心子，《新編分門古今類事》，卷15，〈祥兆門・蒙正槐瑞〉，北京，中
　　　華書局，1987年，頁236；清・周城，《宋東京考》，卷13，〈觀・建隆觀〉，

皇天不負有心人，呂蒙正果然高中太平興國二年（977）的狀元，一舉成名，此後三登相位，功名顯赫，後世傳爲呂蒙正所寫的〈勸世文〉就道出其中第前後的不同景況：

> 余者，居洛陽之時，朝投僧寺，夜宿破窯；布衣不能遮其體，稀粥不能充其飢；上人嫌，下人憎，皆言余之賤也。……余後登高及第，入中書，官至極臣，位列三公。思衣則有綺羅千箱，思食則有百味珍饈；有撻百僚之杖，有斬佞品之劍；出則壯士執鞭，入則家人扶袂；廩有餘粟，庫有餘財，人皆言余之貴也。〔註37〕

這段講話未必真是蒙正所說，似爲後人偽託，但也客觀描述了舉業對其人生轉變的影響，「一登龍門，聲價十倍」正好用來形容呂蒙正的登第。

案我們在前節提到，宋太宗嗣位後，極思振作，欲博求俊賢於科場之中，以資其用，故親於太平興國二年一榜御殿出題覆試，此後科第恩數遂隆。因此，這榜登第的進士是太宗延攬的第一批輔國儒士，日後太宗必加以大用是可想見的，而呂蒙正適於此榜高中狀元，故其日後官運自然亨通。〔註38〕太宗對呂蒙正榜的重視，可從其賞賜中窺見。太平興國二年正月十二日，賜新及第進士諸科呂蒙正以下綠袍、靴笏，宋代御前釋褐之禮，即始於此；〔註39〕此外又賜宴於開寶寺，兼降御製詩二首賜之，進士賜宴賜詩之例亦始於蒙正一榜，〔註40〕這些措施可象徵此榜的重要性及太宗的心意。宋代自太宗崇獎儒學，驟擢高科以至輔弼者極多，〔註41〕但自建隆至紹興末，廷魁凡八十四人，其中只呂蒙正、王曾、李迪、宋庠、何㮚及梁克家（1128～1187）六人入相，〔註42〕而其中又只有呂蒙正曾三入相。此外，呂蒙正太

北京：中華書局，1988年，頁237。

〔註37〕見〈呂蒙正勸世文〉，載於《呂東萊之文學與史學》，頁274～275。

〔註38〕衣川強亦認爲，由於宋太宗之繼位有可疑之處，加上太宗需要高官直接效忠於他，而呂蒙正適時考取狀元，故以後官運亨通。見日·衣川強，〈宋代の名族——河南呂氏の場合〉，原刊於《神戶商科大學人文論集》，第9卷第1、2期，1973年，頁134～166，今收於日·衣川強，《宋代官僚社會史研究》，東京：汲古書院，2006年，頁77～122，特別是頁86～87。

〔註39〕宋·高承，《事物紀原》，卷3，〈學校貢舉部〉，第16〈釋褐〉，北京：中華書局，1989年，頁171。

〔註40〕《事物紀原》，卷3，〈學校貢舉部〉，第16〈賜宴〉，頁171～172；《澠水燕談錄》，卷6，〈貢舉〉，頁67；《類苑》，卷30，〈詞翰書籍〉，頁388。

〔註41〕宋·歐陽修，《歸田錄》，卷1，北京：中華書局，1981年，頁17；《類苑》，卷24，〈衣冠盛事·榜首三人皆登兩府〉，頁299。

〔註42〕宋·費袞，《梁谿漫志》，卷1，〈廷魁入相〉，上海：上海古籍出版社，1985

平興國二年登科後，八年已爲參知政事，〔註43〕當其進入朝堂議事時，有朝士於簾內指之曰：「是小子亦參政邪？」〔註44〕由此可見蒙正參大政之速及年青，而自蒙正以後，宋代登第七年而執政者只有董德元（1096～1163）一人而已。〔註45〕呂蒙正任參政後五年，宰相李昉罷，太宗遂以蒙正代之，〔註46〕當時太宗以其驟進，人望未允，乃以趙普爲太保兼侍中，呂蒙正爲中書侍郎兼戶部尚書，並同平章事，欲藉趙普舊德以鎮之，〔註47〕這些均可見太宗對呂蒙正之重視與其驟進之關係。

呂蒙正登第大用後，除了其個人得享富貴功名外，隨登第任官而來的財富、祠祿及恩蔭等有利因素（詳見後文），使呂氏家族得以崛興發展，成爲兩宋時代最大的高門。假如呂蒙正沒有登上太平興國二年一榜，則太宗便不會重用呂氏，其族人便不能藉宰相親戚之故而受惠，呂龜祥等人之官位或只能維持族人的生活而已，焉能與位極人臣的呂蒙正相比；而事實上呂氏一族揚名於當代者，蒙正即爲其始，其後夷簡、公著等人頗能繼承蒙正之業，使呂氏家勢不墮。把呂氏家族由一普通的官僚家庭發展成當代的世家者，呂蒙正實爲舵手，他是呂氏家族崛興的轉捩點，而其所憑藉的手段便是科舉制度，故呂氏家族的勃興實源於宋太宗的求才與開科取士。

自太宗提倡科舉之後，宋代取士得人之盛者，無如進士科，蓋宋朝「崇尚進士，故天下英才，皆入此科。」〔註48〕而一些清要之職如兩制二史，均必以進士登科之人爲之，〔註49〕故一般人都重科第而賤恩蔭，官僚子弟雖可借任子之法入仕，惟有才之士則多棄恩蔭而從科舉之途，如李昉子李宗

　　　年，頁2；《石林燕語》，卷6只列呂蒙正、王曾、李迪、宋庠四人，頁84～
　　　85。

〔註43〕 《石林燕語》，卷6，頁86。

〔註44〕 《宋史》，卷265，〈呂蒙正傳〉，頁9146；《類苑》，卷13，〈德量智識‧呂蒙
　　　正〉，頁147。

〔註45〕 宋‧李心傳，《建炎以來繫年要錄》（以下簡稱《繫年要錄》），卷169，紹興
　　　25年乙亥8月丙戌，北京：中華書局，1988年，頁2761。

〔註46〕 《石林燕語》，卷6，頁68。

〔註47〕 《長編》，卷29，端拱元年月庚辰，頁647；宋‧徐自明撰、王瑞來校補，《宋
　　　宰輔編年錄校補》（以下簡稱《編年錄》），卷2，淳化元年庚寅正月戊子，北
　　　京：中華書局，1986年，頁54～55。

〔註48〕 宋‧馬永興，《懶眞子》，卷3，《筆記小說大觀》，江蘇：揚州古籍書店，1983
　　　年，頁6。

〔註49〕 宋‧李心傳，《建炎以來朝野雜記》（以下簡稱《朝野雜記》），乙集卷11，〈任
　　　子賜出身〉，《叢書集成初編》，上海：商務印書館，1936年，頁472～473。

諛「恥於父任得官，獨由鄉舉，端拱二年登進士第。」〔註50〕蘇頌父知制誥，乾元節當任子，蘇頌固辭，復勸二弟「當勵志科舉，不當從門蔭。」〔註51〕而韓忠彥（1038～1109）雖以父親韓琦（1008～1075）之蔭守將作監主簿，但他仍「力學文章，登進士第。」〔註52〕到了南宋時，韓元吉之學問雖遠過於進士，孝宗亦破格授除權中書舍人，然元吉仍以自己非由進士出身而抱撼。〔註53〕因此，呂蒙正登第爲相後，仍鼓勵其姪夷簡應舉，不由恩蔭入仕，《丞相魏公譚訓》：

> 呂文靖少時，伯父司空不以任子薦之。宗親爲言，司空曰：「彼當自致公輔，豈可以門閥卑之。」〔註54〕

再者，恩蔭的範圍有限，而財富之傳授亦不易長久，數代之後的族人便很難憑藉先祖的功名餘蔭入仕，有限的財富亦無法助其發展和維持家勢。因此，要使家族勢力得以維持，則必須要有族人當高官，最好是能當上宰相，這樣族人所能得到的恩蔭和財富便會更多。由於宋代入仕之途主要是科舉，故欲使族人當官保持家勢，考科舉中進士便是必須的手段了。

呂氏家族在兩宋時代能夠有很大之發展，除了呂蒙正爲其儲蓄了政治及經濟的本錢外，其族人中有很多曾中第任高官者，亦爲重要的因素。由於資料瑣碎，爲方便討論之故，我們將呂氏諸代族人曾中第者的資料詳列於「呂氏族人登第表」（見附表一，包括賜第者）。從中我們可以看到，自入宋後的第三代呂氏族人至南宋滅亡時的第十五代族人爲止，姓名可考的呂氏族人共有一百六十七人，其中曾登第者有二十七人，佔百分之十六；而除了第十代及第十四、十五代時處宋元易代之際外，其他各代均有呂氏族人登第中舉：第三代有呂龜祥一人；第四代有呂蒙正、呂蒙休、呂蒙叟、呂蒙亨及呂蒙周等五人；第五代有呂居簡、呂夷簡、呂宗簡三人；第六代有呂公弼、呂公著、呂公孺三人；第七代有呂仲履、呂仲翡、呂仲甫、呂希道和呂希純五人；第八代有呂好問、呂聰問及呂廣問三人；第九代有呂本中和呂用中二人；第十

〔註50〕 宋·曾鞏，《隆平集》，卷4，〈宰臣〉，臺北：文海出版社，1967年，頁7。

〔註51〕 宋·蘇象先，《丞相魏公譚訓》，卷2，〈家世〉，北京：中華書局，1988年，頁1130。

〔註52〕 宋·畢仲游，《西台集》，卷15，〈丞相儀國公行狀〉，《叢書集成初編》，上海：商務印書館，1936年，頁231。

〔註53〕 宋·葉紹翁，《四朝聞見錄》，乙集，〈去左右二字〉，北京：中華書局，1989年，頁82～83。

〔註54〕 《丞相魏公譚訓》，卷10，〈雜事〉，頁1176。

一代有呂祖泰、呂祖謙和呂儔三人；第十二代則有呂康年一人；十三代以後見於史傳者還有呂應焱一人。呂氏各代都有人登第，則自然都有人做官，故其家勢可長期得到維持。

關於呂龜祥登太平興國二年進士一事，宋代諸書未有見載，只明人淩迪知的《古今萬姓統譜》追記；而太平興國二年一榜即爲呂蒙正中狀元，假若其叔父龜祥亦同登第，則宋人史傳稗說應有記載，故筆者頗懷疑此條史料，現在姑且存疑不理。從圖表中得知呂氏諸代中只蒙正一人中狀元，而其諸弟則有四人稍後亦登第，是以可見呂氏在蒙正中第開始崛起；而第五代至第七代三代人中共有十一人中舉，可說是其家族的黃金時期；但由第八代至第十二代五代人中則只有九人登第，第十代更無人中舉，實爲其衰落時期。如果我們將呂氏各代登第的趨勢與我們在第二章介紹呂氏在兩宋發展之情況相比較，則可發現二者頗爲吻合，由此我們可以看見科舉與呂氏家勢發展的關係。不過，要強調一點，多人登第並不一定是家族發展的黃金時期，因爲做大官如宰相者，才可借其地位得到更多的財富和恩蔭以資家族的興盛，而中舉者未必一定可以入相。然而，科舉既爲宋代入仕的要途之一，宋人又特重進士，故欲當大官，考科舉仍是主要之方法；而家族中多人登第，則便有更多的機會有人做大官，故族人中第的數量仍與家勢的興衰有一定關係。

我們一再強調做大官才是維持發展家勢的最好方法，但如何確保族人中有能當大官者呢？這牽涉到很多變數，如個人的才能、先祖的餘蔭、皇帝的賞識、政治環境及運氣等等，不過在制度上，科舉亦爲通向宰相之職提供一途。前面提到，宋人特重科舉進士，而一些清要之職如兩制二史，則必以進士任之，其中兩制之一的翰林學士至爲重要。翰林學士源於唐代，初期只爲皇帝顧問及起草詔令，唐中葉以後，藩鎮割據，宦官專權，於是天子乃倍加倚重。到了宋代，翰林學士職當起草詔令及參預謀議，〔註55〕由於草詔必須才思敏捷，通曉經史，預謀必須察古知今，故任翰林學士者必爲登第進士已是慣例，而崇寧五年（1106）更規定「翰林學士、兩省官及館閣，今後并除進士出身。」〔註56〕兩宋年間翰林學士不由科第除者，惟韓維（1017～1098）

〔註55〕　參看陳振，〈關於宋代的知制誥和翰林學士〉，載於鄧廣銘、漆俠主編，《宋史研究論文集》，1987年年會編刊，河北：河北教育出版社，1989年，頁36～48。宋・趙升，《朝野類要》，卷2，〈稱謂・兩制〉：「翰林學士官、謂之內制、當王言大制誥、詔令赦文之類。」《筆記小說大觀》，江蘇：揚州古籍書店，1983年，頁195。
〔註56〕　《宋會要輯稿》，〈職官〉3之10，頁2402。

及林彥振二人而已。〔註57〕據研究，翰林學士起草內制，分割中書舍人的草詞權，從而削弱宰相掌詔命之權；通過參與謀畫、議論時政、評品宰執，從而在事實上並且在心理上形成對宰相的牽制。而以翰林學士分割中書舍人草詞權，還爲君主任免宰相提供了極大方便，君主可先召翰林學士一起議定，然後命其草制，不必擔心泄露機密或是屬官爲上峰回護。因此，翰林學士乃成爲皇帝的腹心，而其中更不少人因與皇帝的關係和感情，日後乃由翰林學士昇遷爲宰相。由於翰林學士必以進士充當，故從進士上升爲宰執的過程中，翰林學士是聯接兩端的橋樑，一旦涉足翰苑，位極人臣的前景便大有希望了。〔註58〕

呂氏家族中有三人曾爲翰林學士：呂蒙正、〔註59〕呂公綽、〔註60〕及呂公著。〔註61〕三人中呂蒙正及呂公著後均入相，呂蒙正於太平興國八年（983）自翰林學士拜參知政事，執政四年後於端拱元年（988）拜相；〔註62〕公著則於神宗時與司馬光並爲翰林學士，後亦雙雙入相。〔註63〕於此可見翰林學士實爲入相之一途，故歐陽修便曾說「朝廷用人之法，自兩制選居兩府。」〔註64〕而魏泰謂「本朝狀元及第，不五年即爲兩制，亦有十年至宰相者。」〔註65〕就是指呂蒙正一類的例子，亦道出了登第、入翰林及爲相的關係。

考科舉既可入官求得財富和地位，又有機會借入翰林而大拜，故欲維持發展自家的勢力者，必投向此一管道。因此，呂氏諸代登第的二十七人中，呂公著和呂祖謙雖早已藉蔭補官，但其後又投考科舉，登第後晉身要途；呂

〔註57〕 《石林燕語》，卷3，頁38。

〔註58〕 見楊果，〈翰林學士與宋代政治初探〉，載於鄧廣銘、漆俠主編，《宋史研究論文集》，1987年年會編刊，頁49～76。文中有「宋翰林學士擔任宰執統計表」，顯示翰林學士升任宰執率極高。

〔註59〕 《歸田錄》，卷1，頁11；《舊聞證誤》，卷1，頁8。

〔註60〕 《宋會要輯稿》，〈儀制〉11之8，頁2028；〈選舉〉33之8，頁4759；宋‧蔡襄，《端明集》，卷12，〈呂公綽可復翰林侍讀學士制〉，《四庫全書珍本四集》，臺北：商務印書館，1973年，頁15。

〔註61〕 《長編》，卷209，治平4年閏3月甲辰，頁5088；卷226，熙寧4年9月己亥，頁5514；卷280，熙寧10年2月癸巳，頁6863；卷287，元豐元年正月辛巳，頁7027；《宋會要輯稿》，〈儀制〉3之32，頁1887、〈選舉〉10之4，頁4413、〈職官〉6之58，頁2525；《東都事略》，卷85，〈王陶傳〉，頁2。

〔註62〕 《長編》，卷24，太平興國8年11月壬申，頁558；《編年錄》，卷2，太平興國8年11月壬申，頁43。

〔註63〕 《東都事略》，卷85，〈王陶傳〉，頁2。

〔註64〕 《長編》，卷208，治平3年10月甲午，頁5064。

〔註65〕 宋‧魏泰，《東軒筆錄》，卷6，北京：中華書局，1983年，頁67。

夷簡則棄恩蔭而從科第，後亦大拜；至於呂公弼、呂公孺、呂希道、呂好問
及呂本中五人，他們也早已由蔭入仕，但後來或以父蔭、或以君主的賞識，
因而得獲賜進士出身。（呂居簡亦是賜出身，但其先是否以蔭入官，則因史料
闕乏，不可考。）據《朝野類要》載：

> 賜出身。元非科舉入仕，而特蒙大用，或賜同進士出身，方可
> 執政，蓋國朝法也。〔註66〕

可知進士科與大拜的關係。總之，呂蒙正的登第入相，使呂氏家族由一普通
的官僚家庭，崛興發展為一大高門，而其後呂氏族人多有中第者，或為白身
投舉，或為從蔭轉考，或為君主恩賜，差不多每代不絕，這使呂氏一門的勢
力得以發展維持，綿延十數代，與宋室相始終，成為當世累代高門大族。

（三）恩蔭、餘蔭與庇蔭

《楊龜山語錄》云：

> 且資蔭得官，與進士得官，孰為優劣？以進士為勝，以資蔭為
> 慊者，此自後世流俗之論，至使人恥受其祖父之澤，而甘心工無益
> 之習，以與孤寒之士，角務於場屋，僥倖第一，以為榮，是何見識？
> 夫應舉，亦自寒士無祿，不得已藉此進身耳：如得已，何用應舉？
> 〔註67〕

的確，以一介寒士而欲晉身顯要，科舉是主要的途徑；但如果中科以後，要
使子孫亦能為官世保家業，則恩蔭是另一重要的手段，而呂氏家族就是利用
進士業和蔭補來保持家勢。

恩蔭是《宋史》所列選舉六門之一，〔註68〕宋初太祖定制，「台省六品，
諸司五品，必嘗登朝歷兩任，然後得請。」太宗淳化改元後，規定「中書舍
人、武班大將軍以上，並許蔭補，如遇轉品，即許更蔭一子。而奏薦之廣自
此始。」〔註69〕到了大中祥符八年（1015）更詔定「承天節、南郊奏薦蔭子
弟恩例」，恩蔭制度至此有更詳細的規定。〔註70〕宋代恩蔭之濫，屢為時人及

〔註66〕　《朝野類要》，卷3，〈賜出身〉，頁4。
〔註67〕　宋・楊時，《龜山先生語錄》，卷4，〈餘杭所聞〉，《四部叢刊》，臺北：商務印
　　　　書館，1966年，頁10。
〔註68〕　《宋史》，卷159，〈選舉志〉5，〈蔭補〉，頁3724～3735。
〔註69〕　《宋史》，卷159，〈選舉志〉，頁3727；又《文獻通考》，卷34，〈選舉〉7，〈任
　　　　子〉，頁324。
〔註70〕　《長編》，卷84，大中祥符8年正月己丑，頁1911～1912。

後世史家所詬病，〔註71〕著名的范仲淹慶曆變法十事疏之中的「抑僥倖」，就是針對此制，〔註72〕而哲宗、高宗、孝宗數朝雖屢次刪定任子之法，〔註73〕但成效並不大。因此，恩蔭就成為官僚奏補子弟入仕的主要方法。〔註74〕

呂氏諸代族人中，有確實史料證明由蔭入仕者，共有二十九人，佔百分之十七，我們同樣將其標記於「呂氏族人以蔭入仕圖」中（見附圖二），以使參看。然而，不少呂氏族人均曾為官，惟因史料殘闕，其入仕途徑未明；但登第在宋代是顯赫之事，被記錄下來的機會很大，故這些不明入仕途徑的呂氏族人，曾中第之機似不太大，故我相信當中大部分人應該是透過恩蔭之法補官入仕的，這又可見蔭補與呂氏族人為官的關係。

宋代蔭補之制，主要有聖節、致仕、遺恩及其他特恩，〔註75〕我們現在就試從此數途看呂氏族人承蔭的情況。首先是致仕蔭，共有三人：呂公著以其父宰相夷簡致任恩，「例得乞試，蒙候得替取旨」，後經三任十年，得詔再充崇文院檢討；〔註76〕呂大器以「祖致仕恩補右承務郎」；〔註77〕呂祖謙則於

〔註71〕見《長編》，卷39，至道2年4月甲申，頁832；卷40，至道2年9月甲午，頁853；卷53，咸平5年12月丙戌，頁1172；卷61，景德2年10月癸巳，頁1371；卷102，天聖3年4月己酉，頁2381；卷145，慶曆3年11月丁亥，頁3503～3505；卷182，嘉祐元年4月丙辰，頁4401～4405；《燕翼詒謀錄》，卷3，頁28～29；清‧趙翼，《廿二史箚記》，卷25，〈宋恩蔭之濫〉，臺北：世界書局，1970年，頁332～333。

〔註72〕《長編》，卷143，慶曆3年9月丁卯，頁3433～3435；劉子健著、劉紉尼譯，〈宋初改革家──范仲淹〉，載於中國思想研究委員會編，劉紉尼等譯，《中國思想與制度論集》，臺北：聯經出版事業公司，1981年，頁135～136。

〔註73〕《宋史》，卷159，〈選舉志〉5，頁3724～3735；《文獻通考》，卷34，〈選舉〉7，〈任子〉，頁324～327。

〔註74〕關於宋代恩蔭的一般討論，可參考 Winston W. Lo, *An Introduction to the Civil Service of Sung China: With Emphasis on Its Personnel Administration,* Honolulu: University of Hawaii Press, 1987, pp.102-109。游彪後來深入研究這個制度，必須參考，見游彪，《宋代蔭補制度研究》，北京：中國社會科學出版社，2001年。

〔註75〕《廿二史箚記》，卷25，〈宋恩蔭之濫〉，頁332～333。日‧梅原郁，《宋代官僚制度研究》，第5章，〈宋代の恩蔭制度〉，東京：同朋社，1985年，頁423～443。梅原郁此書中有詳細的官位恩蔭表，極之重要，讀者可參考之，此處從略。

〔註76〕《長編》，卷175，皇祐5年8月壬子，頁4229；《宋會要輯稿》，〈選舉〉33之8，頁4759。

〔註77〕〈呂大器壙誌〉，見鄭嘉勵，〈明招山出土的南宋呂祖謙家族墓誌〉，載於包偉民、劉後濱主編，《唐宋歷史評論》，第1輯，北京：社會科學文獻出版社，2015年，頁199。

紹興十八年（1148）以祖父呂弸中致仕恩，任補爲將仕郎。〔註78〕遺恩或遺表蔭補有多人：呂師簡薨，遺表次男昌宗試將作監主簿；〔註79〕呂希道以任入官，並以祖父夷簡遺恩陳乞，得召試學士院，後獲賜進士出身；〔註80〕呂公著喪滿，其子希績得除爲都官員外郎、希哲爲兵部員外郎，〔註81〕呂希純則以公著遺恩，任爲太常丞；〔註82〕公著的遺恩，更蔭及呂好問等諸孫，而好問固辭，推以從父兄（這些從父兄以蔭入官、可證明前面以爲未明入仕途徑之呂氏族人、多有從蔭入仕之推測）；〔註83〕呂好問死，朝廷推恩，錄其弟言問通判桂州；〔註84〕呂本中恩澤子孫一人；〔註85〕呂祖儉忤韓侂冑而貶死，贈直祕閣，澤一子；〔註86〕而呂弸中、呂祖恕和呂祖慤三人以祖蔭，呂用中和呂忱中兄弟則以父蔭補官。〔註87〕至於聖節大禮之恩蔭，確實的例子，只有呂公弼在英宗治平三年（1066）因南郊禮而乞追蔭亡子希仁一官，〔註88〕呂祖忞以「右司宗祀恩補將仕郎」；〔註89〕然而，宋代聖節時對各級官吏員均規定了可蔭及的子、弟、姪、孫之數量和官位，〔註90〕故在後文討論恩蔭範圍中的呂氏例子，很多便是出於聖節時的父祖蔭。

〔註78〕《東萊集》，附錄呂祖儉撰，〈壙記〉，頁16；〈年譜〉，頁2；清・黃宗羲原著、全祖望補修，《宋元學案》，卷51，〈東萊學案〉，北京：中華書局，1986年，頁1652。

〔註79〕宋・王安石，《臨川先生文集》，卷52，〈光祿少卿知單州呂師簡遺表次男昌宗試將作監主簿制〉，香港：中華書局，1971年，頁558。

〔註80〕《宋會要輯稿》，〈選舉〉9之11，頁4401。

〔註81〕《長編》，卷457，元祐6年4月辛亥，頁8；宋・朱熹，《三朝名臣言行錄》，卷8之1，〈崇政殿說書滎陽呂公〉，《四部叢刊初編》，臺北：商務印書館，1967年，頁198；宋・章定，《名賢氏族言行類稿》（以下簡稱《言行類稿》），卷36，〈呂希哲〉，《四庫全書珍本初集》，上海：商務印書館，1934年，頁19。

〔註82〕《言行類稿》，卷36，〈呂希純〉，頁19。

〔註83〕宋・呂祖謙，《呂東萊先生文集》，卷9，〈家傳〉，《叢書集成初編》，上海：商務印書館，1936年，頁204。

〔註84〕《繫年要錄》，卷46，紹興元年辛亥秋7月丁酉，頁882。

〔註85〕《繫年要錄》，卷172，紹興26年5月戊申，頁2838。

〔註86〕宋・樓鑰，《攻媿集》，卷55，〈東萊呂太史祠堂記〉，《叢書集成初編》，上海：商務印書館，1936年，頁762。

〔註87〕〈呂弸中壙誌〉、〈呂用中壙誌〉、〈呂忱中壙誌〉及〈呂大麟妻薛氏壙誌〉，見鄭嘉勵，〈明招山出土的南宋呂祖謙家族墓誌〉，頁189～203。

〔註88〕《長編》，卷207，治平3年正月丙子，頁5022。

〔註89〕〈呂祖忞壙誌〉，見鄭嘉勵，〈明招山出土的南宋呂祖謙家族墓誌〉，頁208。

〔註90〕見梅原郁，《宋代官僚制度研究》，頁428～429之圖表。

聖節、致仕及遺恩等均爲定例，而特恩則隨時可予。〔註91〕呂氏族人獲得特恩而補官者亦不少：眞宗景德二年（1005）太子太師呂蒙正請歸西京養疾，眞宗召見慰勞，詔命蒙正二子從簡和知簡掖扶其父上殿，旋即特恩遷升從簡、知簡；〔註92〕呂從簡後坐爲「國子博士，監麴院、坐盜官物除名。」眞宗天禧元年（1017）從簡表獻其父文集，眞宗以蒙正故（時蒙正已薨），乃特恩甄錄之；〔註93〕仁宗明道二年（1033）宰相呂夷簡上所注御製《三寶讚》和皇太后發願文，詔夷簡恩予一子改官，「而夷簡請賜其子大理寺丞公弼進士出身，從之。」〔註94〕特恩的賜予，多出於皇帝的獎賞喜好，故位極人臣而得皇帝信任的宰執，很容易爲子孫求得特別的蔭補，〔註95〕《蘇舜欽集》便有載：

> 國朝丞相子稍有立，雖無他才，朝廷必擢之美官。〔註96〕

而呂蒙正中第爲相後，其諸弟呂蒙叟便得補官鄭城縣主簿、呂蒙莊補官楚邱縣主簿、呂蒙巽補官沈邱縣主簿；〔註97〕甚至在蒙正退休歸洛後，仍可向眞宗推薦其姪呂夷簡，使其日後得以大拜。《邵氏聞見錄》：

> 呂文穆公既致仕，居於洛，今南州坊張觀文宅是也。眞宗祀汾陰，過洛，文穆尚能迎謁。至回鑾，已病，帝爲幸其宅，坐堂中問曰：「卿諸子孰可用？」公對曰：「臣諸子皆豚犬不足用，有姪夷簡，任潁川推官，宰相才也。」帝記其語，遂至大用，文靖公也。〔註98〕

〔註91〕《廿二史箚記》，卷25，〈宋恩蔭之濫〉，頁332。

〔註92〕《長編》，卷59，景德2年正月乙巳，頁1320。

〔註93〕《長編》，卷90，天禧元年月癸巳，頁2084。

〔註94〕《長編》，卷112，明道2年正月己丑，頁2604。

〔註95〕如：宋·李元綱，《厚德錄》：「王沂公曾執政，內外親戚可任者，言之于上。」臺北：臺灣商務印書館，1979年，頁29；《東軒筆錄》，卷2：「文定（張齊賢）三爲宰相，門下廝役往往皆得班行。」頁18。

〔註96〕宋·蘇舜欽，《蘇舜欽集》，卷15，〈兩浙路轉運使司封郎中王公墓表〉，北京：中華書局，1961年，頁228。

〔註97〕《長編》，卷31，淳化元年9月戊寅，頁705。

〔註98〕宋·邵伯溫，《邵氏聞見錄》，卷8，北京：中華書局，1983年，頁76；宋·朱熹，《五朝名臣言行錄》，卷1之6，〈丞相許國呂文穆公〉，《四部叢刊初編》，臺北：商務印書館，1967年，頁24；宋·度正，《性善堂稿》，卷15，〈文靖公程文跋〉，《四庫全書珍本初集》，上海：商務印書館，1934年，頁7～8；《言行類稿》，卷36，〈呂蒙正〉，頁13；《編年錄》，卷3，咸平6年9月甲辰，頁95。案《長編》，卷75，大中祥符4年3月甲申條，李燾注曰：「《邵氏聞見錄》載蒙正言，有姪夷簡，任棟州推官。按夷簡於大中祥符以大理寺丞舉賢良，

此外，宋初故事，宰相子起家爲水部員外郎，呂蒙正子男從簡時始離襁褓，
例當得之，蒙正「雖以延蔭太寵，非所以愼官賞勵寒俊」，懇辭不拜，但從簡
終授九品京官，且成爲宋代定制。〔註99〕所以無論在制度上或君主特恩方面，
宰執均能廣蔭族人，呂氏族人中，除蒙正外，夷簡、公著及好問均曾入相，
公弼則曾入樞府，呂氏一門相繼執七朝政，自可從上述的諸途蔭補大量族人，
而眾族人於補官後又可再憑其官恩蔭其他族人。如此循環往復，呂氏之宦途
家勢自可想見。

　　至於恩蔭的範圍，梅原郁的研究顯示可包括子、弟、姪及孫；〔註100〕而
呂氏恩蔭的範圍對象亦遍及以上各方面。父親蔭補子弟者，前面提到的有呂
蒙正蔭知簡和從簡；呂師簡蔭昌宗；呂夷簡蔭公弼；呂公弼蔭希仁；呂公著
蔭希純、希績和希哲；呂好問蔭用中和忱中；呂祖儉蔭一子。此外沒有提到
的還有呂蒙正蔭務簡；〔註101〕呂夷簡蔭公著、〔註102〕公綽、〔註103〕和公
弼；〔註104〕呂務簡蔭呂昌辰。〔註105〕蔭補兄弟者，前面已見錄有呂蒙正蔭
蒙叟、蒙莊及蒙巽等；呂好問蔭言問。蔭補姪者，只有呂蒙正舉夷簡一例。
蔭補諸孫者，呂夷簡蔭希道；呂公著蔭好問及其從兄弟；呂弸中蔭祖謙等；
而呂弸中、呂祖恕和祖愻等則「以祖蔭」補官，亦已見前例。此外，呂氏還
有蔭及四代者，呂公著之遺恩便蔭補曾孫本中爲承務郎；〔註106〕至於呂嘉

　　　　　　此時不應尚爲幕職也。」頁1716。
〔註99〕《琬琰集》，上卷15，〈呂文穆公蒙正神道碑〉，頁5；《長編》，卷29，端拱元年
　　　　閏5月己丑，頁653；《宋史》，卷265，〈呂蒙正傳〉，頁9146；《東都事略》，卷
　　　　32，〈呂蒙正傳〉，頁3；《揮麈錄·後錄》，卷2，頁102；《隆平集》，卷4，〈宰
　　　　臣〉，頁11；宋·文瑩，《玉壺清話》，卷3，北京：中華書局，1984年，頁24。
〔註100〕梅原郁，《宋代官僚制度研究》，頁428。
〔註101〕宋·宋庠，《元憲集》，卷26，〈國子博士通判鄧州呂務簡可尚書水部員外郎
　　　　制〉，《叢書集成初編》，上海：商務印書館，1936年，頁269。
〔註102〕《宋史》，卷336，〈呂公著傳〉，頁10772；《東都事略》，卷88，〈呂公著傳〉，
　　　　頁1；《三朝名臣言行錄》，卷8之1，〈丞相申國呂正獻公〉，頁175；《言行
　　　　類稿》，卷36，〈呂公著〉，頁17。
〔註103〕《宋史》，卷311，〈呂夷簡傳〉，頁10210；《東都事略》，卷52，〈呂公綽傳〉，
　　　　頁7；《琬琰集》，中卷15，〈呂諫議公綽墓誌銘〉，頁4；宋·王珪，《華陽集》，
　　　　卷38，〈翰林侍讀學士贈左諫議大夫呂公綽墓誌銘〉，《叢書集成初編》，上海：
　　　　商務印書館，1936年，頁506。
〔註104〕《東都事略》，卷52，〈呂公綽傳〉，頁9；《宋史》，卷311，〈呂夷簡傳〉，頁10215。
〔註105〕宋·劉摯，《忠肅集》，卷13，〈清海軍推官呂君墓誌銘〉，《叢書集成初編》，
　　　　上海：商務印書館，1936年，頁189。
〔註106〕《宋史》，卷376，〈呂本中傳〉，頁11635；《宋元學案》，卷36，〈紫微學案〉，

問和呂企中二人，〔註107〕我們只知他們是以蔭入仕，但未知由何人所補。總括來說，呂氏家族為官者，其蔭補族人的範圍，橫的方面包括兄弟和族兄弟，縱的方面則包括子、姪和諸孫輩，更有蔭及四代者，是以縱橫兩面的恩蔭網絡，使極多的族人得以入仕；而同樣地他們又可再重複這種情況，使呂氏家勢更壯更大。

　　蔭補入官是朝廷定制，呂氏族人自可憑之恩蔭子弟，然而除此以外，呂氏族人還可以倚靠父祖輩的盛譽餘蔭，於宦途上獲得一定的方便，甚或至大用。最突出的例子，是仁宗擢用呂公弼，《長編》：

　　　　先是上每念呂夷簡，聞公弼有才，書其名於殿柱。公弼奏事，
　　上目送之，語宰相曰：「公弼甚似其父。」既召程戡入輔，因使公弼
　　代戡。公弼固辭，乃復授龍圖閣直學士、同群牧使；乃詔同群牧使
　　權增一員，後不為例。〔註108〕

呂夷簡薨後，仁宗因思其人而重用其子，甚至破例權增一員群牧使以官之，而日後呂公弼更得入樞府參大政。〔註109〕由此可見呂夷簡的餘蔭對公弼仕途的幫助，當時諫官陳旭便曾上言呂公弼藉餘蔭，干求薦引，不當遽有此除；〔註110〕後來余靖則為公弼辯護，以為其早有大才，「議者不論其才，但云故相之子，所以進用太速。」〔註111〕余靖之言固然不錯，惟倘若沒有呂夷簡的餘蔭，仁宗又怎會書其名於殿柱而說公弼甚似其父呢？沒有仁宗和呂夷簡的感情關係，公弼要憑其自身的真材實料進升，速度自會減慢。因此，父祖輩有曾為宰執者，其盛譽和與君主的親密關係，往往會成為一種非制度或無形的餘蔭，使子孫得獲好處。

　　呂氏族人在任官遷職等的制詞，多有述說其家門隆譽者，如呂昌祐由將作監主簿除太常寺太祝，制曰：「以爾故相之後，為吏有方」；〔註112〕呂公弼充高陽關路安撫使兼知瀛州，制曰：「具官某，出於相門，挺然有立」；〔註113〕

　　　　頁1233。
〔註107〕《宋史》，卷355，〈呂嘉問傳〉，頁11187；宋‧洪邁，《夷堅志》，三志壬，
　　　　卷2，〈呂仲及前程〉，北京：中華書局，1981年，頁1482。
〔註108〕《長編》，卷176，至和元年7月己巳，頁4267。
〔註109〕《編年錄》，卷6，治平2年乙巳7月庚辰，頁352～353。
〔註110〕《長編》，卷170，皇祐3年4月辛丑，頁4089。
〔註111〕《長編》，卷147，慶曆4年3月己巳，頁3555。
〔註112〕宋‧沈遘，《西溪文集》，卷4，〈將作監主簿呂昌祐可太常寺太祝〉，《四部叢
　　　　刊續編》，臺北：商務印書館，1966年，頁72。
〔註113〕《端明集》，卷12，〈尚書工部郎中充天章閣待制呂公弼可依前工部郎中充龍

呂公著、呂公孺同除屯田員外郎，制曰：「爾等並舊相之子，濟名門之美」；
〔註114〕呂公孺知秦州，制曰：「故相之後，風流未亡」；〔註115〕呂希常除司
農少卿，制曰：「昔爾父嘗事先朝，殆偏卿寺，典故詳練，爲時老成。詩不
云乎，維其有之，是以似之，無墮家聲」；〔註116〕呂聰問除宗正少卿，制曰：
「以爾名德之後，儒學自將」；〔註117〕呂企中除福建路提刑，制亦曰：「爾
才具恢閎，不損世美」。〔註118〕當然，這些人獲任官升轉之因，並非純出於
其爲呂氏後人之故，但制詞屢屢強調其先人和家門的盛譽，至少可反映在名
譽上，呂氏諸賢是能蔭及子孫的。到了南宋，呂大麟便因爲是呂氏後人之故，
而得以錄官，其制曰：

> 敕具官某，本朝衣冠之族，爵位相望，文獻不墜，未有盛于呂
> 氏者也。至于今日，任者寖寡，慨然念之，起爾于家，以爾素守家
> 法，好學不衰。〔註119〕

先人的盛譽，於此更成爲實質的餘蔭。

　　呂氏子弟在父祖的庇蔭下，得到極多利益，在宦途上無往而不利，成爲
朝中的勢家，歐陽修爲諫官時，即多次上言呂夷簡爲相二十四年，其「子弟
因父僥倖，恩典已極。」〔註120〕呂公綽得以濫入館閣；〔註121〕包拯亦謂公
綽「當其父夷間執政時，多所干預。」〔註122〕蔡襄更屢奏呂公綽「倚勢賣
權」，「全無廉恥」，乞罷之。〔註123〕而呂公著雖號爲賢相，但劉安世（1048

圖閣直學士高陽關路都部署兼安撫使兼知瀛州制〉，頁9。

〔註114〕宋・胡宿，《文恭集》，卷 15，〈呂公孺呂公著並可屯田員外郎制〉，《四庫全
　　　　書珍本別輯》，臺北：商務印書館，1975 年，頁 188。

〔註115〕宋・蘇轍，《欒城集》，卷28，〈呂公孺知秦州〉，上海：上海古籍出版社，1987
　　　　年，頁 604。

〔註116〕宋・張擴，《東窗集》，卷 11，〈呂希常除司農少卿總領淮東財賦制〉，《四庫
　　　　全書珍本初集》，上海：商務印書館，1934 年，頁 1。

〔註117〕宋・張綱，《華陽集》，卷 7，〈呂聰問除宗正少卿〉，《四庫全書珍本三集》，
　　　　臺北：商務印書館，1972 年，頁 7～8。

〔註118〕宋・周必大，《文忠集》，卷 100，〈直敷文閣福建運判呂企中除福建路提點刑
　　　　獄公事〉，《四庫全書珍本二集》，臺北：商務印書館，1971 年，頁 11。

〔註119〕《攻媿集》，卷 35，〈呂大麟知常德府〉，頁 477。

〔註120〕《長編》，卷 143，慶曆 3 年 9 月丁卯，頁 3445；宋・歐陽修，《歐陽修全集・
　　　　奏議集》，卷 4，〈論呂夷簡箚子〉，北京：中國書店，1986 年，頁 800～801。

〔註121〕《長編》，卷 145，慶曆 3 年 11 月癸未，頁 3502。

〔註122〕《長編》，卷 170，皇祐 3 年 7 月乙亥，頁 4098。

〔註123〕《端明集》，卷 18，〈乞罷呂公綽糾察在京刑獄〉，頁 5～6；同書同卷，〈再論

～1125）也論其子弟親戚，布滿要津，成為當時之大患，如呂希績知潁州，才及成資，即召還為少府少監，呂希純自太常博士升轉宗正寺丞等。〔註124〕賢如呂公著，尚且如此，其他各代諸人，更可想而見。於此，我們得見入仕後所得的各種恩蔭，對子孫的庇蔭，與家勢之維持的重要關係。

（四）「有官便有妻，有妻便有錢，有錢便有田。」

宋人洪邁（1123～1202）所撰《夷堅志》一書，載有一則關於科舉的異事：

> 建寧城東梨嶽廟所事神，唐刺史李頻也，靈異昭格。每當科舉歲，士人禱祈，赴之如織。至留宿於廟中以求夢，無不驗者。浦城縣去府三百里，邑士陳堯咨，苦貧憚費，不能應詔，乃言曰：「惟至誠可以動天地，感鬼神，此中自有護學祠，吾今但齋香紙謁之，當獲丕應。」是夕，宿於齋，夢一獨腳鬼，跳躍數四，且行且歌曰：「有官便有妻，有妻便有錢，有錢便有田。」堯咨既覺，遍告朋友，決意入城。其事喧播於鄉里，或傳以為戲笑。秋闈揭榜，果預選，一舉登科。〔註125〕

陳堯咨之夢，未必真是神明顯靈，但獨腳鬼所言做官後便可以得到財富、田產與妻子，則是事實。宋代自太祖特意將科舉地位提高以後，考試出身的舉子便如天之驕子，朝廷把絕大多數的報酬、榮譽及地位都給予這一群為數甚小的當官的人；〔註126〕至於登科的舉子進士，富家、官僚和大族都會爭與締婚，這點我們在下章討論婚姻關係時會有述及，此處從略。所謂日有所思，夜有所夢，陳堯咨所夢見的，正是他嚮往的理想，亦可反映當時一般寒士渴望得中高第的情況。〔註127〕在宋代，窮人如果希望出人頭地的話，最好便是投考科舉了，因為登第當官後便可帶來財富、權力和地位，甚至可娶得嬌妻，所謂「書中自有黃金屋，書中自有顏如玉」，就是此理。

呂公綽〉，頁6～7。

〔註124〕宋・劉安世，《盡言集》，卷1，〈論差除多執政親戚〉，《叢書集成初編》，上海：商務印書館，1936年，頁5。

〔註125〕《夷堅志》，支志丁，卷8，〈陳堯咨夢〉，頁1030。

〔註126〕李弘祺，《宋代教育散論》，頁55；Thomas H.C. Lee, *Government Education and Examinations in Sung China*, Chapter Six, pp.139-171。

〔註127〕本研究完成多年後，好友廖咸惠教授有一篇精彩的論文深入探討這個問題，應該參考。見廖咸惠，〈祈求神啟──宋代科舉考生的崇拜行為與民間信仰〉，《新史學》，第15卷第4期，2004年，頁41～90。

　　《邵氏聞見錄》記呂蒙正微時讀書於洛陽之龍門利涉院，一日行經伊水上，見賣瓜者，意欲得之，但苦於無錢可買，適逢有遺瓜一枚於地，蒙正乃悵然取食之。其後蒙正入相，買園於洛陽城東南，下臨伊水起亭，以「噎瓜」為名，以示不忘貧賤之義。〔註128〕這個故事可反映呂蒙正登第前之苦況、和登第入相後生活之改變，前文亦已引用過後人記蒙正談論自己中第前後的不同景況；事實上呂蒙正中狀元後不五年而參政，再八年而大拜，成為一人之下、萬人之上的宰相，榮華富貴隨之而來，享之不盡。《宋人軼事彙編》引《堅瓠集》載：

　　　　呂文穆微時極貧，比貴盛，喜食雞舌湯，每朝必用。一夕遊花
　　園，遙見牆角一高阜，以為山地，問左右曰：「誰為之？」對曰：「此
　　相公所殺雞毛耳。」呂訝曰：「吾食雞幾何？乃有此。」對曰：「雞
　　一舌耳，相公一湯用幾許舌？食湯凡幾時？」呂默然省悔，遂不復
　　用。〔註129〕

此正可見科第入仕為呂蒙正所帶來的財富和奢華的生活，如果能做至宰執等大官則更好，龐籍（988～1063）便曾說：「已為宰相，豈得貧耶？」〔註130〕而呂蒙正罷相後，宋太宗亦以為「人臣當思竭節以保富貴，蒙正前日布衣，朕擢為宰相，今退在班列，想其目穿望得復位矣。」〔註131〕蓋當大官能獲得俸祿財帛、田莊土地和祠祿宮觀等，家庭宗族便得以世保其業，呂氏家族當然也不會例外。

　　呂氏自蒙正登第後，族人多有透過科舉和恩蔭二途入仕，故官吏的俸給便成為家族經濟的主要來源。據宋人王栐的記載，宋初士大夫俸入甚微，「幸物價甚廉，租給妻孥，未至凍餒，然艱窘甚矣。」但到景德以後，官俸便極為優惠；〔註132〕日人衣川強認為宋代文官的俸給制度可分為三個時期，他雖同意曾我部靜雄指出宋代俸祿之高是賦稅繁重原因之一，但衣川強以為軍隊的俸給較文官為多，而外官的俸給又比京官為高。〔註133〕呂氏家族中，

───────────────

〔註128〕《邵氏聞見錄》，卷7，頁71。
〔註129〕《宋人軼事彙編》，卷4，頁150～151。
〔註130〕宋·吳處厚，《青箱雜記》，北京：中華書局，1985年，頁40。
〔註131〕《長編》，卷41，至道3年6月甲辰，頁868；《五朝名臣言行錄》，卷2之2，
　　　　〈樞密錢宣靖公〉，頁31。
〔註132〕《燕翼詒謀錄》，卷2，頁13。
〔註133〕日·衣川強著、鄭樑生譯，《宋代文官俸給制度》，臺北：商務印書館，1977
　　　　年，頁2及59。

任京朝官或外放者均有多人，所得之俸祿似亦不少，足以供養族內諸人，如呂公著爲官，「悉稟賜以振宗族」，而其孫好問雖因元祐子弟故，於黨禍間頗受挫折，但仍可「上奉二親，下任數百指之責。」〔註134〕官俸所得，除日常生活資給外，更有餘財，呂夷簡中科後爲幕職官時，月俸便有五千八百，日用則不過百金，餘下的便置竹筒盛之，「一千以供大夫人，一千以畀內子，八百以備伏臘。」〔註135〕可見其生活已頗豐裕，日後任相時的情況更可想見。

衣川強以爲宋代武官俸給較文官多，而外官又較京官高，然而他只是就料錢、添支增給及職錢問題加以考察而已，如果加上祠祿、公使錢等等後，則情況完全不同。事實上，任京朝官者所得頗豐，尤其是位極人臣的宰相。據宋制，宰相致仕者給半俸，〔註136〕而以使相致仕者則給全俸；〔註137〕呂夷簡乃因此得獲宰臣俸料之半，蒙正和公著則「俸賜依宰相例」。〔註138〕退休後還可以得到俸祿，對家族的收入和財產的累積，幫助極大，呂氏多人拜相，而所得自然不少。此外，宋代又有祠祿之制，以道教宮觀制退閒之祿，始於眞宗年間，至北宋末而大盛，南宋繼之不絕。〔註139〕祠祿收入雖不能和現任官的俸糧相比，但所得亦頗可觀，〔註140〕呂氏族人曾任官者，即多於致仕或貶退投散時獲予宮觀，如呂公著於神宗熙寧時因行新法，故求退而請得提舉崇福宮，〔註141〕哲宗時則提舉中太一宮兼集禧殿；〔註142〕呂公孺在元祐五年（1090）以戶部尚書提舉醴泉觀；〔註143〕崇寧中黨禍大起，呂希純及希哲兄

〔註134〕《呂東萊先生文集》，卷9，〈家傳〉，頁204。

〔註135〕《丞相魏公譚訓》，卷10，〈雜事〉，頁1176。

〔註136〕宋・曾敏行，《獨醒雜志》，卷2，上海：上海古籍出版社，1986年，頁14。

〔註137〕《邵氏聞見錄》，卷9，頁94；《三朝名臣言行錄》，卷2之1，〈丞相韓國富文忠公〉，頁49。

〔註138〕《長編》，卷55，咸平6年8月己巳，頁1209；卷141，慶曆3年5月己巳，頁3372；《宋會要輯稿》，〈職官〉57之36，頁3669、及〈職官〉57之47，頁3675；《編年錄》，卷9，元祐3年4月辛巳，頁574。

〔註139〕《廿二史箚記》，卷25，〈宋祠祿之制〉，頁331～332；又參看梁天錫，《宋代祠祿制度考實》，香港：龍門書店，1978年，頁1～12。

〔註140〕《廿二史箚記》，卷25，〈宋祠祿之制〉，頁331～332；又參看梁天錫，《宋代祠祿制度考實》，頁1～12。

〔註141〕《長編》，卷237，熙寧5年8月己卯，頁5758。

〔註142〕《長編》，卷356，元豐8年5月丙午，頁8516；《宋會要輯稿》，〈職官〉54之7，頁3580。

〔註143〕《長編》，卷439，元祐5年3月癸未，頁10581。

弟被貶，然亦分予南京鴻慶觀及建州武夷山神佑觀；〔註144〕至如呂嘉問雖被
誣搆，責散官安置，亦得領宮祠二十年，終以高齡八十餘歲善終。〔註145〕
南渡以後，呂氏仍倚靠祠祿爲生活之資，呂廣問在大用前即以流寓恩監西京
中嶽廟，〔註146〕後於孝宗朝官至龍圖閣待制，終提舉江州太平興國宮卒；
〔註147〕呂本中黨趙鼎而忤秦檜，浮沉於宦海中，先後曾主管台州崇道觀及
江州太平觀；〔註148〕其弟呂用中亦以宮祠致仕；〔註149〕族弟呂稽中也接領
台州崇道觀。〔註150〕案祠祿儘管有限，但在呂氏家族沒落時便成爲一個重
要的經濟來源，呂祖謙的文集中便有極多求乞宮祠的書信，希望「奉祠得請，
遂可安居，一意養疾。」〔註151〕而族中爲官無甚特別者如呂大猷、呂祖平
等亦得予宮觀罷官，致不失其祿；〔註152〕爲政貪贓不法的呂愿中，也得優
與宮觀而罷。〔註153〕

　　最近出土的呂氏族人〈壙誌〉顯示，移居浙江武義的諸呂雖然官職官運
不算突出，但多能以宮觀維持生活，如呂彌中「主管台州崇道觀，再食祠祿
者凡八年」，〔註154〕呂用中「深居不出，一嘗奉祠華嶽，家食者幾十載……
（紹興）十五年，以疾丐祠，既得請寓居金華，凡食祠祿者閱七任。」〔註155〕

〔註144〕《宋會要輯稿》，〈職官〉67之40，頁3907。
〔註145〕宋・朱彧，《萍洲可談》，卷1，上海：上海古籍出版社，1989年，頁8～9。
〔註146〕《宋元學案》，卷27，〈和靖學案〉，頁1010。
〔註147〕宋・洪适，《盤州集》，卷21，〈呂廣問敷文閣待制在京宮觀兼侍講制〉，《四
　　　　部叢刊初編》，臺北：商務印書館，1967年，頁174；《宋會要輯稿》，〈選舉〉
　　　　34之17，頁4783；清・陸心源，《宋史翼》，卷10，〈呂廣問傳〉，臺北：文
　　　　海出版社，1967年，頁18。
〔註148〕《繫年要錄》，卷75，紹興4年甲寅4月丙午，頁1244；卷110，紹興7年
　　　　丁巳4月壬辰，頁1781；卷138，紹興10年庚申12月戊子，頁2223；卷154，
　　　　紹興15年乙丑7月甲寅，頁2479；宋・陳騤，《南宋館閣錄》，卷8，〈官聯〉
　　　　下，《四庫全書珍本別輯》，臺北：商務印書館，1975年，頁11。
〔註149〕宋・張淏，《會稽續志》，卷2，〈提刑題名〉，《宋元地方志叢書》，臺北：大
　　　　化書局，1980年，頁16。
〔註150〕《繫年要錄》，卷194，紹興31年辛巳11月辛巳，頁3270。
〔註151〕《呂東萊先生文集》，卷4，〈與周丞相書〉，頁87；同卷，〈與虞丞相書〉，頁93；
　　　　同卷，〈與趙丞相書〉，頁94；同卷，〈與梁參政書〉，頁94；同卷，〈與王樞密
　　　　書〉，頁95；同卷，〈與邢邦用書〉，頁98；卷5，〈與陳同甫書〉，頁115～116。
〔註152〕《宋會要輯稿》，〈職官〉72之35，頁4005；及75之18，頁4083。
〔註153〕《繫年要錄》，卷169，紹興25年乙亥7月辛酉，頁2758；《宋會要輯稿》，〈職
　　　　官〉70之40，頁3964。
〔註154〕〈呂彌中壙誌〉，見鄭嘉勵，〈明招山出土的南宋呂祖謙家族墓誌〉，頁190。
〔註155〕〈呂用中壙誌〉，見鄭嘉勵，〈明招山出土的南宋呂祖謙家族墓誌〉，頁193～193。

呂忱中「紹興元年始奉祠衡嶽……尋得嶽祠。明年……授主管台州崇道觀，是歲紹興十年也。十二年，差主管永祐陵攢宮……再食祠祿，家居者閱七載……十九年，與郡守不協偕罷，旋復奉祠崇道……三十年，復奉祠崇道。」〔註156〕呂大器「監潭州南嶽廟……主管台州崇道觀……尋奉祠以歸。」〔註157〕

　　宋制祿極厚，〔註158〕惟除了常規的俸祿以外，任高官者往往得到君主的賞賜，所獲頗豐，眞宗便曾兩幸呂蒙正第，賜其金帶、金幣、靫馬等，悉如宰相例；〔註159〕哲宗登位，賜呂公著銀帛有差，〔註160〕又以神宗實錄書成，賜其家銀絹各三百匹兩；〔註161〕呂祖謙則以編類《文海》功，獲賜銀絹三百疋兩。〔註162〕至於喪葬賻贈等，呂氏所得也不少，呂蒙正中風眩時，眞宗即賜他白金五十兩；〔註163〕呂公著薨，帝幸其家臨奠，「賜金帛萬」；〔註164〕呂好問及呂庭問訃聞，亦得例外獲特恩賜銀帛數百兩。〔註165〕這些額外的收入，對呂氏家族的家計維持與財產累積，自有一定的幫助。

　　中國人素來重視營治恆產，故家有餘資者必購置田產物業，使後代子孫得以豐衣足食，家計無憂。宋代的士大夫在入仕後，獲得俸祿、宮祠等財富時，亦同樣買田建屋，田租遂成為支持其生活消費的財源之一，而田莊的多寡亦成為其財富累積的指標。因此，官吏多競相爭購，仁宗天聖七年（1029）時便曾下詔「近臣除居第外，毋得於京師廣置物業。」〔註166〕而官品愈高者，收入愈豐，購置的田業愈多；〔註167〕王旦、寇準及畢士安（938～1005）等為

〔註156〕〈呂忱中壙誌〉，見鄭嘉勵，〈明招山出土的南宋呂祖謙家族墓誌〉，頁196。
〔註157〕〈呂大器壙誌〉，見鄭嘉勵，〈明招山出土的南宋呂祖謙家族墓誌〉，頁199。
〔註158〕《廿二史箚記》，卷25，〈宋制祿之厚〉，頁330。
〔註159〕《長編》，卷65，景德4年2月辛巳，頁1446；卷75，大中祥符4年3月甲申，頁1716。
〔註160〕《長編》，卷353，元豐8年3月庚申，頁8464～8465；《宋會要輯稿》，〈禮〉62之47，頁1718。
〔註161〕《長編》，卷456，元祐6年3月乙亥，頁10922。
〔註162〕《呂東萊先生文集》，卷1，〈直祕閣辭免箚子〉，頁18。
〔註163〕《長編》，卷54，咸平6年5月丙申，頁1193。
〔註164〕《宋史》，卷336，〈呂公著傳〉，頁10776。
〔註165〕《繫年要錄》，卷46，紹興元年辛亥7月丁酉，頁882；《宋會要輯稿》，〈禮〉44之19～20，頁1441～1442。
〔註166〕《長編》，卷107，天聖7年閏2月辛卯，頁2498。
〔註167〕如宋・沈括撰、胡道靜校注，《新校正夢溪筆談》，卷25，〈雜誌〉2：「丞相陳秀公治第於潤州，池館綿互數百步。」香港：中華書局，1978年，頁255；《東軒筆錄》，卷12：「苗振以列卿知明州，熙寧中致仕，歸鄆州，多置田產。」頁137。

相不置田業，不爲子孫廣營莊園，〔註168〕是很罕見的例子，故爲人所樂道；
廉如司馬光、富弼等亦於洛陽買屋築第，〔註169〕呂氏家族自不例外。

據《玉壺清話》載，呂蒙正「生於洛中祖第正寢，至易簀，亦在其寢。」
〔註170〕可知呂家在蒙正崛起前，已於洛陽購買物業，然蒙正入仕大拜後，仍
在洛陽永泰坊營置大第，眞宗便曾兩幸其家。〔註171〕此外，宋人好置園池，
士大夫在罷官後多買園以爲逸老之地，〔註172〕蒙正也在洛陽集賢坊營建園
亭，宏偉壯大，可見其「財力雄盛者，亦足以知其人經營生理之勞。」〔註173〕
至於夷簡爲相後，呂氏家族積兩代任相之財，家勢已很壯大，其宅在「京師
榆林巷，群從數千。」〔註174〕此時夷簡一支已移居首都汴京，但呂家在洛陽
之經濟地位似仍繼續，呂公著便買宅於洛陽白師子巷，〔註175〕後退隱於此。
〔註176〕蓋呂家任京官者都居於首都，建有府邸，蒙正、夷簡、公著等相繼爲
之，至希哲、希純時復如是；〔註177〕但致仕者則回歸洛陽祖第，藉呂氏家族
在故鄉洛陽營買的田產養老，呂本中便曾有詩詠其祖第：「伊洛富山水，家有
五畝園。」〔註178〕

至於呂家在京的產業，除了以家資購買外，亦有由朝廷賞賜者，哲宗時
便曾「詔以元豐北庫爲司空呂公著廨舍」。〔註179〕不過到了元符末年，呂氏受

〔註168〕　《五朝名臣言行錄》，卷2之4，〈太尉魏國王文正公〉，頁42；《琬琰集》，上卷
　　　　　2，〈寇忠愍公準旌忠之碑〉，頁10；同書，下卷4，〈畢文簡公士安傳〉，頁13。
〔註169〕　《邵氏聞見錄》，卷11，頁117；卷18，頁198。
〔註170〕　《玉壺清話》，卷3，頁24。
〔註171〕　元・佚名撰、清・徐松輯，《河南志》，卷1，《宋元地方志叢書》，臺北：大
　　　　　化書局，1980年，頁12；《青箱雜記》，卷1，頁2；《宋會要輯稿》，〈禮〉45
　　　　　之28，頁1461。
〔註172〕　宋・周密，《癸辛雜識》，前集，〈吳興園圃〉，北京：中華書局，1988年，頁
　　　　　7～13；《邵氏聞見錄》，卷10，頁103；卷18，頁200；《琬琰集》，下卷2，
　　　　　〈張文定公齊賢傳〉，頁12。
〔註173〕　宋・李格非，《洛陽名園記》，〈呂文穆園〉，頁459～462；《河南志》，卷1，頁
　　　　　11；《隆平集》，卷4，〈宰臣〉，頁11；《東都事略》，卷32，〈呂蒙正傳〉，頁4。
〔註174〕　宋・佚名，《異聞總錄》，卷4，《筆記小說大觀》，江蘇：揚州古籍書店，1983
　　　　　年，頁8。
〔註175〕　《三朝名臣言行錄》，卷8之1，〈丞相申國呂正獻公〉，頁183。
〔註176〕　宋・范祖禹，《范太史集》，卷37，〈祭呂正獻公文〉，《四庫全書珍本初集》，
　　　　　上海：商務印書館，1934年，頁11。
〔註177〕　《五朝名臣言行錄》，卷8之1，〈崇政殿說書滎陽呂公〉，頁199。
〔註178〕　宋・范成大，《吳郡志》，卷14，〈園亭〉，《宋元地方志叢書》，臺北：大化書
　　　　　局，1980年，頁15。
〔註179〕　《長編》，卷410，元祐3年5月丙辰，頁9994；《宋會要輯稿》，〈食貨〉52

黨禍牽連，希純被貶道州，便只有賃屋兩間居住；〔註180〕而希哲謫居淮陽，與其父好問的廨舍則極爲簡陋。〔註181〕除了首都及祖家洛陽外，呂氏族人任外官者，亦不乏購有田產，如希純知潁州時，便「築宅於城南以居（焦千之）先生」；〔註182〕紹興三十二年（1162）呂廣問知池州，也於管下石埭縣界委有田產。〔註183〕宋室南渡後，呂家隨遷於婺，假官屋以居，至祖謙晚年，乃買屋於城之北隅；〔註184〕即使因病沒有出仕的呂宜之，也「營創數椽，意圖容老」。〔註185〕爲官可得俸祿，有餘則購置田業以享子孫，這是正途；但爲官者往往亦可借其勢以非法佔有物業，呂游問任湖廣總領時，便曾將官屋虧價賣與族侄呂昭中，〔註186〕使家族的產業廣積囤增。

總括來說，呂氏家族在蒙正崛起以前爲一中小型官吏家庭，在故鄉洛陽已購有物業，但自蒙正登第爲相以後，在其庇蔭之下，族人中多有經考試或恩蔭而入仕者。他們做官後獲得俸祿、宮祠諸財富，除日常生活所需外，餘下的便廣營田業，範圍遍及京師、洛陽及諸外縣，所累積的財產使子孫生計得保，家族的發展得以綿延下去，不致因破產而使族人凋零。因爲官爵愈大，財富愈多，故呂氏自蒙正登相後已極爲富有，如「眞宗即位時，會營奉熙殿，蒙正追感先朝不次之遇，奉家財三百餘萬以助用。」〔註187〕至北宋末年，呂氏家族經蒙正、夷簡、公弼、公著及好問等相繼執大政，家財的累積自更可觀；靖康之禍時，金人攻入汴京，呂好問即以私財於永慶院啓建聖壽道場，〔註188〕此更可反映其家勢。

俸祿、宮祠、田產等均爲有形的財富，對維持一個大家族的發展自有很大的幫助，財富可賑卹族人，可收宗睦族，故爲官者多廣泛經營。然而，做官所帶來的財富，更可爲家族累積無形的實力，其對家族的發展和振興，影

之14，頁5706。
〔註180〕《宋元學案》，卷19，〈范呂諸儒學案〉，頁808。
〔註181〕《五朝名臣言行錄》，卷8之1，〈崇政殿説書滎陽呂公〉，頁201；宋・呂本中，《少儀外傳》，卷下，《叢書集成初編》，上海：商務印書館，1936年，頁40。
〔註182〕《宋元學案》，卷4，〈廬陵學案〉，頁205〜206。
〔註183〕《宋會要輯稿》，〈職官〉61之51，頁3779。
〔註184〕《攻媿集》，卷55，〈東萊呂太史祠堂記〉，頁762。
〔註185〕〈呂宜之壙誌〉，見鄭嘉勵，〈明招山出土的南宋呂祖謙家族墓誌〉，頁213。
〔註186〕《宋會要輯稿》，〈職官〉72之11，頁3993。
〔註187〕《宋史》，卷265，〈呂蒙正傳〉，頁9148；《琬琰集》，上卷15，〈呂文穆公蒙正神道碑〉，頁5。
〔註188〕《繫年要錄》，卷3，建炎元年丁未3月甲辰，頁73。

響至大，這種無形的財富便是教育和知識。如前所述，宋代任官之途主要為科舉和恩蔭，而當官就是保持家勢之保證，科舉考試的成功與否，除運氣外，主要建基於教育和知識；至於恩蔭雖可入仕，但補官以後能否扶搖直上，這便要看個人的才能實力，與其所受的教育和佔有的知識之多寡，極有關係。因此，要使子孫當官，要使家勢有所發展，培養後代的教育至為重要；而一個人入仕以後，便可憑藉其財富、權力和地位，使下一代得受良好的教育，從而獲取功名。由是，科舉入仕、累積財富學識這兩個情形循環不絕，兩相助益，官僚大族藉財富投資教育，而使官僚大族的子弟得以登第，循環往返，使官僚家族永遠為官僚家族，家勢得以發展不墮。〔註189〕

培養後代的教育需要很多金錢，最基本的兩個條件是要有充裕的書籍和優良的師資，對窮人來說，這根本不易辦到。然而，因為科舉、仕宦與這兩點有很大的關係，故富有的官宦人家便可以利用其家財做到這些，「仕宦稍顯者，家必有書數千卷」，〔註190〕目的是要好學的子孫得以為資據，〔註191〕廣而推之，亦祈使族人得受教育，〔註192〕最終就是要能中舉入仕，例如謝曄好蓄書，子仲弓、廣文及孫謝牧（1181年進士）皆登甲科。〔註193〕為此，宋代官宦之家或以家財置書延士，教育子孫；或購田地設置書院，廣澤族人，使其得以登舉入仕，永保家勢。關於呂氏家族此一情況，我們將於分析其宗族組織時再討論，現在暫且按下不表。

（五）科舉與社會流動（Social Mobility）

社會流動之論是二十世紀初由俄國思想家梭羅金（P. A. Sorokin）所提出。

〔註189〕關於此點，可參考荒木敏一，《宋代科舉制度研究》；John W. Chaffee, *The Thorny Gates of Learning in Sung China*；Thomas H. C. Lee, *Government Education and Examinations in Sung China*；E. A. Kracke Jr., *Civil Service in Early Sung China, 960-1067*；及金中樞，〈北宋科舉制度研究〉。

〔註190〕《揮麈錄‧前錄》，卷1，頁10。

〔註191〕《東都事略》，卷63，頁1及《涑水記聞》卷10，頁191：「丁度，字公雅，開封祥符人也。祖顗盡其家貲以置書，至八千卷，且曰：『吾聚書多矣，必有好學者為吾子孫。』」《琬琰集》，下卷8，〈宋宣憲公綬〉：「宋綬，字公垂……其外祖楊徽之器愛之，徽之無子，盡付以家所藏書。」頁11。可見書籍已成為傳家之資。

〔註192〕如宋‧葉適，《葉適集‧水心文集》，卷12，〈石菴藏書目序〉載：「蔡君（瑞）念族人多貧，不盡能學，始買書寘石菴。增其屋為便房，願讀者處焉，買田百畝助之食。」北京：中華書局，1989年，頁203。

〔註193〕《澠水燕談錄》，卷6，〈文儒〉，頁71～72。

簡單地說，梭羅金認為「社會流動是個人或社會的目標或價值，從一個社會地位轉移至另一個社會地位。」如果一個社會具有高度的社會流動率（包括縱橫兩面），則這個社會是比較開放和平等。〔註194〕根據此論，可檢察社會中的統治階層，是出自身階層內甄選壯士，造成門閥社會；抑或挑選有能者用之，形成平民社會。因此，研究一個社會的社會流動情況，便可得知平民是否容易進身統治階層及獲得財富和權力地位等。

自梭羅金提出社會流動論之後，學者多有以之研究中國古代社會，如何炳棣、〔註195〕魏特福格爾（Karl A. Wittfogel）及許倬雲等，〔註196〕而柯睿格（Edward A. Kracke, Jr.）則專研科舉與宋代社會流動的關係。他以高宗紹興十八年（1148）和理宗寶祐四年（1256）的登科錄，計算登第考生的背景，結論是超過半數的進士之前三代都無人當官，故宋代的社會流動率很高，有一半以上的官僚是透過科舉從布衣階層晉升的。〔註197〕據柯氏之論，科舉乃成為平民入仕的公平制度，與魏晉南北朝以至隋唐的門第制度，完全不同。科舉制度是宋代選官的主要途徑，這是人所公認的，但它是否一個公平有效的考試詮選制度，則頗具爭議。

繼柯睿格以後，荒木敏一及李弘祺師均曾深入研究宋代科舉制度，並對其論加以修正。荒木以為除科舉登第外，恩蔭亦為一重要之入仕手段，但他指出恩蔭的重要性是在保持地位，使子孫能藉其勢再中舉；〔註198〕李弘祺師則認為科舉是一個「公正」但非「公平」的考試制度，而當時大部份的家庭不僅無力出錢讓子弟讀書，甚至於不出錢而讓其閒著去上學都負擔不起，因而通過考試入仕的途徑畢竟太小，農業家庭的子弟冒險上學是很劃不來的

〔註194〕 Pitirim A. Sorokin, *Social and Cultural Mobility*, London: The Free Press of Glencoe Collier-Macmillan Ltd., 1959，p.133；李弘祺，《宋代教育散論》，頁24；陳義彥，《北宋統治階層社會流動之研究》，臺北：嘉新水泥公司文化基金會，1977年，頁5。

〔註195〕 Ho Ping-ti, *The Ladder of Success in Imperial China*, New York: Columbia University Press, 1962.

〔註196〕 Karl A. Wittfogel, "Mobility in an Oriental Despotism", in Johanna M. Menzel（ed.）, *The Chinese Civil Service,* Washington: D.C. Heath and Company, 1963, pp.61-66；美・卡爾・魏特夫著、徐式谷等譯，《東方專制主義》，北京：中國社會科學出版社，1989年；Hsu Cho-yun, *Ancient China in Transition: An Analysis of Social Mobility, 722-222 B.C.*, California: Stanford University Press, 1965。

〔註197〕 E. A. Kracke Jr., *Civil Service in Early Sung China, 960-1067,* Cambridge, Mass.: Harvard University Press, 1953.

〔註198〕 荒木敏一，《宋代科舉制度研究》，頁470。

事。〔註199〕雖然如此，荒木敏一及李弘祺師都同意科舉制度造成門閥世族的消滅，而開闢了寒酸出身的途徑。

與荒木敏一及李弘祺師不同，郝若貝（Robert M. Hartwell）和韓明士（Robert P. Hymes）師徒提出完全相反的論調，批評柯睿格的看法。郝若貝集中研究北宋理財官員之家庭、婚姻狀況及出身之方式，以了解他們是否源出一些家族（包括血親及姻親），且壟斷朝政。郝若貝以為宋初朝政由一些參與建國的「建國精英份子」家族所控制；神宗以後則由一些「專業精英份子」家族所壟斷，這些「專業精英份子」很多都是唐代世族大姓所綿延持續而成的。另一方面，從唐代以降，很多南方新地主興起，填補了地方上的行政職位，到了北宋中期，他們的子弟開始參加科舉。於是，「專業精英份子」就與這些地方精英地主通婚，繼續控制政府。郝若貝的結論是宋廷多由數個或數十個大家族所壟斷，他們世代相襲為官，互相通婚，以持續他們對政府和社會的控制，故科舉並無打破唐代以來世族壟斷政府的情況。〔註200〕韓明士繼承其師之論，他深入研究宋代江西撫州的精英份子，認為南宋和以後的地方地主有很強的地方色彩，他們雖多曾登第或為舉人，然其權力來源主要是來自和豪族通婚，科舉成功只是其財富和勢力以外之點綴而已。〔註201〕換言之，郝若貝和韓明士皆否定柯睿格之論，認為科舉制度對宋代社會流動差不多完全沒有作用。

郝若貝等人的論點，引起極大的反響，賈志揚（John W. Chaffee）雖同意宋代入仕的途徑很多，但考試仍為最主要者，故家族勢力及通婚雖然十分重要，但科舉成功畢竟才是真正的保證。事實上，北宋中葉開始，大部份的統治階層精英份子均來自科舉；到了南宋以後，恩蔭才較考試重要。〔註202〕李弘祺師亦對郝若貝等之看法詳加討論，他同意婚姻對家勢的影響，但質疑大族能否不通過考試使族人累代入仕、而可以長久保持家勢不墮之可能性；〔註203〕戴仁柱（Richard L. Davis）研究明州史氏的論著，更證明史浩一族是

〔註199〕 Thomas H. C. Lee, *Government Education and Examinations in Sung China*, pp.201-205；李弘祺，《宋代教育散論》，頁23～34。

〔註200〕 Robert M. Hartwell, "Demographic, Political and Social Transformations of China, 750-1500", *Harvard Journal of Asiatic Studies*, Vol.42, No.2, 1982, pp.354-442.。

〔註201〕 Robert P. Hymes, *Statesmen and Gentlemen: The Elite of Fu-Chou Chiang-Hsi, in Northern and Southern Sung*, Cambridge: Cambridge University Press, 1986.

〔註202〕 John W. Chaffee, *The Thorny Gates of Learning in Sung China: A Social History of Examinations*, pp.11, 16, and 20.

〔註203〕 李弘祺，《宋代官學教育與科舉》，〈中譯本導論〉，臺北：聯經出版事業公司，

因參與科舉而興起的。〔註204〕

上面是對科舉與宋代社會流動關係的研究狀況，作一簡單扼要之敘述，各學者的觀點很明顯可以分為兩派，柯睿格、荒木敏一、賈志揚、李弘祺和戴仁柱等，雖或程度有別，但都同意科舉造成一定程度的社會流動；而郝若貝和韓明士則極端地以為科舉完全不能供上向流動（upward mobility）。筆者無意判斷二論之中孰優孰劣，但由於研究科舉與社會流動之關係，可顯示平民布衣入仕的機會和大族保持家勢的情況，故我們可利用這些研究成果來看看呂氏家族此一個案。作為大族之一，科舉、恩蔭、婚姻諸事中，究竟何者才是保持其勢不墮之要訣？

李弘祺師在反駁郝若貝之論時，指出繼續有人當官，是大族維持不衰的唯一辦法，因為不管一個人或其家族在地方上因土地、財富及婚姻關係而享有多大的勢力，這個勢力都必須依賴政治力量的保障。取得政治力量的保障便必須有人當官，而當官的最重要或方便的途徑便是在科舉中取得功名。〔註205〕的確，在社會結構中，領導階層多控有崇高的地位、權力及大量的財富，故一個家族的盛衰，往往視乎其族人當官的數量和質量。宋代的情況亦不例外，官僚擁有上述各種利益，一個家族如能累代有人為官，甚至當上宰輔者，其勢自然興旺，反之則衰。呂氏家族的情況，根據前面的析論，是因為他們有很多族人入仕，更有數人位至宰樞，使其家勢得以維持，我們亦一再強調當官對呂氏的重要，與李弘祺師之論相合。然而，呂氏族人入仕之途主要是科舉與恩蔭，假若科舉是一公正的考試制度，則恩蔭自然是官僚世襲的特權，如果科舉對呂氏宦途較恩蔭重要，則或可反映宋代的社會流動較大；若恩蔭成為呂氏這一類大族保持家勢之要門，則布衣自然被擯斥於仕宦門外。

然而，科舉與恩蔭其實是互為影響的，中舉之族可藉此補蔭族人；而承蔭者又可藉其所獲利益，幫助投資族人再考科舉，何者對一族之發展較為重要，有時是很難分辨的。關於此點，賈志揚以為宋代官僚大族的勃興，很多是先憑考試入仕，然後才再以通婚和恩蔭等發展其勢，〔註206〕至於呂氏家族，

1994 年，頁 vi-xiii。

〔註204〕Richard L.Davis, *Court and Family in Sung China, 960-1279: Bureaucratic Success and Kinship Fortunes for the Shih of Ming-Chou*, Durham: Duke University Press, 1986.

〔註205〕李弘祺，《宋代官學教育與科舉》，〈中譯本導論〉，頁 xi。

〔註206〕John W. Chaffee, *The Thorny Gates of Learning in Sung China: A Social History*

似乎亦有相類的情況。呂氏家族第一代的呂韜、第二代的呂夢奇及第三代的呂龜圖和呂龜祥等，都在唐末五代及宋初爲官，故呂氏並非布衣平民，其族頗與郝若貝所指是由唐代世族大姓所綿延持續而成的「專業精英份子」家族很相似。不過，呂氏家族在宋代的發展，並非源於呂氏首三代人物的餘蔭；雖然呂氏家族首三代人已爲官，呂氏家族亦非寂寂無名，但呂氏在宋代成爲頭等名族，則始於蒙正登第入相以後至宋末的綿展。由於宋初恩蔭制度並未完備，而呂蒙正母子又見逐於其父，故蒙正的顯赫仕途，並非得自家族的蔭庇，實因其苦學登第之故也。因此，呂氏家族在宋代的勃興，科舉制度實爲其主因，就這個觀點而言，科舉確能爲布衣貧民提供一個入仕上升的機會。

在蒙正登第以後，呂氏便可憑藉前述爲官時所獲得的蔭補，世襲族人爲官，保持家勢。至此，科舉制度對呂氏家勢而言，似乎已無甚幫助，因爲恩蔭仍可使族人當官，獲得政治力量以保持其地位財富。但這裡有一點必須考慮，正如我們在前節所述，恩蔭的範圍有限，數代之後的族人便很難憑藉先祖的功名餘蔭入仕，舉例說，位至宰相者可蔭子爲七品官，而其子時爲官七品便只能蔭子爲九品官（這只是隨意的比擬而已，目的是說明此理，所舉的官品並非眞的是宋制安排）。餘此類推，族人的官品便愈來愈小，再加上族人繁衍，能獲蔭之比例遞減，到了最後，家道便中落了，假如要振興家族，便只有希望有族人重新登第入仕而已。宋代有很多大族便是因此而衰亡的，如名相李昉、李沆（947～1004）及李迪三族；〔註207〕而宋初名相呂端（935～1000）、呂餘慶（927～976）一族在其死後，亦漸沒落，要到呂誨（1014～1071）重登科第，才能振興家族。〔註208〕至於呂氏家族，我們可以分從蒙正、夷簡

---

of Examinations, p.11。

〔註207〕《容齋隨筆・三筆》，卷12，〈大賢之後〉：「近見餘干寓客李氏子云，本朝三李相，文正公昉、文靖公沆、文定公迪皆一時名宰，子孫亦相繼達官。然數世之後益爲蕭條，又經南渡之厄，今三裔並居餘干，無一人在仕版。文定公濮州之族，今日居越者，雖曰不顯，猶簪纓僅傳，而文正、文靖無聞，可爲太息！」頁561～562。

〔註208〕《琬琰集》，中卷24，〈呂中丞誨墓誌銘〉：「府君諱誨字獻可，其先幽州安次人。曾祖父諱琦，晉兵部侍郎，贈太師中書令尚書令。祖諱端，相太宗眞宗，以太子太保薨，諡正惠，贈太師中書令。伯祖諱餘慶，太祖時參知政事，贈鎭南軍節度使，各有功烈，記於史官。……初正惠公薨，其家日益貧，獻可既仕，常分俸之半以給宗族之孤煢者。」頁1～4。柏文莉（Beverly J. Bossler）後來的研究也顯示，即使宰相一家的少數後人成功，也並不能保證作爲整體的家族能夠維持自身的高級精英地位。見 Beverly J. Bossler, *Powerful*

及宗簡三支來看。

呂蒙正登第後，其九子後均得以任官，蒙正卒時有孫二十五人和曾孫三十一人，「其後孫皆有官而曾孫亦有出仕者。」〔註209〕然而我們只知道呂昌宗、呂昌辰、呂昌緒、呂昌齡、呂昌祐及呂仲甫、呂仲敏、呂仲履、呂仲棐數人之經歷而已，這是由於蒙正薦姪不薦子，拒絕蔭子為水部員外郎及呂從簡等不肖有關，致使其後所獲蔭之官不大，家道亦告中落，蒙正一支從此在宋代並無多大發展，第七代以後更無法找到其子孫餘裔的記載。於此可見單憑恩蔭是不能長久保守家業，事實上，到了蒙正之孫昌辰時，雖以父蔭入官，但「家極貧」；其子仲履、仲棐得以見於史冊，實由於他們後舉進士第，〔註210〕證明在家勢沒落後欲復振起，科舉仍然是最重要的途徑。

呂宗簡亦曾登第，仕至尚書刑部員外郎，其子呂公雅則為徽猷閣待制，孫呂希朴為承議郎。公雅和希朴入仕之途未見載於史冊，唯登第在宋代為盛事，撰寫行狀者必不會漏記，故大抵他們亦應是蔭補為官的。宗簡、公雅、希朴雖連續三代為官，但如前所述，獲蔭之官品與比例會累代遞減，故到了其曾孫呂廣問時已是「少時家貧」，幸好廣問「自少儁拔能文」，「登宣和七年進士第」，卒官至左太中大夫、爵太平縣開國伯，把家勢維持下來；惜其子呂得中、呂庶中皆早逝，呂自中以後鮮有能及第者，終致其支亦不復見於竹書。

夷簡一支是整個家族中最興盛者，夷簡和公著父子先後登第、相繼入相，為家族累積雄厚的政治本錢，族人均得以蔭補為官。惟單以恩蔭來維持家勢是不足的，強如夷簡一支也不例外，其曾孫呂企中便「少孤貧，漂轉建昌，雖已受蔭得官」，但到「四十五歲始改京官，作邑宰。」〔註211〕到了公著曾孫以後，呂氏雖仍能藉蔭入仕，但所蔭之官及範圍已非常少，前述呂大麟獲補官時的制詞便說「至于今日，（呂氏）任者浸寡」，正可反映其況；呂大同死時，家勢亦頗貧困；〔註212〕呂祖泰喪母時更「無以葬」。〔註213〕不

Relations: Kinship, Status, and the State in Sung China（960-1279）, Cambridge, Mass. and London: Harvard University Press, 1998. p.76。

〔註209〕《琬琰集》，上卷15，〈呂文穆公蒙正神道碑〉，頁8。

〔註210〕《長編》，卷147，慶曆4年3月己巳，頁3555。

〔註211〕《夷堅志》，三志壬，卷2，〈呂仲及前程〉，頁1482。

〔註212〕宋・陸游，《陸放翁全集・渭南文集》，卷36，〈呂從事夫人方氏墓誌銘〉，北京：中國書店，1986年，頁221。

過，當夷簡一支開始走下坡時，呂本中孫呂祖謙先後登孝宗隆興元年（1163）進士第及博學宏詞科，成爲當世巨儒，與朱熹、張栻鼎足三立，獲詔編纂《文海》（《皇朝文鑑》），家勢因而得以重振。惜祖謙於淳熙八年（1181）以四十五歲之壯年早逝，未能使其族復興如昔日之況。到了宋末，呂氏家勢雖無復往日之盛，但祖謙猶子（兒子？）呂康年仍能登第，《四朝聞見錄》：

> 成公猶子康年，甲戌廷對，眞文忠欲寘之狀頭。同列以其言中書之務未清，恐觸時政，文忠固爭不從，遂自甲寘乙。文忠嘗出其副示予，相與歎息。〔註214〕

假如呂康年能登狀元第，則對其家勢之振興，幫助自當更大。

綜上所述，科舉是呂氏家族勃興和維持其勢的主要方法，但這並不表示恩蔭完全沒有幫助。我們在前面謂補蔭族人的官品會愈來愈小，比例亦會遞減，數代以後便會家勢衰亡，然此論其實有一個預設，即子孫之才能與運氣未能使他升任比他原來得蔭更高之官，這可以用下圖來表示：

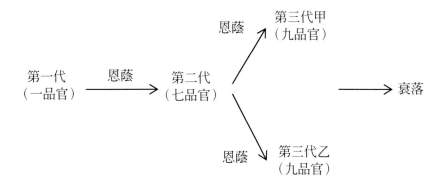

但如果承蔭者憑藉個人之才能及其他因素（如君主的寵愛），得以從受補之官晉升爲大官甚至宰輔者，則他便可以蔭補第三代族人更高之官。倘若這家族數代均能湧現這類人才，則只憑恩蔭亦可保持其勢，如下圖所示之況：

〔註213〕《宋史》，卷455 ，〈呂祖泰傳〉，頁13372；《宋元學案》，卷51，〈東萊學案〉，頁1683；宋·李心傳，《道命錄》，卷7下，〈呂泰然論不當立僞學之禁〉，《叢書集成初編》，上海：商務印書館，1936年，頁81。

〔註214〕《四朝聞見錄》，乙集，〈洛學〉，頁48；《宋元學案》，卷51，〈東萊學案〉，頁1687。

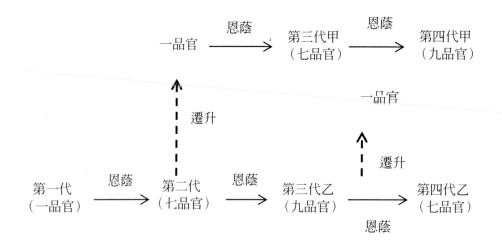

呂氏家族中呂公弼、呂好問就是這種情況，公弼以蔭入仕，後升至樞密，而
好問則從蔭補仕至右丞。因此，如果累代有傑出的人才，只憑蔭補仍可保持
呂氏之勢，但累代能有這類人出現是不可能的，故當族人才能不及先祖輩時，
家勢便開始沒落。這樣，除了蔭補外，便需要有族人投考科舉重振家聲，呂
祖謙和呂康年就是其例。此外，科舉在宋代既較恩蔭為貴，又可入翰林至拜
相，則家族中人在補官後而有才者，何不以其所得到的優勢（如家族及為官
所得之財富、教育）投考科舉，為家族爭取更多的權力、財富、恩蔭以助發
展？情形就如下圖一般：

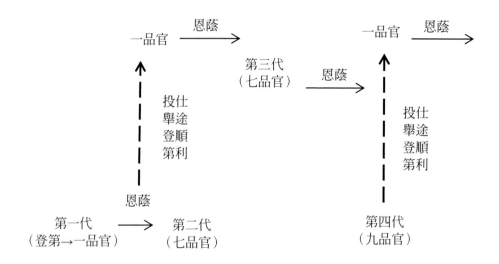

呂氏家族中呂公著就是如此，他以父蔭補小官，〔註215〕於夷簡當政時應舉，
〔註216〕終官至宰輔。

　　總括而言，科舉與蔭補對呂氏家勢同樣重要，然而只有恩蔭固不能世守
其業，惟單靠科舉亦非全策，因爲入仕只是保持個人及家族勢力的最基本條
件，登第後能否做大官才是最要緊者，家族的庇蔭、姻親關係的扶持和個人
才能同具影響力。不過，恩蔭和姻戚多由中舉而來，然後與科舉相互表裏，
構成家族發展的動力，故科舉似仍是最重要的途徑原因。

　　就呂氏家族這個例子來說，科舉確是其勃興及發展的要素，但我們亦不
能過份強調科舉對宋代社會造成很大的流動率，正如史家之論，科舉是一「公
正」但非「公平」的制度。宋代國策頗重「抑權勢，進孤寒」，〔註217〕太祖、
太宗朝嚴講科舉之公正，〔註218〕「公卿子弟多艱於進取」；〔註219〕淳化三年
（992）又詔殿試糊名考校，舉人與試官須避親嫌，〔註220〕此後又有數次增定。
〔註221〕然而，宋代考場舞弊的情況仍然層出不窮，〔註222〕不過這類作弊較易
杜絕，寒士不至因而爲權勢所阻，但除了這些以外，一些無形的因素，則使

〔註215〕《三朝名臣言行錄》，卷8之1，〈丞相中國呂正獻公〉，頁197。
〔註216〕宋・朱弁，《曲洧舊聞》，卷4，《筆記小說大觀》，江蘇：揚州古籍書店，1983
　　　　年，頁4。
〔註217〕《澠水燕談錄》，卷1，〈帝德〉，頁4；《類苑》，卷4，〈祖宗聖訓、仁宗皇帝〉，
　　　　頁35。
〔註218〕茲舉兩例證之：《長編》，卷16，開寶8年2月：「戊辰，上御講武殿，覆試
　　　　王祐等所奏合格舉人王式等，因詔之曰：『向者登科名級，多爲勢家所取，致
　　　　塞孤寒之路，甚無謂也。今朕躬親臨試，可以否進退，盡革疇昔之弊矣。』」
　　　　頁336；卷29，太宗端拱元年閏5月丙申條：「先是，翰林學士、禮部侍郎宋
　　　　白知貢舉，放進士程宿以下二十八人，諸科一百人。牓既出，而謗議蜂起，
　　　　或擊登聞鼓求別試。上意其遺才，壬寅，召下第人覆試於崇政殿，得進士馬
　　　　國祥以下及諸科凡七百人，令樞密院用白紙爲牒賜之，以試中爲目，令權知
　　　　諸縣簿、尉。謂樞密副使張宏曰：『朕自即位以來，親選貢士，大者爲棟梁，
　　　　小者爲榱角。今封疆萬里，人無棄才，日思孜孜，庶臻上理也。卿與呂蒙正
　　　　等，囊者頗爲大臣所阻，非朕獨斷，則不及此矣。』宏頓首謝。」頁654。
〔註219〕《石林燕語》，卷5，頁65。
〔註220〕《長編》，卷32，淳化3年3月戊戌，頁734；卷68，大中祥符元年4月己
　　　　未，頁1538～1539；《燕翼詒謀錄》，卷5，頁44；《澠水燕談錄》，卷6，〈貢
　　　　舉〉，頁69。
〔註221〕參看李弘祺，《宋代教育散論》，頁39；荒木敏一，《宋代科舉制度研究》，頁
　　　　243～265。
〔註222〕詳見劉子健，〈宋代考場弊端〉，載於氏著，《兩宋史研究彙編》，臺北：聯經
　　　　出版事業公司，1987年，頁229～247。

勢家在科舉中佔盡便宜，致令寒門貧民無法與之競進。

首先，宋代雖於建隆三年（962）禁止唐世座主門生之禮，「及第舉人不得呼知舉官爲恩門、師門及自稱門生。」〔註223〕四年詔禁抱文請見、謝見及溫卷等。〔註224〕可是宋代仍有考生將其文送交宰執者，如王曾未顯前以所業贄呂蒙正；〔註225〕考官以其權勢祖護名士及有交情者，呂祖謙便多次爲之，陳君舉、陳蕃叟、蔡行之、陸九淵等便因而得第；〔註226〕呂祖謙與陸九淵之關係，更與唐代座主門生之況無異。〔註227〕此外，權貴或仕子在登第後，均會汲引同科之摯友同窗，如呂蒙正薦溫仲舒、郭延卿等。〔註228〕這些都使平民爲有勢者所抑，但最重要的還是前面曾提到的，平民布衣根本無力供教子弟讀書，當時寒士如要讀書，多投身於寺院，像呂蒙正的例子極多，如富弼、〔註229〕韓億、李若谷和王隨等，〔註230〕而孫復就是因爲家貧而無法專心讀書，范仲淹便歎曰：「貧之爲累亦大矣。」〔註231〕這些貧士在寺院讀書，無論是環境、書籍和師資均無法與大族子弟四比。另一方面，即使他們能力學有成，赴考應舉的旅費亦極具問題，開寶二年（969）曾詔「西川、山南、荊湖等道，所薦舉人並給往來公券。」惜後來廢棄此法；〔註232〕而政府及民間宗族等組織雖曾爲之提供補助，〔註233〕但平民畢竟難以支持，張士遜少時家貧，便曾「欲典田赴試京師」，〔註234〕無田可賣者之情況更可想見。

經過多方面的論述，我們可見科舉在宋代造成一定的社會流動，但不能

〔註223〕《長編》，卷3，建隆3年9月丙辰，頁71；《梁谿漫志》，卷2，〈座主門生〉，頁22；《燕翼詒謀錄》，卷1，頁2。

〔註224〕《隆平集》，卷2，〈取士〉，頁4；《澠水燕談錄》，卷9，〈雜錄〉，頁118～119。

〔註225〕宋·文瑩，《湘山野錄》，卷上，北京：中華書局，1984年，頁9；《類苑》，卷36，〈詩歌賦詠·王沂公〉，頁471。

〔註226〕《宋人軼事彙編》，卷17，頁948；宋·陸九淵，《陸九淵集》，卷36，〈年譜〉，北京：中華書局，1980年，頁486～487。

〔註227〕《陸九淵集》，卷26，〈祭呂伯恭文〉，頁305。

〔註228〕宋·王銍，《默記》，卷中，北京：中華書局，1981年，頁32；《類苑》，卷35，〈詩歌賦詠·呂文穆〉，頁449；卷42，〈曠達隱逸·郭延卿〉，頁549。

〔註229〕《邵氏聞見錄》，卷19，頁210。

〔註230〕《邵氏聞見錄》，卷8，頁78。

〔註231〕《東軒筆錄》，卷14，頁159。

〔註232〕《燕翼詒謀錄》，卷1，頁5。

〔註233〕參看楊聯陞，〈科舉時代的赴考旅費問題〉，《清華學報》，新2卷2期，1961年，頁116～128。

〔註234〕《邵氏聞見錄》，卷8，頁78。

如柯睿格所言那麼樂觀。由於宋代的制度容許大量由蔭入仕的官僚子弟，故社會流動率不能與明清二代相比，但較隋唐爲開放，〔註235〕故宋代科舉最大之意義是寒士可與貴族競爭，〔註236〕雖然大族仍佔有優勢。

　　從呂氏家族與科舉及恩蔭之關係，個人以爲可得出三點結論：第一、宋代承接唐及五代，門第制度雖已破壞，但科舉與恩蔭並行，故大族與平民均有機會入仕，大族更能利用科舉及恩蔭保持其勢，呂蒙正從貧窟晉身龍門，可視作平民登第驟顯的典型；而其後呂氏家族之發展，則證明大族能世保其業之論。因此，宋代似同時存在著世族與平民出身之官僚，郝若貝及柯睿格兩派之論均有其正確之處，只是兩者分布多寡之差異而已。

　　第二，呂氏家族早在唐末時已有人任官，其性質與郝若貝所指之由唐代世族所綿延持續而成的「專業精英份子」家族相類，然而其在宋代有長足發展之原因，除了得到與唐代相似的世襲制度──蔭補之利外，最主要是他們能充分利用科舉制度，他們以家族所擁有的財富、學識、恩蔭等有利條件重新再投資科舉，利用科舉和恩蔭互爲影響的優點，發展及維持家勢，可以說，呂氏家族與科舉制度結合起來而使其不衰。由於科舉制度是一公正的考試制度，平民倘能克服其經濟及其他方面的不利條件，則仍可透過科舉與大族子弟競進；而呂氏家族雖似爲由唐代綿展而成之名族，但除了運用蔭補外，她仍須和科舉制度結合，與布衣一起共同競爭。這顯示了宋代雖或存在著唐代之大族，他們雖或仍可享有世襲及婚姻互助之有利因素，但他們亦同時需要利用科舉去保持其勢，雖然以他們的地位、財富和權力去投資科舉，仍然較平民有利，社會流動率並非太大，然而其性質已開始轉變，至少大族子弟再不像魏晉隋唐時代以其血統郡望便可爲官，他們現在必須與平民在科舉中競爭，而平民也不再是永遠無法進身統治階層了。所以，郝若貝等之論點，只是看見宋代大族的一部份面貌而已，他們忽視了其與科舉結合而轉變的一面，呂氏家族之例正可反映此點。

　　最後一點，撇除呂氏首三代不談，單就呂蒙正自貧士崛興來說，我們可將其視作一個新興的科第世家，與范仲淹等的例子相同。從這個立場而言，我們可發現一點，與呂蒙正相若的一類布衣貧士如范仲淹等，他們本爲平民，憑著苦學及科舉制度使其登第入仕，此反映了科舉所能提供的社會流

〔註235〕賈志揚及李弘祺師都有類似的觀點，見前引二氏之論著。
〔註236〕Thomas H. C. Lee, *Government Education and Examinations in Sung China*, p.20.

動。然而，當他們做了大官後，爲了使子孫能不墮，於是乃利用蔭補及財富、宗族互助等再投資科舉，由於其控有之優勢，故其子孫較其他布衣容易得第，如此數代以後，他們便成爲一個憑藉科舉起家及維持勢力的高門大族，阻礙後進的寒士崛起；同樣當那些後進之寒門登第後，他們又阻塞繼上者，這又反映科舉對社會流動所造成的窒礙，用西方的詞語來說，便是「異化」（alienation）。因此，以往研究中國歷史之史家說，宋代的科舉制度導致門閥世族的消滅，這是正確的，但如說宋代因此是一個平民社會，高門大族並不存在，則此論頗值得商榷。因爲科舉制度只導致魏晉隋唐式的門閥大族崩潰，但它同時造成了一些新的科舉世家如范仲淹一族，而一些舊式的大族如呂氏家族等，則因爲能與科舉制度結合，亦得以轉化保持下來，甚至形成「新門閥」，直到宋亡。

第四章　姻親關係

（一）唐宋之際婚姻觀念的轉變與宋代士族婚姻

唐代承接著魏晉南北朝門閥社會的餘緒，士人仍以氏族相高，婚姻亦講求門當戶對，「大率高下五等，通有百家，皆謂之士族，此外悉爲庶姓，婚宦皆不敢與百家齒。」〔註1〕蓋其欲以婚姻關係來確保家族血統之高純，並借此互相合作支持，從而使門閥制度得以維持。例如著名的大族博陵崔氏，整個家族之婚姻網均局限於少數的舊族高門，〔註2〕而毛漢光更以婚嫁關係作爲比較瑯琊王氏社會地位盛衰之座標。〔註3〕

唐末五代政治社會的大動亂，使中古的世家大族受到極大打擊。到了宋代，舊有的門閥制度已經崩潰瓦解，科舉在理論上成爲取士之主要途徑，宋人的婚姻觀念亦相應地產生一定程度上的轉變，婚嫁已不如唐代般嚴講門閥，宋人趙彥衛稱：

> 唐人推崔盧等姓爲甲族，雖子孫貧賤，皆家世所重。今人不復以氏族爲事，王公之女，苟貧乏有盛年而不能嫁者，閭閻富室，便可以婚，侯門婿甲科。〔註4〕

〔註1〕　宋・沈括撰、胡道靜校注，《新校正夢溪筆談》，卷 24，〈雜誌〉1，香港：中華書局，1978 年，頁 242。

〔註2〕　Patricia B. Ebrey, *The Aristocratic Families of Early China: A Case Study of the Po-Ling Ts'ui Family*, Cambridge: Cambridge University Press, 1978, pp.94-96.

〔註3〕　見毛漢光，〈中古士族之個案研究──瑯琊王氏〉，載於毛漢光，《中國中古社會史論》，臺北：聯經出版事業公司，1988 年，頁 403。

〔註4〕　宋・趙彥衛，《雲麓漫抄》，《叢書集成初編》，上海：商務印書館，1936 年，頁 19。

只要有錢，便可娶得王公之女，與唐代之情況可謂有天淵之別，難怪鄭樵（1104～1162）說，自隋唐而上，婚姻必由於譜系；自五季以來，婚姻不問閥閱。〔註5〕然而，事實是否如此呢？

張邦煒曾撰〈試論宋代「婚姻不問閥閱」〉一文，〔註6〕闡釋鄭樵之論，認為士庶通婚成為風俗，不僅普通官僚，就連位極人臣的宰相往挑女婿、選兒媳時，也常常不大看重門第。〔註7〕張氏文中所引之資料極為豐富，但結論則容或有可商榷處。蓋宋人婚嫁雖不如唐代般嚴講族望，但亦非完全不重門第，例如為人熟悉之宋代名相王旦，他雖然強調「婚姻不求門閥」，〔註8〕但事實並非如此。王旦的妻子為趙昌言（944～1009）女兒，王旦的兩個兒子王雍（988～1045）、王素（1007～1073），分別娶了呂夷簡及張士遜的女兒；而其三個女婿為名臣韓億、蘇耆（987～1035）和呂公弼，另一女兒又嫁五代宋初名相范質（911～964）的孫兒范令孫；王質（1001～1045，王旦姪）女兒則嫁范仲淹子范純仁（1027～1101）。可見王旦姻親均為宋代的大官高門，〔註9〕說其婚姻不求門閥是可商榷的。

其實，日本學者早已注意到宋代官僚或士大夫之間的婚姻關係，青山定雄便曾考訂過宋代若干北方官僚家庭藉通婚來維持北方人的利益（如畢士安、陳堯叟及賈昌朝〔997～1065〕三家；王旦、呂夷簡、韓億、范仲淹四家；呂夷簡、韓琦、蘇頌三家；龐籍及司馬光二家等之婚姻關係）。〔註10〕伊原弘亦曾撰寫多篇文章討論此一問題，惜筆者未見伊原氏之論。美國學者方面，由於近年來宋代社會史的研究十分蓬勃，故亦不乏討論，當中要以郝若貝（Robert M. Hartwell）、韓明士（Robert P. Hymes）及賈志揚（John W. Chaffee）三位最具代表性；而國人方面，陶晉生師、李弘祺師、柳立言及何

〔註 5〕 宋・鄭樵，《通志》，卷 25，〈氏族〉1，北京：中華書局，1987 年，頁 439。

〔註 6〕 原刊於《歷史研究》，1985 年第 6 期，頁 26～41。今收於氏著，《婚姻與社會
　　　　──宋代》，成都：四川人民出版社，1989 年，頁 98～120。

〔註 7〕 張邦煒，《婚姻與社會──宋代》，頁 101。

〔註 8〕 宋・李燾，《續資治通鑑長編》（以下簡稱《長編》），卷 90，天禧元年 9 月己
　　　　酉，北京：中華書局，1979～1995 年，頁 2080。

〔註 9〕 關於王旦一族之婚姻關係，可參閱陶晉生師，《北宋士族──家族・婚姻・生
　　　　活》，臺北：中央研究院歷史語言研究所，2001 年，頁 104～107。關於王氏
　　　　家族的姻親，李貴祿後來有更詳細的研究，見李貴祿，《北宋三槐王氏家族研
　　　　究》，濟南：齊魯書社，2004 年，頁 231～263。

〔註10〕 日・青山定雄，〈宋代における華北官僚の婚姻關係〉，《中央大學八十周年紀
　　　　念論文集》，第 4 卷，東京，1965 年，頁 363～388。

冠環諸先生也有著文論述，我在後文將會討論到他們的觀點，故在此暫不詳述。

　　事實上，當我們翻查宋代的史料後，不難發覺唐宋之際中國人的婚姻觀念雖然有所轉變，士庶之間的鴻溝不如唐代那麼大，但士大夫及官僚等仍喜歡與門當戶對者聯姻。其中《名臣碑傳琬琰集》一書最爲有用，此書收集自建隆、乾德訖建炎、紹興間諸名臣之神道碑、墓誌銘及行狀，從中我們可窺見當時官僚們的婚姻情況，與上述情形配合。例如寇準娶給事中許仲宣（929～990）之女，繼室爲左衛上將軍宋延渥女，其女婿則爲樞密使尙書吏部侍郎同中書門下平章事王曙（963～1034）及太府卿畢慶長（畢士安次子）等；〔註11〕晏殊（991～1055）妻爲工部侍郎李虛己（977年進士）之女，繼室分別爲屯田員外郎孟虛舟及太師尙書令王起的女兒，女婿則爲名相富弼及禮部侍郎三司使楊察（1011～1056）等；〔註12〕而富弼之女婿則分別是保寧軍節度使北京留守馮京（1021～1094）、承議郎范大琮及宣德郎范大珪；〔註13〕賈昌朝妻爲尙書兵部郎中王軫（王旦再從子）之女，陳堯咨女爲其繼室，女婿三人：國子博士程嗣弼（1027～1086）、大理寺丞宋惠國及太常博士龐元英；〔註14〕而程嗣弼之姊妹則「皆適良族」；〔註15〕使遼名臣余靖，「女六人，皆適仕族」；〔註16〕歐陽修先後娶胥偃（1012年進士）、楊雅及薛奎（967～1034）之女爲妻，「孫女七人，皆適士族」；〔註17〕胡宿（995～1067）「女四人，皆適士族」。〔註18〕以上只是《琬琰集》中的一些例子而已，其他還有更多，不詳錄。然而單從上引之數例，我們便可見宋代的士大夫及官僚仍重姻親的地位，其中強調女兒均適「良族」或「士族」，更可反映他們的婚姻觀念。〔註19〕

〔註11〕　宋・杜大珪，《名臣碑傳琬琰集》（以下簡稱《琬琰集》），上卷2，〈寇忠愍公準旌忠之碑〉，《四庫全書珍本十一集》，臺北：商務印書館，1981年，頁10～11。

〔註12〕　《琬琰集》，上卷3，〈晏元獻公殊舊學之碑〉，頁6～7。

〔註13〕　《琬琰集》，上卷5，〈富鄭公弼顯忠尙德之碑〉，頁18。

〔註14〕　《琬琰集》，上卷6，〈賈文元公昌朝神道碑〉，頁14～15。

〔註15〕　《琬琰集》，上卷4，〈程文簡公琳旌勞之碑〉，頁6。

〔註16〕　《琬琰集》，上卷23，〈余襄公靖神道碑〉，頁6。

〔註17〕　《琬琰集》，上卷24，〈歐陽文忠公修神道碑〉，頁14。

〔註18〕　《琬琰集》，中卷5，〈胡太傅宿墓誌銘〉，頁14。

〔註19〕　案：宋代對高門大族之稱呼不如魏晉南北朝那麼嚴格，然據本文第一章之討論及陶晉生師之研究，當時名族已有「門閥」之稱，而「良族」、「士族」亦

謂宋代婚姻不問閥閱論者其實有一前提，即宋人婚娶不再講求對方之族望門第，與魏晉隋唐時代截然不同；然而此論卻存在一個問題，即宋代根本不存在魏晉隋唐時代類型之舊門閥。我們知道，維持魏晉門閥制度之一些要素如九品中正制、莊園制等在宋代已經崩潰，士人不能再以高門之族望求得一官半職，舊族子弟既不能憑此自貴，則士人間之婚嫁當然亦不會以此為最高的標準。因此，若我們再以魏晉隋唐門閥婚姻之標準去看宋代之婚姻觀念，自然會得出宋代婚姻不問閥閱之論。但是每一個時代均有高門大族，只是其性質有異而已，故唐代大族雖盡式微，北宋必另有新門繼起，〔註20〕而這些新門之婚姻觀念雖較前代開放，但並非完全不論姻家之背景地位，前引之王旦就是一個最好例子，是以謂宋代士庶通婚成為風俗之論，亟需深入探究。

如前所述，宋代既然沒有九品中正制等保護世家大族不衰之措施和政策，於是新興之官僚和士族便謀求其他保持家勢不墮之法，婚姻關係即為其中一種重要手段。士族間藉著聯姻而扣緊關係，於是無論在政治或經濟上，姻家均基於這種親屬紐帶而互相扶持，彼此的家勢和地位遂得以維持綿延，故士族官僚間世為婚姻不絕者屢見不鮮，如韓億和李若谷二族：

> 韓參政億、李參政若谷未第時，皆貧，同途赴試京師，共有一席一毡，乃割分之。每出謁，更為僕。李先登第，授許州長社縣主簿。赴官，自控妻驢，韓為負一箱。將至長社三十里，李謂韓曰：「恐縣吏來。」箱中止有錢六百，以其半遺韓，相持大哭別去。次舉韓亦登第。後皆至參知政事，世為婚姻不絕。〔註21〕

韓億與李若谷為患難之交，二家發跡後互為婚姻，既可見彼此之情誼，亦是保持家勢地位之法，否則又何須「世為婚姻不絕」？司馬光與張保孫（1015～1085）一族亦是如此；〔註22〕而一些地方望姓門閥亦「世相婚姻」，如永嘉望姓胡、薛二族，〔註23〕金華門閥汪、王二姓等。〔註24〕婚姻既成為士族間

為其中一個名稱。見陶晉生，《北宋士族──家族·婚姻·生活》，頁1～10。

〔註20〕參見孫國棟，〈唐宋之際社會門第之消融〉，載於孫國棟，《唐宋史論叢》，香港：龍門書店，1980年，頁275。

〔註21〕宋·邵伯溫，《邵氏聞見錄》，北京：中華書局，1983年，頁79。

〔註22〕關於此點，可參考陶晉生師，《北宋士族──家族·婚姻·生活》，頁101～104。

〔註23〕宋·葉適，《葉適集·水心文集》，卷15，〈夫人薛氏墓誌銘〉，北京：中華書局，1989年，頁291。

〔註24〕宋·呂祖謙，《呂東萊先生文集》，卷7，〈金華汪仲儀母王氏墓誌銘〉，《叢書集成初編》，上海：商務印書館，1936年，頁178～179。

互相扶持的紐帶，於是相同政見者也利用婚姻關係強化彼此的聯繫，如寇準二女便都嫁畢士安之子。〔註25〕

　　婚姻關係既爲保持家勢之一種重要手段，故官僚和士族對姻家之地位和背景自必愼重考慮，擇婿遂極爲嚴謹，是以宋朝「公卿多有知人之明，見於擇婿」，如「趙參政昌言之婿爲王文正旦；王文正之婿爲韓忠憲億、呂惠穆公弼；呂惠穆之婿爲韓文定忠彥；李侍郎虛己之婿爲晏元獻殊；晏元獻之婿爲富文忠弼、楊尙書察；富文忠之婿爲馮宣徽京；陳康肅堯咨之婿爲賈文元昌朝、曾宣靖公亮。」〔註26〕他們選婿之標準爲「它日皆至卿輔」者，〔註27〕姻家雙方日後便可借此在朝互相扶持。科舉爲宋代入仕之一要途，故爲了達成上述目的，時人均好擇新科進士爲婿，士子一旦中舉，便很快被大臣士族招贅作婿，如韓億「咸平五年登進士第，王旦以女妻之」，〔註28〕范令孫「有學行，登甲科，人以公輔器之，王魏公旦妻以息女。」〔註29〕只要有才能者，即使其家世不顯，大臣士族仍願意與之聯姻。蓋大族物色前途未可限量的青年才俊作爲東床快婿，以爲事業上之助力，等到快婿可以自立門戶時，反過來得到他們的扶助，以維持自己的家聲不墜。故韓億初登第時，其家世雖不甚顯大，但因其有才，王旦遂有意妻之以女，王氏族人雖譁然反對，但王氏終歸爲韓億妻，〔註30〕韓、王二家日後果然同爲朝中重臣；而「王曙館於王化基之門，樞密副使宋湜見之，妻以女，宋氏親族或侮易之」，但後三十年王曙（978～1041）也晉身爲參政。〔註31〕士族甚至願意爲登第之寒婿出資，故時有「鋪地錢」、「買門錢」等號。〔註32〕

〔註25〕宋・畢仲游，《西台集》，卷16，〈丞相文簡公行狀〉，《叢書集成初編》，上海：商務印書館，1936年，頁248。

〔註26〕宋・徐度，《卻掃編》，卷上，《叢書集成初編》，上海：商務印書館，1936年，頁55～56。

〔註27〕宋・江少虞，《宋朝事實類苑》（以下簡稱《類苑》，卷49，〈占相・醫藥・擇婿〉，上海：上海古籍出版社，1981年，頁642。

〔註28〕《琬琰集》，下卷8，〈韓忠憲公億〉，頁9；宋・曾鞏，《隆平集》，卷7，〈參知政事〉，臺北：文海出版社，1967年，頁6。

〔註29〕宋・王闢之，《澠水燕談錄》，卷7，〈歌詠〉，北京：中華書局，1981年，頁86。

〔註30〕宋・蘇舜欽，《蘇舜欽集》，卷15，〈太原郡太君王氏墓誌〉，北京：中華書局，1961年，頁222。

〔註31〕《隆平集》，卷7，〈參知政事〉，頁8。

〔註32〕宋・莊綽，《雞肋編》，卷中：「進士登第走燕瓊林，結婚之家爲辦支費，謂之鋪地錢；至庶姓而攀華胄，則謂之買門錢；今通名爲繫捉錢。凡有官者皆然，

時人好以新科進士爲婿，榜下擇婿遂成爲宋代普遍風氣，達官貴人均相仿效。《萍洲可談》：

> 本朝貴人家選婿，於科場年，擇過省士人，不問陰陽吉凶及其家世，謂之「榜下捉婿」。亦有緡錢，謂之「繫捉錢」，蓋與婿爲京索之費。近歲富商庸俗與厚藏者嫁女，亦於榜下捉婿，厚捉錢以餌士人，使之俯就，一婿至千餘緡。〔註33〕

一旦女婿登第爲官後，便可憑藉自己之地位，協助其升官達到互相扶助之目的。

從上面的討論我們可以看到，宋代的官僚或士大夫在選擇姻家時並非不問閥閱，但他們重視的不是魏晉隋唐時代那種族望門第，代之而興的是女婿之才能和姻家之科第。流風所及，一般富人在擇婿時亦以此爲重，如杜衍（978～1057）家貧，「傭書以自資，嘗至濟源，富民相里氏奇之，妻以女」；〔註34〕張渭（1172～1208）「少有俊譽，富戶欲妻以女」；〔註35〕甚至武人亦不例外，如仁宗時的武臣安俊，「婚姻多擇士人，常曰：『吾家集坐有文士過半，平生足矣！』」〔註36〕

其實關於榜下擇婿之風，張邦煒先生論之甚詳，極爲精彩，〔註37〕但張氏卻得出宋代婚姻不問門閥一論，考其原因，即爲筆者在前面所提到的對「門閥」一詞之理解不同。這裡我想重申宋代「門閥」一詞之意義及強調其與宋代士族婚姻及宋人婚姻觀念之關係。簡單來說，無論宋代是否存在魏晉隋唐之舊族門閥，但支持魏晉隋唐門閥制度之政治、社會及經濟等各方面的條件已經殞滅。故若以九品中正制下之門閥標準來衡量宋代之士族，則宋代便沒有隋唐類型的世家大族，而與之相關的門閥婚姻亦自然不存在。然而，宋代雖沒有隋唐式的世家大族，一些官僚士族憑藉軍功、科舉及恩蔭等手段，爬升至朝中高位，成爲社會顯貴，且綿延數代，著名的如趙普、錢俶（929～988）、

不論其非榜下也。」北京：中華書局，1983年，頁71。
〔註33〕宋·朱彧，《萍洲可談》，卷1，上海：上海古籍出版社，1989年，頁20。
〔註34〕宋·魏泰，《東軒筆錄》，北京：中華書局，1983年，頁181；宋·司馬光，《涑水記聞》，卷10，北京：中華書局，1989年，頁184。
〔註35〕清·黃宗羲原著、全祖望補修，《宋元學案》，卷74，〈慈湖學案〉，北京：中華書局，1986年，頁2497。
〔註36〕《隆平集》，卷19，〈武臣〉，頁5。
〔註37〕張邦煒，《婚姻與社會——宋代》，第6章，〈宋代的榜下擇婿之風〉，頁145～164。

王旦、韓億及呂蒙正等數族，他們雖不如魏晉隋唐的世家大族，但亦儼然成爲宋代新興之高門大族。宋代既然沒有九品中正制，這些新興的大族爲了保持他們的家勢，除了利用恩蔭及科舉等方法外，婚姻亦自然成爲不墮家勢之一重要手段。因此，宋人的婚嫁雖不像魏晉隋唐之門閥婚姻般講求對方的族望，卻重視姻家是否爲「良族」、「士族」，女婿是否爲有爲之青年甚至是登第之進士，前者是衡量其是否宋代新興大族之標準，而後者則爲晉身此階級之要途。故宋人這種婚姻標準，實與魏晉隋唐式的門閥婚姻有異曲同功之處，所以我認爲宋代士族官僚的婚姻仍然講求閥閱，只是「閥閱」的標準與魏晉隋唐時代不同，宋人所講求的是姻家的地位和女婿的才能。宋人婚姻觀念中對士庶通婚的看法不如唐代那麼嚴格，是因爲如前章所論，宋代的社會流動率遠較唐代爲大，女婿的家世雖不甚顯，但假若他有才能，憑藉姻家的勢力再加上自己的努力，則他日後仍能成爲權要，故此過份強調其家世是沒有意義的；然而宋人亦非完全不講求姻家之地位，畢竟家世顯赫者要晉身華要及扶助姻家，實比出身寒微者爲易。因此，宋人一方面既講究姻家之地位，另一方面亦招贅有能之寒士爲婿。由此可見，宋人藉婚姻保持家勢之本質，與魏晉隋唐時代的門閥婚姻實有相似之處，謂宋代婚姻不問閥閱，或可從此不同角度檢視討論。

（二）呂氏家族之婚姻關係

　　前節我們討論了唐宋之際婚姻觀念的轉變與宋代士族婚姻的關係，指出宋人婚姻仍重視門第，並藉此作爲維持家勢之一種手段。本節將會考察呂氏家族之婚姻關係，祈能透過呂氏族內之婚姻安排，窺見呂家與其他官僚士族間之交錯聯結，討論其動機目的，並作爲後面論述與呂氏家勢起伏之資據。

　　青山定雄和衣川強兩位前輩學者對呂氏家族的婚姻關係做過研究，〔註38〕而陶晉生師研究宋代士族的專著亦曾提及呂家的情況。〔註39〕惟除衣川強一文外，其他均非專研呂氏家族之專著，〔註40〕而衣川強之作論點雖然極爲精

〔註38〕青山定雄，〈宋代における華北官僚の婚姻關係〉，頁367～376；日・衣川強，〈宋代の名族──河南呂氏の場合〉，原刊於《神戶商科大學人文論集》，第9卷第1、2期，1973年，頁134～166，今收於日・衣川強，《宋代官僚社會史研究》，東京：汲古書院，2006年，頁77～122。

〔註39〕陶晉生，《北宋士族──家族・婚姻・生活》，頁101～135。

〔註40〕本研究初稿完成後二十年，内地出版了四部研究呂氏家族的專著和一篇碩士論文，即：姚紅，《宋代東萊呂氏家族及其文獻考論》，北京：中國社會科學

彩，但畢竟仍爲對呂氏的初步考察，故對呂氏家族的研究而言，三文所論仍嫌不足。關於呂氏家族姻親關係的資料頗多，不乏可補充及論列者，惟因有關之史料極爲分散，故筆者在蒐集資料後，先製成一幅「呂氏家族姻親圖」（附圖三），使我們能夠清楚看見呂氏家族各代人的姻親關係。爲了方便討論，筆者又將這些資料製成一表（附表二「呂氏家族姻親表」），以下的討論便根據

出版社，2010 年；陳開勇，《宋代開封——金華呂氏文化世家研究》，北京：中國社會科學出版社，2010 年；羅瑩，《宋代東萊呂氏家族研究》，北京：人民出版社，2011 年；楊松水，《兩宋壽州呂氏家族著述研究》，合肥：黃山書社，2012 年；紀雲華，〈宋代河南呂氏家族研究〉，濟南：山東大學中國古代史碩士論文，2004 年。當中自有涉及呂家的婚姻關係，可惜他們似乎完全不知道近數十年來日本、歐美、中國內地和臺港等地研究宋代士族婚姻問題的重心，叫人驚訝之餘，內容也未追得上三十年來學者們的舊著。姚紅近年在一個兩岸的宋史研討會提交了一篇題爲〈北宋東萊呂氏家族婚姻考論〉（其實此文早已刊於《紹興文理學院學報》，第 32 卷第 1 期，2012 年 1 月，頁 85～93），見杭州社會科學院、浙江大學歷史系主編，《第三屆海峽兩岸「宋代社會文化」學術研討會論文集》，杭州：浙江大學出版社，2013 年，頁 306～319，文中所述均爲學者過去的舊論，但竟然完全未見引用相關的論著，例如談到「榜下捉婿」的問題就無引述張邦煒的著作。奇怪的是，姚紅的專著《宋代東萊呂氏家族及其文獻考論》頁 4 就引用過我在 1993 年 9 月《新史學》第 4 卷第 3 期發表的〈宋代士族婚姻研究——以河南呂氏家族爲例〉（姚紅這部專著也很有問題，見筆者在第一章的討論），但她在杭州的這篇論文，所有內容就仿如自己的新發現。其實，宋代士族及呂氏家族的研究情報，內地和臺灣的重要學刊已有專文或索引羅列，可參考粟品孝，〈宋代家族研究論著目錄〉，載於四川大學古籍整理研究所、四川大學宋代文化研究中心編，《宋代文化研究》，第 8 輯，成都：巴蜀書社，1999 年，頁 305～311；郭恩秀，〈八○年代以來宋代宗族史中文論著研究回顧〉，《新史學》，第 16 卷第 1 期，2005 年 3 月，頁 125～157；粟品孝，〈宋代家族研究論著目錄續一〉，載於四川大學古籍整理研究所、四川大學宋代文化研究中心編，《宋代文化研究》，第 13、14 輯，下冊，成都：四川大學出版社，2006 年，頁 822～833；粟品孝，〈組織制度、興衰浮沉與地域空間——近八十年宋代家族史研究走向〉，《社會科學戰線》，2010 年第 3 期，頁 81～87。至於已出版的個案研究，更是多不勝數，不能詳引，但最重要的論文集至少有下列數部：中央研究院歷史語言研究所出版品編輯委員會編，《中國近世家族與社會學術研討會論文集》，臺北：中央研究院歷史語言研究所，1997 年；張邦煒，《宋代婚姻家族史論》，北京：人民出版社，2003 年；郗重華、粟品孝主編，《宋代四川家族與學術論集》，成都：四川大學出版社，2005 年，本書承兩位編者賜贈，謹此致謝；黃寬重，《宋代的家族與社會》，臺北：東大圖書公司，2006 年。而前引陶晉生師的《北宋士族——家族‧婚姻‧生活》一書，更是這個領域裡必讀的經典，必須徵引；張邦煒的《婚姻與社會——宋代》，也是早期的一種最重要著作，不可忽略。

這兩幅圖表。

　　從表中我們可以看見呂氏家族頭三代的姻親資料不詳，譜系的始祖呂韜，其妻子只知是太原王氏，第二代呂夢奇的妻子則稱潁川陳氏，蒙正之母則為彭城劉氏，蓋年代久遠，資料缺乏也。然而，我們知道太原王氏、潁川陳氏及彭城劉氏均為門閥時代之大姓，呂氏頭三代為唐末五代宋初之人，他們的姻族既為大姓，則可反映呂氏似亦為舊大族，而當時的人似仍講求門當戶對。當然，有關呂氏頭三代人物及姻戚的史料缺乏，故此極可能是呂氏族人自稱或偽託的資料而已；但假若呂氏自託為大姓之後，則更可反映時人仍然重視姻親的地位。簡言之，無論太原王氏、潁川陳氏及彭城劉氏是否確為呂氏姻戚，呂氏家族第一、二及三代人物之婚姻與唐代的門閥婚姻仍有相似之處。

　　宋承周統後，呂氏家族的姻親是否仍為高門大族呢？「呂氏家族姻親表」自第四代起所載之姻戚共 84 人（包括妻子〔媳婦〕及丈夫〔女婿〕），其中姻親自身中進士者有 15 人，佔百分之 17.9，而呂蒙正長女夫婿孫暨更是咸平二年（999）狀元；姻親有直系親屬（指父親、祖父及兄弟者）登第者有 31 人，佔百分之 37。二者合計共 52 人，佔呂氏姻戚總數百分之 62，超過半數；而所有人又都曾任官，可見呂氏之姻戚均非白身的平民。假若我們再仔細研究，則又可以發現呂氏家族與幾個宋代的大家族有緊密的婚姻聯繫，以下讓我們看看他們的關係。

　　馬亮賞識呂夷簡，知其將來必定大貴、故將女兒嫁給他一事，後文還會詳細討論，但馬亮同時另有一女又嫁呂蒙正兒子呂居簡，故他的這兩個呂氏親家和女婿都是宰相；而近年在合肥發現的北宋馬紹庭及妻子呂氏合葬墓，更讓我們發現，原來馬亮的一個裔孫馬紹庭又娶呂蒙正之裔孫女，〔註 41〕兩個家族間很明顯是世代為婚，很有意識地要締結緊密的關係，情況如下圖所見：

〔註41〕合肥市文物管理處，〈合肥北宋馬紹庭夫妻合葬墓〉，《文物》，1991 年第 3 期，頁 26～38，70。

呂、馬二族姻親圖（圖中=號表示婚配）

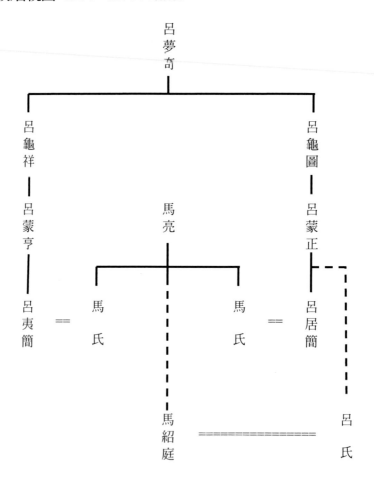

王旦爲宋初名相，他自稱「婚姻不求門閥」，無論他是否有意選擇高門連姻，但事實上其姻家卻全爲名門，這點已見前述，而呂氏家族便與王旦一門有多層的姻親關係。呂夷簡長女嫁給王旦長子王雍爲妻，而呂公弼則娶王旦女爲妻，同一代中呂、王二家已締結了兩組姻親關係；但到了王雍與呂氏之下一代，王、呂二家又締結更緊密的姻親關係，王雍與呂氏所生之女嫁給了呂希傑爲妻，王氏與呂氏二族之關係便如下圖所示：

呂、王二族姻親圖

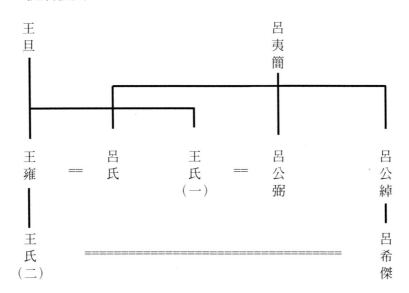

呂公弼、王氏（一）及王雍、呂氏聯姻後，他們兩族之間便有了中表的親戚
關係，所以當呂希傑娶王氏（二）爲妻時，呂、王二族便有了更複雜的中表
婚姻關係，而他們之間的稱謂更形混亂，舉例說，呂公綽既爲王氏（二）的
舅父，亦爲其家翁（丈夫之父）；而王雍既爲呂希傑之姑丈，亦爲其妻父，
餘此類推，他們二族之關係可謂親上加親。據研究指出，中表婚在宋代極爲
流行，其原因是多方面的。有觀念上的原因，對等交換是古代一種很普遍的
婚姻觀念，中表婚正是隔代交換。也有經濟上的考慮，彩禮「因相熟而相簡」，
可以減省些嫁娶之費。還有當事人方面的因素，他們對於中表開親，一般比
較樂意，在男女青年缺乏正常交際的時代，只有表兄妹或者表姐弟之間才可
能互有接觸和了解。〔註42〕然而，從王、呂二族之婚姻關係來看，除了上述
原因外，王、呂二族似乎很有意識地利用婚姻來扣緊彼此的關係，否則怎會
在同一代中有兩組的姻親關係，而雙方的下一代又聯結中表婚呢？所以，我
們有理由懷疑王、呂二族世代通婚，藉親屬紐帶建立了休戚相關的關係，以
便在政治上及經濟上互相扶持，從而維持本身的家勢與地位，關於這點，下
文將會深入討論，此處從略。

　　與王旦家族相似，魯宗道一族亦與呂氏家族有多層的婚姻關係。魯宗道

〔註42〕張邦煒，《婚姻與社會——宋代》，頁 49。

爲仁宗時的參知政事，其妻爲呂蒙亨之女，而其女則嫁蒙亨孫呂公著，雙方之關係如下：

呂、魯二族姻親圖

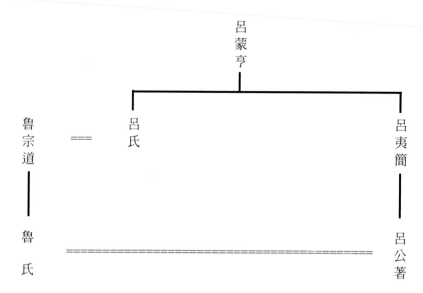

宋人王得臣稱魯、呂二族之聯姻爲「盛事」，蓋從魯氏之角度去看其親屬之地位，其云：「魯夫人，父太師簡肅公（魯宗道）也，其舅呂申公（即呂夷簡）也，夫丞相、司空（即呂公著）也，子希純中書舍人，婿翰林學士范祖禹也。」〔註43〕其實，呂夷簡是魯氏的舅父、也是其家翁；呂公著是其丈夫，也是其表兄弟。由王得臣之言我們可見魯、呂二族聯姻後對雙方家勢及地位之幫助，更可見二族之顯赫。

第三個與呂氏有密切婚姻關係的是張氏家族。張昷之女嫁呂希哲，而張昷之子張次元的女兒則嫁呂希哲子呂切問，兩族之關係便是如此：

─────────────

〔註43〕王得臣，《麈史》，卷下，〈盛事〉，頁77。

呂、張二族姻親圖

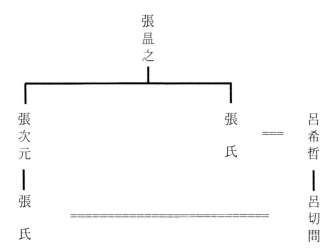

相似的例子還有李氏、程氏、錢氏及曾氏四族與呂氏的婚姻關係。李中師妻為呂公綽長女，他和呂氏所生的女兒又嫁呂公綽的孫子呂之問，一人和呂家已有兩組婚姻關係，如下圖所示：

呂、李二族姻親圖

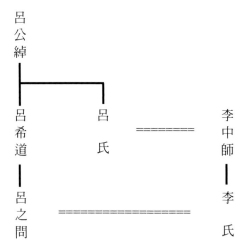

李中師與呂氏家族的姻親關係，結果在後來的「陳世儒案」就牽連到呂公著，下文還會討論。至於程氏，程琳（988～1056）子程嗣恭娶呂公綽女，而程琳另一子程嗣弼的女兒則嫁呂希純，兩家的關係如下：

呂、程二族姻親圖

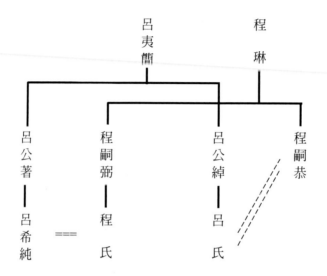

錢勰（1034～1097，錢彥遠〔994～1050〕子）娶呂居簡女兒，錢氏另一支錢暄（錢惟演子）女嫁呂希績，錢氏的裔孫錢受之又娶呂希純子呂聰問的女兒，關係至為複雜：

呂、錢二族姻親圖

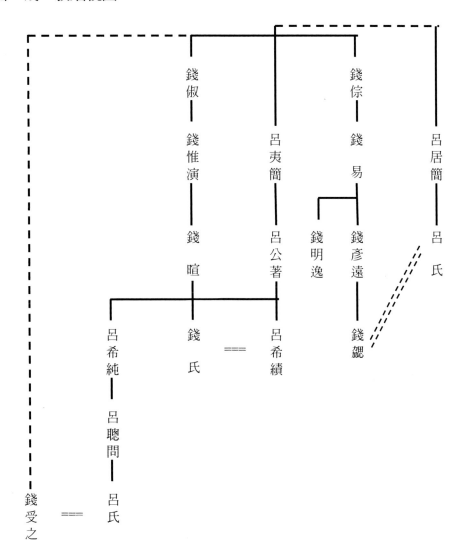

呂氏與程氏的聯姻中有一點很值得我們重視，程嗣弼與程嗣恭爲同輩兄弟，嗣弼女嫁呂希純，但嗣恭卻娶呂公綽女，這便出現了異輩爲婚的現象。一般認爲，宋代重視人倫，爲了防止「尊卑混亂，人倫失序」，故《宋刑統》對於異輩爲婚禁止得相當嚴厲，而一般人亦很遵守此項原則。〔註44〕但呂、程這個例子卻違反了異輩不婚的習慣，故究竟當時這個原則之實況如何，似仍可

〔註44〕張邦煒，《婚姻與社會——宋代》，頁50～58。

多探。至於程、呂二族締結了異輩婚的原因，由於史料所限，我們不大清楚。是否可反映爲了加強雙方的關係，即使是異輩婚也不介意呢？這個說法暫時只能存疑了。呂居簡女嫁錢勰的情況，由於未見二者之年齡，加上同一代中沒有第二組婚姻關係，故異輩爲婚的情況不太明顯清楚，至於與錢氏聯姻，則對呂氏家族的意義更大。錢暄爲吳越王錢俶之孫，錢氏歸宋後頗得朝廷的恩寵，錢氏族人多尙公主，而錢暄第九子景臻（1043～1126）又尙仁宗第十女。〔註45〕呂氏與錢氏聯姻，使呂氏亦與趙宋皇室聯上間接關係，對呂氏家勢的維持和發展，似不無幫助。

曾氏家族和呂氏的姻親關係，雖始於北宋末南宋初，但二家的緊密程度，絕不遜於王、魯等例。曾幾女兒嫁呂大器，其孫曾棐又娶大器堂兄弟呂大同的女兒爲妻；而曾幾另一孫女則嫁大器子呂祖儉，故兩家在二代中亦締結了三組的姻親關係：

呂、曾二族姻親圖

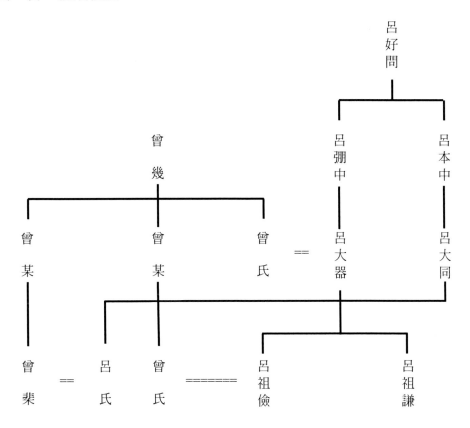

曾氏爲南渡後的學術大家，呂氏與之聯姻，對彼此都有利。

　　近年在浙江省武義縣出土的呂氏族人壙誌，讓我們知道，呂祖謙除了和韓元吉友好連姻外，原來呂祖謙祖父呂弸中的三弟呂用中，其妻子是韓璹的女兒；而根據〈呂用中妻韓氏壙誌〉所載，韓璹爲韓廸子、韓緬孫，韓緬則是韓億的第八子。因此，韓億一族跟呂氏家族也有兩組婚姻關係：

呂、韓二族姻親圖

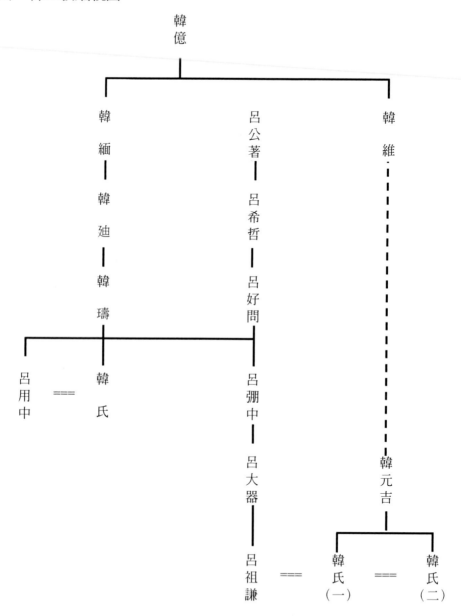

王、魯、張、程、錢、曾及韓氏諸族均與呂氏世代通婚,藉以加強彼此的關係,借婚姻紐帶連結起來,互相扶持;而韓億一族與張氏及另一韓氏家族又以另一形式與呂氏加強婚姻關係,那便是一人同娶呂氏二女,相對地呂氏亦以二女同嫁一夫來強化連繫。從「呂氏家族姻親表」(附表二)中可以

見到有三個這樣的例子：韓忠彥為韓琦的兒子，他先娶呂公弼之長女，呂氏死後忠彥再娶公弼第三女；呂希道長女及次女則繼歸張埏為妻；到了南宋，韓維四世孫南澗韓元吉與呂祖謙善，元吉兩女先後都嫁呂祖謙。安陽韓琦及開封韓億兩族均為宋代河南的大族，與河南呂氏家族鼎足三立，他們採用一人同娶二女這種婚姻形態，除了強化彼此的關係外，似乎找不到更合理的解釋（當然不排除有其他原因）。事實上，呂公弼長女臨時死就對韓忠彥說：「我有幼妹在家，君若全舊恩以續之，必能卹我子矣，合二姓之好，不絕如故。」〔註46〕因此我們可以說，呂氏利用二女同嫁一夫這種婚姻形態與韓氏等大族締結緊密的姻戚關係，目的似亦是要拉緊彼此的聯繫。

　　上面我們的討論集中在呂氏和數個大族間的直接婚姻關係，然而其實他們之間的聯繫是更為複雜的。我們從「呂氏家族姻親表」及「呂氏姻親圖」的資料再仔細分析，便會發覺呂氏的姻親之間又有締結姻親者，於是彼此之間便形成了一個三角關係，如下圖所示：

其中最典型的是魯宗道、張昷之二族與呂氏的關係。魯、張二族與呂氏的姻親關係已見前述，惟魯、張彼此之間亦為姻親，魯宗道一女嫁呂公著，另一女則嫁張昷之，張昷之與魯氏所生的女兒又嫁呂公著與魯氏所生的兒子呂希哲；而張昷之與魯氏所生的兒子張次元，其女兒又嫁呂希哲的兒子呂切問，結果便形成了一個極為複雜的呂、魯、張三氏姻戚關係：

〔註46〕宋・韓琦，《安陽集》，卷48，〈故東平縣君呂氏墓誌銘〉，《四庫全書珍本四集》，臺北：商務印書館，1973年，頁8～9。

呂、魯、張三族姻親圖

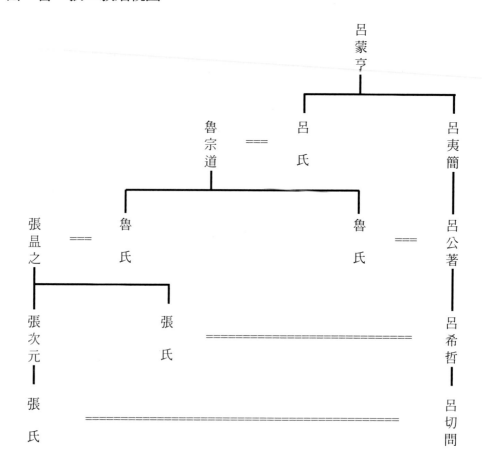

《童蒙訓》有一段記載說：「滎陽（呂希哲）張夫人，待制諱豈之女也，自少每事有法，亦魯肅簡公（宗道）外孫也。⋯⋯及夫人嫁呂氏，夫人之母申國（呂公著）夫人之姊也。」〔註47〕如果我們不清楚呂、魯、張三家之姻戚關係，便很難明白這段文字的意思。與之相似的另一個三角關係是張士遜、王旦及呂氏三者的姻親關係，王旦與呂氏有多層的姻戚關係，而張士遜二女則分別嫁給王旦的兒子王素、及呂夷簡的兒子呂公孺，於是三家之關係更親密，如下圖所示：

〔註47〕宋・呂本中，《童蒙訓》，卷上，《萬有文庫薈要》，臺北：商務印書館，1965年，頁7。

呂、王、張三族姻親圖

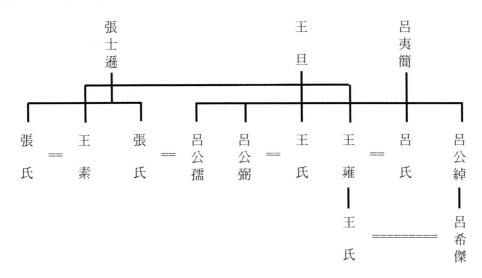

　　分析過呂氏與數個大族的姻親關係後，我們再探討其姻家籍貫的地理分佈。在呂氏姻親 84 人中，籍貫不可考者有 24 人，祖籍山東的有 2 人，陝西有 1 人，四川有 3 人，湖北有 2 人，江西有 2 人，江蘇有 6 人，安徽有 8 人，浙江有 6 人，福建有 6 人，河南有 17 人，河北有 7 人。河南河北兩省人數最多，共 24 人，佔全數的百分之二十九。雖然呂氏爲河南名族，而姻戚中亦是河南河北人居多，但比例不算很大，似如過去的研究所指出，就締婚一事來說，地域關係並不如想像中的重要，﹝註48﹞惟美國學者郝若貝及韓明士則極強調二者的關係，此說容後再論。最後，還要指出的是呂氏姻親雖絕大部分爲文職士人，但亦有武官者，如呂惟簡女嫁舒昭敘，昭敘八遷至內殿崇班；而呂昭問的妻父便是郭逵，郭逵爲宋中葉名將，以戰功累官簽樞密院，哲宗初以左武衛上將軍致仕，卒贈武雄軍節度使，封秦國公。﹝註49﹞呂氏得此名將爲姻親，對維持自己之勢力似也有幫助。

　　總括來說，呂氏家族姻親中有過半數人本身、或有直接親屬登第；而所有人又都曾爲官。而幾個大族如馬亮、王旦、魯宗道、韓億、張昷之、程琳、

﹝註48﹞陶晉生，《北宋士族——家族・婚姻・生活》，頁 101～135；Beverly J. Bossler, *Powerful Relations: Kinship, Status, and the State in Sung China（960-1279）*, Cambridge, Mass. and London: Harvard University Press, 1998. pp.42-43。

﹝註49﹞宋・范祖禹，《范太史集》，卷 40，〈檢校司空左武衛上將軍郭公墓誌銘〉，《四庫全書珍本初集》，上海：商務印書館，1934 年，頁 1～20。

曾幾等更與呂氏世代連姻，韓忠彥、韓元吉等則一人娶二呂或二女嫁一呂，以合二姓之好；更有甚者，呂氏的姻親之間又締結了姻親關係，於是三者之間便形成一個複雜的三角姻親關係。在中國古代，個人主義還未出現，自由婚姻自然更談不上，於是男女間的夫妻關係，除卻生育之作用外，締結姻親兩家的關係便成主要之目的（但不排除男女間存在戀愛），「合二姓之好」這句話便極能反映這個目的。因此，無論是世代通婚、一人同娶二女或三角的姻親關係，其主要目的都是拉緊彼此的連繫，因為恐怕單是一代之間的連姻不夠堅實，於是呂氏和各大族便用上述幾種方法再強化原來已存在的姻親紐帶，以便建立休戚相關的關係。正因為其目的是欲互相扶持以維持家勢，故地域因素便不大重要，只要對彼此有利，無論對方是甚麼籍貫，甚至是武將，雙方亦可以締婚。由此可見，呂氏家族對姻親之選擇是講求門當戶對的，連姻者必須為有為之士，最好是曾登第者，或為大族之後，其最終目的是欲結合自己家族與姻家的權勢，互相提攜，使彼此的家勢得以維持，甚或有長足之發展。有關呂氏家族在婚姻方面的這些情形，讀者可參考附圖三「呂氏家族姻親圖」，鳥瞰全況。

（三）姻親關係與呂氏家勢

自柯睿格（Edward A. Kracke Jr.）利用紹興十八年（1184）及寶祐四年（1256）的科舉錄，計算科舉及格的考生之家世有一半以上前三代都沒有人當官，從而得出宋代的考試制度是十分開放和社會流動率極大的觀點後，〔註 50〕不少學者乃從其他角度深入研究，批評柯氏之論。其中郝若貝和韓明士的研究便特別看重考生的母系親屬及婚姻關係與其家勢之發展。

根據郝若貝的研究，宋代朝廷常由數十個大家族所壟斷，他們世代相襲為官，並且相互通婚，以維持他們對政府及社會的控制，從而使其家勢得以綿延發展；〔註 51〕而韓明士則通過對江西撫州士人的研究，指出若將登第者的姻親及母戚計算在內，柯睿格之論便站不住腳，這些「新人」之權力及地位乃源於豪族及通婚。〔註 52〕換言之，他們二人均認為統治階層依靠家族本身的力量和透過彼此通婚來保持家勢，柯睿格所稱譽的科舉制度，實對宋代

〔註 50〕 Edward A. Kracke, Jr., *Civil Service in Early Sung China, 960-1067*, Cambridge, Mass. & London: Harvard University Press, 1953.

〔註 51〕 Robert M. Hartwell, "Demographic, Political and Social Transformations of China, 750-1550", *Harvard Journal of Asiatic Studies*, Vol.42, No.2, 1982, pp.354-442.

〔註 52〕 Robert P. Hymes, *Statesmen and Gentlemen: The Elite of Fu-Chou, Chiang-Hsi, in Northern and Southern Sung*, Cambridge: Cambridge University Press, 1986, pp.1-61.

的社會流動影響極微。而後來的研究亦都認爲必須對應舉者的家庭背景多加考察，〔註53〕對一個家族的盛衰亦須注意其姻戚關係，柏文莉（Beverly J. Bossler）便批評戴仁柱對明州史氏的研究忽略了史家之姻親。〔註54〕

我們在前面的討論顯示，婚姻在宋代成爲新興官僚和士族保持家勢不墮之一種重要手段，大族間往往藉著這種血緣紐帶互相扶持，故其政治意味極大，與郝若貝和韓明士二人所論頗有相合之處。事實上，士人或官僚與大族聯姻後便可攫取極大的利益，如「丁恂罷少府簿，經年不得差遣。一爲韓維女婿，即時擢爲將作監丞。」〔註55〕如果姻親官至宰執，則其遷陞更快更易；〔註56〕甚至成爲一方之大患。〔註57〕一個姻戚爲大官，其所得的恩澤已極大，倘一人同時有數個姻親居於顯要之位，則其勢力更可想見。元祐年間，「司馬朴文季，溫公之姪孫，外祖乃范宗宣，又娶張芸叟之女。」其受外家恩澤，「世謂對佛殺了無罪也。」〔註58〕同樣地，一些高門大族亦招贅年青有爲之士子

〔註53〕見伊佩霞（Ebrey）對戴仁柱（Richard L. Davis）、李弘祺（Thomas H. C. Lee）、荒木敏一（Umehara Kaoku）、韓明士及賈志揚（John W. Chaffee）數書之評論。Patricia B. Ebrey, "The Dynamics of Elite Domination in Sung China", *Harvard Journal of Asiatic Studies*, Vol.48, No.2, 1988, pp.493-519。

〔註54〕Beverly Bossler, "Book Review: Court and Family in Sung China", *Bulletin of Sung-Yuan Studies*, Vol.19, 1987, pp.74-89.

〔註55〕見《長編》，卷454，元祐6年正月丁卯，頁3；宋・蘇轍，《欒城集》，卷46，〈論冬溫無冰箚子〉，上海：上海古籍出版社，1987年，頁1015。

〔註56〕《青箱雜記》及《東軒筆錄》有這樣一段記載：「畢文簡（《筆錄》作向敏中）公之婿曰皇甫泌，少時不羈，唯事蒲博。時畢公作相，累諭不悛，欲面奏其事，使加貶斥，方啓口曰：『臣有女婿皇甫泌。』適值過庭有急報，不暇敷陳，他日又欲面奏，亦如之，若是者三，值上內逼，遽引袖起，遙語曰：『卿累言皇甫泌，得非欲轉官耶！可與轉一資。』畢公不敢辯，唯而退，泌即轉殿中丞，後累典大郡，以尚書右丞致仕，年八十五卒。」見宋・吳處厚，《青箱雜記》，卷8，北京，中華書局，1985年，頁84；及《東軒筆錄》，卷3，頁30。文中皇甫泌雖然因意外而獲轉官，非畢士安的原意，但亦可反映宰相可向皇帝奏獎姻親女婿。《青箱雜記》卷2又有另一段記載：「世傳陳執中作相，有婿求差遣，執中曰：『官職是國家的，非臥房籠篋中物，婿安得有之？』竟不與。故仁宗朝諫官累言執中不學無術，非宰相器，而仁宗注意愈堅。其後，諫官面論其非，曰：『陛下所以眷執中不替者，得非以執中嘗於先朝乞立陛下爲太子耶？且先帝止二子，而周王已薨，立嗣非陛下而誰？執中有何足眷？』仁宗曰：『非爲是，但執中不欺朕耳。』」頁16。從陳執中不擢婿之例，正可反映一般爲宰執者均提攜姻戚子弟，否則仁宗爲何因此特重執中？蓋其爲罕有之例外者也。

〔註57〕《東軒筆錄》，卷12載：「張侍問爲淄州長山縣主簿，縣有盧伯達者，與曹侍中利用通姻，復憑世蔭，大爲一邑之患。縣令累憚其勢，莫敢與之較。」頁139。

〔註58〕《雞肋編》，卷中，頁73。

或官僚為婿，藉著自己的地位扶助其事業宦途，待其有成後又倒過來幫助姻族的發展，姻親數家之間形成一個休戚相關的集團，佔據著朝中要地，循環地利用締婚維持彼此的家勢不墮，當時最有名的例子便是韓維家族的姻親集團，蘇轍便曾彈劾韓氏說：

> 臣竊見本朝勢家莫如韓氏之盛，子弟姻婭，布滿中外，朝之要官，多其親黨者。昔韓維為門下侍郎，專欲進用諸子及其姻家，陛下覺其專恣，即加斥逐。其後宰相范純仁秉政，亦專附益韓氏，由此阿私之聲連於聖聽。今純仁罷去未幾，而傅堯俞任中書侍郎，堯俞與韓縝通婚，而素與純仁親厚，遂擢其弟純禮自外任權刑部侍郎。曾未數月，便擢補給事中。……其他韓氏親戚，度越眾人與優便差遣者，蓋未易一二數也，是以外議紛然，復言謝景溫、杜純、杜紘，皆韓氏姻家，堯俞、純禮竊相擬議，欲相繼進此三人。〔註59〕

而著名的權臣蔡京，亦「假借姻婭布滿要途」，以維持其勢。〔註60〕高門大族、官僚、士子間的交錯姻親關係，往往更綿延數代，成為當時觸目的盛事，如王珪（1019～1085）家族四世凡十牓登科，而其父王準子四房，孫婿九人，余中（1073年狀元）、馬玿、李格非（1076年進士）、閭丘籲、鄭居中（1059～1123）、許光凝、張燾、高旦、鄧洵仁亦皆登第。鄭、鄧、許三人又相代為翰林學士，準之曾孫婿秦檜及孟忠厚同時拜相開府。〔註61〕這樣一個家族，實把科第與婚嫁兩種維持家勢之要訣運用得淋漓盡致。

　　一般大族均以締婚作為維持家勢的重要手段，身為宋代兩大相業家族之一的河南呂氏，其「婚姻多大家名冑」，〔註62〕是否同樣利用婚姻關係來維持甚至發展其家勢呢？呂氏家族之姻親關係與其家勢之維持，究竟有多大的關係呢？

　　首先從締婚的對象及其動機來看，呂氏家族似乎是有利用姻親關係來保持家勢不墮之目的。「呂氏家族姻親表」顯示有過半數的姻戚曾登第，而其全部姻親又曾為官；呂氏家族又利用世代通婚、二女同嫁一夫及三角姻親關係

〔註59〕《長編》，卷453，元祐5年12月冬壬子，頁10868；《欒城集》，〈拾遺〉，〈論韓氏族戚因緣僥冒箚子〉，頁1747。

〔註60〕宋・徐夢莘，《三朝北盟會編》（以下簡稱《會編》），卷50，靖康元年7月21日乙酉條引《秀水閒居錄》言，上海：上海古籍出版社，1987年，頁2。

〔註61〕《雞肋編》，卷中，頁76～77。

〔註62〕宋・陸游，《陸放翁全集・渭南文集》，卷36，〈呂從事夫人方氏墓誌銘〉，北京：中國書店，1986年，頁221。

與各大族扣緊聯繫，單用巧合來解釋這些情況是不足的。《石林燕語》有一段記載說：

> 王沂公（曾）初就殿試時，固已有盛名。李文靖公沆爲相，適求婿，語其夫人曰：「吾得婿矣。」乃舉公姓名曰：「此人今次不第，後亦當爲公輔。」是時呂文穆公家亦求姻於沂公。公聞文靖言，曰：「李公知我。」遂從李氏，唱名果爲第一。〔註63〕

這是有關呂氏家族擇婿情況之唯一記載，而從李沆招贅王曾爲婿之目的——後亦當爲公輔，再加上當時呂蒙正以宰相之尊而求親於王氏，蒙正又早賞識王曾之才，〔註64〕可反映呂氏與當時其他大族一樣，挑選年青有爲之士爲婿，以便翁婿之族間得以互相扶持提攜，保持家勢。呂氏擇婿之史料雖然不多，但我們又可從其姻親選擇呂氏爲婿之動機來窺見證明前說。呂夷簡年少時，其父蒙亨爲福州縣官，當時馬亮爲兩浙轉運使，一見夷簡而奇之，遂許以女嫁之。馬亮妻劉氏怒責他說：「嫁女當與縣令兒耶？」「君嘗謂此女爲國夫人，何爲與選人子？」馬亮回答說：「非爾所知也。」「此所以爲國夫人也。」〔註65〕馬亮另一女嫁宰相呂蒙正之子呂居簡，〔註66〕而夷簡則蒙正之姪，其人「詞藻宏茂」，〔註67〕馬亮一閱，「知其必貴，遂以女妻之。」〔註68〕同樣地，王旦因爲賞識呂夷簡奏請不稅農器等數事，囑王曾善交之，〔註69〕後來王旦家族便與呂氏締結前面所述的多層婚姻關係。很明顯，馬亮及王旦選擇呂氏爲其姻親，實以呂氏之家勢背景及才能爲考慮要素，我們在第二章討論

〔註63〕宋・葉夢得，《石林燕語》，卷9，北京：中華書局，1984年，頁139。

〔註64〕宋・文瑩，《湘山野錄》，卷上：「予嘗愛王沂公曾布衣時，以所業贄呂文穆公蒙正，卷有早梅句云：『雪中未問和羹事，且向百花頭上開。』文穆曰：『此生次第已安排作狀元宰相矣。』後皆盡然。」北京：中華書局，1984年，頁9。

〔註65〕見《長編》，卷110，天聖9年8月丁丑，頁2565；元・脫脫等，《宋史》，卷298，〈馬亮傳〉，北京：中華書局，1977年，頁9917；《類苑》，卷49，〈占相醫藥・貴人識貴人〉，頁641；丁傳靖，《宋人軼事彙編》，卷6引《孫公談圃》，頁266；宋・呂本中，《呂氏雜記》，卷下，《四庫全書珍本別輯》，臺北：商務印書館，1975年，頁5。

〔註66〕《琬琰集》，中卷1，〈馬忠肅公亮墓誌銘〉，頁12。

〔註67〕《琬琰集》，中卷1，〈馬忠肅公亮墓誌銘〉，頁11。

〔註68〕《東軒筆錄》，卷3，頁28。

〔註69〕《長編》，卷152，慶曆4年9月戊辰，頁3698～3699；《隆平集》，卷5，〈宰臣〉，頁6；宋・王稱，《東都事略》，卷52，〈呂夷簡傳〉，臺北：文海出版社，1967年，頁3；宋・章定，《名賢氏族言行類稿》（以下簡稱《言行類稿》），卷36，《四庫全書珍本初集》，上海：商務印書館，1934年，頁15。

王旦、馬亮與呂夷簡之關係，更可證此；相對地呂氏擇婿嫁女時亦應同樣重視對方之家勢及才能，加上呂蒙正求姻於王曾，呂氏家族的姻親又多名族貴冑；而王曾雖沒有答允呂蒙正之親事，但呂、王二家最後亦聯了姻，呂好問娶了王曾弟王于融之曾孫女。〔註70〕故呂氏以締姻作爲聯結各大族互相扶持、保持家勢不墮之手段這一點論，應可成立。

呂氏家族選擇姻親時既然有保持家勢不墮之目的，則必愼於擇婿，事實上呂氏對族人的婚姻安排亦非常成功，除半數姻戚曾登第及全部人均曾做官外，呂氏姻戚中更不乏宋代知名的賢相名臣。家傳戶曉的如趙安仁（958～1018）、丁度（990～1053）、王旦、錢惟演、張士遜、魯宗道、韓億、韓琦、蘇頌、程琳、宋敏求、王安石、陳康伯（1097～1165）、曾幾、韓元吉等人，他們或爲宰執、或爲參政，有充份的實力與姻家呂氏互相扶持，其中更有與呂氏同時參拜大政者，如宋眞宗大中祥符元年（1008）呂蒙正進封徐國公、其女婿趙安仁時參知政事，亦進官一等；〔註71〕乾興元年（1022）呂夷簡爲給事中，魯宗道爲諫議大夫，姻親二人並爲參知政事；〔註72〕仁宗天聖元年（1023），樞密副使張士遜、參知政事呂夷簡、魯宗道三姻家同定茶、鹽、礬稅法，〔註73〕三年十二月，張士遜加左丞，呂夷簡加禮部侍郎，魯宗道加給事中；〔註74〕六年，張士遜爲禮部尙書、平章事，呂夷簡加戶部侍郎，魯宗道加禮部侍郎；〔註75〕神宗熙寧二年（1069）呂公著知制誥，其姻親蘇頌與判流內銓；〔註76〕三年公著仍知制誥，蘇頌直集賢院；〔註77〕而王安石與呂嘉問共主新法，更是人所共知之事。呂氏與姻戚同時爲朝中宰執、參政和重要大臣，對維持保護彼此的家勢及地位，極之有利。到了建炎初年，呂好問爲右丞，而呂氏姻族郭逵之孫郭仲荀（？～1145）則爲侍衛親軍馬軍副都指揮使，〔註78〕一文一武，其勢更可想見。

〔註70〕 《童蒙訓》，卷下，頁18。
〔註71〕 《長編》，卷70，大中祥符元年12月癸卯，頁1581。
〔註72〕 《長編》，卷99，乾興元年7月辛未，頁2291；《類苑》，卷12，〈名臣事跡・王文正〉，頁140；《東都事略》，卷5，〈本紀〉，頁2。
〔註73〕 《長編》，卷100，天聖元年正月丁亥，頁2314。
〔註74〕 《長編》，卷103，天聖3年12月甲寅，頁2394。
〔註75〕 《長編》，卷106，天聖6年3月壬子，頁2468。
〔註76〕 清・徐松輯，《宋會要輯稿》，〈選舉〉24之12，北京：中華書局，1987年，頁4625。
〔註77〕 《宋會要輯稿》，〈選舉〉1之12，頁4236。
〔註78〕 宋・李心傳，《建炎以來繫年要錄》（以下簡稱《繫年要錄》），卷1，建炎元年丁未春正月辛丑，北京：中華書局，1988年，頁27。

　　呂氏與姻族同為朝中要員，自會互相扶持或持同樣政見，而一般人亦很自然會有這種想法。例如熙寧年間青苗法行，爭議蠭起，「諫官孫覺見上論青苗事，且言條例司駁韓琦疏鏤板行下，非陛下所以待動舊大臣意。賴韓琦樸忠，固無他慮；設當唐末、五代藩鎮強盛時，豈不為國事乎？」後二日呂公著亦極論青苗事，後來神宗乃誤記呂公著有誣韓琦「欲興晉陽之甲」而欲貶之。〔註79〕當時司馬光為呂公著辨誣，即云：「公著兄女嫁琦子者二人，公著必不肯誣琦。」〔註80〕而當王安石令宋敏求草制貶斥呂公著，敏求即不從其言，〔註81〕此固為公著事涉冤枉，而宋敏求不肯屈之，但宋敏求女實嫁公著子呂希純，〔註82〕這未似不與姻親間互相扶持有關。的確，呂氏與姻親之間實曾互相扶掖，使彼此之家勢得以發展，如馬亮雖「有智略，敏於政事，然所至無廉稱。」但當馬、呂二家連姻後，呂夷簡為相，乃謚亮曰忠肅，雖然「人不以為是也」，〔註83〕但馬亮仍得此隆譽。此外，夷簡另一姻親錢易（968～1026）子錢明逸（1015～1071）「為夷簡所知，擢右正言。首劾范仲淹、富弼。」〔註84〕姻戚二家共同針對敵人，正可反映互相扶持之休戚關係。至於互相奏薦，更是常見之事，范祖禹（1041～1098）便曾薦妻舅呂希哲為侍講，〔註85〕又薦呂公著外甥楊國寶為館職；〔註86〕而曾仲躬則為外甥呂祖謙求得宮祠。〔註87〕

　　呂氏姻親均為名胄巨室，且又互相援引，於是其婚姻集團各子弟乃佈滿朝廷內外，如呂蒙正為宋初名相，雖被譽稱「未嘗以姻戚徼寵澤」，〔註88〕然

〔註79〕《長編》，卷234，熙寧5年6月辛未，頁5684；宋・韓琦，《韓魏公集》，卷18，〈家傳〉，《叢書集成初編》，上海：商務印書館，1936年，頁253。

〔註80〕《長編》，卷210，熙寧3年4月戊辰，頁5099。

〔註81〕《長編》，卷210，熙寧3年4月壬午，頁5105；《東都事略》，卷57，〈宋敏求傳〉，頁3。

〔註82〕宋・蘇頌，《蘇魏公文集》，卷51，〈龍圖閣直學士修國史宋公神道碑〉，北京：中華書局，1988年，頁771～777。

〔註83〕《長編》，卷110，天聖9年8月丁丑，頁2565；《宋史》，卷298，〈馬亮傳〉，頁9917。

〔註84〕《宋史》，卷317，〈錢惟演傳〉，頁10346。

〔註85〕《長編》，卷472，元祐7年4月己卯，頁11276；卷474，元祐7年6月戊辰，頁11307；宋・朱熹，《三朝名臣言行錄》，卷13，〈內翰范公祖禹〉，《四部叢刊初編》，臺北：商務印書館，1967年，頁315。

〔註86〕宋・朱熹，《伊洛淵源錄》，卷7，《叢書集成初編》，上海：商務印書館，1936年，頁70。

〔註87〕《呂東萊文集》，卷5，〈與陳同甫書〉，頁115。

〔註88〕宋・文瑩，《玉壺清話》，卷3，北京：中華書局，1984年，頁24；《類苑》，卷

其後也因擢用妻族宋沆受牽連而罷相。〔註89〕而呂夷簡與王旦先後入政府，結果「內外姻族之盛，冠於當時」。〔註90〕到了呂公著秉政時，呂氏借薦賢為名，大量引用姻親，「雖是姻戚，隱而不言，外託用才之名，中為立黨之實。」〔註91〕而呂公著的外甥楊國寶與歐陽棐（1047～1113）、程頤、畢仲游（1070年進士）及孫朴交結執政范純仁及呂公著的子弟，恭頂密論。劉安世批評他們在薦紳之間，號為「五鬼」，人所共疾，為清議所不齒。〔註92〕惟因當時朝中除布滿呂氏姻屬外，「台諫官多出公著之門」，故「終無一語，敢及此事」。〔註93〕雖然這些評論或涉及政敵之惡意批評，但當時呂氏之勢，的確與前述的勢家韓氏無多大分別，劉安世便曾詳論之：

> 而廟堂之上，猶習故態，子弟親戚，布滿要津，此最當今之大患也。……司空呂公著之子希勣（績），今年知潁州，纔及成資，召還為少府少監；希純，去年自太常博士又遷宗正寺丞。女婿范祖禹，與其婦翁共事於實錄院，前此蓋未嘗有；而次婿邵鱥為開封推官，公著纔罷僕射，即擢為都官郎中。外甥楊國寶，自初改官知縣，又堂除太常博士，未幾又擢為成都路轉運判官；楊瓌寶，亦自常調堂差，知咸平縣。妻弟魯君貺，今年自外任擢為都水監丞；姻家張次元，堂除知洺州；胡宗炎，擢為將作少監；馬傳慶，自冗官得大理寺主簿。其間雖或假近臣論薦之名，皆公著任宰相日拔擢除授也。宮教之職，舊係吏部依法選差，近方收為堂除，而公著首用其孫婿趙演。……臣方欲發奏，又聞除知真州錢喚為福建路提點刑獄，亦是呂公著姻家，其勢如此不已，臣故不敢不亟論也。……奉議郎程公孫，堂差監在京都商稅院；葛繁，軍器監主簿。臣聞二人者，與執政皆是姻家，眾論益喧，無不憤歎，以謂孤寒之士，待次

8，〈名臣事跡‧呂文穆〉，頁89；宋‧朱熹，《五朝名臣言行錄》，卷1之6，〈丞相許國呂文穆公〉，《四部叢刊初編》，臺北：商務印書館，1967年，頁23。

〔註89〕《長編》，卷32，淳化2年9月丁丑，頁720。

〔註90〕《蘇舜欽集》，卷15，〈兩浙路轉運使司封郎中王公墓表〉，頁228。

〔註91〕宋‧劉安世，《盡言集》，卷3，〈論胡宗愈除右丞不當〉第12，《叢書集成初編》，上海：商務印書館，1936年，頁43；《長編》，卷417，元祐3年11月戊辰，頁10134。

〔註92〕《長編》，卷411，元祐3年5月丁巳，頁9997～9998；《盡言集》，卷1，〈論歐陽棐差除不當〉，頁9。

〔註93〕《盡言集》，卷3，〈論胡宗愈除右丞不當〉第12，頁43；《長編》，卷417，元祐3年11月戊辰，頁10134。

選部，動踰歲月，不得差遣，及有注授，二年遠闕。今公孫輩，本
係常調，止緣執政姻戚，而京師優便之職，無名輕授，墮棄紀綱，
滋長僥倖……臣聞程公孫，乃呂公著男希純之妻兄，葛繁係范純仁
之同門婿，而執政徇私牽意，無所顧憚，如此之甚，竊慮陛下體貌
大臣，重傷其意，欲乞去此貼黃，付外施行。〔註94〕

劉安世，從學於司馬光，其忠孝正直，皆則像司馬光；〔註95〕加上他是由呂
公著薦於宣仁后而除右正言的，〔註96〕呂公著實對安世有知遇之恩，故其對
呂氏姻族橫行之奏劾是可信的。此外，劉安世又曾先後上章十二道，論胡宗
愈（1029～1094）除右丞不當，並說「胡宗愈係呂公著之姻家」、「宗愈之姪
女，適呂公著之親孫」、「昨除御史中丞，乃是公著秉政之日，匿宰相之私親，
廢祖宗之舊制」，〔註97〕故「公著、宗愈均是欺君，宜正典刑，以示中外。」
〔註98〕劉安世身為台諫，多次交章請罷黜胡宗愈，且謂：

臣孤立小官，蒙陛下誤有拔擢，實在諫垣，苟緘默不言，足以
全身保祿，而今日之論，遍及柄臣，既犯眾怒，決非自安之計。但
臣不敢曠職上負陛下，亦非敢掯摭大臣私事，以為捭闔之說，蓋得
於眾論所共不平者。〔註99〕

而最後上奏至第十二章，宗愈才被罷，但呂公著則全不受影響，由此可反映
當時呂氏與其姻族之勢盛。至於李德芻，更因為是「韓氏之甥，呂氏之婿」，
〔註100〕為當時兩大勢家之姻黨，故得以多所請謁。

元祐年間，呂公著官拜尚書右僕射兼中書侍郎，與司馬光共同輔政，光
疾革，以國事託之，公著獨當國三年，呂氏姻親遂遍布於朝，其家勢蒸蒸日
上。哲宗繼立後，新黨相繼復用，紹述神宗之政，呂希哲兄弟雖先後被貶，
但呂氏另一支族人呂嘉問則黨附新法，故呂氏家族並未完全失勢。當時呂嘉
問亦有透過其姻親關係鞏固自己的勢力，呂嘉問的兒子呂安中便娶了王雱之

〔註94〕《盡言集》，卷1，〈論差除多執政親戚〉，頁5～8；《長編》，卷413，元祐3
年8月辛丑，頁10045～10048。
〔註95〕《宋史》，卷345，〈劉安世傳〉，頁10952～10955。
〔註96〕《東都事略》，卷94，〈劉安世傳〉，頁3。
〔註97〕《盡言集》，卷3，〈論胡宗愈除右丞不當〉第8及第10，頁37～42。
〔註98〕《盡言集》，卷3，〈論胡宗愈除右丞不當〉第12，頁43。
〔註99〕《盡言集》，卷3，〈論胡宗愈除右丞不當〉第12，頁43；《長編》，卷417，
元祐3年8月辛丑，頁10047。
〔註100〕《長編》，卷271，熙寧8年12月丙申，頁6639。

女，〔註101〕因此當何琬和曾布究治呂嘉問頒布市易不法事時，王安石遂多次在神宗面前支持呂嘉問；〔註102〕而嘉問婿劉逵（1061～1110）、謇序辰則羽翼之，〔註103〕序辰又曾舉呂安中爲監茶場。〔註104〕南渡後，呂氏姻族之盛雖未及北宋，但呂氏姻親中陳康伯累拜下章事，封魯國公，配享孝宗廟廷；韓元吉則累官吏部尚書、龍圖閣學士，封潁川郡公；曾幾亦終權禮部侍郎，這對呂氏家勢之維持，不無一點幫助。

綜上所述，姻親關係對呂氏家勢之維持與發展，確曾起過很大的作用，然而單憑婚姻紐帶來保護家勢，是不太保險的。首先，北宋對士族豪強定下了諸多限制，其中「避親嫌」一制便限制了士族姻戚間之互相薦引，〔註105〕規定凡官員親戚或於職事有統攝或相干者，並迴避。〔註106〕執政者極刻意限制姻戚互薦，以抑權勢、進孤寒；〔註107〕兩府姻親迴避則成爲不成文之慣例。〔註108〕姻戚互避之例子多不勝舉，如王旦避妻父趙昌言；〔註109〕韓億避妻父王旦；〔註110〕龐藉避女婿宋庠；〔註111〕王安石避姻家吳充。〔註112〕呂氏家族亦受到此制的影響，使其與姻戚互引以膨脹家勢的做法受到限制。眞宗天禧二年（1019），呂蒙正婿趙安仁爲御史中丞，呂夷簡以親嫌，改起居舍人；

〔註101〕《長編》，卷500，元符元年7月甲子，頁11912～11913。

〔註102〕《長編》，卷293，元豐元年10月壬寅，頁7145～7146；卷251，熙寧7年3月乙丑，頁6140。

〔註103〕《宋史》，卷355，〈呂嘉問傳〉，頁11189。

〔註104〕《長編》，卷271，熙寧8年12月丙申，頁6639。

〔註105〕可參見陶晉生師，《北宋士族──家族·婚姻·生活》，頁132～134；又張邦煒，〈宋代避親籍制度述評〉，原載於《四川師範大學學報》，1986年第1期，現收於張邦煒，《宋代婚姻家族史論》，北京：人民出版社，2003年，頁360～375。

〔註106〕《宋會要輯稿》，〈職官〉62之38，頁3801。

〔註107〕如仁宗黜退使相王德用的甥婿，見《類苑》，卷4，〈祖宗聖訓·仁宗皇帝〉，頁35。而邵亢因其姓與宰相張士遜媳婦同姓，爲人誣爲與士遜姻親而黜於制科。見《長編》，卷122，寶元元年7月壬戌，頁2876。

〔註108〕《類苑》，卷28，〈官職儀制·兩府親戚迴避〉，頁358。

〔註109〕《琬琰集》，上卷2，〈王文正公旦全德元老之碑〉，頁14；《涑水記聞》，卷7，頁141。

〔註110〕《琬琰集》，下卷8，〈韓忠憲公億〉，頁9；《隆平集》，卷7，〈參知政事〉，頁6。

〔註111〕《涑水記聞》，卷10，頁186。

〔註112〕宋·王安石，《臨川先生文集》，卷42，〈乞免修實錄箚子〉，香港：中華書局，1971年，頁451。

〔註113〕神宗元豐八年（1085），呂希績爲少監，避姻族韓宗道（1027～1097）、韓宗古之嫌；〔註114〕范祖禹屢避其妻父呂公著嫌，辭不就官；〔註115〕而呂希哲經術履行雖可備勸講，范祖禹久欲薦之，但以妻兄故而避嫌不舉，〔註116〕呂希純亦以祖禹爲妹夫而辭著作郎；〔註117〕呂廣問則避姻家陳康伯嫌辭侍御史之職。〔註118〕此外，除了直接姻家需要迴避外，間接之姻親也不例外，如范祖禹爲呂公著婿，韓忠彥爲呂公弼婿，范、韓二人亦要避嫌。〔註119〕不過，由於呂氏族人及其姻戚多有賢相名臣，爲使國家能得資材，朝廷亦曾下詔准許呂氏不避姻家，如柴成務不避呂蒙正嫌、〔註120〕范祖禹不避右丞呂公著而爲台諫。〔註121〕但就一般情況而言，呂氏還是須與姻親迴避的，呂希純便曾因「以隱匿不回避張次元親故」，被貶知歸州。〔註122〕故姻親迴避之制實阻遏了呂氏與姻家勢力之發展。

姻親關係雖可振興彼此家勢，但另一方面亦可能會拖跨對方。在互相傾軋的政治鬥爭中，政敵的姻黨往往受到連累，這類例子在宋代極多；〔註123〕而姻親常因避嫌故而不敢爲對方辨誣。〔註124〕呂夷簡就曾利用此法，借政

〔註113〕《長編》，卷92，天禧2年5月壬戌，頁2115；《宋會要輯稿》，〈職官〉63之1，頁3813；《宋史》，卷311，〈呂夷簡傳〉，頁10206～10207。

〔註114〕《長編》，卷359，元豐8年8月丁丑，頁8584。

〔註115〕《長編》，卷360，元豐8年10月丁丑，頁8607；卷384，元祐元年8月辛卯，頁9368；卷410，元祐3年5月癸丑，頁9993；卷482，元祐8年3月癸卯，頁11473；《宋會要輯稿》，〈職官〉3之54，頁2424、及6之58，頁2525；《東都事略》，卷77，〈范祖禹傳〉，頁8；《三朝名臣言行錄》，卷13，〈內翰范公〉，頁310。

〔註116〕《長編》，卷472，元祐7年4月己卯，頁11276；《范太史集》，卷26，〈薦講讀官箚子〉，頁14～15。

〔註117〕《長編》，卷476，元祐7年8月丁巳，頁11340。

〔註118〕《繫年要錄》，卷199，紹興32年壬午4月戊子，頁3364；宋·韓元吉，《南澗甲乙稿》，卷20，〈左太中大夫充龍圖閣待制致仕贈左正奉大夫呂公墓誌銘〉，《叢書集成初編》，上海：商務印書館，1936年，頁395。

〔註119〕《范太史集》，卷5，〈乞避親狀〉，頁1。

〔註120〕《宋史》，卷3061，〈柴成務傳〉，頁10114。

〔註121〕《長編》，卷360，元豐8年10月丁丑，頁8606～8607。

〔註122〕《宋會要輯稿》，〈職官〉67之14，頁3894。

〔註123〕《琬琰集》，中卷11，〈張恭安公存墓誌銘〉，頁11，載張存受姻家牽連落學士職；卷27，〈王懿敏公素墓誌銘〉，頁9，記閻詢被貶責，王素亦以閻詢姻家故落公職；《宋元學案》，卷36，〈紫微學案〉，頁1248，則載方疇因與胡忠簡爲姻親，受太守宋若樸奏貶之。

〔註124〕如范純仁與韓維聯姻，維被小人誣陷貶竄，純仁以姻故無法救之，要由呂

敵李迪姻親范諷以陷迪，結果李迪乃坐范諷姻黨而罷政；〔註 125〕其黨王拱辰（拱辰後亦爲呂氏姻親）亦攻擊蘇舜欽（1008～1048）以連其妻父宰相杜衍。〔註 126〕然而，諷刺地呂氏家族本身便曾多次受到姻戚牽連之打擊：淳化二年（991），左正言宋沆上疏忤旨，沆是呂蒙正妻族，蒙正由是罷爲吏部尚書。〔註 127〕天聖中，「陳詁知祥符縣，治嚴急，吏欲動朝廷使罪詁，乃空一縣逃去，太后果怒。而詁妻，宰相夷簡妹也，執政以嫌不敢辨。」最後要由樞密副使陳堯佐爲陳詁（1008 年進士）伸冤。〔註 128〕呂公著爲姻親兼幕官程嗣先蹈法事受劾；〔註 129〕呂嘉問則受其婿曾誠納賄曾布（1036～1107）子曾紆（1073～1135）求館閣差遣事連累落職；〔註 130〕但當曾布治呂嘉問市易不法事時，其姻親蹇周輔、蹇序辰及曾誠也被貶責；〔註 131〕甚至當呂嘉問受鄒浩牽連落職時，其婿曾誠也一併受累罷官。〔註 132〕

　　最能反映呂氏家族與其姻親間互相連累的事件，是發生在神宗元豐年間的「陳世儒獄」（此案本身很可能是一件冤獄）。據說當時國子博士陳世儒妻李氏惡世儒庶母，乃與諸婢於家中共殺之。開封治獄，法吏謂李氏不明言使殺姑，法不至死，神宗懷疑府中寬貸獄事，遂命大理寺丞賈種民究治此案，結果牽連極廣。〔註 133〕案此獄株連甚廣的原因，是由於牽涉多個朝中大臣，而他們之間又有姻親關係，故爲人所疑。案中的主要人物陳世儒是故相陳執中（991～1059）的兒子，其妻李氏爲龍圖閣直學士李中師女，其母即爲呂夷

　　　　公著、呂大防等代之申辯。見《長編》，卷 403，元祐 2 年 7 月壬戌，頁 9808
　　　　～9811。
〔註 125〕《長編》，卷 116，景祐 2 年 2 月丁卯，頁 2721～2723；《宋會要輯稿》，〈職
　　　　官〉78 之 15～16，頁 4183；《隆平集》，卷 5，〈宰臣〉，頁 4。
〔註 126〕宋・陳師道，《後山談叢》，卷 6，上海：上海古籍出版社，1989 年，頁 64。
〔註 127〕《宋史》，卷 265，〈呂蒙正傳〉，頁 9147；《宋會要輯稿》，〈帝系〉2 之 4，頁
　　　　46；佚名，《宋大詔令集》，卷 65，〈呂蒙正罷相除吏部尚書制〉，北京：中華
　　　　書局，1962 年，頁 319。
〔註 128〕《長編》，卷 107，天聖 7 年 3 月戊寅，頁 2503；《隆平集》，卷 5，〈宰臣〉，
　　　　頁 12；《東都事略》，卷 44，〈陳堯佐傳〉，頁 20。
〔註 129〕《長編》，卷 236，熙寧 5 年閏 7 月丙辰，頁 5731～5732。
〔註 130〕《宋會要輯稿》，〈職官〉68 之 10，頁 3913。
〔註 131〕《長編》，卷 516，元符 2 年閏 9 月辛巳，頁 12276；《宋會要輯稿》，〈食貨〉
　　　　37 之 20～22，頁 5458～5459。
〔註 132〕《呂氏雜記》，卷下，頁 24。
〔註 133〕《邵氏聞見錄》，卷 6，頁 56；宋・蘇象先，《丞相魏公譚訓》，卷 5，〈前言・
　　　　政事〉，北京：中華書局，1988 年，頁 1151。

簡孫、〔註134〕呂公綽女、〔註135〕樞密使呂公著甥也；〔註136〕李中師的另一女兒又嫁呂公綽孫、即呂希道兒子呂之問，呂、李二氏兩姻家關係至密；〔註137〕而當時負責勘治的開封府尹是蘇頌，〔註138〕他的妹妹爲呂蒙正孫呂昌緒之妻，是以整件案件便牽涉到呂、陳、李、蘇幾個大臣及其家族，我們可用下圖來表示及窺見案中有關人物的關係：

陳世儒案涉案人物關係圖

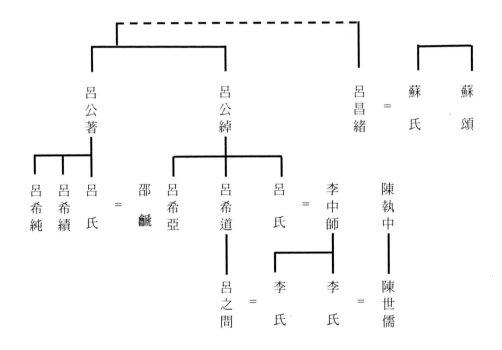

由於「李乃呂氏甥，親黨甚多」，〔註139〕加上蘇頌與呂公著親善，故人多疑心

〔註134〕《長編》，卷300，元豐2年9月丁丑，頁7301～7302。

〔註135〕據《琬琰集》，中卷15，〈呂諫議公綽墓誌銘〉，頁12；及宋·王珪，《華陽集》，卷38，〈翰林侍讀學士贈左諫議大夫呂公墓誌銘〉，《叢書集成初編》，上海：商務印書館，1936年，頁511載，呂公綽女嫁李中師，故此獄中之呂氏應爲公綽女。

〔註136〕《宋會要輯稿》，〈職官〉66之11，頁3873；宋·黎靖德，《朱子語類》，卷130，〈本朝〉4，〈自熙寧至靖康用人〉，北京：中華書局，1986年，頁3119。

〔註137〕宋·強至，《祠部集》，卷34，〈李中師行狀〉，《文淵閣四庫全書》，臺北：商務印書館，1986年，頁14。

〔註138〕《三朝名臣言行錄》，卷11之3，〈丞相蘇公〉，頁272。

〔註139〕《丞相魏公譚訓》，卷5，〈前言·政事〉，頁1151。

呂公著嘗請求蘇頌貸免其罪。〔註140〕事實上，當時呂氏子弟確曾爲此事奔走，李氏母親呂氏即曾求助於叔父呂公著，《長編》：

> 先是，（元豐）元年六月，開封府鞫陳世儒獄，（呂）公著時爲端明殿學士兼侍讀。世儒妻李將就逮，亟謂其母曰：「幸告端明公爲祝蘇尹，得即訊于家。」呂即夜至公著所，如女言。公著曰：「不可，比相州獄止坐請求耳，逮繫者數百人。況此，豈可干人耶？」呂涕泣而退。〔註141〕

而呂氏兄弟大理評事呂希亞亦嘗伺問，後坐報上不實。〔註142〕雖然呂公著並沒有干預此事，但因爲其姻族多人牽涉入案，故易爲政敵以姻戚互庇的口實攻擊，當時負責此獄的賈種民，就是爲蔡確（1037～1093）所用以此打擊呂氏，〔註143〕結果呂氏婚姻集團均爲所逼：

> 詔遷其獄于大理。大理丞賈種民因欲蔓其獄，間謂李曰：「亦嘗有屬于官司乎？」李即具對嘗請于（呂）公著，而公著不許。種民得之，乃更其獄牒，謂公著嘗許之，而公著子希績、希純皆與聞。遂逮李母呂。呂至，對如李辭。又逮公著從子希亞、世儒友婿晏靖而告于朝。……逮公著婿邵鹹及二婢。〔註144〕

而蘇頌亦不能自安，呂公著則避位待辨於家。最後，經李定（1028～1087）、舒亶（1041～1103）等多次上奏後，神宗才悟其誣，陳世儒及李氏伏罪，賈種民衝替。

陳世儒案了結後，呂公著及蘇頌等最終也逃過一劫，但此獄卻能見到姻親間互相拖累的情況。撇除本案自身可能是椿冤獄外，陳世儒案的罪犯本只陳世儒及妻子李氏二人而已，但因爲姻親關係之故，原不相關者如呂公著、呂希亞、呂希純、呂希績、蘇頌及邵鹹等相繼受嫌被累，雖然當時呂氏「親黨甚多」，遍布於朝；而公著自己又爲同知樞密院事，但呂氏婚姻集團仍受賈種民諸多鍛煉逼迫。由此可見，大族雖可利用姻親關係建立互相扶持的勢力集團，以保持及發展自身的家勢；但同樣地姻親關係亦會拖累彼此的發展，一

〔註140〕《丞相魏公譚訓》，卷5，〈前言‧政事〉，頁1151；《三朝名臣言行錄》，卷11之3，〈丞相蘇公〉，頁272。
〔註141〕《長編》，卷303，元豐3年4月丁酉，頁7376。
〔註142〕《長編》，卷302，元豐3年2月壬戌，頁7360；《宋會要輯稿》，〈職官〉，66之11，頁3873。
〔註143〕《邵氏聞見錄》，卷6，頁56。
〔註144〕《長編》，卷303，元豐3年4月丁酉，頁7376～7377。

人、一族的起落，往往影響到整個姻親集團的盛衰，陳世儒案正可反映這種枯榮與共的關係。是以在討論姻親關係與呂氏家勢的關係時，我們既要注意其正面的作用，但亦不可忽視其負面的影響。

（四）討　論

衣川強認為呂氏家族和各大族間互相連姻，從而維持彼此的政治和社會地位，實在是宋代官僚社會的「家格」；〔註 145〕而郝若貝在研究了千多個宋代家族後，指出每一個上升的實例都顯示出考試出身的人在科舉前已經與地方精英份子的士紳家族通了婚。〔註 146〕的確，從上面的討論中可以看到呂氏家族與其他大族締婚的客觀情況，及他們企圖利用此種關係互相支援的主觀願望，然而其效果則有正負兩面，未必十拿九穩。再者，在資料及觀念的分析方面，仍有一些問題值得強調姻親關係與家勢發展者去思考。

在史料方面，我們面對的第一個難題是資料的不足和不完整。「呂氏家族姻親表」所記載的呂氏姻族資料，只是全族婚姻狀況的一部份資料而已，故以之量化作為討論的支據是有問題的。另一方面，有關呂氏與其姻親締婚的確實時間不詳，我們無法知道他們當時的家勢如何。因此，我們只能知道締婚對兩家有利，但不能確定是否有一方曾藉姻家之勢而自寒微崛起，最後更反哺姻家，達到互相扶持之目的。舉例說，我們看見呂蒙正和趙安仁締婚，雙方又在朝中先後執政，故可憑一些實例和推理指出呂、趙二家借此互相幫助支持，卻不能確實知道哪一方靠姻家崛起，其他例子也有這個問題。倘若這個史料上的難題成立的話，則郝若貝之觀點便有可議之處，蓋郝若貝強調與精英份子的士紳家族通婚，才是士子上升的主要途徑，科舉是不重要的；但從呂氏家族的例子而言，我們只可見已崛起的大士族間的通婚互助，而無法證明郝氏之論。因此，就呂氏家族而論，姻親關係確是保持家勢的一種方法，卻非唯一的或最重要的途徑，因為呂氏與姻家在通婚前，雙方均已具有一定的家勢或潛在發展的力量（如一方已中第），他們只是將兩個有勢力的家族用婚姻紐帶連結起來，借彼此互助的休戚關係增加原來的地位和家勢而已，而這種原來的勢力則實源於族中有人中舉及當官入仕。

在討論呂氏締婚動機的時候，本文舉了很多例子證明呂氏欲借此建立互

〔註 145〕衣川強，〈宋代の名族──河南呂氏の場合〉，頁 100。
〔註 146〕Robert M. Hartwell, "Demographic, Political and Social Transformations of China, 750-1550", p.419.

助的姻親集團，但同時我們面對另一難題：不少史料顯示呂氏選擇姻親時亦有其他動機和原因。舉例說，王安石和呂嘉問交情極篤，[註147] 而安石一再強調他與嘉問親厚，並非因為他們是姻戚，乃是彼此政見相合故也。[註148] 很明顯，王、呂二人是因為雙方親密交往後，加上政見相同才撮合其後代的婚事，維護彼此的家勢在此應該是較為次要的原因。又如曾幾的兒孫輩與呂氏連姻，但曾幾早與呂本中、呂用中等相善；[註149] 呂祖謙更與潘景回兩世交好，其女兒才嫁潘景良為妻；[註150] 沈煥亦與呂祖謙、呂祖儉兄弟唱遊多年後，煥女然後嫁祖儉子呂喬年；[註151] 而呂祖謙與芮燁交好，但祖謙娶其女兒則在芮燁身歿之後，[註152] 這些例子均更可顯示，除了維持互保家勢外，士大夫間的友情交往和政見相合也是呂氏擇姻的動機和因素。提出呂氏家族通婚的對象有其他動機，並不排斥其有借婚姻關係保持家勢之目的，我只是要指出兩者在不充足的史料下，往往極難分辨。明招山新近出土韓元吉所撰其長女即呂祖謙第一任妻子的墓誌有很珍貴的記錄：

> 吾六世祖冀公（筆者案，即韓億）與黃州（即呂大器）六世祖文靖公（即呂夷簡）同事仁宗在政地；五世祖宮師（即韓維）與黃州五世祖正獻公（即呂公著）友善，又同輔元祐；黃州祖右丞公（即呂好問）及吾諸祖父為兄弟交，兩家族姓甲天下，契誼甚厚。吾從姑（即韓維弟韓縝孫韓璹的女兒）嫁右丞第四子秘閣（即呂用中）。吾女幼時，姑見而愛之，謂宜歸呂氏，而祖謙行適等，故以歸焉。

[註147] 王安石與呂嘉問感情之篤好，可從安石贈嘉問的一系列詩中窺看，見《臨川先生文集》，卷1，〈古詩〉〈與呂望之上東嶺〉、〈與望之至八功德水〉、〈要望之過我廬〉、〈聞望之解舟〉，頁86～87；卷17，〈律詩〉〈招呂望之使君〉，頁229。

[註148] 《長編》，卷262，熙寧8年4月甲申，頁6407。

[註149] 宋・曾幾，《茶山集》，卷4，〈五言律詩〉〈挽呂悼智用中直閣〉3，《叢書集成初編》，上海：商務印書館，1936年，頁45；〈拾遺〉，〈東萊先生詩集後序〉，頁104～105；《陸放翁全集・渭南文集》，卷31，〈跋呂伯恭書後〉，頁191。

[註150] 元・吳師道，《敬鄉錄》，卷13，〈鄭氏館中書事〉，《四庫全書珍本十一集》，臺北：商務印書館，1981年，頁9～10。

[註151] 宋・沈煥，《定川遺書》，附錄卷2，〈通判舒州沈君煥墓碣〉，《四部叢書》，臺北：國防研究院，1966年，頁17；卷3，〈延祐四明志本傳〉，頁5；同卷，〈鄞縣志本傳〉，頁9；卷4，〈定川行彙考〉，頁13及17。

[註152] 《呂東萊文集》，卷2，〈通芮氏定婚啟〉，頁39～40；宋・呂祖謙，《東萊集》，附錄〈年譜〉，卷1，《四庫全書珍本十一集》，臺北：商務印書館，1981年，頁11。

〔註153〕

這裡提到韓元吉把女兒嫁給呂祖謙的原因很複雜：兩家祖先多代同殿爲臣、共襄國政（「在政地」、「同輔元祐」），且爲友好（「友善」、「爲兄弟交」、「契誼甚厚」）；韓呂二族同爲當世大族、門當戶對（「兩家族姓甲天下」），累代聯姻（「從姑嫁右丞第四子祕閣」），使兩個家族容易認識對方，結成婚姻（「吾女幼時，姑見而愛之，謂宜歸呂氏」）；最後再加上對象條件合適（「而祖謙行適等，故以歸焉」）。由此可見，韓元吉與呂祖謙的聯姻關係，不能簡化成某一個動機或原因；但像郝若貝和韓明士師徒等，當其接觸呂氏家族與其他大族締婚聯姻的資料時，便會認定其目的是要互相聯盟互保，忽視上述其他的因素。這樣，保持地位原來只是呂氏或其他大族互相通婚的其中一個原因，在郝氏等人之論下，便完全成爲宋代大族互相通婚的最主要原因，甚至是唯一的原因。婚姻在這個角度而言，便完全成爲一種維持士族政治和社會地位的戰略，對呂氏與其姻親早已交篤的史料完全忽視。

陶晉生師指出呂氏家族的婚姻紐帶遍及於若干個家族，甚至敵對政治因素之間，則唯一的解釋是有意識或無意識的維護整個士族的政治和社會地位的考慮，〔註154〕他所指出的客觀現象和郝若貝等吻合，但郝氏只強調姻戚互保的動機，即陶師所說的「有意識」，然陶師更提出了「無意識」的情形，可惜他並無解釋當中的意義。而我以爲此一「無意識」的動機，與我在上面所講的其他因素等同，最後我將其歸於文化方面的因素。

伊佩霞在研究《袁氏世範》時，強調階級的社會性，認爲具有相同行爲模式的人乃可視作屬於同一個社會階級，是以她認爲士大夫只是一種文化現象，必須從他們的起居習慣、談吐行爲來認識他們。〔註155〕伊佩霞的定義和研究是從人類學的觀點出發，筆著無意給「文化」、「士大夫文化」、「士族文化」等詞下定義，但若果根據伊佩霞之論，則士大夫或士族階級擁有同一相同行爲模式的文化現象，而其日常行爲就是其表徵。假如我們同意她的論點，則婚姻亦應是其行爲表徵之一，蓋士大夫間和大族間的交往，使他們具有相同的日常行爲的文化現象，所以當他們欲爲後代覓擇婚姻對象時，很自然便

〔註153〕〈呂祖謙妻前韓氏墓誌〉，見鄭嘉勵，〈明招山出土的南宋呂祖謙家族墓誌〉，頁204。

〔註154〕陶晉生，〈北宋士族的婚姻關係〉，「中國近世社會的構成研究計劃報告之一」（手稿），未刊，頁24。本文承陶晉生師賜閱，謹此致謝。

〔註155〕Patricia B. Ebrey, *Family and Property in Sung China: Yuan Ts'ai's Precepts for Social Life*, Princeton: Princeton University Press, 1984, pp.3-29.

會選擇日常與之交往而具同一文化現象的同一社會階級，於是便會出現大族
均與大族聯姻的客觀現象。所以，我認為「竹門對竹門、木門對木門」這類
說法，除了政治社會的意義外，應該是有文化上的意義，蓋在同一階級文化
內的人是會互相通婚的。如果此論不錯，則郝若貝等乃將士族間的通婚完全
歸於保持實際政治和社會地位的考慮，忽視了文化上的因素。

柏文莉後來對宋代婺州士族的婚姻關係研究中，修正了韓明士的論點，
她指出女性族人似乎特別喜歡與其娘家持續地聯姻，箇中原因是兒媳如果同
時又是侄女或外甥女的話，那比陌生人更可取；同樣地，比起讓自己心愛的
女兒嫁入一戶她無從溝通的陌生人家當媳婦，士族婦女也更願意看到女兒成
為值得信賴的兄弟家中的兒媳。〔註156〕前引韓元吉女兒墓誌銘提到其自少已
被從姑（呂用中妻）青睞「謂宜歸呂氏」、後來終嫁入呂家為呂祖謙妻子的例
子，證明了柏文莉這個說法，也顯示呂氏家族等士族締婚之目的，不完全都
是政治和社會上的考慮。再者，前面提及呂公弼長女臨死時對韓忠彥說：「我
有幼妹在家，君若全舊恩以續之，必能卹我子矣……。」這種為照顧孤雛的
意願，可能更是實際，但郝若貝及韓明士似乎無視這類記載。

這裡可再舉一個問題來討論，郝若貝及韓明士認為北宋的大家族均在中
央互相通婚，壟斷朝政，而在中葉以後以迄南宋，南方新興地主崛起，於是
二者互為締婚，大族聯姻的現象由集中於中央轉為分散於地方。〔註157〕從「呂
氏家族姻親表」所載姻戚的籍貫分佈來看，北宋時以河南河北省者居多，南
渡後則浙江、江蘇者比例漸重，似乎頗合郝氏等論。然而，正如趙翼所說，「宋
時士大夫多不歸本籍」，〔註158〕「宋南渡世家多從行」，〔註159〕由於大族均跟
從政府及首都由開封南遷至杭州，而他們通婚的對象又以同一文化的大族為
主，則其姻戚籍貫分佈地有分散於江浙一帶是合理的現象。況且，新史料的
發現，讓我們知道呂氏家族在南宋的姻親中，其實並不限於南方的新興地主，
情況並非如韓明士所謂的由集中於中央轉為南方。除了前引韓億家族後人與

〔註156〕 Beverly J. Bossler, *Powerful Relations: Kinship, Status, and the State in Sung China（960-1279）*, pp.163-164.

〔註157〕 Robert M. Hartwell, "Demographic, Political and Social Transformations of China, 750-1550", pp.405-416; Robert P. Hymes, *Statesmen an Gentlemen: The Elite of Fu-Chou, Chiang-Hsi, in Northern and Southern Sung*, pp.48-53, 82-105.

〔註158〕 清・趙翼，《陔餘叢考》，卷18，〈宋時士大夫多不歸本籍〉，上海：商務印書館，1957年，頁345。

〔註159〕 《陔餘叢考》，卷18，〈宋南渡世家多從行〉，頁345～346。

呂用中、韓元吉與呂祖謙的姻戚關係外，明招山新近出土呂弸中第二任妻子文氏的壙誌顯示，她是文彥博的曾孫女，〔註160〕而呂大倫繼室程氏壙誌則記錄她是程頤的曾孫女，〔註161〕其時呂氏家族在政治上的影響力已日漸衰落，締婚的政治效益應該減低，但文氏和程氏這類北宋官僚舊族，仍與韓氏家族一樣與呂家聯姻，我相信官僚家族和士大夫階級的文化社會屬性，應該是其中的重要原因。柏文莉也敏銳地發現呂氏家族這個特殊例子，她在研究婺州的情況後指出，呂氏家族的婚姻網絡主要涉及與婺州以外的人，體現了北宋政治高官間的持續聯姻。大約到了十三世紀，呂氏家族雖然居於婺州，卻顯然仍更願意在婺州以外物色姻親，並且將這種姻親網持續下去。〔註162〕當然，這仍不排除他們有士族聯姻互保的動機，〔註163〕但郝若貝和韓明士等完全將此現象歸於中央大家族和地方新興家族互相通婚、壟斷政治的後果現象，是有以偏蓋全之病。

　　另一個觀念上的問題是姻親關係與家勢維持是否有必然關係。郝若貝及韓明士的研究都努力去證明大家族間及士子互相通婚藉以提升及保持勢力，科舉的作用並不大。他們這個論點其實已經有一前提，即姻親關係與大

〔註160〕〈呂弸中妻文氏壙誌〉，見鄭嘉勵，〈明招山出土的南宋呂祖謙家族墓誌〉，頁191。

〔註161〕〈呂大倫繼室程氏壙誌〉，見鄭嘉勵，〈明招山出土的南宋呂祖謙家族墓誌〉，頁201。

〔註162〕Beverly J. Bossler, *Powerful Relations: Kinship, Status, and the State in Sung China (960-1279)*, pp.165-169。柏文莉在本書頁174～175又指出，呂家這個例子顯示，南宋末年異地婚姻出現在道學領域，而非官場揚名之人。不過，我認為這種說法仍須多作探討，畢竟婺州史料本身的保存，多為道學者之作品，影響了對客觀情況的了解。正如柳立言評論柏文莉討論道學與傳世南宋宰相的墓誌關係時指出，如果陳亮的文集失傳，那麼 164 篇婺州人的墓誌便立即不見了41 篇，柏文莉的說法就站不住腳。見柳立言，〈書評：Beverly J. Bossler, *Powerful Relations: Kinship, Status, and the State in Sung China (960-1279)*〉，《臺大歷史學報》，第 24 期，1999 年 12 月，頁 434～435。況且，士族間因為道學這類思想學術圈的交往而締婚，也是我說的文化因素。

〔註163〕其實，這種互保的動機同樣也可以是文化上的，例如姻親彼此都出身士族官僚，媳婦的女教質素就有保證，對維繫家族的生存至關重要，不少記錄就強調呂氏家族的婦女（媳婦或外嫁女）在這方面的賢慧。很明顯，郝若貝和韓明士就沒有考慮到這點。關於呂氏家族婦女在這方面的情況，參考王章偉，〈從幾個墓誌銘看宋代河南呂氏家族中的婦女〉，載於楊炎廷編，《宋史論文集──羅球慶老師榮休紀念專輯》，香港：中國史研究會，1994 年，頁 132～143，又見本書後文最近的修訂研究。

族家勢的維持有必然的關係，故此倘能證明他們之間有婚姻網絡存在，其論便可成立。然而，雖然有大量史料顯示姻親集團確有互相援引的現象，但也有不少史料記載姻親不和交惡的例子，知名的如富弼指斥其妻父晏殊「黨呂夷簡以欺陛下」；〔註164〕歐陽修支持范仲淹變法，其妻父胥偃則「數糾仲淹立異不循法」，修由是「與偃有隙」；〔註165〕歐陽修與王拱辰雖同爲薛奎婿，但王拱辰主呂夷簡，歐陽修則主范仲淹，歐陽修心實少之，故友婿間勢成水火。〔註166〕這些情況可見在政治上，姻親關係不能保證彼此互助，故家勢的維持和姻親關係並無必然的關係，以呂氏家族而言，蘇頌與呂公著既爲姻親，又相得於場屋，〔註167〕但他們便曾對侍講賜坐事各持己見；〔註168〕而韓琦及呂氏二姻族的後人更互相攻伐，最後韓侂胄貶斥呂祖儉、呂祖泰兄弟，對呂氏家族的發展造成極大的打擊。〔註169〕

　　強調姻親與家勢關係者，多從士族間錯落交替的婚姻網絡中指出其借血緣姻親紐帶互助的情況，而事實上我們確可由此發現不少互相援引的姻親集團，但由於姻親與家勢維持並無必然的關係，故我們必須按個別例子討論，不能以偏蓋全。也就是說，我們不能一看見大族間有互相連姻的情況，便認定他們借此互保，甚至斷言這是維持其勢的最重要方法，否則便會將姻親集團中一些利益關係無限擴大，所得的結論亦極爲危險。舉例說，甲、乙、丙、丁四族互相通婚如下圖所示：

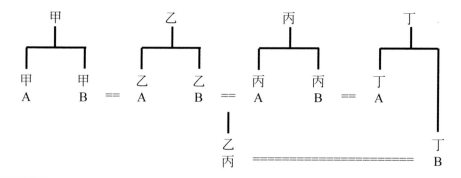

〔註164〕《邵氏聞見錄》，卷9，頁90。

〔註165〕《長編》，卷118，景祐3年正月己酉，頁2775。

〔註166〕《邵氏聞見錄》，卷8，頁80～81。

〔註167〕《蘇魏公文集》，附錄〈年表〉，頁1228。

〔註168〕《蘇魏公文集》，卷16，〈駁坐講義〉，頁218。

〔註169〕《宋史》，卷455，〈呂祖儉、呂祖泰傳〉，頁13369～13372；宋・葉紹翁，《四朝聞見錄》，丁集，〈慶元黨禁〉，北京：中華書局，1989年，頁141～142。

這四族之間的姻親關係，與我們前面所說宋代士族的情況非常相似，他們當中可能有數組的婚姻是基於互助動機而締合的，但也可能包含其他原因，故當我們指出其家勢起伏與姻親互助的關係時，必須考察每個組合，否則便會忽視其他結合的情形，而將個別的利益關係擴大引伸為四個家族通婚之目的。呂氏家族的例子，就極能反映這個論點，因為攻擊呂氏姻親遍布於朝、阻礙寒微最力的劉安世，他自己其實也是呂氏姻戚集團的一員，因為劉安世的一個兒子娶了韓忠彥的女兒，〔註170〕而韓忠彥是呂公弼婿，他們三族的關係如下：

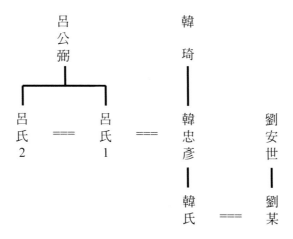

由劉安世來證明姻戚關係與家勢維持無必然關係之論是最合適不已的。如前所述，由於文化方面的原因，宋代士大夫間互相通婚的情況極為普遍，故幾個以至幾十個家族構成的婚姻網絡是不稀奇的，固然其中不少是基於互援的結合，但若單以這種情況而斷言姻親才是維持和發展家勢之主要手段，便會犯了上面無限引伸的錯誤，而將一種文化現象完全視作為利益的表現，明白這點後，才能了解何以呂氏家族的婚姻紐帶亦遍布於敵對的因素之間。

　　最後附帶一提的是韓明士認為，地方士子在應舉省試時要有「家保狀」以證明其家世清白，倘士子能得到地方上之大族權貴擔保其家狀，則對其考試前途是有利的。因此，一個與地方上精英份子之士紳家族通婚的士子，他在這方面是佔優勢的。〔註171〕但從呂氏家族而言，我們看不到這點，這可能

〔註170〕劉、韓關係，見陶晉生，《北宋士族──家族‧婚姻‧生活》，表 15，〈韓氏的婚姻〉，頁 259。

〔註171〕Robert P. Hymes, *Statesmen an Gentlemen: The Elite of Fu-Chou, Chiang-Hsi, in*

是史料殘缺之故,然而更大之可能是以呂氏家族之勢,根本不需要依靠其他
家族去證明和擔保其家世。所以,就一些大家族及其後裔來說,聯姻是沒有
給予他們此一利益。

正如賈志揚和李弘祺師所說,婚姻關係對家勢之維持雖然十分重要,但
考試成功畢竟才是眞正的保證,李師更指出沒有可以不參加考試(廣義)而
長期保持地位及優勢的。〔註172〕筆者亦同意此論,因爲一個家族欲借婚姻以
保持家勢,則其選擇締婚的對象除地位相等的勢家外,必是年青有爲之士子
和中第者,以期他日反哺姻家,互惠互助。因此,科舉成功本身已經是與士
族聯姻之一個必要條件,〔註173〕試問一個落泊潦倒的士子,又有哪個士族願
意與之聯姻呢?孫抃(996~1064)之例子,最能說明此理:

> (孫抃)三姊皆適豪族,生子者又相聘娶,公以儒者獨不得繼
> 好。及貴,三家始來求婚,公亦不拒之,又爲之保任,其子孫入仕
> 者兩世。〔註174〕

總括來說,呂氏家族和其他宋代大族一樣,利用姻親關係與各大族互相援助,
以保持其家勢;然而姻親集團與家勢興隆並無必然關係,其中除了避嫌制度
之限制及姻戚互累的負面影響外,姻親間也會互相攻伐,身爲呂氏姻戚而正
直敢言的劉安世,便對呂氏子弟姻親遍布於朝的情況極之不滿,累章彈劾呂
公著,而韓、呂二族後人更勢成水火。因此,與科舉入仕比較,婚姻關係對
家勢維持是不大保險的,我們不應過份強調姻親關係對呂氏家勢發展之影
響,衣川強亦認爲姻親關係及以權謀私雖有助呂氏之發展,但使子孫讀書考
試做官,仍是最正常有效的手段。〔註175〕不過,當呂氏崛興後,組織姻親集
團互相援引,仍不失爲保持家勢之一種有效辦法。

Northern and Southern Sung, pp.43-46.

〔註172〕見賈志揚 John W. Chaffee, *The Thorny Gates of Learning in Sung China: A Social History of Examinations,* Cambridge: Cambridge University Press, 1985, p.11;李弘祺,〈宋代社會與家庭──評三本最近出版的宋史著作〉,《清華學報》,新19卷第1期,1989年6月,頁191~207;李弘祺,《宋代官學教育與科舉》,〈中譯本導論〉,臺北:聯經出版事業公司,1994年,頁ix-xiii。

〔註173〕John W. Chaffee, *The Thorny Gates of Learning in Sung China: A Social History of Examinations,* p.12 亦有提到此點。

〔註174〕《琬琰集》,中卷45,〈孫文懿公抃行狀〉,頁17。

〔註175〕衣川強,〈宋代の名族──河南呂氏の場合〉,頁77~122。

第五章　宗族組織與互助

（一）宋代宗族組織之及發展

中國家族的基本結構是「五服制」，「服制」是一個能伸縮之同心圈，愈接近內圈的成員不但血緣愈近，日常的生活關係就愈密切；其中的最親密者不但同居，而且共財。同居共財的單位即是通常所說的家庭。現代的人類學家則分別用「核心家庭」（Nuclear Family）、「主幹家庭」（Stem Family）和「直系家庭」或稱「共祖家庭」（Lineal Family）等概念來進行分類，有趣的是，據杜正勝的研究，這三種分類都包含於中國的「服制」裡。秦漢時之家庭範圍以夫婦及其未成年子女組成的「核心家庭」為主；東漢以下，受儒家倫理之影響，父子生分的情形減少，家庭結構從「核心家庭」轉為祖、父、子的「主幹家庭」，但還不是共同祖父所有成員同居共財的「共祖家庭」；魏晉隋唐時代，「共祖家庭」增多；宋代以下，共祖家庭相對減少，甚至有父母健在，諸子就瓜分財產，「主幹」或「共祖家庭」成為宋元以後中國家庭型態的主流。〔註1〕

伊佩霞（Patricia B. Ebrey）對宋代家庭有深入之研究，她認為宋代的家庭是一個「政治經濟單位」，和產業有密切的關係，因財產而成立，因財產分散而解體，「治家」成為士大夫最重要的責任，故《袁氏世範》常有「破

〔註1〕　見杜正勝，〈傳統家族試論〉上、下，《大陸雜誌》，第 65 卷第 2 期，1982 年，頁 57～84；第 65 卷第 3 期，頁 127～151；簡論可參見杜正勝，〈中國傳統社會的重心——家族〉，《歷史月刊》，第 12 期，1989 年，頁 48～58。關於人類學家對家庭及宗族等之命義，見 Patricia Ebrey & James Watson（eds.）, *Kinship Organization in Late Imperial China 1000-1940*, "Introduction", Berkerly, Los Angeles & London: University of California Press, 1986, pp.1-15。

家」、「分家」、「保家」、「守家」、「治家」等語。「家」既然是一個政治經濟
單位，故「聚族而居，共炊一爨」的大族是一家，而已分家產的「小家庭」
也是一家。〔註2〕然而，在此情況下，「聚族而居」之宗族組織便與「家」混
淆，但止如陳其南的研究指出，家、族、家族、宗族等用語在不同的時期有
不同的指涉範圍，而這些用語往往又是多義詞，故英美社會科學界及人類學
家對 family、lineage 和 clan 的定義，不能不經思索地應用在中國家族制度
上。〔註3〕那麼，宋代的親屬或家族組織在「家」這一基本單位外，究竟還
發展出甚麼的型式呢？〔註4〕

　　中國人素來重視由血緣關係擴大而成的家族（或宗族）組織，家族是人
人參與的社會組織，至為平凡、普遍，但亦至為切身重要。周行封建，以宗
法制度拉緊血緣關係，天子與諸侯之間，諸侯與卿、大夫、士之間，嫡長子
與別子之間，大宗與小宗之間，其地位之繼承與財產之傳授，均按血緣之親
疏而分配。而前述的「五服制」就是一個分別血緣親疏的同心圓：第一圈，
父、己、子和兄弟；第二圈，祖父與孫，及旁系的伯叔父、堂兄弟與姪；第
三圈，曾祖父與曾孫，旁系是堂伯叔以下至再從兄弟，以及堂姪、姪孫；其
餘五服內的人為第四圈。〔註5〕在此情形下，家族成為政治、經濟及社會各方
面最重要之組織。

　　春秋以降，宗法崩析，氏族社會解體；秦漢之世，家族組織以前述的「核
心家庭」為主，「雖王公大人亦莫知有敬宗之道，寖淫後世，習以為俗。」
〔註6〕惟至魏晉之世，因累世經學與累世公卿，遂使士族漸掌特權，積久乃
形成門第。九品中正制下之門第社會，任官以譜牒為據，世族享有各種特權，
故士族均以門第相高，婚姻更成為高門大族間互保地位的手段，宗族血緣關

〔註2〕　見 Patricia B. Ebrey, *Family and Property in Sung China: Yuan Ts'ai's Precepts for Social Life,* Princeton: Princeton University Press, 1984, pp.3-171; Patricia B. Ebrey, "Conceptions of the Family in the Sung Dynasty", *Journal of Asian Studies*, Vol.43, No.2, 1984, pp.219-245。

〔註3〕　見陳其南，〈「房」與傳統中國家族制度〉，載於氏著，《家族與社會》，臺北：聯經出版事業公司，1990 年，頁 219～213。文中對傅立曼（Maurice Freedman）之宗族理論，有詳細的批評，值得深思。

〔註4〕　本研究初稿完成後，王善軍對宋代的宗族制度展開了深入研究，值得參考。見王善軍，《宋代宗族和宗族制度研究》，石家莊：河北教育出版社，2000 年。

〔註5〕　關於五服之論，見杜正勝，〈傳統家族試論〉上，頁 57～84 及下，頁 127～151；杜正勝，〈中國傳統社會的重心──家族〉，頁 48～58。

〔註6〕　清‧顧炎武，《日知錄》，卷 13，〈分居〉，上海：上海古籍出版社，1985 年，頁 41。

係及郡望等乃成爲一個人在政治與社會上的憑藉。〔註7〕與周代之宗法社會相似，宗族組織在魏晉南北朝便成爲「家」以外最重要的親屬組織。

唐廢九品官人法，血統譜系已不能成爲世族保持政治和社會地位的憑藉，惟魏晉六朝數百年之積習已深，一時難以推翻，故寒族庶姓雖可晉身爲統治階級，唐太宗雖重訂《氏族志》，但世族舊門仍爲政治及社會上之主導，郡望譜牒等宗族制度仍備受重視。〔註8〕不過，到了唐代的晚期，門閥世族走向「中央化」，除「尚閥閱」外更「尚冠冕」（即「尚官」），〔註9〕於是郡望等親屬組織亦漸趨解體。

唐末五代的戰亂，令門閥士族受到極大的打擊，其舊式的以血緣爲紐帶的宗族組織也隨之崩潰，族人星散，宗法關係鬆弛。〔註10〕姜士彬（David Johnson）研究趙郡李氏在唐末宋初之發展時指出，北宋中葉有恢復使用「郡望」的現象，但因多數譜系已不清楚，而各大族之間也無大聯繫，故此一趨勢並沒有眞正的作用，〔註11〕但郝若貝（Robert M. Hartwell）則堅信宋代士族仍用地望。〔註12〕的確，北宋有些家族曾復用地名以冠於其姓之前，如河南劉氏、〔註13〕清源曾氏、南豐曾氏等等，〔註14〕清源、南豐兩曾氏更「嘗通

〔註7〕　詳下列諸書：王伊同，《五朝門第》，香港：中文大學出版社，1978 年；唐長孺，《魏晉南北朝史論叢》，北京：三聯書店，1978 年；唐長孺，《魏晉南北朝史論叢續編》，北京：三聯書店，1978 年；唐長孺，《魏晉南北朝史論叢補遺》，北京：中華書局，1983 年；毛漢光，《兩晉南北朝士族政治之研究》，臺北：中國學術著作獎助委員會，1966 年；何啓民，《中古門第論集》，臺北：學生書局，1982 年；余英時，《中國知識階層史論——古代篇》，臺北：聯經出版事業公司，1980 年；楊聯陞，〈東漢的豪族〉，《清華學報》，第 11 卷第 4 期，1936 年，頁 1007～1062；蘇紹興，《兩晉南朝的士族》，臺北：聯經出版事業公司，1986 年。

〔註8〕　見孫國棟，〈唐宋之際社會門第之消融〉，載於孫國棟，《唐宋史論叢》，香港：龍門書店，1980 年，頁 211～308；毛漢光，《中國中古社會史論》，臺北：聯經出版事業公司，1988 年。

〔註9〕　毛漢光，《中國中古社會史論》；又宋德熹，〈唐代後半期門閥與官宦之關係〉，載於淡江大學中文系編，《晚唐的社會與文化》，臺北：學生書局，1990 年，頁 113～161。

〔註10〕　見朱瑞熙，《宋代社會研究》，河南：中州書畫社，1983 年，頁 98。

〔註11〕　David Johnson, "The Last Years of a Great Clan: The Li Family of Chao Chun in Late T'ang and Early Sung", *Harvard Journal of Asiatic Studies*, Vol.37, No.1, 1977, pp.76-80.

〔註12〕　Robert M. Hartwell, "Demographic, Political, and Social Transformations of China, 750-1500", *Harvard Journal of Asiatic Studies*, Vol.42, No.2, 1982, pp.407-411.

〔註13〕　宋・邵伯溫，《邵氏聞見錄》，卷 16，北京：中華書局，1983 年，頁 178～179；宋・李燾，《續資治通鑑長編》（以下簡稱《長編》），卷 103，天聖 3 年夏 4

譜系」，〔註15〕惟對宋代宗族及譜牒學極有研究之王明清曾記一事：

> 李成公季昭玘，元祐左史，自號樂靜居士，五代宰相李濤五
> 世孫。濤至本朝，以兵部尚書莒國公致仕。……其家自洛徙齊。成
> 李猶子，漢老郎也，中興初，位政府，一時大詔令多出其手。秦少
> 游作〈李公擇常行狀〉云：「遠祖濤，五代時號稱名臣，仕皇朝為
> 兵部尚書，封莒國公。莒公少時仕於湖南，有一子留江南，公其裔
> 孫也。所以今為南康建昌人，世號山房李氏。」成季與公擇，鄉里
> 雖各南北，要是本出一族，子孫皆鼎盛，不知後來兩家曾敘昭穆否
> 耳。〔註16〕

「本出一族」的顯赫家族並不一定「敘昭穆」，故學者以為他們作為「一族」
的凝聚力十分單薄。〔註17〕此外，邵亢（1014～1074）與康節（邵雍，1011
～1077）敘宗盟、邵伯溫（1057～1134）與邵充敘宗盟，更被譽為美事，《聞
見錄》更謂「世不講宗盟久矣，具載之以示三家子孫。」〔註18〕這正與姜士
彬之論相合。其實，宋世已不存有九品中正之制，故血統及郡望已不能保障
士族之地位，其衰亡是可想見的；而據研究所得，唐代的「郡望」觀念在宋
代已經解體，一個人一旦離開本家，往往從此與本鄉的族人脫離關係，這種
例子極多。〔註19〕

　　舊的宗族組織已經崩潰瓦解，新的模式還沒有出現及建立起來，但骨肉
親情之觀念畢竟深烙在國人腦中，故除「家」以外，宋人仍重「宗族」，雖無
嚴密的宗族組織，但當族人遇到厄困時，仍多加予援手，關於這方面的例子
極多，如丁度、〔註20〕王質、〔註21〕王珪、〔註22〕杜衍、〔註23〕邵亢、〔註24〕

　　　　月庚辰，北京：中華書局，1979～1995 年，頁 2380。
〔註14〕宋・曾敏行，《獨醒雜志》，附錄，周必大〈獨醒雜志跋〉，上海：上海古籍出
　　　　版社，1986 年，頁 107；宋・王明清，《揮麈錄・前錄》，卷 2，北京：中華書
　　　　局，1961 年，頁 21～22。
〔註15〕周必大，〈獨醒雜志跋〉，頁 107。
〔註16〕王明清，《揮麈錄・後錄》，卷 3，頁 106。
〔註17〕見李弘祺師，〈宋代社會與家庭——評三本最近出版的宋史著作〉，《清華學
　　　　報》，新 19 卷第 1 期，1989 年 6 月，頁 201。
〔註18〕《邵氏聞見錄》，卷 20，頁 223～224。
〔註19〕李弘祺，〈宋代社會與家庭——評三本最近出版的宋史著作〉，頁 201。
〔註20〕宋・杜大珪，《名臣碑傳琬琰集》（以下簡稱《琬琰集》），上卷 3，〈丁文簡公
　　　　度崇儒之碑〉，《四庫全書珍本十一集》，臺北：商務印書館，1981 年，頁 13。
〔註21〕《琬琰集》，上卷 7，〈王待制質墓誌銘〉，頁 6。

呂誨、〔註25〕劉敞（1019～1068）、〔註26〕孫抃、〔註27〕鮮于侁（1018～1087）、〔註28〕畢士安、〔註29〕胥偃、〔註30〕王安石等，〔註31〕他們均自奉甚約，俸祿所入，有餘輒賑其宗族之貧者；趙抃（1008～1084）、〔註32〕韓絳、〔註33〕范百祿（1030～1094）、〔註34〕王洙（997～1057）等則「孝於宗族」，「諸孤不能自立者，皆爲之嫁娶」；〔註35〕此外，如前章所述，宋代恩蔭之範圍極廣，故韓琦、〔註36〕吳育（1004～1058）、〔註37〕張存（984～1071）、〔註38〕曾公亮（998～1078）、〔註39〕范鎮（1007～1088）等，〔註40〕任子恩多推與旁宗外族；而王曾執政時，「親戚可任者言之於上，否者厚恤之以金帛。」〔註41〕然而，由於宋代缺乏門第制度之保障，官僚及士族不易保有其地位，更遑論維持宗族之勢力，故到了宋代中葉以後，一些敏感的士大夫開始意識到需要尋求自助或自救之方法，鬆散無組織的宗族間的互助已不敷應用，一種新的宗族組織已開始醞釀產生。〔註42〕

〔註22〕　《琬琰集》，上卷8，〈王文恭公珪神道碑〉，頁18。
〔註23〕　《琬琰集》，中卷4，〈杜祁公衍墓誌銘〉，頁5～6；宋・呂本中，《少儀外傳》，卷上，《叢書集成初編》，上海：商務印書館，1936年，頁17。
〔註24〕　《琬琰集》，中卷19，〈邵安簡公元墓誌銘〉，頁14。
〔註25〕　《琬琰集》，中卷24，〈呂中丞誨墓誌銘〉，頁1～4。
〔註26〕　《琬琰集》，中卷34，〈劉學士敞墓誌銘〉，頁8。
〔註27〕　《琬琰集》，中卷45，〈孫文懿公抃行狀〉，頁3、15～17。
〔註28〕　《琬琰集》，中卷53，〈鮮于諫議侁行狀〉，頁15。
〔註29〕　《琬琰集》，下卷4，〈畢文簡公士安傳〉，頁13。
〔註30〕　宋・李元綱，《厚德錄》，臺北：臺灣商務印書館，1979年，頁23。
〔註31〕　《邵氏聞見錄》，卷11，頁115～116及122。
〔註32〕　《琬琰集》，上卷8，〈趙清獻公抃愛直之碑〉，頁10～11。
〔註33〕　《琬琰集》，上卷10，〈韓獻肅公絳忠弼之碑〉，頁11～12。
〔註34〕　《琬琰集》，中卷29，〈范資政百祿墓誌銘〉，頁16。
〔註35〕　《琬琰集》，中卷37，〈王翰林洙墓誌銘〉，頁5。
〔註36〕　《琬琰集》，上卷1，〈兩朝顧命定策元勳之碑〉，頁18。
〔註37〕　《琬琰集》，中卷8，〈吳正肅公育墓誌銘〉，頁11～12。
〔註38〕　《琬琰集》，中卷11，〈張恭安公存墓誌銘〉，頁4～6。
〔註39〕　《琬琰集》，中卷52，〈曾太師公亮行狀〉，頁12～13。
〔註40〕　宋・范鎮，《東齋記事》，附錄2，〈范景仁墓誌銘〉，北京：中華書局，1980年，頁70。
〔註41〕　《厚德錄》，頁29；《琬琰集》，中卷5，〈王文正公曾墓誌銘〉，頁6。
〔註42〕　宋人對「家族」、「宗族」等用語並不嚴謹，但柳立言認爲我們仍然應該將二者區分，他運用杜正勝對五服制的研究，再加上現代西方人類學的觀念和用語，認爲「家族」是大功以外至緦麻共曾高之祖而不共財者；「宗族」是五服以外的同姓，雖共遠祖而疏遠無服者。見柳立言，〈宋代明州士人家族的形

　　與范仲淹同在兵間的韓琦首先致力於維持其家族的發展，他搜集家族的
資料，修撰墓誌銘、修繕祖墳，建立家祭儀式，又收藏書籍以供子弟研讀，
並誡其謹慎言行，力學不懈，以維持官宦及士族之地位不墮。〔註43〕另外，
一些士大夫則倡復家廟之制，按家廟是貴族的象徵，唐朝以官品定貴族，令
他們擁有宗廟，以表現貴族階級的特權。因此，作爲法律用語的「家廟」之
家，不是泛指一般家庭的家，而是似貴族之家，所以有三廟、四廟的規定。
在唐朝「良賤制」下，良民與貴族在禮制上仍有懸隔，受差別待遇。「家廟制」
特別引人注意，在於這種特權並非及身而止，而是以「家」爲對象，可以延
續到了子子孫孫，故「家廟制」的設計，是爲了政治之目的，是要支持貴族這
種特殊身份。〔註44〕宋代士大夫醒覺到其地位不易保存，加上到了十一世紀
中葉任官的競爭愈來愈大，於是不少人開始討論「至唐以來不復講」的「士
大夫家廟」，〔註45〕希望藉此強化其家族地位，歐陽修便極讚頌杜衍家族保用
其祖杜佑之舊制，韓琦亦努力爲之，〔註46〕而宋庠則明言：「夫建宗祐，序昭
穆，別貴賤之等，所以爲孝。」〔註47〕故富弼、〔註48〕文彥博、〔註49〕王存

態〉，《中央研究院歷史語言研究所集刊》，第 81 本第 2 分，2010 年，頁 289
～364。不過，如何釐清今人所謂的 family、lineage 及 clan 等觀念與宋人所指
的內涵，其實是一個很複雜的問題，陳其南認爲中國社會的確存在著一個獨
立自主的親屬體系，其建構的原則以不同的形式展現於實際的功能性社會生
活形態中，成爲漢人親屬團體的基本構成因素；至於諸如同居、共食、共財、
經濟生活的安排，以及祖先祭祀和祖產的建立等，則爲功能性的輔助因素。
因此，陳其南提出，唯有透過「房」和家族的系譜模式，才可以瞭解這些功
能性親屬團體的構成法則和組織形態。見陳其南，〈「房」與傳統中國家族制
度〉，載於陳其南，《家族與社會——臺灣和中國社會研究的基礎理念》，臺北：
聯經出版事業公司，1990 年，頁 202～203。由於學者的意見莫衷一是，特別
是呂氏家族的史料未能讓我們作這種分類，本文暫時不將宋人所謂的「家族」
與「宗族」強行劃分，其中自然有不足之處，請讀者原諒。

〔註43〕 《琬琰集》，中卷 48，〈韓忠獻公琦行狀〉，頁 23～24；宋・韓琦，《韓魏公集》，
卷 1，〈韓氏參用古今家祭式序〉，《叢書集成初編》，上海：商務印書館，1936
年，頁 13～14；《少儀外傳》，卷上，頁 20；又參閱陶晉生師，〈北宋韓琦的
家族〉，載於中央研究院歷史語言研究所出版品編輯委員會編，《中國近世社
會文化史論文集》，臺北：中央研究院歷史語言研究所，1992 年，頁 103。

〔註44〕 甘懷眞，〈略論唐代百官家廟〉，《史原》，第 16 期，1987 年 11 月，頁 66～70。

〔註45〕 宋・葉夢得，《石林燕語》，卷 1，北京：中華書局，1984 年，頁 8～9。

〔註46〕 見 Particia B. Ebrey, *Confucianism and Family Rituals in Imperial China: A Social
History of Writing about Rites*, Chapter 3, "Redesigning Ancestral Rites for a New
Elite in the Eleventh Century", Princeton: Princeton University Press, 1991,
pp.45-67；《石林燕語》，卷 1，頁 8～9。

〔註47〕 《揮塵錄・前錄》，卷 3，頁 26～27；《長編》，卷 169，皇祐 2 年 12 月甲申，

（1023～1101）等〔註50〕均曾參詳古法建立家廟。慶曆元年（1041）郊祀赦，更聽文武百官皆許立家廟，皇祐二年（1050）下兩制禮官議之，然因古今制度不同、環境迥異，故家廟之制終不能行。〔註51〕終宋之世，只有文彥博、蔡京、鄭居中、鄧洵武（1057～1121）、余深（？～1132）、侯蒙（1054～1121）、薛昂（1085 年進士）、白時中（？～1127）、童貫（1054～1126）、秦檜、楊存中（1102～1166）、吳璘、虞允文（1110～1174）、史彌遠（1164～1233）等十四人獲賜家廟。〔註52〕不過，在宋代諸儒的鼓吹下，家廟開始普及下層社會，庶人也立廟祭遠祖，家廟由唐代貴族階級之一特權制度，慢慢演為庶民家族全族祭祀祖先之活動中心的祠堂，南宋時朱熹、陸九淵等加以提倡，元明以後就普遍起來。〔註53〕由此可見，一種新的宗族組織或設施──祠堂，在宋中葉以後已開始形成。

在倡復家廟之同時，張載和程頤等理學家更主張復行周代的宗子制度，張載主張「立宗子法」，「以管攝天下人心，收宗族，厚風俗。」〔註54〕程頤則認為「宗子法壞，則人不自知來處，以至流轉四方，往往親未絕，不相識。」〔註55〕而「後世骨肉之間，多至仇怨忿爭，其實為爭財。使之均布，立之宗

頁 4071。

〔註48〕《邵氏聞見錄》，卷 9，頁 94。

〔註49〕《石林燕語》，卷 1，頁 8～9。

〔註50〕《琬琰集》，中卷 30，〈王學士存墓誌銘〉，頁 11～18。

〔註51〕宋・王栐，《燕翼詒謀錄》，卷 4，北京：中華書局，1981 年，頁 40；宋・江少虞，《宋朝事實類苑》（以下簡稱《類苑》），卷 26，〈官職儀制・請立家廟者子孫襲三品階勳及爵〉，上海：上海古籍出版社，1981 年，頁 329；《石林燕語》，卷 1，頁 8～9；Particia B. Ebrey, *Confucianism and Family Rituals in Imperial China: A Social History of Writing about Rites*, pp.45-67。

〔註52〕宋・羅大經，《鶴林玉露》，卷 5，乙編，〈大臣賜家廟〉，北京：中華書局，1983 年，頁 200。

〔註53〕見左雲鵬，〈祠堂族長族權的形成及其作用試說〉，《歷史研究》，1964 年，第 5、6 期，頁 133～137；朱瑞熙，《宋代社會研究》，河南：中州書畫社，1983 年，頁 110～111。關於宋儒的理想與元明的情況，見何淑宜，《香火──江南士人與元明時期祭祖傳統的建構》，臺北：稻鄉出版社，2009 年，特別是頁 72～93；又參閱日・吾妻重二著，吳震編，吳震、郭海良等譯，《朱熹〈家禮〉實證研究》，第四章，〈宋代的家廟與祖先祭祀〉，上海：華東師範大學出版社，2012 年，頁 101～158；Particia B. Ebrey, *Confucianism and Family Rituals in Imperial China: A Social History of Writing about Rites*, pp.45-67。

〔註54〕宋・張載，《張載集》，〈經學理窟〉〈宗法〉，北京：中華書局，1985 年，頁 259。

〔註55〕宋・程顥、程頤，《二程集・河南程氏遺書》，卷 15，北京：中華書局，1981 年，頁 150～151。

法，官爲法則無所爭。」〔註56〕所謂「宗子者，謂宗主祭祀也」，〔註57〕意即族長，〔註58〕目的在於收族，而程頤更指稱「今無宗子法，故朝廷無世臣。若立宗子法，則人知尊祖重本，則朝廷之勢自尊。」〔註59〕將宗法與國家統治拉上關係。在張、程二子倡議後，朱熹更將其制加以完備及鼓吹，從此宗子法和祠堂祭田等便大量湧現。〔註60〕其實，正如伊佩霞所言，張載、程頤等人努力倡復宗子法，部份原因是基於個人及家族之利益，希望透過宗法代代互助，保障共祖子孫之利益；而且在每代之中只要有一族人能保持其官宦及士族的地位，則整個家族便有以憑藉，不致沒落，亦不需過份依靠朝廷。〔註61〕

與宗法有密切關係的另一宗族制度是譜牒之學，按族譜之內容是「敘本系」、「奠繫世、序昭穆」，是宗族團體的紀錄，〔註62〕故與組織宗族的宗法制不可分割。宋世，一些唐代舊族之譜牒猶存，如長孫無忌（594～659）裔孫曾上其家譜而獲授永興軍助教、〔註63〕嚴陵方氏自唐末至南宋仍「聯譜合牒」、〔註64〕韓琦在多番搜查後，仍能重整其族譜；〔註65〕而對譜學有研究者亦大不乏人，如王旦，「近世典章族氏尤極該洽」，〔註66〕宋敏求，「本朝士大夫之族系，九流百家之略錄，悉能推本其源而言其歸趣。」〔註67〕不過，普

〔註56〕《河南程氏遺書》，卷17，頁177。
〔註57〕《河南程氏遺書》，卷17，頁179～180。
〔註58〕左雲鵬，〈祠堂族長族權的形成及其作用試說〉，頁133；朱瑞熙，《宋代社會研究》，頁101～102。
〔註59〕《河南程氏遺書》，卷18，頁242～243。
〔註60〕左雲鵬，〈祠堂族長族權的形成及其作用試說〉，頁134。
〔註61〕Particia B. Ebrey, *Confucianism and Family Rituals in Imperial China: A Social History of Writing about Rites*, pp.45-67.
〔註62〕參閱下列諸書：中國譜牒學會編，《譜牒學研究》第1輯，北京：書目文獻出版社，1989年；聯合報文化基金會國學文獻館編，《第一屆亞洲族譜學術研討會議紀錄》，臺北：聯經出版事業公司，1984年；陳捷先，《中國的族譜》，臺北：行政院文化建設委員會，1989年。
〔註63〕《長編》，卷181，至和2年10月丙戌，頁4378。
〔註64〕宋・呂祖謙，《呂東萊先生文集》，卷8，〈嚴陵方君墓誌銘〉，《叢書集成初編》，上海：商務印書館，1936年，頁184。
〔註65〕《琬琰集》，上卷1，〈兩朝顧命定策元勳之碑〉，頁10；《韓魏公集》，卷1，〈韓氏家集序〉，頁12。
〔註66〕宋・曾鞏，《隆平集》，卷4，〈宰臣〉，臺北：文海出版社，1967年，頁13。
〔註67〕宋・蘇頌，《蘇魏公文集》，卷51，〈龍圖閣直學士修國史宋公神道碑〉，北京：中華書局，1988年，頁771。

遍的情況卻並非如此，鄭樵就謂：

> 自隋唐而上，官有簿狀，家有譜系。官之選舉，必由於簿狀；
> 家之婚姻，必由於譜系。……此近古之制，以繩天下，使貴有常尊，
> 賤有等威者也。所以人尚譜系之學，家藏譜系之書。自五季以來，
> 取士不問家世，婚姻不問閥閱，故其書散佚，而其學不傳。〔註68〕

宋人王得臣（1036～1116）也說，「譜牒不修也久矣。」〔註69〕歐陽修則指「近
世士大夫於氏族尤不明其遷徙，世次多失其序，至於始封得姓，亦或不眞。」
〔註70〕考其原因，宋代以前的譜牒乃用來誇耀門第，並由官方的圖譜局審核
備案，以作任官之依據，故自爲世家大族所珍視及把持；宋歷五代數世，門
第破壞、郡望解體，任官亦不以血統爲尙，故譜牒之學也隨之而失。然而，
謂宋以後中國譜牒之學已趨衰微，則頗可商榷。事實上，中國近代之譜學實
源於宋代，並與當時之宗族組織有極大關係。

　　宋仁宗皇祐、至和年間，歐陽修和蘇洵（1009～1066）不約而同地提出
新譜例，並以自己家族爲例，修撰《歐陽氏譜圖》和《蘇氏族譜》。歐陽修以
爲一般人不能確知祖先世系，與其附會穿鑿，不如斷自可見之世，依宗法別
自爲世，五世以後，格盡別起，並有行實以爲牒記，以圖紀次，使譜牒互見，
親疏有倫；〔註71〕蘇譜則強調小宗之法：「凡嫡子而後得爲譜，爲譜者，皆存
其高祖而遷其高祖之父。」〔註72〕論者謂譜學至兩宋遂絕，蓋由於鄭樵等所
謂之譜學，其含意跟今天一般所說的譜學，並不相同。一般泛稱譜學當然包
括了明清以來有關譜牒的一切意見及修譜之具體成果；但宋代以前所謂譜學
者，乃專指對各姓淵源流傳以及職爵尊卑、婚媾匹儷等知識而說，爲中正舉
官及世族證明血統之依據。由此看來，宋代族譜的性質與前代截然不同，因
爲世族姓望與譜牒已經失去了政治上的作用，故血統的尊卑劃分也失去了意
義，六朝以迄隋唐的百家合譜乃趨於沒落，所謂的「譜學」之性質與內容亦
隨之轉變。在這種情況下，族譜再重新開始被注意，惟在喪失其原有作用後，

〔註68〕宋・鄭樵，《通志》，卷25，〈氏族〉1，北京：中華書局，1987年，頁439。
〔註69〕宋・王得臣，《麈史》，卷下，〈姓氏〉，上海：上海古籍出版社，1986年，頁73。
〔註70〕宋・歐陽修，《歐陽修全集・居士集》，卷47，〈與曾鞏論氏族書〉，北京：中
　　　　國書店，1986年，頁323。
〔註71〕《歐陽修全集・居士集》，卷21，〈譜〉3首；陳捷先，《中國的族譜》，頁30。
〔註72〕宋・蘇洵，《嘉祐集》，卷13，〈族譜後錄〉，上篇，臺北：商務印書館，1977
　　　　年，頁131。

重新反省，乃成為宋代宗族組織結合血緣族群的工具，其性質是聯繫、強化同宗集團；體例是記載子孫繁衍、分派、成長；內容則為族內之活動及關係如祭祀、族長、選舉、義田義莊管理、義塾經營、宗規、宗譜編集等；危及宗族者則被擯諸譜外，編撰者及管理機構均為宗族本身。〔註73〕至此，譜牒與新的宗族組關係結合在一起，歐陽修和蘇洵不約而同於仁宗時代提出新譜例，與范仲淹倡義莊之時相若，正可反映宋代士大夫對家族之關心及譜牒與宗族二者之關係。

中國的家族最富歷史感，族中任何一成員都要對過去的祖先和將來的子孫負責，所以傳統的家族最講究家法，也重視門風。家法終極目的在延續家族，而家族一長久，也自然形成一特殊的風格，即「門風」。在共同的家族結構下，各家門風容有特色，但基本精神則是一致的。〔註74〕宋代的情形也不例外，不少士族之家有家法和家訓，如韓絳、〔註75〕胡瑗、〔註76〕金華湯氏、〔註77〕義烏徐氏、〔註78〕及晁氏等；〔註79〕而富弼、〔註80〕王存、〔註81〕與孫抃等子孫亦能恪守家法；〔註82〕劉摯（1030～1098）一族更為其中之佼佼者：

> 劉丞相摯，家法儉素，閨門雍睦。凡冠巾衣服制度，自其先世以來，常守一法，不隨時增損。故承平時，其子弟雜處士大夫間，望而知其為劉氏也。〔註83〕

〔註73〕 參閱龔鵬程，〈唐宋族譜之變遷〉，載於《第一屆亞洲族譜學術研討會議紀錄》，頁64～103；瞿林東，〈唐代譜學和唐代社會〉，載於氏著，《唐代史學論稿》，北京：北京師範大學出版社，1989年，頁90～116。

〔註74〕 杜正勝，〈傳統家族試論〉上，頁57～84及下，頁127～151；杜正勝，〈中國傳統社會的重心——家族〉，頁48～58。

〔註75〕 宋·朱熹，《三朝名臣言行錄》，卷10之1，〈丞相康國韓獻肅公〉，《四部叢刊初編》，臺北：商務印書館，1967年，頁233。

〔註76〕 清·黃宗羲原著、全祖望補修，《宋元學案》，卷1，〈安定學案〉，附錄，北京：中華書局，1986年，頁29。

〔註77〕 《呂東萊先生文集》，卷7，〈湯教授母潘夫人墓誌銘〉，頁161。

〔註78〕 《呂東萊先生文集》，卷7，〈義烏徐君墓誌銘〉，頁166。

〔註79〕 宋·呂本中，《童蒙訓》，卷上，《萬有文庫薈要》，臺北：商務印書館，1965年，頁10。

〔註80〕 《三朝名臣言行錄》，卷2之1，〈丞相韓國富文忠公〉，頁49；《邵氏聞見錄》，卷9，頁94；《塵史》，卷中，〈治家〉，頁31。

〔註81〕 《琬琰集》，中卷30，〈王學士存墓誌銘〉，頁11～18。

〔註82〕 《琬琰集》，中卷45，〈孫懿公抃行狀〉，頁18。

〔註83〕 《石林燕語》，卷10，頁150。

這些家法有些極爲嚴厲，如包拯家訓謂「後世子孫仕官，有犯贓濫者，不得放歸本家；亡歿之後，不得葬於大塋之中。不從吾志，非吾子孫。」〔註84〕且有自己之法度，如杜衍及司馬氏家族「治喪皆用家法」。〔註85〕

正如族譜一樣，六朝以來宋代以前之世族，雖也以經學禮法自飾，但其目的只是作爲區別門第身份的工具；宋代的家訓家法則重視族內人倫孝悌之關係，溫情脈脈，有敬宗收族之味，故前述劉摯一門在素儉的家法薰陶下，閨門雍睦。這些名族世家所關心的是族人的生活和發展，他們希望藉著家訓家法誘導子孫，使其家勢不墮，族人得以憑藉，不致星散無託，故蘇頌戒其子孫曰：「吾宗自許公顯於唐，其後或隱或顯，以至於今，仕本朝者七世矣，忠孝文行，士大夫以爲名族。汝輩宜愼守家法，勿使墜廢。」〔註86〕司馬光訓勉其子時亦以寇準家道中落爲例，勸誡子孫無習侈靡之風，以保家族。〔註87〕事實上，宋世特重家法，宋人好謂「祖宗之制」，祖、宗即指宋太祖和宋太宗，亦即趙家之遺訓家法；而蘇頌亦以爲「國家所以太平百三十餘年而內外無患者，只由家法好。」〔註88〕陳亮則謂「本朝二百年之間，學問文章，政事術業，各有家法，其本末源流，班班可考。」〔註89〕而家法不嚴或不能訓子者往往受到批評，如翰林學士彭乘（985～1049）不訓子弟，文學參軍范宗韓乃上啓責之；〔註90〕嚴重者甚或影響仕途，如陶穀子中舉，太祖謂左右曰：「穀不能訓子，邴（穀子）安得登第？」遂命中書覆試。〔註91〕總之，家訓家法家風發展至宋代，已由原來區別門第身份的工具，演爲維繫宗族的道德規範，對家勢之保持有一定的影響。發展至後來，不少家法更成爲成文的條規，如呂大鈞（1029～1080）的《鄉約》等，與宗族組織的關係

〔註84〕宋·吳曾，《能改齋漫錄》，卷14，〈紀文〉〈包孝肅公家訓〉，上海：商務印書館，1984年，頁404。

〔註85〕《琬琰集》，中卷4，〈杜祁公衍墓誌銘〉，頁2；《琬琰集》，中卷23，〈司馬諫議康墓誌銘〉，頁15。

〔註86〕宋·蘇象先，《丞相魏公譚訓》，卷2，〈家世〉，北京：中華書局，1988年，頁1129～1130。

〔註87〕宋·司馬光，《司馬文正公傳家集》，卷67，〈訓儉示康〉，《叢書集成初編》，上海：商務印書館，1936年，頁839。

〔註88〕《丞相魏公譚訓》，卷1，〈國論·國政〉，頁1120。

〔註89〕宋·陳亮，《陳亮集》，卷27，〈與韓無咎尚書〉，北京：中華書局，1987年，頁311。

〔註90〕宋·莊綽，《雞肋編》，卷中，北京：中華書局，1983年，頁90～91。

〔註91〕《長編》，卷9，開寶元年3月癸巳，頁200。

更緊密。〔註92〕

　　前面說過，宋人重視家法，連皇帝也不例外。宋廷既重家法，故自然講求孝道，宋太宗便曾說：「孝者人倫至重。」〔註93〕仁宗天聖九年（1031）更詔流內銓選人父母年八十以上，職聽注近官，以「教人以孝，且厚風俗也。」〔註94〕其目的與原因，可從眞宗和李宗諤之談話窺見：

> （眞宗）因謂宗諤曰：「聞卿至孝，宗族頗多，長幼雍睦。朕嗣守二聖基業，亦如卿輩之保守門戶也。」〔註95〕

蓋治國如治家，故孝悌父母宗族者自可效法，是以王栐謂「皇朝以孝治天下」；〔註96〕而事實上忠孝本爲一念，對家族孝悌者自能對國家忠心，前述程頤論宗法時與國家統治拉上關係，就是此理。因此，宋室對孝悌宗族父母者都多加獎勵，旌表累世同居者即爲其中之典型。

　　累世同居的風氣大約始於魏晉南北朝時代，當時因爲戰亂的影響，不少富有的家族乃開始建造塢堡，平日在堡外耕作，有警則退入堡內，塢堡內並有豐富的食糧。〔註97〕這種家族聚居的風氣，再加上國人對大家族的憧憬，〔註98〕慢慢便發展成「累世同居」。在宋代，這種家族累世聚居的大家庭或被稱爲「義門」，宋室多加以旌表，如太宗以濟州金鄉縣李延家，「自唐武德初同居，至今近四百年，世世結廬守墳墓」，「詔旌其門，賜以粟帛」；〔註99〕「襄陽縣民張巨源五世同居，內無異爨，詔旌表門閭」；〔註100〕「永嘉縣民陳侃五世同居，內無異爨，侃事親至孝，爲鄉里所稱。詔旌表門閭，賜其母粟帛。」〔註101〕而眞宗亦旌表陝州累世同居的張化基、閻用和及楊忠等。

〔註92〕關於鄉約等的發展，見朱瑞熙，《宋代社會研究》，頁112～114。

〔註93〕《長編》，卷36，淳化5年8月壬午，頁791。

〔註94〕《燕翼詒謀錄》，卷5，頁46～47。

〔註95〕《長編》，卷76，大中祥符4年10月戊辰，頁1738；《類苑》，卷3，〈祖宗聖訓‧眞宗皇帝〉，頁30。

〔註96〕《燕翼詒謀錄》，卷2，頁16。

〔註97〕參閱金發根，《永嘉之亂後北方的豪族》，臺北：中國學術著作獎助委員會，1964年。

〔註98〕杜正勝，〈傳統家族試論〉上，頁57～84及下，頁127～151；杜正勝，〈中國傳統社會的重心──家族〉，頁48～58。又參閱林天蔚，〈論我國文化中譜系因子與譜系學的建立〉，載於《第一屆亞洲族譜學術研討會紀錄》，頁35。

〔註99〕《長編》，卷21，太平興國5年7月己巳，頁477。

〔註100〕《長編》，卷21，太平興國5年3月戊子，頁474。

〔註101〕《長編》，卷40，至道2年6月庚辰，頁842。

〔註102〕這些「義門」多數同爨，聚居長達六世、〔註103〕以至十數世，〔註104〕
且能綿亙數百年，原因是其組織頗爲完備，如江州陳氏「悉有規制」，且於
「別墅建家塾，聚書延四方學者」，〔註105〕眞宗曾旌表的會稽裘氏更爲突出：

> 稽縣民裘承詢同居十九世，家無異爨，詔旌表其門閭。屈指今
> 二百三十六年矣，其號義門如故也。……世推一人爲長，有事則決，
> 則坐於聽事。有竹算亦世相授矣，族長欲撻有罪者，則用之。歲時
> 會拜，同族咸在。〔註106〕

而且他們多有田產，作爲經濟的支持；〔註107〕朝廷除予旌表賜粟外，更寬其
力役。〔註108〕然而，這樣龐大的家庭組織，就血緣關係而論，五世之後已超
出了「服制」的範圍，情誼已極爲疏遠，加上義居雖好，但其心未必協齊，
故袁采謂「顧見義居而交爭者，其相疾有甚於路人。」〔註109〕實在不易維持，
是以在宋代開始，一種新的宗族組織開始出現，既可發揮九族一體的精神，
又能避免累世同居之弊，那就是范仲淹的義莊組織。

　　如前所述，宋代的士族和官僚不如唐或以前的世族一般，在政治上得到
九品官人法和譜局管制譜牒等保障，在經濟上有莊園和部曲的支持，個人或

〔註102〕《長編》，卷76，大中祥符4年8月丁未，頁1732。
〔註103〕如南康縣六世義居的洪文撫，見《長編》，卷41，至道3年6月己亥，頁867。
〔註104〕如河中府河東縣永樂鎮姚氏家族，見《邵氏聞見錄》，卷17，頁187；宋・王
　　　　闢之，《澠水燕談錄》，卷4，〈忠孝〉，北京：中華書局，1981年，頁37～38；
　　　　《類苑》，卷53，〈忠孝節義〉，頁696。
〔註105〕《長編》，卷101，天聖元年12月辛酉，頁2344；宋・文瑩，《湘山野錄》，
　　　　卷上，北京：中華書局，1984年，頁16；宋・眞德秀，《眞西山文集》，卷
　　　　40，〈潭州諭俗文〉，臺北：商務印書館，1968年，頁706。關於江州陳氏之
　　　　研究，可參閱許懷林，〈「江州義門」與陳氏家法〉，載於鄧廣銘、漆俠主編，
　　　　《宋史研究論文集》，1987年年會編刊，河北：河北教育出版社，1989年；
　　　　又，日・河原由郎，《宋代社會經濟史研究》，第3章第2節，〈北宋期におけ
　　　　る中國の社會構造の研究〉，東京：勁草書房，1980年，頁313～338。
〔註106〕《燕翼詒謀錄》，卷5，頁47～48；宋・施宿，《嘉泰會稽志》，卷13，〈義門〉，
　　　　《宋元地方志叢書》，臺北：大化書局，1980年，頁21～22；宋・張淏，《會
　　　　稽續志》，卷7，〈眞宗旌表裘氏門閭〉，《宋元地方志叢書》，臺北：大化書局，
　　　　1980年，頁11～12。
〔註107〕《邵氏聞見錄》，卷17，頁187；《澠水燕談錄》，卷4，〈忠孝〉，頁37～38；
　　　　《類苑》，卷53，〈忠孝節義〉，頁696。
〔註108〕《長編》，卷114，景祐元年正月庚午，頁2660。
〔註109〕宋・袁采，《袁氏世範》，卷1，〈兄弟貴相愛〉，《知不足齋叢書》，臺北：藝
　　　　文印書館，1966年，頁14。

家族的起落盛衰只有完全依賴朝廷皇室，故「富者之子孫或不能保其地」，「貧富久必易位」。〔註110〕再者，能注重子弟教養的家族，以之晉身科第，畢竟較一般暴起暴落的豪族，能有較持久的家聲；〔註111〕惟能教養子弟的書籍、師資、投考科舉的路費等，〔註112〕均需要龐大的資金。因此，建立族產以作收族、〔註113〕並以之教養子弟應付科舉，祈使宗族得以維持的組織乃應運而生。范仲淹因為微時貧困，託宗朱氏，故個人感受特深，加上累世義居風氣的影響，乃於蘇州故里長州、吳縣買負郭常稔田千畝，號曰「義田」，將每年所得租賦，自遠祖以下各房宗族，計口供給衣食、教學、婚嫁、喪葬之用，號為「義莊」，並設有義塾；又於各房中挑選一名子弟為族長，逐步立家「規矩」，建立一結合宗法、譜系、家法的宗族組織，並得到官方的立法保障。結果，范氏義莊一直綿延至清代不絕。〔註114〕范氏義莊的建立，成為宋代宗族組織的典範，以後不少官僚和士族均模仿此制，如吳奎（1011～1068）「以錢二千萬買田北海，號曰義莊，以賙親戚朋友之貧乏者」；〔註115〕劉煇（1030～1065）「哀族人之不能為生者，買田數百畝以養之」；〔註116〕彭汝礪（1041～1094）

〔註110〕見黃寬重，〈宋代四明袁氏家族研究〉，載於中央研究院歷史語言研究所出版品編輯委員會編，《中國近世社會文化史論文集》，頁16，引蘇洵及黃震語。

〔註111〕參閱葛紹歐，〈宋代湖州莫氏事蹟考〉，載於陶希聖先生九秩榮慶祝壽論文集編輯委員會編，《陶希聖先生九秩榮慶祝壽論文集》，臺北：食貨出版社，1987年，頁129；李弘祺，《宋代官學教育與科舉》，〈中譯本導論〉，臺北：聯經出版事業公司，1994年，頁 ix-xiii。

〔註112〕楊聯陞，〈科舉時代的赴考旅費問題〉，《清華學報》，新2卷2期，1961年月，頁116～128。

〔註113〕見日·清水盛光著、宋念慈譯，《中國族產制度考》，臺北：中國文化大學，1986年。

〔註114〕見宋·范仲淹，《范文正公文集》，卷8附錄，〈義莊規矩〉、〈義田記〉、〈范氏義莊申嚴規式記〉、〈范氏復義宅記〉、〈義學記〉，《叢書集成初編》，上海：商務印書館，1936年，頁97～112；《琬琰集》，中卷12，〈范文正公仲淹墓誌銘〉，頁10～11；《長編》，卷172，皇祐4年5月丁卯，頁4146～4147；《澠水燕談錄》，卷4，〈忠孝〉，頁35～36；《類苑》，卷53，〈忠孝節義·范文正〉，頁689。學者的研究可參閱：Denis Twitchett, "The Fan Clan's Charitable Estate, 1050-1760", in Nivison, David & Wright, Arthur（eds.,）Confucianism in Action, California: Stanford University Press, 1959, pp.97-133；Liu Wang Hui-chen, The Traditional Chinese Clan Rules, New York: J.J. Augustin Pub., 1959；朱瑞熙，《宋代社會研究》，頁102～106。

〔註115〕《三朝名臣言行錄》，卷3之3，〈參政吳文肅公〉，頁76。

〔註116〕《澠水燕談錄》，卷4，〈忠孝〉，頁34～35；《類苑》，卷54，〈忠子節義·劉煇〉，頁704。

「族人貧者分俸錢賙給，或爲置義莊」；〔註117〕楊椿（1094～1166）「置義莊以給宗族之貧者」；〔註118〕而南宋時希墟張氏、〔註119〕二十三都蔣氏、〔註120〕洮湖陳氏、〔註121〕建昌鍾氏等均設有義莊，並請劉宰（1166～1239）撰記；〔註122〕而湯東野、〔註123〕蔡瑞等也置義莊，並「買書貯石菴，增其屋爲便房，（族人）願讀者處焉。」〔註124〕

　　綜上所述，宋代因爲隋唐的家族組織和郡望等觀念經已崩解，宋人乃開始尋求建立新的模式，宗法、譜牒、家廟、家法家訓等脫離其舊有形態，重新反省，轉化爲新的宗族制度；而強調以族產收宗睦族的范氏義莊遂成爲宋元以後中國盛行的宗族組織。「義莊」、「義田」的經濟性格，正反映伊佩霞所說宋代的「家」爲一政治經濟單位的情況，已推衍到家族組織上。考其原因，實由於宋行科舉制度，士族和官僚失去憑藉，故需要建立族產賑賙維繫族人，並以之作爲族人參予科舉的經濟支持，使義莊此一宗族組織無論在經濟上或政治上，均能援助族人及家族的發展。〔註125〕因此，宋漢理（Harriet T. Zurndorfer）在研究《新安大族志》時便謂宗族作爲徽州的一種社會組織機構，並非純粹是一種依靠公有的財產來加強的尊祖敬宗的團體。大批進士的湧現，是爲了使其宗族組織的權力、聲望及財富世代相傳而作的有目的有組織的努力結果。〔註126〕

　　不過，正如學者所言，從五代到南宋中葉是中國「宗族」在摸索它的社

〔註117〕《琬琰集》，中卷31，〈彭待制汝礪墓誌銘〉，頁14。
〔註118〕《琬琰集》，中卷23，〈楊文安公椿墓誌銘〉，頁17。
〔註119〕宋‧劉宰，《漫塘集》，卷21，〈希墟張氏義莊記〉，《四庫全書珍本九集》，臺北：商務印書館，1979年，頁32～35。
〔註120〕劉宰，《漫塘集》，卷23，〈二十三都義莊記〉，頁17～19。
〔註121〕《漫塘集》，卷23，〈洮湖陳氏義莊記〉，頁10～12。
〔註122〕《漫塘集》，卷31，〈故知建昌軍朝議鍾開國墓誌銘〉，頁29～30。
〔註123〕宋‧李心傳，《建炎以來繫年要錄》（以下簡稱《繫年要錄》），卷96，紹興5年乙卯12月甲寅，北京：中華書局，1988年，頁1590。
〔註124〕宋‧葉適，《葉適集‧水心文集》，卷12，〈石菴藏書目序〉，北京：中華書局，1989年，頁203～204。
〔註125〕李弘祺，〈宋代社會與家庭──評三本最近出版的宋史著作〉，頁200～202，其中之觀點，與筆者相似相合，可參閱之。
〔註126〕荷‧宋漢理著、葉顯恩譯，〈《新安大族志》與中國士紳階層的發展〉，《中國社會經濟史研究》，1982年，第3期，頁55～73；1983年，第2期，頁43～56；Harriet T. Zurndorfer, "The Hsin-an ta-tsu chih and the development of Chinese Gentry Society 800-1600", *T'oung Pao*, Vol.67, issue 3, 1981, pp.154-215。

會效用及組織形式的重要過渡時期，部份士大夫開始成立族產，以確保其「宗族」的優越地位及在地方上的權勢。〔註127〕但我要強調一點，這個過程是緩慢的，而其影響官僚士族和一般庶民的範圍究竟有多大，因史料的原因我們無法得知，我個人頗懷疑其深度與闊度。事實上，完整的宗族組織和互助情況要到明清以後才普遍起來，因此郝若貝及韓明士等以母系及宗族組織來衡度宋代的士族互庇情況，我想是有問題的。呂氏家族的例子，正可反映宗族組織及互助，對宋代士族家勢的保援是有限度的。

（二）宗族互助與呂氏家族

要討論呂氏家族的宗族組織及其互助對呂氏家勢的影響，本來應首先確定呂氏每支族人的居地分佈，然後看看他們之間的交往關係，加以分析論述。可惜，因為史料的限制，我們無法做到這點。而據第二章的討論，我們大約可以知道呂蒙正一支活躍於洛陽、呂夷簡一支則在首都開封；南渡後呂好問一支在金華一帶、呂廣問一支則在甯國府，但每支族人是包括「呂氏譜系圖」中的哪些人物，我們並不清楚。正如前章引趙翼語「宋時士大夫多不歸本籍」，蓋宋代任官者則攜家人到任地就職，但呂氏族人見於譜系者多曾為官，而他們在一生中可能輾轉易地為官，故此我們也不能從其任職地追溯其族人之分佈。

我們雖無法從呂氏族人之居住地探討其交往情況，但可從其成員之塋域窺見其宗族關係。按祭祀祖先是中國人的傳統習俗，而宗法強調的是共祖的血脈關係，故一個家族的重心，活著的是本族的宗子族長，去世的則為同宗的祖先。因此，倘若宗族關係親密者，必有同祀祖塋，甚至有本族的公墓，是以韓琦要使其家族不墮，乃搜訪先塋之所在，並「重修五代祖塋域」。〔註128〕《淳熙三山志》也提到福州當地的風俗：

> 州人寒食春祀必拜墳下。富室大姓有贍塋田，屋祭畢合族多至數百人，少數十人，因是燕集序列，昵歡服尊祖睦族之道也。〔註129〕

根據王安禮（1034～1095）撰的〈呂公綽行狀〉載：

> 公自高祖以上葬太原，曾祖以下葬開封新鄭縣神崧鄉懷忠里。

〔註127〕李弘祺，〈宋代社會與家庭——評三本最近出版的宋史著作〉，頁202。
〔註128〕《少儀外傳》，卷上，頁20；《韓魏公集》，卷1，〈韓氏家集序〉，頁12～13；《琬琰集》，中卷48，〈韓忠獻公琦行狀〉，頁23～24。
〔註129〕宋・梁克家，《三山志》，卷40，〈土俗類〉2，〈歲時・寒食・墓祭〉，《宋元地方志叢書》，臺北：大化書局，1980年，頁8079。

〔註130〕
可見呂氏第一、第二代的呂韜及呂夢奇葬於山西太原，即其祖貫之地。從「呂氏譜系圖」來看，據王安禮的說法，則自龜祥起便葬於開封，但他並無提及龜圖葬地，故我們無法從此論及龜圖、龜祥以後二支之關係。不過，就龜祥一代（即第三代）而論，他們的父親呂夢奇及祖父呂韜都葬於太原祖墳，則他們兄弟二房之關係應頗親密。

　　呂公綽的曾祖父龜祥、祖父蒙亨和父親夷簡葬於開封，龜圖一支又如何呢？〈呂蒙正神道碑〉並無記其父墳地所在，只說蒙正葬於洛陽縣金石鄉奉先里；〔註131〕據江少虞（1118年進士）稱，呂蒙正「生於洛中祖第正寢，至易簀亦在其寢。」〔註132〕則洛陽為蒙正之祖籍，推想龜圖或可能葬於洛陽吧？無論如何，蒙正卻是葬於洛陽，與其堂弟蒙亨異地，則可見呂氏至第四代末第五代始，夷簡一支與呂蒙正諸子一支之關係應開始疏遠；惟其時乃家族發展之前期，族人的繁衍還有限，故各房間仍有一定的來往，且似有家塾聚眾教學，王珪記述呂蒙巽三女的情況即為例子：

　　　　夫人姓呂氏，其先并州人。曾大父諱夢琦，贈太師、尚書令。
　　大父諱龜祥，贈太師、中書令。父諱蒙巽，尚書戶部員外郎、知海
　　州、贈太常少卿。夫人實第三女也。海州之從兄宮師文穆公，太平
　　興國中策進士第一，未幾，致位宰相，被兩朝顧遇，固隆貴矣。與
　　海州素相友愛，故久留轂下，不得補官於外。夫人既生相家，文穆
　　見每奇之，以謂殊非諸女之儷。太尉文靖公，海州之兄子也，少時
　　嘗親帥諸子弟，勵志於學。夫人方幼，見文字輒喜，於是汎通詩書
　　百家之學。〔註133〕

　　蒙正後人之墳地並無記錄，至於蒙亨一支，有數人均同葬於其塋左右。按懷忠里本名馬亭鄉，呂夷簡薨，仁宗思之，書「懷忠碑」三字以賜之，將其墳寺名為懷忠薦福院，並改馬亭鄉為懷忠里；〔註134〕而其子公綽、〔註135〕

〔註130〕宋・王安禮，《王魏公集》，卷7，〈呂公綽行狀〉，《四庫全書珍本別輯》，臺北：商務印書館，1975年，頁35。
〔註131〕《琬琰集》，上卷15，〈呂文穆公蒙正神道碑〉，頁1。
〔註132〕《類苑》，卷5，〈名臣事跡・呂文穆〉，頁90。
〔註133〕王珪，《華陽集》，卷40，〈壽安縣太君呂氏墓誌銘〉，頁556～558。
〔註134〕《長編》，卷152，慶曆4年9月戊辰，注引《呂氏家塾記》，頁3699。
〔註135〕《王魏公集》，卷7，〈呂公綽行狀〉，頁35～36；王珪，《華陽集》，卷38，〈翰林侍讀學士贈左諫議大夫呂公綽墓誌銘〉，頁511；《琬琰集》，中卷15，〈呂諫

公弼、〔註136〕公著〔註137〕及公綽子希道夫婦也都葬於夷簡墓側。〔註138〕由此觀之，自龜祥、蒙亨、夷簡、公綽、希道五代都是葬於懷忠里，則這裡已是其宗族之公墓。至於宗簡一房，據呂廣問的墓誌銘載：

> 公自河東遷筰離，而世葬鄭州管城縣，因公之南，始家宿國太平縣，葬其夫人與其兄弟長壽之古城山，且自為穴，今遂空焉。
> 〔註139〕

據范祖禹撰呂公綽墓誌銘：「公（公綽）葬鄭州管城縣懷忠鄉神崧里」，〔註140〕可知管城縣之墓地即懷忠里者，故呂廣問之父希朴、祖父公雅及曾祖宗簡均葬於河南開封龜祥祖墳。所以大抵在南渡以前，蒙正一支已遷葬洛陽，與夷簡及宗簡一支關係較疏；而宗簡和夷簡兩支則同葬於懷忠里祖塋，由於是同族公墓，故推想他們兩支之宗族關係應較為親密。

本研究初稿完成後二十餘年，內地學者鄭嘉勵在研究浙江武義縣南宋呂氏家族墓地時指出：

> 六世祖呂夷簡，在河南新鄭，也就是河南鄭州神崧里，當時已經打造了一個七代的聚葬家族墓地，這個墓地現在還在，但沒有經過考古發掘。這一個家族墓地，在埋的時候是有嚴格規劃和墳圖的。這些圖在歷史的傳播過程中，在當時使用是雕版印刷，刻文字時相對來說比較簡單，圖翻刻起來比較麻煩，所以文字相對來說容易流傳下來，而圖就比較容易失傳，圖現在沒有了。神崧里墓地的墳圖的序現在還保留在天一閣鄞縣的墓府的呂氏宗譜裡。把神崧里北宋呂氏的家族墓地的形成過程，描述的非常詳細。神崧里的墓地甚至將呂用中這一代的墓地都做好了，可以想像，如果北宋沒有滅亡，呂氏不會南遷，也不會有明招山的墓地。〔註141〕

議公綽墓誌銘〉，頁12。

〔註136〕《琬琰集》，上卷20，〈呂惠穆公公弼神道碑〉，頁6。

〔註137〕《蘇魏公文集》，卷14，〈挽辭‧司空平章軍國事贈太師開國正獻呂公五首〉，頁95～97。

〔註138〕《范太史集》，卷42，〈左中散大夫少府監呂公墓誌銘〉，頁10。

〔註139〕宋‧韓元吉，《南澗甲乙稿》，卷20，〈左太中大夫充龍圖閣待制致仕贈左正奉大夫呂公墓誌銘〉，《叢書集成初編》，上海：商務印書館，1936年，頁396。

〔註140〕《范太史集》，卷42，〈左中散大夫少府監呂公墓誌銘〉，頁10。

〔註141〕〈考古才子鄭嘉勵：武義明招山，一場理想主義者的族葬〉，網上資料，點擊日期：2016年9月10日，見 http://zj.zjol.com.cn/news/135962.html。

可惜我未能看到這些資料，無法詳論，但足見以呂氏家族的墳塋討論其宗族
關係是正確的。

　　宋室南渡以後，呂蒙正一支的資料全無，而宗簡一支，據上論可見呂廣
問已移居太平縣，長壽古城山成為他和兄弟宗人的墳塋，但夷簡一支之情形
又如何呢？由於史料缺乏，故在第二章的論述中我們只知道夷簡一支的後人
多移居金華的婺源，故他們的墳地很自然隨朝廷由東京遷至南方，而呂大同
（呂本中子）妻子方氏的墓誌銘便謂：

　　　　夫人初沒時，（其子）祖平屢不能以柩祔從事墓（即呂大同
　　墓），乃婺州武義縣明招山祖墓之旁焉。自改葬從事，諏日奉夫人
　　歸祔。〔註142〕

可見婺州武義縣明招山已成為呂祖平一族的祖墳。按呂氏族人葬於此地輩份
最高者，似為呂公著之孫、即呂本中之父呂好問。呂好問自僞楚蒙污退隱後，
終卒於桂州，後二十四年乃改葬於武義縣之明招山；〔註143〕其子呂用中並上
言朝廷乞得武義縣之惠安院作為好問之功德院。〔註144〕此後，呂好問另一子
呂弸中、〔註145〕弸中子呂大器夫婦、〔註146〕大器子呂祖謙夫婦、〔註147〕祖
謙弟呂祖儉、〔註148〕及前引好問另一子呂本中的兒子呂大同夫婦，均葬於明
招山。是以可知夷簡後人遷於金華者，均葬於明昭山之宗族祖墓。

　　我在二十多年前研究呂氏家族的墳塋時，能夠運用而確實可信的宋人史
料，就只能拼合到上面的簡單圖像；幸運地，近年內地考古學家在明招山呂
氏家族墓地的發掘工作，讓我們更清楚呂好問一房如何在婺州建立南渡後的
家族墓地，也證明我當年的構論大致無誤。由於史料珍貴，這裡值得詳細徵

〔註142〕宋‧陸游，《陸放翁全集‧渭南文集》，卷36，〈呂從事夫人方氏墓誌銘〉，北
　　　　京：中國書店，1986年，頁221～222。
〔註143〕《呂東萊先生文集》，卷9，〈家傳〉，頁212～214。
〔註144〕清‧徐松，《宋會要輯稿》，〈道釋〉2之12，北京：中華書局，1987年，頁
　　　　7894。關於功德墳之詳情，可參考黃敏枝，《宋代佛教社會經濟史論集》，臺
　　　　北：學生書局，1989年，頁241～285。
〔註145〕元‧吳師道，《吳正傳先生文集》，卷18，〈呂文穆公誥詞〉，《元代珍本文集
　　　　彙刊》，臺北：國立中央圖書館，1970年，頁555～556；宋‧呂祖謙，《東萊
　　　　集》，附錄1，〈呂祖謙年譜〉，《四庫全書珍本十一集》，臺北：商務印書館，
　　　　1981年，頁2。
〔註146〕《呂東萊文集》，〈本傳〉，頁1；《東萊集》，〈呂祖謙年譜〉，頁5及8。
〔註147〕《呂東萊文集》，〈本傳〉，頁1；《東萊集》，〈呂祖謙年譜〉，頁5及8。
〔註148〕《吳正傳先生文集》，卷18，〈呂文穆公誥詞〉，頁555。

引和討論，〈呂好問壙誌〉：

> 紹興元年四月，避地南走桂州，得疾寖劇，薨七月丁酉，享
> 年六十八。……孤子本中、彌中、用中、忱中奉喪藁葬城南龍泉
> 寺。……自公之考侍講滎陽公□□祖正獻晉公、曾祖文靖陳公以上，
> 與公夫人王氏，皆前葬鄭州新鄭。今公之喪未克歸葬，諸孤號哭即
> 事，懼不得濟而亦不敢謀久安，於是將視四方少定而改卜焉。孤子
> 本中泣血謹志。……〔補刻文字〕：先公藁葬桂林，□二十有二年，
> 紹興癸酉秋，乃克扶護度嶺，以其年閏十二月己酉改葬於婺州武義
> 縣明招山之塘塢。當改葬之歲，本中、彌中皆先沒………。孤子用
> 中疾病號泣謹志。〔註149〕

呂好問卒於桂林，子孫只將他暫時「藁葬」，而墓誌的方石早已預留了足夠的
補刻空間，很明顯他們是希望待時局安定後，再將呂好問的靈柩移歸其祖父
輩和妻子王氏長眠的鄭州神崧里家族墓地；惟最後因為朝廷和呂家已遷移南
方，呂用中兄弟遂將父親葬於明招山，是為新建宗族墓地的最高輩份者。

呂好問一房何以選擇明招山？這似乎是跟呂彌中死於兒子呂大倫的官舍
有關。〈呂彌中壙誌〉：

> （紹興）十六年十二月癸卯，感疾，終於男大倫婺州武義縣丞
> 廨舍正寢，享年五十有七。……諸孤奉喪藁葬於武義縣明招山。自
> 公之妣、祖考妣、曾祖考妣以上及公之夫人章氏皆葬鄭州新鄭縣。
> 公之考右丞及公之夫人文氏皆藁葬靜江府。今公之喪既未克歸祔先
> 塋，又不能從葬桂林。諸孤流離異鄉，懼不得濟，於是銜哀茹苦權
> 宜即事，以俟它日改卜焉。孤子大倫泣血記。〔註150〕

由於當時呂好問暫葬於桂林，呂大倫遂在武義縣丞的任上，將父親「藁葬」
於明招山，但他仍強調呂夷簡在鄭州建立的祖墳，希望他日可以改卜歸葬，
可見當時還沒有建立永久性墓地的想法。〔註151〕呂彌中死於兒子在武義縣丞
的官廨裡，巧合地開啟了浙江呂氏家族墓地的序幕。後來，呂彌中繼室文氏

〔註149〕〈呂好問壙誌〉，見鄭嘉勵，〈明招山出土的南宋呂祖謙家族墓誌〉，載於包偉
　　　　民、劉後濱主編，《唐宋歷史評論》，第1輯，北京：社會科學文獻出版社，
　　　　2015年，頁188。

〔註150〕〈呂彌中壙誌〉，見鄭嘉勵，〈明招山出土的南宋呂祖謙家族墓誌〉，頁190～
　　　　191。

〔註151〕鄭嘉勵也有同樣的釋讀，見〈明招山出土的南宋呂祖謙家族墓誌〉，頁191。

的靈柩也從桂林遷來明招山安葬：

　　　　（文氏）紹興辛亥四月避地適嶺表，甲戌暴終於桂之興安驛中，
　　享年□十二。呂氏世葬鄭州新鄭縣懷忠鄉神崧里。今□□□然未可
　　北歸，遂卜是月甲申薰葬桂州□□□山隆教寺之後，以待兵革小定，
　　歸祔先塋。……〔補刻文字〕先考駕部既葬於婺州武義縣之明招山，
　　紹興癸酉奉先妣安人文氏至自桂林，以是年閏十二月己酉□舉先考
　　之柩合葬於舊穴之南六十三步。……孤子大器號泣謹志。〔註152〕

跟呂好問一樣，文氏「薰葬」於桂州佛寺之原因，仍然是希望將來北定中原
後回歸鄭州的祖墳，故志石留下位置以備將來補刻文字；不過，現實是偏安
江左大局已成，呂弸中已在明招山長眠，故文氏亦跟呂好問一樣，由子孫接
回明招山之墓地，重投丈夫的懷抱裡去。文氏這次歸葬，呂大器將父親呂弸
中改葬，和文氏同穴，雖然當時仍然念念不忘河南的祖墓，但似已有永久安
葬婺源之意；而呂弸中父子及妻子的墓地聚壟於明招山，隱隱然已可看見呂
氏家族各房之間靠攏之目的了。〔註153〕

　　前面提到呂用中上言朝廷，為父親乞得武義縣之惠安院作功德院，他自
己和妻子韓氏後來也長埋於斯地，〈呂用中壙誌〉：

　　　　以（紹興）三十二年六月二十八日，終於男大麟常州武進令治
　　所。……緣公之六世祖代國公而下暨秦國夫人皆葬於鄭州，公之考
　　東萊公先葬桂林，後改卜婺州武義縣之明招山。諸孤奉公之喪，以
　　是歲九月二十六日葬於明招，邇東萊公之兆，成公志也。……孤子
　　大麟等泣血謹記。〔註154〕

〈呂用中妻韓氏壙誌〉：

　　　　夫人敘封宜人，先君沒，（子）大麟升朝……乾道六年十一月
　　以疾終於建康府江東轉運司主管文字官舍，享年七十。明年二月
　　十二日，大麟、大虬奉夫人之喪合先君之葬於婺州武義縣明招

〔註152〕〈呂弸中妻文氏壙誌〉，見鄭嘉勵，〈明招山出土的南宋呂祖謙家族墓誌〉，頁
　　　　191～192。
〔註153〕鄭嘉勵亦指出，南方的世家大族因為重視風水穴，故很難將所有族人同葬於
　　　　一個地方；北來的呂氏家族在明招山建立多個墳塋，就顯示其為一個家族墓
　　　　地。見〈考古才子鄭嘉勵：武義明招山，一場理想主義者的族葬〉。鄭氏此論，
　　　　可補充我們在這裡的討論。
〔註154〕〈呂用中壙誌〉，見鄭嘉勵，〈明招山出土的南宋呂祖謙家族墓誌〉，頁193～
　　　　194。

山。……大麟泣血謹記。〔註155〕

呂用中的壙誌同樣提到鄭州的宗族墓地，但兒子大麟提到「成公志也」，證明呂用中自己已希望葬在父親墓地之側；而其妻韓氏歿後，兒子也將她的遺體從建康府運回明招山，跟呂用中一把下葬；至若其弟呂忱中也一樣，要求子孫將自己葬於父親墳墓之右，〈呂忱中壙誌〉：

> （紹興）三十二年，除知饒州，視事凡三月，以十月十六日寢疾終於郡治，享年六十五……惟呂氏自代國公而下皆葬新鄭，自東萊公之喪不克歸祔，卜葬婺州武義縣之明招山。而公之仲兄駕部、叔兄秘閣皆從葬焉。隆興元年正月十八日，奉公之喪於東萊公兆域之右，遵治命也。……姪……大器泣血謹記。〔註156〕

而後來呂忱中妻子李氏以疾終於家，其子呂大信亦將母親「合祔於婺州□□縣明招山先君之兆。」〔註157〕值得注意的是，自呂彌中先葬於婺州後，呂用中將父親之靈柩遷回明招山墓地，其後彌中妻、用中夫妻和忱中夫妻也在父親墳塋周圍安葬，而用中和忱中夫妻的〈壙誌〉也再沒提到「藁葬」，可見呂好問一房的子孫已不再將明招山視爲族人暫卜之墓地了。

事實上，到了彌中子呂大器死時，其弟大猷所寫的〈壙誌〉，已將明招山的呂氏家族墓地稱爲祖墳了，將大器和妻子合葬：

> （大器）乾道八年二月七日，以疾終於家，享年六十。是年五月十六日，葬於婺州武義縣明招山祖塋之次。娶曾氏，故尚書禮部侍郎幾之女，前公七年卒，贈宜人，實合祔焉。〔註158〕

曾氏早呂大器先歿，其實呂大器早已將其葬在家族墓地裡：

> 孺人性至孝，父沒，哀毀成疾，以乾道二年十□月一日終於建業舟中，享年□□□□。呂氏世葬鄭州新鄭縣懷忠鄉，今旣未克歸葬，姑以明年正月二十二日祔於婺州武義縣明招山先公駕部塋次……呂大器記。〔註159〕

鄭州的呂氏家族墓地已是遙不可及，遇有親人離世，實際已無須猶豫，明招山的先塋就是最好和最自然不過的選擇。因此，呂大器弟呂大倫和其妻子程

〔註155〕 〈呂用中妻韓氏壙誌〉，見鄭嘉勵，〈明招山出土的南宋呂祖謙家族墓誌〉，頁195。
〔註156〕 〈呂忱中壙誌〉，見鄭嘉勵，〈明招山出土的南宋呂祖謙家族墓誌〉，頁196～197。
〔註157〕 〈呂忱中妻李氏壙誌〉，見鄭嘉勵，〈明招山出土的南宋呂祖謙家族墓誌〉，頁197。
〔註158〕 〈呂大器壙誌〉，見鄭嘉勵，〈明招山出土的南宋呂祖謙家族墓誌〉，頁199。
〔註159〕 〈呂大器妻曾氏壙誌〉，見鄭嘉勵，〈明招山出土的南宋呂祖謙家族墓誌〉，頁200。

氏也是葬在這裡，呂祖永爲母親寫的〈壙誌〉就提到程氏「以淳熙丁酉十一月十五日終於正寢……以明年二月初二日祔於婺州武義縣明招山先君之兆。先君諱大倫。」〔註160〕而呂用中子呂大麟亦將自己的妻子薛氏葬在家翁墓側：「予先君秘閣（即呂用中）以紹興三十二年奄棄諸孤，諸孤奉公之喪葬於東萊公兆域之左。夫人爲先君冢婦，義當從葬近地，遂以是年六月二十五日葬夫人於明招山之塘塢，邇先君之墓也。」〔註161〕當然，大麟自己也是一樣，長眠於明招山家族墓地。〔註162〕

　　自呂好問祖孫三代都葬在婺州以後，直至宋末元初，本房各代後人遂以武義縣明招山的墓地爲「先塋」、「祖塋」、「祖兆」，建立了呂氏在南方最大型的新家族墓地，當時甚至有人從風水之說指出「然或者謂呂之子孫不甚壽，亦祖山掘鑿太過也。」〔註163〕新發見呂氏族人的〈壙誌〉還有下列幾通可見其況，姑以簡表列出，免再贅說：

譜代	姓　名	內　　　容	資 料 出 處
11	呂祖謙妻前韓氏	紹興三十二年秋，吾（韓元吉）女將葬於婺州明招山呂氏之兆。	韓元吉,〈呂祖謙妻前韓氏墓誌〉〔註164〕
11	呂祖儉	其明年七月二十四日之夜，無疾終於筠州大愚寺寓居之正……朝廷憐之，詔令歸葬。呂氏世葬……忠鄉神崧里，右丞公始葬婺州武義明招山，子孫皆族葬焉。諸孤遂以是……十九日葬於先塋之次。（本段省略號爲碑文殘缺不清處。）	〈呂祖儉壙誌〉〔註165〕
11	呂祖忢	先君生於乾道丙戌六月十二日，終於嘉熙庚子十一月初六日，享年七十有五。以淳祐改元三月己酉歸葬於婺州武義縣來蘇鄉明招山祖塋之右。	呂袤年,〈呂祖忢壙誌〉〔註166〕

〔註160〕〈呂大倫繼室程氏壙誌〉，見鄭嘉勵，〈明招山出土的南宋呂祖謙家族墓誌〉，頁201。
〔註161〕〈呂大麟妻薛氏壙誌〉，見鄭嘉勵，〈明招山出土的南宋呂祖謙家族墓誌〉，頁203。
〔註162〕呂大麟兒子呂祖憲爲自己的兒子呂榮年寫的壙誌，就提到自己的曾祖父、祖父及父親呂大麟都是葬於明招山。見〈呂榮年壙誌〉，見鄭嘉勵，〈明招山出土的南宋呂祖謙家族墓誌〉，頁212。
〔註163〕宋・方大琮，〈與林提幹進禮書〉，載曾棗莊、劉琳主編，《全宋文》，卷7389，〈方大琮〉29，上海：上海辭書出版社，2006年，頁61。
〔註164〕〈呂祖謙妻前韓氏墓誌〉，見鄭嘉勵，〈明招山出土的南宋呂祖謙家族墓誌〉，頁204。
〔註165〕〈呂祖儉壙誌〉，見鄭嘉勵，〈明招山出土的南宋呂祖謙家族墓誌〉，頁207～208。
〔註166〕〈呂祖忢壙誌〉，見鄭嘉勵，〈明招山出土的南宋呂祖謙家族墓誌〉，頁208。

12	呂康年及妻子劉氏	迪功郎、溫州錄事參軍呂君康年之妻劉氏……初，錄參君以諸生登第，主慶元鄞縣簿，再調，未上而卒。……（劉氏）卒以不療而死。……以明年二月二十一日奉其柩葬於明招山，以錄參君之兆。	劉宗奭，〈呂康年妻劉氏壙誌〉〔註167〕
12	呂榮年、呂叔駿	榮年生以淳熙十年十月二十七日，卒以嘉泰四年六月十三日。自予（呂祖憲）曾大父太師萊公、大父秘閣、先君右司悉葬婺州武義縣明招山，榮年卒之歲十月丁酉乃以其喪祔於祖塋之次。予有四子，叔駿年七歲矣，先以慶元戊午夏六月逝，瘞越之近郊，□是亦徙其柩，葬於榮年壙側，蓋同兆云。	呂祖憲，〈呂榮年壙誌〉〔註168〕
13	呂宜之（呂本中四世孫）	先君生於紹定辛卯二月十二日，卒於至元甲申正月二十日，享年五十有四……惟是宅兆久未協吉，不肖孤夙夜不寧，卜以己丑孟春丁酉葬於武義縣來蘇鄉明招山社塘塢之原，附祖兆也。	呂克莊，〈呂宜之壙誌〉〔註169〕

　　綜觀以上所述，可見呂氏家族在第四代以前，祖墳為太原，故龜圖、龜祥兩房關係應很密切；而自蒙正一支遷葬洛陽、蒙亨一支遷葬開封，兩支之關係乃開始疏遠，並應以各自衍生之後為本宗互助的對象；宗簡及夷簡一支在南渡前同葬開封，故宗族關係緊扣，但南渡後廣問一支遷葬長壽，好問一支遷葬明招，宗簡、夷簡兩房在三代後也疏遠，同樣應以各自衍生之後人為本族互助之對象。

　　以上是利用宗族的墳塋來分析呂氏宗族的關係，筆者發覺過去史家在討論宋代宗族組織及互助時，並無注意此點，故此可謂我的大膽嘗試及推論。〔註170〕然而，此點正與傳統的宗法相合，從世代分辨親疏，故呂蒙正一支在五代後便與夷簡、宗簡二房脫離關係；而夷簡、宗簡為兄弟，故以宗法計算，自其父蒙亨至曾孫廣問、好問止亦為五代，是以好問與廣問二支又脫離關係，這似乎可證明我用墳塋討論其宗族關係是可靠合理的。事實上，方大琮（1183～1247）就如此說：

〔註167〕〈呂康年妻劉氏壙誌〉，見鄭嘉勵，〈明招山出土的南宋呂祖謙家族墓誌〉，頁210～211。
〔註168〕〈呂榮年壙誌〉，見鄭嘉勵，〈明招山出土的南宋呂祖謙家族墓誌〉，頁212。
〔註169〕〈呂宜之壙誌〉，見鄭嘉勵，〈明招山出土的南宋呂祖謙家族墓誌〉，頁213。
〔註170〕何晉勳後來也開始研究士族發展與葬地的關係，見何晉勳，〈宋代鄱陽湖周邊士族的居、葬地與婚姻網絡〉，《臺大歷史學報》，第24期，1992年12月，頁287～328。

呂氏自南渡來，子孫雖分散四出，多歸葬婺之明招山。〔註171〕

墳塋作爲呂氏家族敬宗睦族的作用，清楚可見；婺源呂氏宗族各房之間的關係，亦因此更形鞏固。這裡還有一個有趣的問題，呂好問而下，子孫都葬在明招山家族墓地，惟如果靖康劫後宋室眞的能直搗黃龍收復中原，依呂好問諸人的〈壙誌〉所見，他們都念念不忘要歸葬河南鄭州的祖塋，那鄭州的呂氏墓地就肯定不只是前引鄭嘉勵提到的爲七代呂氏族人的塚穴。果如是，我們在第一章引柳立言對宋代「宗族」論的質疑，呂氏這個例子，或可回應其挑戰、也顯示將呂氏家族視爲一個整體研究，仍然有其道理或意義？

此外，我們或可再用族人字輩來看，據日本宗譜學家多賀秋五郎的研究，命名排行，具有表示宗族內部縱與橫的人倫輩行關係，〔註172〕王明清《揮麈錄》亦云：

> 東萊呂氏，文穆家也。文穆諸子，文靖兄弟也，名連簡字。簡字生公字，公字生希字，希字生問字，問字生中字，中字生大字，大字生祖字。〔註173〕

從「河南呂氏家族譜系圖」可見，呂蒙正一支與夷簡一支前五代均以同字排輩，合於宗法，故其關係親密；但蒙正孫及曾孫以「昌」字及「仲」字排輩，與夷簡、宗簡後人不同，蓋已超出五代，關係自會漸漸疏遠。〔註174〕至於夷簡、宗簡爲親兄弟，兩房五代排輩之字亦相同，正可反映夷簡與宗簡兩房較與蒙正一支親密；而到了「中」字輩以後，呂氏族人有史料可尋者，只剩下

〔註171〕方大琮，〈與林提幹進禮書〉，頁61。

〔註172〕日・多賀秋五郎，《中國宗譜の研究》，東京：日本學術振興會，1981年，頁51～116。

〔註173〕《揮麈錄・前錄》，卷2，頁21。

〔註174〕柏文莉（Beverly J. Bossler）在後來的研究裡，跟我有相同的研究進路，同樣強調宋代士族在維繫家族地位時，重視建立祖塋和利用字輩維持凝聚力。不過，柏文莉引用《揮麈錄》的資料後認爲，呂夷簡一房利用字輩維持家族這種模式，並未被呂蒙正任何已知的後人所採用，此點我卻不敢苟同。蓋從本文「附圖一：河南呂氏家族譜系圖」可見，呂蒙正諸子都以「簡」字爲輩、諸孫以「昌」字爲輩、曾孫則以「仲」字爲輩，可惜其餘後人都未見載於史籍，我們無法再知道以後的情況。不過，僅從這三代的年輩推測，呂蒙正一脈同樣都是以字排行年輩，未知柏文莉是否因爲未見呂蒙正諸孫及曾孫的資料，故有上論？呂蒙正後人跟呂夷簡後人的字輩不同，正反映不同支脈的親疏發展不同。有關柏文莉之論，見 Beverly J. Bossler, *Powerful Relations: Kinship, Status, and the State in Sung China（960-1279）*, Cambridge, Mass. and London: Harvard University Press, 1998, pp.75-76。

呂公著的後人及呂公緒的後人，公緒後人在金初移居淪陷的河南武陟，其字輩在「希」字後亦與公著後人不同，〔註175〕故兩支的關係已隔絕，宗族互助更談不上了。

筆者用墳塋和字輩來討論呂氏的宗族關係，目的是要指出即使我們可確定某人屬於某一家族時，仍然不能憑此謂其成員間有宗族互助的情況。例如郝若貝便過份誇大宗族的範圍和互助關係，故論者批評其將宋代家族的內容和活動過份擴大，更將完全無關係的「開封賈氏」和「河東賈氏」誤作一族；〔註176〕而賈志揚亦批評韓明士在研究撫州精英時，把他們所有的家族成員也視作精英份子，是不合理的。〔註177〕故此，我們不能過份誇大宗族互助對呂氏家勢的幫助，讓我們舉些實例看看。呂蒙正曾孫呂仲甫曾任京都提刑等官，與蘇軾善；〔註178〕呂仲敏則曾爲戶曹，與劉摯善；〔註179〕蘇軾和劉摯等均與呂公著有深交，但我們完全看不到公著一支和仲甫、仲敏等有任何交往。而呂仲敏之父呂昌辰（蒙正之孫、務簡之子）更「家極貧」，甚至「死也至無以斂」；〔註180〕當時呂氏家族極爲顯貴的呂夷簡、呂公著一支似也沒予以援手。又例如呂蒙正子呂居簡官右諫議大夫，曾與夷簡子樞密直學士呂公弼先後詳定均稅，〔註181〕同殿爲臣，亦無資料顯示他們有聯絡交往。更有甚者，呂蒙正孫呂昌齡曾干請族父呂夷簡薦用，因爲沒有獲得夷簡的幫助，昌齡乃向李迪誣夷簡曾納賄，欲以陷之。〔註182〕呂夷簡不薦呂昌齡，已可見宗族互助對呂氏家勢之幫助是有限的，而他們因仇怨而互相攻訐，更提醒我們對宗族互

〔註175〕元·蘇天爵，《滋溪文稿》，卷7，〈元故翰林侍讀學士贈陝西行省參知政事呂文穆公神道碑〉，《元代珍本文集彙刊》，臺北：國立中央圖書館，1970年，頁1。

〔註176〕李弘祺，〈宋代社會與家庭——評三本最近出版的宋史著作〉，頁201。

〔註177〕John W. Chaffee, *The Thorny Gates of Learning in Sung China: A Social History of Examinations,* Cambridge: Cambridge University Press, 1985, pp.12.

〔註178〕宋·蘇軾，《蘇東坡全集·外制集》，卷上，〈呂穆仲京東提刑制〉，北京：中國書店，1986年，頁598；清·陸心源，《宋詩紀事補遺》，卷22，〈呂仲甫〉，臺北：鼎文書局，1971年，頁12。

〔註179〕宋·劉摯，《忠肅集》，卷19，〈送呂曹仲敏〉，《叢書集成初編》，上海：商務印書館，1936年，頁280。

〔註180〕《忠肅集》，卷13，〈清海軍推官呂君墓誌銘〉，頁189。

〔註181〕《長編》，卷191，嘉祐5年4月，頁4621；《宋會要輯稿》，〈食貨〉70之10，頁6375；元·馬端臨，《文獻通考》，卷4〈田賦〉4，〈歷代田賦之制〉，北京：中華書局，1986年，頁58。

〔註182〕宋·朱熹，《五朝名臣言行錄》，卷5之2，〈丞相李文定公〉，《四部叢刊初編》，臺北：商務印書館，1967年，頁94。

助的重新反省。

當然，或有謂呂夷簡一支與呂蒙正之裔在血緣上已疏遠，故其沒有互助是可想見的，筆者接受此論，而我在前面論述墳塋等等就是要指出宗族互助在數代以後便會失效，即使能證明他們是同族之成員，但亦不能推論他們有宗族間之互助，這一點是我要強調的。蒙正與夷簡之後人因血緣疏遠而缺少互助，那麼較親密的宗簡和夷簡之後人又如何呢？眾所周知，夷簡之子呂公弼和呂公著本與王安石善，但後因新法故而反目成仇，但宗簡子呂公雅卻曾提舉保甲保馬法，〔註183〕而他們之間亦未見往來，在政見不同、缺少交往下，公雅與公著等亦應無互助。此外，呂夷簡本支之後人中，公著子希純之孫呂企中，「少孤貧，漂轉建昌」，〔註184〕「孤」、「貧」正可顯示無宗族之幫助。呂公緒子希衍失其官封，攜其家人入金，更與呂氏其他族人完全脫離關係，自然亦沒有宗族互助。〔註185〕其實，正如前節所言，「郡望」觀念在宋代已經解體，一個人一旦離開本家，往往從此與本鄉的族人脫離關係，呂氏族人大多到各地任官，故各支之間的關係自然日漸疏遠，除非他們有共同的祖塋或類似義莊的組織，又或是居住在一起，否則其宗族關係及互助情況不會很多。正因為如此，故呂居簡、公弼、仲甫、仲敏、公著、公綽等人雖曾相若同時為朝官，但呂蒙正及呂夷簡二支間似並無很親密的交往；南渡後，呂廣問、本中、忱中、企中和呂希常等亦曾一殿為臣，但他們數支之間也無很強的聯繫，更有政見不同者，如呂忱中、愿中黨秦檜。諸呂之間，筆者推想他們在碰面時雖知道彼此同為一族之後，至於互助云云，那要按個別情況而論吧。

然則宗族互助對呂氏是否完全沒有幫助呢？這當然不是，上面的討論旨在指出是有限的，不能過份誇大其效用。如前節所論，宋人在「家」以外已發展了新的宗族組織，故在血緣親密的族人中，呂氏亦有互助的情況，例如呂蒙正為相後，太宗便從其請而命蒙正諸弟蒙叟為鄆城縣主簿、蒙莊為楚邱縣主簿、蒙巽為沈邱縣主簿。〔註186〕此外，蒙正又與堂弟蒙巽「相友愛」，故

〔註183〕《長編》，卷335，元豐6年6月戊辰，頁3125；卷341，元豐6年12月甲申，頁3174；卷343，元豐7年2月庚午，頁3183。

〔註184〕宋・洪邁，《夷堅志》，三志壬，卷2，〈呂仲及前程〉，北京：中華書局，1981年，頁1482。

〔註185〕《滋溪文稿》，卷7，〈元故翰林侍讀學士贈陝西行省參知政事呂文穆公神道碑〉，頁1。

〔註186〕《長編》，卷31，淳化元年9月戊寅，頁705。

蒙巽「久留轂下，不得補官于外。」〔註187〕而呂氏宗族互助對家族發展幫助最突出的例子，自然要算呂蒙正推薦堂姪呂夷簡了：

> 呂文穆公既致政居洛，真宗祀汾陰過洛，文穆尚能迎謁，至回鑾已病，帝為幸其宅，問曰：「卿諸子孰可用？」公對曰：「臣諸子皆豚犬，不足用。有姪夷簡，任潁州推官，宰相才也。」帝記其語，遂至大用。〔註188〕

按蒙正不舉兒子而薦姪夷簡，一方面固然是夷簡有才能，但亦可能是為了使家族有更大之及發展，故蒙正寧捨子薦姪，使有才能之族人可令呂氏昌盛不衰；而夷簡後來亦不負所託，成為北宋一代名相，呂氏更成為宋代名族。至於夷簡，他亦與「季氏宗簡尤為友愛」；〔註189〕其子公綽也重視宗族互助，「每任子，必先諸族，公捐館而諸孫猶有未命者」；〔註190〕公著則「俸賜率以周九族」；〔註191〕公綽子希道遇郊禮恩遷官，「固辭，諸及族人之未仕者」；〔註192〕呂好問亦將天子加恩「推與從父兄」；〔註193〕呂廣問任婺源主簿，也奉其兄呂和問以俱；〔註194〕呂游問更「將官屋虧價賣與族姪昭中」；〔註195〕呂祖謙也料理其八家叔、〔註196〕及其嬸母之喪，〔註197〕並從浙西挈其另一家叔一房歸婺，〔註198〕又照料諸弟。〔註199〕從上面眾多的例子，我們可見呂氏家族實有宗族互助之關係，並使家族得到一定的幫助，蒙正薦夷簡就是最好的例子。但在這裡我們碰到一個難題，在這些例子中頗多只言及互助的對象是「諸

〔註187〕《王華陽集》，卷40，〈壽安縣太君呂氏墓誌銘〉，頁556。
〔註188〕《五朝名臣言行錄》，卷1之6，〈丞相許國呂文穆公〉，頁24；《長編》，卷75，大中祥符4年3月甲申，頁1716；宋・畢仲游，《西台集》，卷17，〈祭司空呂申公文〉，《叢書集成初編》，上海：商務印書館，1936年，頁261。
〔註189〕宋・張方平，《樂全集》，卷36，〈呂文靖公夷簡神道碑〉，《四庫全書珍本初集》，上海：商務印書館，1934年，頁10。
〔註190〕《琬琰集》，中卷15，〈呂諫議公綽墓誌銘〉，頁11。
〔註191〕《三朝名臣言行錄》，卷8之1，〈丞相申國呂正獻公〉，頁198。
〔註192〕《范太史集》，卷42，〈左中散大夫守少府監呂公墓誌銘〉，頁5。
〔註193〕《呂東萊先生文集》，卷9，〈家傳〉，頁204。
〔註194〕《宋元學案》，卷27，〈和靖學案・尹和靖門人呂節夫先生和問〉，頁1009。
〔註195〕《宋會要輯稿》，〈職官〉72之11，頁3993。
〔註196〕《呂東萊先生文集》，卷5，〈與陳同甫書〉，頁109；《陳亮集》，卷23附，〈與陳同甫書〉，頁253。
〔註197〕《呂東萊先生文集》，卷5，〈與陳同甫書〉，頁115。
〔註198〕《呂東萊先生文集》，卷3，〈與汪端明書〉，頁41。
〔註199〕《呂東萊先生文集》，卷4，〈與周丞相書〉，頁87；同書同卷，〈與虞丞相書〉，頁93。

族」、「族人」、「從父兄」、「族姪」、「族叔」等，我們不知所指確實為誰。前面我們說過，家、族、家族、宗族等用語在不同的時期有不同的指涉範圍，而這些用語往往又是多義詞，如夷簡應是蒙正之堂姪，但蒙正就只以「姪」而概言之；加上記載史料者並非人類學家，故他們均無嚴格標準使用這些字詞。職是之故，我們無法知道其互助之範圍是推至多少代，若以前述墳塋之論，大抵在五代之內而已。

　　南宋時代明招山諸呂的稱謂或譜系有時很混亂，其中一個原因是過繼導致的。我們在第二章曾提到呂忱中因為兩子早亡，故「遺言以姪大猷之第四子祖新更名祖信為後」，後來此事沒有果行，而由另一旁系子孫呂大信繼後香燈；而呂康年也因為早卒，結果以仲兄呂延年之命，由呂祖義孫呂正之和呂安之過繼給康年為嗣。這種情況，呂氏各房之間並不罕見，〈呂大麟妻薛氏壙誌〉：

> 夫人生四子：長曰祖恕，次曰祖慇，皆以祖蔭授將仕郎。次曰
> 祖□（憲），幼曰祖志。祖志為予弟大虯之後。〔註200〕

這裡可見呂大麟就以自己的兒子呂祖志接續呂大虯一門。案宋代的宗族制度自然是以父系血緣關係構成，對一個成年男性而言，必須有人來繼承其宗祧，如由於種種原因而沒有親生兒子嗣立，就必須立同姓昭穆相當者為繼，宋朝的法令有很明確的規定。〔註201〕如前所言，南宋明招諸呂多有享壽不長者，各房之間過繼承續香火，是家族綿延的最重要者，也是宗族互助最顯見的蹤跡。

　　除此以外，與范仲淹相若，呂氏家族為使子孫能得到名師的教養，以應付科舉，使家勢不墮，故乃營建書院等宗族組織，教導宗人。《邵氏聞見錄》便載：

> 先是富韓公（弼）之父貧甚，客（呂）文穆公門下，一日白公
> 曰：「某兒子十許歲，欲令入書院事廷評、太祝。」公許之。其子韓
> 公也，文穆見之驚曰：「此兒他日名位與吾相似。」巫令諸子同學，
> 供給甚厚。〔註202〕

〔註200〕〈呂大麟妻薛氏壙誌〉，見鄭嘉勵，〈明招山出土的南宋呂祖謙家族墓誌〉，頁203。

〔註201〕詳見王善軍，《宋代宗族和宗族制度研究》，石家莊：河北教育出版社，2000年，頁123～138。

〔註202〕《邵氏聞見錄》，卷8，頁76。

蓋呂蒙正自幼爲父所棄，貧窮潦倒，讀書備試均仰居寺院，故一旦登第起家後，自然深明科舉及宗族的關係，乃於家中建有書院供子弟讀書，且供給甚厚，作爲族人參與科舉的經濟支持。前面提過呂蒙巽三女的情況，似乎蒙正也容許女性族人仕家塾裡讀書識字，而呂夷簡也曾在其中帶領族人爲學。後來呂氏家族族人廣眾，分支愈多，且又多放官於外，故其中不少人均於其任官寄居處設有此類組織，延聘名師，教育子弟，如呂公著、希純父子：

> 歐陽公知潁州，呂正獻公爲通判，正獻日與公講學，其于諸弟子中，獨敬先生（焦千之），延之館，使子希哲輩師事焉。……呂待制希純知潁州，築宅于城南以居先生，潁人稱曰焦館。〔註203〕

而呂大倫於紹興十五年（1145）爲武義縣丞時，也與堂兄呂大器、大猷及大同等「築堂於廳之西」，「以與兄弟講習道義於其間」，名曰「豹隱堂」，〔註204〕呂祖謙在金華設立的「麗澤書院」則更爲著名。〔註205〕「麗澤書院」雖非爲呂氏子弟專設，實爲祖謙與諸友講學之地，但呂氏子弟亦多從學其中，如呂祖謙弟呂祖儉，便「受業祖謙如諸生」，而據後引祖謙宗法條目，可見呂氏亦有宗學之設。〔註206〕呂氏號爲「中原文獻之傳」，族人多有登第使家勢不墮者，此一因素頗爲重要，如夷簡父蒙亨「無祿早世」，〔註207〕但夷簡少時還能「帥諸子弟屬志于學」，〔註208〕日後更有大成，正可反映呂氏宗學之力。

呂氏多代人聚族同居，自然亦有宗族組織之設立，《異聞總錄》曾載：

> 呂文靖公宅在京師榆林巷，群從數十。（案，《宋人軼事彙編》引《異聞總錄》則作數「千」）遇時節朔望，則昧旦共集於一處，以須尊者之出。文穆公之孫公雅，年十八歲，時當元日謹禮，以卑幼故起太早……。〔註209〕

公雅爲蒙正族孫，即宗簡之子（這裡可證明前面以祖塋提論宗簡與夷簡二支

〔註203〕《宋元學案》，卷4，〈盧陵學案〉，頁205～206。

〔註204〕宋・汪應辰，《文定集》，卷9，〈豹隱堂記〉，《四庫全書珍本十集》，臺北：商務印書館，1979年，頁102。

〔註205〕宋・樓鑰，《攻媿集》，卷15，〈東萊呂太史祠堂記〉，《叢書集成初編》，上海：商務印書館，1936年，頁762；《呂東萊先生文集》，〈本傳〉，頁4。

〔註206〕《宋史》，卷455，〈呂祖儉傳〉，頁13368。

〔註207〕《樂全集》，卷36，〈呂文靖公夷簡神道碑〉，頁2。

〔註208〕《王華陽集》，卷40，〈壽安縣太君呂氏墓誌銘〉，頁556。

〔註209〕宋・佚名，《異聞總錄》，卷4，《筆記小說大觀》，江蘇：揚州古籍書店，1983年，頁8；《宋人軼事彙編》，卷6，頁271。

關係密切之論無誤），夷簡爲其伯父，從他們聚居的情況，朔望時節的集會
及嚴格的長幼尊卑之禮，可反映其宗族組織的存在，而他們也有類似「宗子」
之職，《呂氏雜記》中有語：「初，文靖公薨，侍讀公（即呂公綽）主家政，
族人遊東園」，〔註210〕據此，夷簡原爲家族之首，他死後乃由長子公綽主家
政，可見其行宗子之法，而《異聞總錄》謂「遇時節朔望，族人昧旦共集於
一處，以須尊者之出」，很明顯就是記族長呂夷簡主持宗族祀禮的情形。這
種宗族組織的設立，除了以宗子族長領轄族人，以祖先禮祀及嚴格的家禮維
繫宗族的凝固外，更爲族人提供實質的幫助，前述呂氏諸人將任子恩推與族
人及以俸祿賑濟同宗者就是其例，而他們與范氏義莊相似，是同居共財的大
家庭。《三朝名臣言行錄》有載：

> （呂希哲）居京師舊第，與眾共財，一毫不取，皆推與眾。
> 〔註211〕

不過，呂氏似無范氏義莊等的義田組織，其宗族組織是隨著各支轉徙各地而
設立，以維繫本房。蓋如前述呂氏多有放官於外者，其本宗族人乃隨之而往，
故除京師一支外，呂本中曾說：「元祐中，諸院族人居榆林，甚盛。」〔註212〕
他們各支均有自己的宗族組織互助，如呂好問一支在京師，好問「上奉二親，
下任數百指之責」；〔註213〕呂廣問一支居符離，兄弟倆亦「奉親至孝，聚族數
百指，無閒言。」〔註214〕南渡後，廣問一支遷甯國府，祖謙等則在婺源。據
呂祖謙文集，中有宗法條目，詳列祭祀、省墳、婚嫁、生子、租賦、家塾、
飲食、衣服、束脩、合族、慶弔、送終、會計、規矩等，其案言云：

> 按與朱晦菴書云，宗法，春夏間嘗令諸弟讀大傳，頗欲略見之
> 行事，其條目未堪傳家，閒與叔位同居，向來先人以先叔久病之故，
> 盡推祖業畀之，後來看得兩位藐然，卻無係屬。今年商量兩位，隨
> 力多少，構辦一項錢，共祭祝賓客等用，令子弟一人主之。今方行
> 得數月，俟數年行得有次序，條目始可定也。〔註215〕

〔註210〕宋・呂希哲，《呂氏雜記》，卷下，《四庫全書珍本別輯》，臺北：商務印書館，1975年，頁5。
〔註211〕《三朝名臣言行錄》，卷8之1，〈崇政殿說書滎陽呂公〉，頁199。
〔註212〕《能改齋漫錄》，卷13，〈記事・儒冠多誤身〉，頁398。
〔註213〕《呂東萊先生文集》，卷9，〈家傳〉，頁204。
〔註214〕《南澗甲乙稿》，卷20，〈左太中大夫充龍圖閣待制致仕贈左正奉大夫呂公墓誌銘〉，頁396。
〔註215〕《呂東萊先生文集》，卷4，〈與朱侍講書〉，頁75～76；卷10，〈宗法條目〉，

可知到了祖謙時，呂氏可能受流行設立義莊風氣的影響，亦開始建有類似范氏義莊的更嚴密的宗族組織。〔註216〕

　　總結前論，呂氏家族確有家族墓地和宗族組織，達到敬宗收族的效用。惟各支之間因族人爲官散居各地，於是也各有自己的組織，互助範圍推想在五代之內，即行小宗宗子之法。故我們論其對呂氏家族盛衰之關係時，不能認爲所有呂龜後人都有或都會互助，正如前章所說，他們也可能只知彼此源於同一個祖宗，但世代疏遠後關係已淡如水，不能過份誇大其效用；不過，在親密的世代範圍內，宗族互助仍能幫助呂氏之發展，族人間互相賙賑任蔭，提供了經濟和政治上的保障；而家塾的設立，在宋代這個科舉社會裡，更爲呂氏家族的發展，種下一個最好的投資——教育應舉。

（三）家訓、家法（禮）、家風與家學

　　呂氏既有宗族組織，則自應有譜牒以維繫族人，收宗睦族。據尤袤（1124～1193）《遂初堂書目》載「姓昏類」有《三院呂氏世族》，〔註217〕所謂三院者，河南呂氏即爲其中一院（見前章引《揮麈錄》及呂祖謙所撰之《家傳》），可見呂家是有族譜的；而《三朝名臣言行錄》記呂希哲、《繫年要錄》記呂好問時，均曾屢引《呂氏家傳》，〔註218〕傳世的亦有我們多次徵引的呂祖謙《東萊公家傳》，可知呂氏族譜牒記之情況。不過，到了元代時，吳師道便說呂氏「譜牒告身遺像之屬，爲人所購售，至自稱苗裔者有之。」但呂蒙正進封徐國公加食邑誥詞，則仍爲其「九世孫某所藏」。〔註219〕

　　保存祖先的著作遺物，向爲呂氏所重，如蒙正歿後，其子從簡存其文集，後更以此獲朝廷甄錄；〔註220〕呂祖平存其六世祖夷簡及五世伯祖公弼帖；〔註221〕呂企中得曾祖公著文集，屬其從兄子呂大麟、大虬考訂刊刪爲二十

頁 241～246。
〔註216〕由於史料所限，我們無法詳論呂氏家族「同居共財」的情況。有關宋代的實況，可參考柳立言，〈宋代同居制度下的所謂共財〉，載於柳立言，《宋代的家庭和法律》，上海：上海古籍出版社，2008 年，頁 325～374。
〔註217〕宋·尤袤，《遂初堂書目》，載於明·陶宗儀等編，《說郛三種》，上海：上海古籍出版社，1988 年，頁 18。
〔註218〕見《三朝名臣言行錄》，卷 8 之 1，〈崇政殿說書滎陽呂公〉，頁 199；《繫年要錄》，卷 7，建炎元年丁未 7 月癸卯，頁 182。
〔註219〕《吳正傳先生文集》，卷 18，〈呂文穆公誥詞〉，頁 555～556。
〔註220〕《長編》，卷 90，天禧元年 9 月癸巳，頁 2084。
〔註221〕宋·周必大，《文忠集》，卷 8，〈廣西漕屬呂君祖平以其六世祖文靖公及五世

卷，藏爲家傳，〔註222〕並藏有祖父呂希純之集；〔註223〕呂本中則作〈呂文靖公事狀〉；〔註224〕而呂夷簡應本州鄉舉之試卷，南渡後更爲麗澤呂氏家塾所珍藏，並有刊本。〔註225〕紹興八年（1138）朝廷命有司繪配享功臣像於景靈宮廷之壁，其中呂夷簡之像就是取諸其家。〔註226〕凡此種種，均見呂氏家族極富歷史感，成員對過去的祖先和將來的子孫極負責，故其族講究家訓家法，也重視門風，這是可想見的。

按呂蒙正幼時母子雖爲父親所棄，惟其貴顯後也「迎二親，同堂異室，奉養備至。」〔註227〕故時稱其孝；而「孝」遂爲呂氏所重，如：

> 呂宣問，字季通，開封人，文穆公之四世孫，徙居溧陽。父希圓，紹興甲子倅洋州，妾韓氏生宣問，甫六歲辭去，莫知所之。父卒，李氏獨在，宣問既長，將訪所生，以池陽當蜀人往來通道，乃調錄事參軍，凡蜀客經從，必託使物色存否。臨滿秩而仙井兵楊俊報之曰韓氏在彼，時李氏已老，無它男，宣問不可捨李氏而遠涉，亟調峽州推官，欲益近蜀。至之次年，被檄如荊門，過當陽玉泉寺，寺側武安王廟，求夢而應，果得其母於仙井。時紹興庚戌，相失四十餘年，至是母子如初，相持感泣，吏卒爲之出涕，李氏時年八十三，韓亦七十矣。〔註228〕

呂宣問之孝義，令人感動不已。此外，爲使家族維持不墮，除重人倫孝道外，呂氏亦有家訓，如呂蒙正退居於里，「常召諸子立庭下誨之」，使不墮家世，「由是諸子夙夜相警勵，不忘詔教，持身謹勅，咸稱善人。」諸孫及曾孫「並傳公之所誨於其父祖，罔敢不率。」可知蒙正之義訓，「大施於其後」；〔註229〕

伯祖惠穆公帖示周某，敬題其後〉，《四庫全書珍本二集》，臺北：商務印書館，1971年，頁4。
〔註222〕《文定集》，卷10，〈題呂申公集〉，頁117。
〔註223〕《文定集》，卷10，〈題呂子進集〉，頁118～119。
〔註224〕《文定集》，卷10，〈呂文靖公事狀〉，頁119。
〔註225〕《宋會要輯稿》，〈選舉〉12之26，頁4460；《文獻通考》，卷30，〈選舉〉3，頁283～284。
〔註226〕《繫年要錄》，卷157，紹興18年戊辰5月甲子，頁2556。
〔註227〕《宋史》，卷265，〈呂蒙正傳〉，頁9146；《東都事略》，卷32，〈呂蒙正傳〉，頁3。
〔註228〕宋‧周應合，《景定建康志》，卷48，〈孝悌傳‧呂宣問〉，《宋元地方志叢書》，臺北：大化書局，1980年，頁7～8。
〔註229〕《琬琰集》，上卷15，〈呂文穆公蒙正神道碑〉，頁7～8。

夷簡也書忠孝夫子之訓十八字於門銘，「以遺後人」，其玄孫呂祖平即珍藏之；
〔註 230〕蒙正並著有《夾袋冊》，公著則有《掌記》，均為用世規模；〔註 231〕
至若呂本中《少儀外傳》及《童蒙訓》二書，更載有大量其祖呂公著、希道、
希績、希純、希哲等人的身範和訓誡，〔註 232〕可見呂氏之家訓家法家教等，
而其目的則是「導之以禮，示之以禮法，養之以恩意，嚴肅遜悌之風，可以
維持百年而不息。」〔註 233〕

　　這裡有一點需要注意，呂氏除蒙正、公著、希哲等名臣之家訓對子孫有
影響外，其族之母教亦非常重要。按女性在宋代家庭中之地位其實並不低，
〔註 234〕除有財產繼承權外，〔註 235〕年長的女性亦有很高的地位，〔註 236〕
故母親的教誨多為子女所接受。關於呂氏家族婦女的問題，〔註 237〕本書後
文有專章討論，這裡暫且從略。我們在討論呂氏姻親中已可得見，其姻族多
為名門，頗有教養，其中突出者如呂公著妻為魯宗道女，當時公著居家「簡
重寡默」，而「申國夫人性嚴、有法度，雖甚愛公（呂希哲），然教公事事循
蹈規矩。」故呂本中、魏了翁（1178～1237）和朱熹等均認為呂希哲之得成

〔註 230〕《陸放翁全集·渭南文集》，卷 31，引〈跋呂文靖門帖〉，頁 192。

〔註 231〕宋·羅大經，《鶴林玉露》，卷 2，甲編，〈達賢錄〉，北京：中華書局，1983
　　　　年，頁 34。

〔註 232〕由於其訓語太多，範圍更涉及做人各方面之道，故不詳錄，請自行參閱二書。

〔註 233〕《呂東萊先生文集》，卷 20，〈雜說〉，頁 468。

〔註 234〕關於宋代女性的研究，近年來學者有豐盛的成果，這裡無法詳述，讀者至少
　　　　應參考下列幾部著作：Patricia B. Ebrey, *The Inner Quarters: Marriage and the
　　　　Lives of Chinese Women in the Sung Period*, Berkeley, Los Angels and London:
　　　　University of California Press, 1993；游惠遠，《宋代民婦的角色與地位》，臺北：
　　　　新文豐出版股份有限公司，1998 年；游惠遠，《宋元之際婦女地位的變遷》，
　　　　臺北：新文豐出版股份有限公司，2003 年；鄧小南主編，《唐宋女性與社會》，
　　　　上海：上海辭書出版社，2003 年；鐵愛花，《宋代士人階層女性研究》，北京：
　　　　人民出版社，2011 年；方建新、徐吉軍，《中國婦女通史·宋代卷》，杭州：
　　　　杭州出版社，2011 年；王揚，《宋代女性法律地位研究》，北京：法律出版社，
　　　　2015 年。

〔註 235〕參見日·島田正郎著、卓菁湖譯，〈南宋家產繼承法上的幾種現象〉，《大陸雜
　　　　誌》，30 卷，4 期，1965 年 2 月，頁 15～16。又，《名公書判清明集》中有很
　　　　多例子，可參考之。

〔註 236〕如伊佩霞研究劉克莊家族中之女性便是一例，見 Patricia B. Ebrey, "The Women
　　　　in Liu Kezhuang's Family", *Modern China*, 10:4, October, 1984, pp.415-440。

〔註 237〕參考王章偉，〈從幾個墓誌銘看宋代河南呂氏家族中的婦女〉，載於楊炎廷編，
　　　　《宋史論文集——羅球慶老師榮休紀念專輯》，香港：中國史研究會，1994
　　　　年，頁 132～143。

大器，實由於「申國夫人教訓如此之嚴」；〔註238〕而希哲妻爲待制張昷之女，亦是魯宗道之外孫，她「自少每事有法」，〔註239〕由此可見呂氏家族之家教得來有因。事實上，呂氏之家規家教頗嚴，從現在僅存的片言記載亦可窺其況，《紫微雜記·家禮》：

> 呂氏舊俗，母母受嬬房婢拜，以受其主母拜也；嬬見母母婢妮即答拜，是母亦尊尊之義也。母母呼嬬房人並斥其名，嬬呼母母房稍老成親近者，則並以姐稱之；諸婢先來即呼後來者名，後來者呼爲姐；母母于嬬處自稱名，或去名不稱，新婦嬬于母處則稱之。

〔註240〕

《呂氏雜記》：

> 吾家舊規，中表兄弟甥婿皆來，以長幼叙坐，唯妹婿則賓之，有年齒爵位之相遠者，則不盡然。〔註241〕

《酬酢事變》：

> 娣之夫長于己者拜之，少者答拜焉可也；妻之兄長于己者拜之，少者答拜可也；受外孫拜，不當扶。〔註242〕

是以呂希哲外弟楊璹寶與他人語及希哲，但稱曰內兄或曰侍講，未嘗敢稱字也；而希哲子呂好問亦不敢直呼楊璹寶字；〔註243〕呂希純除著作郎，更以父名公著而辭，〔註244〕可見其家法之嚴。正因爲如此，故呂氏族人多能克守家規家法，如呂昌辰「家極貧，不以一毫取人，人亦不可干以私，死也至無以斂，蓋其節如此。」〔註245〕朝廷制詔亦稱呂好問「克守于家規」、〔註246〕呂

〔註238〕《童蒙訓》，卷上，頁6～7；宋·魏了翁，《鶴山先生大全文集》，卷61，〈跋宋龍學帖〉，《四部叢刊》，臺北：商務印書館，1966年，頁506；《伊洛淵源錄》，卷7，〈呂侍講家傳略〉，頁65。

〔註239〕《童蒙訓》，卷上，頁7。

〔註240〕宋·呂東萊，《紫微雜記》，《叢書集成初編》，上海：商務印書館，1936年，頁1。

〔註241〕《呂氏雜記》，卷上，頁15。

〔註242〕宋·呂希哲，《酬酢事變》，載於明·陶宗儀等編，《說郛三種》，上海：上海古籍出版社，1988年，頁10。

〔註243〕宋·佚名，《愛日齋叢鈔》，載於明·陶宗儀等編，《說郛三種》，上海：上海古籍出版社，1988年，頁13～14。

〔註244〕宋·洪邁，《容齋隨筆·五筆》，卷3，〈士大夫避祖諱〉，上海：上海古籍出版社，1978年，頁832。

〔註245〕《忠肅集》，卷13，〈清海軍推官呂君墓誌銘〉，頁189。

〔註246〕宋·程俱，《北山集》，卷22，〈資政殿學士太中大夫提舉臨安府洞霄宮呂好

大麟「素守家法，好學不衰」；〔註247〕甚至諸女也能秉承祖訓，如呂蒙巽女「幼見文字輒喜，于是汎通詩書之學」，及長適王珪伯父王覃，「治家亦有法，閨內肅然如宮廷」；〔註248〕而呂聰問女適錢受之，靖康間，遇潰兵，「自投于水，以誓義不污賊。」〔註249〕張九成（1092～1159）則謂此「正合春秋之法，此文靖文正舍人公之遺訓也。」〔註250〕到了呂氏末世，呂延年仍恪守呂家重禮之傳統，《癸辛雜識》：

> 林靖之共甫初筮越之民曹，嘗直議舍，同幕東萊呂延年後仲在焉。有婦人來投牒，吏無在者，林欲前受之，呂自後止之曰：「男女授受不親。」林竦然而止，每稱以誨子孫云。〔註251〕

呂氏既重家訓禮法，久而久之乃形成特殊之家風門風，故章惇謂「呂公著素有家風」；〔註252〕而「敗壞家法」者如呂嘉問，〔註253〕則被號為「家賊」，不得與呂氏同傳。〔註254〕家訓、家法與家風成為呂氏凝固宗族關係、約束族人，使家勢不墮的道德規範。

呂氏除了以節義家風維繫族人外，蒙正、夷簡、公著三代為相，代出名人，遂有家學之傳。《宋元學案·范呂諸儒學案》：

> （黃）梓材謹案：（全）謝山箚記：「呂正獻公家登《學案》者七世十七人。」考正獻子希哲、希純為安定門人，而希哲自為《滎陽學案》。滎陽子切問亦見《學案》。又和問、廣問及從子稽中、堅中、彌中，別見《和靖學案》。滎陽孫本中及從子大器、大倫、大猷、大同為《紫微學案》。紫微之從孫祖謙、祖儉、祖泰又別為《東萊學案》。共十七人，凡七世。然滎陽長子好問，與弟切問歷從當世賢士大夫遊，以啟紫微，不能不為之立傳也。〔註255〕

問守本官致仕〉，《四庫全書珍本三集》，臺北：商務印書館，1972 年，頁 4。
〔註247〕《攻媿集》，卷 35，〈呂大麟知常德府〉，頁 477。
〔註248〕《王華陽集》，卷 40，〈壽安縣太君呂氏墓誌銘〉，頁 556～557。
〔註249〕《文定集》，卷 23，〈樞密院計議錢君嬪夫人呂氏墓誌銘〉，頁 16。
〔註250〕宋·張九成，《橫浦集》，卷 19，〈書呂夫人墓銘後〉，《四庫全書珍本四集》，臺北：商務印書館，1973 年，頁 11。
〔註251〕宋·周密，《癸辛雜識》，別集上，〈男不授女狀〉，北京：中華書局，1988 年，頁 232。
〔註252〕《長編》，卷 486，紹聖 4 年 4 月辛丑，頁 11539。
〔註253〕《宋人軼事彙編》，卷 6，頁 269。
〔註254〕《宋史》，卷 355，〈呂嘉問傳〉，頁 11189～11190。
〔註255〕《宋元學案》，卷 19，〈范呂諸儒學案·涑水同調正獻呂晦叔先生公著〉，頁 789。

然呂祖謙子（？）康年、延年，呂祖儉子喬年，亦附載於《東萊學案》，復益
以全祖望未列入之呂希績、呂好問，應爲七世二十二人，〔註256〕可見其家學
之盛。至於呂氏家學的內容，王崇炳（1653～1739）以爲「蓋自其祖正獻公
與涑水司馬公同朝，往來於河南二程間最契，滎陽公則受業二程之門。至於
南渡，北方之學散，而呂氏一家，獨得中原文獻之傳。」〔註257〕而呂祖謙亦
云：「昔我伯祖西垣公（呂本中），躬受中原文獻之傳，載而之南。」〔註258〕
可知除承接胡安定和二程之學外，還有自己的家學「中原文獻之傳」，故全祖
望《東萊學案》案語說：「宋乾、淳以後，學派分而爲三」，「呂學則兼取其長，
而復以中原文獻之統潤色之。」〔註259〕

　　然而，過去有些學者以爲呂氏只傳胡程之學，並無甚麼家傳之學。〔註260〕
但據近人研究顯示，呂氏確有「中原文獻之傳」的家學，所謂「中原文獻」
即指中原河南一帶的文章典籍，而其範圍則甚廣，大致可分爲二，一爲關洛
之學，一爲元祐之政。關洛之學，爲呂氏義理所宗；慶曆元祐之政，爲其考
究「國朝治體」之本。前者記言，後者著重在制度，徵諸呂祖謙之著述，其
意含此二者無疑，如其所著《家塾讀詩記》、《唐鑑音註》、《宋文選》、《大事
記》、《歷代制度詳說》等，無不用文獻家綜羅之手法，兼綜前人之說而成。
〔註261〕事實上，《宋史》便明言「祖謙之學本之家庭，有中原文獻之傳。」

〔註256〕劉昭仁，《呂東萊之文學與史學》，臺北：文史哲出版社，1986 年，頁 2；孔
　　　　東，《宋代東萊呂氏之族望及其貢獻》，臺北：商務印書館，1988 年。
〔註257〕《呂東萊先生文集》，〈重刻呂東萊先生文集敘〉，頁 1。
〔註258〕《呂東萊先生文集》，卷 9，〈祭林宗丞文〉，頁 221。
〔註259〕《宋元學案》，卷 51，〈東萊學案・林汪門人成公呂東萊先生祖謙〉，頁 1653。
〔註260〕何炳松，《浙東學派溯源》，北京：中華書局，1989 年，頁 199～200。
〔註261〕劉昭仁，《呂東萊之文學與史學》，頁 78～79。關於呂氏家學，可詳見《宋元
　　　　學案》，卷 19，〈范呂諸儒學案・涑水同調正獻呂晦叔先生公著〉，頁 787～790；
　　　　卷 23，〈滎陽學案〉，頁 902～914；卷 36，〈紫微學案〉，頁 1233～1244；卷
　　　　51，〈東萊學案〉，頁 1652～1688。而劉昭仁前引書頁 77 亦有概括的論述：「以
　　　　學術言之，滎陽初學於焦千之、廬陵歐陽修之再傳也，後學於胡瑗安定。孫復
　　　　泰山、邵雍康節、王安石介甫，而歸宿於程氏伊川，一時名儒，如明道、橫渠、
　　　　孫覺、李常，皆相與遊。大抵北宋之學，象數則濂溪邵雍，性理則二程、張載，
　　　　經術則荊公、李覯，經濟則范文正，而滎陽皆收蓄之，故『集益之功，至廣至
　　　　大』之譽，誠非虛語也。滎陽之孫呂本中，不名一師，亦家風也。自元祐後諸
　　　　名儒，如元城、龜山、薦山、了翁、和靖等，莫不從存，多蹴前言往行，以著
　　　　其德，收束元祐以迄建炎、紹興間之學術，故『中原文獻之傳，猶歸呂氏，其
　　　　餘大儒弗及也』。黃梨洲列本中於《尹氏學案》，全祖望頗不以爲然，而別爲《紫
　　　　微學案》。且謂上紹原明，下啓伯恭，是也。伯恭呂祖謙，雖夙從林拙齋、汪

〔註262〕陸游亦說呂本中承家學，「心體而身履之。」〔註263〕不過，個人以爲呂氏之家學傳統，除得力於呂公著、希哲、本中及祖謙等之學養外，亦因其族人多有充祕閣及修史者，蓋「祕閣聚天下之圖籍，以崇養豪英」，〔註264〕而史館亦藏古今典籍。呂氏多曾直祕閣，已見第二章，此處無須贅論；而呂氏爲史官者，除夷簡和公著曾以宰相故監修提舉國史、〔註265〕未必眞是參與修史的工作外，可考者有呂公綽爲史館修撰、〔註266〕呂公弼爲直史館、〔註267〕呂希純同修國史、〔註268〕本中兼史館修撰、〔註269〕祖謙則爲國史院編修官。〔註270〕呂氏多有直祕閣及入史館者，自能多參古今典要，對其家學修養定多增益，是以朝廷詔用呂本中時，亦說他「文章典雅，長於史學，習學有淵源。」〔註271〕突出其史學，就是此理。最後還有一點要強調，呂氏家學有一最大特色，就是博取群議，不專一說，主調和之論，如《滎陽學案》謂呂希哲「滎陽少年，不名一師」；〔註272〕《紫微學案》謂呂本中「爲滎陽冢嫡，其不名一師，亦家風也。」〔註273〕《東萊學案》謂呂祖謙「小

玉山、胡籍溪諸先生遊，籍溪師武夷胡文定安國，爲朱子師也，故東萊與朱子、南軒爲講友，又善陸象山，可謂兼取朱陸之長。由是觀之，呂滎陽綜元祐以前之學，呂紫微收元祐以迄紹興之學，而呂東萊又統乾淳之學，承先啓後，得其人矣！然就其家學之內容與方法言之，清晰一貫，本中再傳而爲東萊，所守者亦世傳也。」可謂得其發展之要，其論是也，故詳引之。

〔註262〕《宋史》，卷434，〈呂祖謙傳〉，頁12872。
〔註263〕《陸放翁全集・渭南文集》，卷14，〈呂居仁集序〉，頁81。
〔註264〕宋・鄒浩，《道鄉集》，卷18，〈呂希哲直祕閣知曹州制〉，《宋名家集彙刊》，臺北：漢華文化事業股份有限公司，1970年，頁6。
〔註265〕《長編》，卷105，天聖5年2月癸酉，頁2436：卷109，天聖8年6月癸巳，頁2540：卷111，明道元年2月癸卯，頁2576：卷140，慶曆3年3月乙酉，頁3359：卷389，元祐元年10月壬辰，頁3667：《宋會要輯稿》，〈職官〉18之75～76，頁2792。
〔註266〕《東都事略》，卷52，〈呂公綽傳〉，頁7：《琬琰集》，中卷15，〈呂諫議公綽墓誌銘〉，頁5：《王魏公集》，卷7，〈呂公綽行狀〉，頁28。
〔註267〕《東都事略》，卷52，〈呂公弼傳〉，頁7。
〔註268〕《東都事略》，卷88，〈呂希純傳〉，頁6：《長編》，卷476，元祐7年8月丁巳，頁4450。
〔註269〕《繫年要錄》，卷121，紹興8年戊午8月，頁1962。
〔註270〕宋・陳騤，《南宋館閣錄》，卷8，〈官聯〉下，《四庫全書珍本別輯》，臺北：商務印書館，1975年，頁14。
〔註271〕《繫年要錄》，卷100，紹興6年丙辰4月壬寅，頁1638。
〔註272〕《宋元學案》，卷23，〈滎陽學案序錄〉，頁902。
〔註273〕《宋元學案》，卷36，〈紫微學案序錄〉，頁1233。

東萊之學，平心易氣，不欲逞口舌以與諸公角，大約在陶鑄同類以漸化其偏。」〔註274〕其後更有鵝湖之會，調和朱陸異同。〔註275〕呂學不名一師，兼取眾長，無朱陸異同之爭，亦沒有陳亮與朱熹功利之論戰，〔註276〕故各學者均與之相交相善，這點與呂氏在政治上不易隨便樹敵，主寬容之政，頗為相似，或可反映呂氏在政治及學術上均主包容，是其家風，亦是其能長久發展之一因乎？〔註277〕

　　總之，宋宰相家之講學者，其盛莫如呂氏。〔註278〕至淳熙間，伊川、考亭之裔掃地矣，「諸學子孫推呂氏未墜」，〔註279〕故日人衣川強以為自呂公著後，出政治家之呂氏轉為出學者，並謂可見學者社會之成立。〔註280〕然而，學術與政治之間在宋代是有很大的關係，宋以科舉取士，而得蔭者以後之發展亦仰視其人之才幹，故學養教育成為最重要之因素，呂家眾房之中多有失祿沒落者或為小官者，然因其家學深厚，是以終能賴之復展家勢，如呂昌辰家道衰微貧窮，但其子仲敏「能操學誼」，〔註281〕知鄆州，其弟仲履、仲棻更並舉進士；〔註282〕呂廣問亦自少雋拔能文，登宣和七年（1125）進士，〔註283〕復振呂公雅一房之勢；呂希常、〔註284〕呂本中及呂大麟等亦因

〔註274〕《宋元學案》，卷51，〈東萊學案序錄〉，頁1652。

〔註275〕《宋元學案》，卷57，〈梭山復齋學案〉，頁1874。

〔註276〕參閱 Hoyt Tillman, *Utilitarian Confucianism: Ch'en Liang's Challenge to Chu Hsi,* Cambridge, Mass. & London: Harvard University Press, 1982.

〔註277〕本研究初稿完成後二十餘年，內地學者對呂氏家族之學術、家學和家風等有豐富的研究成果，讀者可參考之。見：趙璐，〈宋代東萊呂氏家族教育研究〉，上海：華東師範大學碩士論文，2009年；陳開勇，《宋代開封──金華呂氏文化世家研究》，北京：中國社會科學出版社，2010年，頁39～172；姚紅，《宋代東萊呂氏家族及其文獻考論》，北京：中國社會科學出版社，2010年，頁124～226；羅瑩，《宋代東萊呂氏家族研究》，北京：人民出版社，2011年，頁157～322；楊松水，《兩宋壽州呂氏家族著述研究》，合肥：黃山書社，2012年；劉玉民，〈呂祖謙與南宋學術交流〉，武漢：華中師範大學博士論文，2013年。

〔註278〕《宋元學案》，卷34，〈武夷學案〉，頁1189。

〔註279〕宋・葉紹翁，《四朝聞見錄》，乙集，〈洛學〉，北京：中華書局，1989年，頁48。

〔註280〕日・衣川強，〈宋代の名族──河南呂氏の場合〉，原刊於《神戶商科大學人文論集》，第9卷第1、2期，1973年，頁134～166；今收於日・衣川強，《宋代官僚社會史研究》，東京：汲古書院，2006年，頁77～122。

〔註281〕《忠肅集》，卷19，〈送呂曹仲敏〉，頁280。

〔註282〕《忠肅集》，卷13，〈清海軍推官呂君墓誌銘〉，頁189。

〔註283〕《南澗甲乙稿》，卷20，〈左太中大夫充龍圖閣待制致仕贈左正奉大夫呂公墓誌銘〉，頁395。

其能克守家學，無墮家聲，獲朝廷敘錄；〔註285〕而呂祖謙能登博學宏詞科，深厚之家學更是其資據。到了宋末，葉紹翁亦謂呂氏子孫未墜家學，故祖謙子呂康年猶能登第；〔註286〕入元以後，呂公緒七世孫呂端善終官翰林侍讀學士贈陝西行省參知政事，亦未似不與其能繼續先業有關。〔註287〕由此可見，家學、科舉與呂氏家族勢力之關係。

〔註284〕宋·張擴，《東窗集》，卷 11，〈呂希常除司農少卿總領淮東財賦制〉，《四庫全書珍本初集》，上海：商務印書館，1934 年，頁 1。

〔註285〕宋·張綱，《華陽集》，卷 6，〈呂本中除祠部郎官〉，《四庫全書珍本三集》，臺北：商務印書館，1972 年，頁 11；宋·李彌遜，《筠溪集》，卷 4，〈呂本中太常少卿〉，《四庫全書珍本初集》，上海：商務印書館，1934 年，頁 9；《攻媿集》，卷 35，〈呂大麟知常德府制〉，頁 477。

〔註286〕《四朝聞見錄》，乙集，〈洛學〉，頁 48。

〔註287〕《滋溪文稿》，卷 7，〈元故翰林侍讀學士贈陝西行省參知政事呂文穆公神道碑〉，頁 2。

第六章　結　論

　　宋代確有累世高門的存在，河南呂氏家族就是其中的表表者，而影響其發展起落之最重要因素，實為朝廷的政治環境，呂家的興起便是由於宋太宗的求才和呂夷簡的政治智慧和手段；而其沒落則是因為新舊黨爭、偽楚事件的牽連及秦檜、韓侂胄等權相的打擊。

　　朝廷政治既為大族興衰的要因，族人的宦途及出身便至為重要，選官制度科舉乃成為佔有政治力量的主要管道。宋代科舉雖提供了社會流動，但科舉為一「公正」卻非「公平」之制度，故其實際對平民之作用不能過份誇大。此外，部份憑藉科舉上升之布衣寒士，透過恩蔭及投資族人應舉，得以累代保持家族勢力，結果他們雖是出身平民階級，但數代後便成為新的世家大族，利用上述方法及優勢阻礙後進之布衣寒士，故科舉實際上已異化成為這些「新門閥」保持地位之一種主要工具。

　　締結婚姻集團亦成為「新門閥」保持勢力、地位之慣用方法，但因為宋代已不存在門第制度，譜牒、中正已廢壞，故士庶不婚之情況已有好轉。再者，由於科舉使社會流動率較前代大增，故平民士子倘能克服不利之條件，則仍可憑藉其個人的才能應舉，晉身官宦之途。因此，過份強調婚姻對象的出身是沒有意義的，部份大族高門更刻意物色前途未可限量的寒士為婿，利用自身家族的財勢助其舉業成就，以祈日後反哺姻家。況且，柏文莉的研究提醒我們，當兩個士族家庭不斷通婚時，兩家就逐漸由姻親而兼有宗親關係，柳立言稱之為「姻親——宗親混合說」，〔註 1〕這樣的話，有權有勢的高門與

〔註 1〕 Beverly J .Bossler, *Powerful Relations: Kinship, Status and the State in Sung China（960-1279）*, Cambridge, Mass., and London: Harvard University Press,

年青有為的士人聯姻成親,自然與魏晉南北朝只重血緣門當戶對的門閥婚姻不同。然而,姻親集團與家族勢力並無必然的關係,姻親間的互相攻伐、避嫌制度的實行及姻戚互累的負面影響等,均限制了婚姻作為「新門閥」維持家族勢力的效用。

由於科舉促使政治階級及社會的轉變,官僚士族為世保其勢,遂利用宗族組織協助家族投資科舉及撫恤族人,以之代替魏晉南北朝時代世家大族賴以存在的社會經濟基礎(例如莊園制);而中國的新宗族制度及組織,遂因此而產生,但其歷史環境已不如魏晉六朝,內涵亦南轅北轍,宋代之宗族組織純為私人互助之制,以敬宗收族為本。不過,這種宗族組織的約束力不大,純建基於家族個人感情的基礎上,故世代久遠或兄弟各房異地分居等情形,均易使同族互助之目的失效,而不肖子孫或族人間之不睦,更容易造成不穩定。因此,宋代之宗族互助對家族勢力之保持雖有貢獻及幫助,但同樣不能過份高估其效力,這與重郡望的魏晉世族社會不同。

總結而論,若謂宋代因科舉之興而促使平民社會出現,社會流動很大,是一個「開放社會」,此論未免過於樂觀。透過呂氏家族這個個案研究,我們可以看見宋代確實存在一些累世為官的「新門閥」。然而,若謂宋代(或是「南宋精英地方化論」所謂的北宋時代)與魏晉隋唐時代之門第社會無甚分別,則亦同樣值得商榷。宋代之「新門閥」雖以婚姻及宗族互助等手段保持家族勢力,但其情形已不如六朝時代之嚴密;而最重要的是高門大族同樣需要透過科舉及仕途與寒士競爭,這與魏晉時代純以血緣郡望為據之情況不同。況且,宋代朝廷政治的變化足以打擊任何權要,故官僚大族在科場及宦途上的荊棘特多,並須仰息於高漲的君權之下。因此,在喪失門第社會基礎的情況下,大族欲長期保持家族勢力,實非易事,呂氏家族乃一典型之成功例子,相對而言,宋代社會流動已較門第時代或前代為高。

以宋代最顯赫的高門河南呂氏家族為考察重點,討論「新門閥」及其相關的歷史問題,是一個必須的方向;可是,極具研究意義的呂氏家族,客觀而言,卻未必是一個最令人滿意的案例,主要是因為史料不全的限制。本文雖然盡量蒐集呂氏家族的史料,但我們對這個家族的宗族內部組織、族產、

1998, pp.156-175;柳立言,〈書評:Beverly J. Bossler, *Powerful Relations: Kinship, Status, and the State in Sung China*(960-1279)〉,《臺大歷史學報》,第 24 期,1999 年 12 月,頁 438～439。

經濟情況、族人的日常生活等等，所知卻極爲貧乏，無法細論。更甚者，從
「河南呂氏家族譜系圖」（附圖一）所見，自第七代以後，除了零星的人物外，
我們所討論的其實只是呂夷簡一房的後人；而自第九代起，我們甚至只是討
論移居婺源呂好問一房的後人而已。這樣也再次讓我們想起柳立言的批評，
究竟我們所討論的，是「呂氏家族」、「呂夷簡家族」甚或是「呂好問家族」？
不過，從宋代到明代，呂家後人及時人事實上都將呂夷簡、呂宗簡及明招山
諸呂等各房或裔孫視爲呂蒙正一族，《異聞總錄》記：

> 呂文靖公宅在京師榆林巷，群從數十。遇時節朔望，則昧旦共
> 集於一處，以須尊者之出。文穆公之孫公雅，年十八歲，時當元日
> 謹禮，以卑幼故起太早……。〔註2〕

呂公雅是呂宗簡的兒子，他住在呂夷簡在京師的大宅，但這裡卻強調他是呂
蒙正的兒孫輩；而宋末元初的吳師道也說：「呂文穆……建炎度江，裔孫一
派僑居吾婺，于是東萊先生出焉。」〔註3〕即使到了今天，談呂祖謙與浙東
文化、談今天的呂氏家族後人者，也必溯源呂蒙正之起家。〔註4〕事實上，
呂蒙正友愛諸弟，推薦堂兄弟呂蒙亨的兒子呂夷簡，照顧堂兄弟呂蒙巽的女
兒，故將呂夢奇一族的後人視爲一個家族／宗族，似乎是合情合理的。更重
要的是，我們在上一章提到呂氏家族在河南鄭州懷忠里的家族墓地，即包括
了夷簡和宗簡兩房，而原來的設計已經打造了一個七代的聚葬家族墓地，這
已超越了「五服」之制；而正如筆者指出的，如果明招山諸呂能夠歸葬懷忠
里祖塋，那這逾十代的族人墓地，更肯定了「河南呂氏家族」作爲宗族研究
的意義。我相信，如果史料齊全的話，我們自能鳥瞰「宋代河南呂氏家族」
各房裔支的發展、交涉與分合。

　　總之，宋代並未因科舉之實行而造成一社會流動率極大的平民社會，相
反，新的門閥階級藉此而起；但對比魏晉隋唐時代而言，此種「新門閥」之
起落較頻，階級之分隔不若門第社會之森嚴，上向或下向之流動率亦較多。
以往之論著，或過份樂觀強調科舉造成之開放程度，又或完全否定科舉對社

〔註2〕　宋・佚名，《異聞總錄》，卷4，《筆記小說大觀》，江蘇：揚州古籍書店，1983
　　　　年，頁8。
〔註3〕　元・吳師道，《吳正傳先生文集》，卷18，〈呂文穆公誥詞〉，《元代珍本文集彙
　　　　刊》，臺北：國立中央圖書館，1970年，頁555。
〔註4〕　浙江省武義縣政協文史資料委員會編，《呂祖謙與浙東明招文化》，北京：社
　　　　會科學文獻出版社，2006年，頁29～50。

會流動所起之作用，筆者希望透過本文對呂氏家族之研究，對此問題提出一個比較謹慎的觀點或認識。

呂公孺	6	康定元年 （公元 1040 年）	以蔭補官，賜同 進士出身。	《宋會要輯稿》，〈選舉〉9 之 9， 頁 4401；《宋史》，卷 311，〈呂 夷簡傳〉，頁 10215。
呂仲履	7		舉進士第	《忠肅集》，卷 13，〈清海軍推官 呂君墓誌銘〉，頁 189。
呂仲茱	7		舉進士第	《忠肅集》，卷 13，〈清海軍推官 呂君墓誌銘〉，頁 189。
呂仲甫	7	治平 2 年 （公元 1065 年）	舉進士第	《天台續集別編》，卷 1，呂穆仲， 〈送羅仲之年兄出使二浙〉，頁 4 ～5。
呂希道	7	慶曆 7 年 （公元 1046 年）	以蔭補官，後以遺 恩賜進士出身。	《宋會要輯稿》，〈選舉〉9 之 11， 頁 4402；《宋史翼》，卷 1，〈呂 希道傳〉，頁 18。
呂希純	7		登進士第	《宋史》，卷 336，〈呂公著傳〉， 頁 10779；《宋元學案》，卷 19， 〈范呂諸儒學案〉，頁 808；《紫 微詩話》，頁 8。
呂好問	8	欽宗年間	以蔭入官，欽宗 賜進士出身。	《呂東萊先生文集》，卷 9，〈家 傳〉，頁 205。
呂聰問	8	北宋末年	登科入仕	龔延明、祖慧，《宋代登科總錄》， 頁 6810。
呂廣問	8	宣和 7 年 （公元 1125 年）	貢太學，後登第。	《南澗甲乙稿》，卷 20，〈左太中 大夫充龍圖閣待制致仕贈左正 奉大夫呂公墓誌銘〉，頁 395；《南 宋館閣錄》，卷 8，〈官職〉下， 頁 12；《宋史翼》，卷 10，〈呂廣 問傳〉，頁 17。
呂本中	9	紹興 6 年 （公元 1136 年）	以蔭入官，後特 賜進士出身。	《繫年要錄》，卷 103，紹興 6 年丙 辰 7 月癸酉，頁 1680；《宋會要輯 稿》，〈選舉〉9 之 18，頁 4405；《宋 史》，卷 376，〈呂本中傳〉，頁 11635；《名賢氏族言行類稿》，卷 36，〈呂本中〉，頁 23；《南宋館閣 錄》，卷 8，〈官職〉下，頁 11；《宋 元學案》，卷 36，〈紫微學案〉，頁 1233；《古今萬姓統譜》，卷 75， 〈宋・呂本中〉，頁 11。
呂用中	9	北宋末年	登進士第	龔延明、祖慧，《宋代登科總 錄》，頁 6806。

呂祖謙	11	隆興元年（公元 1163 年）	初以蔭補官，後登進士第，又中博學宏詞科。	《宋史》，卷 434，〈呂祖謙傳〉，頁 12872；《呂東萊文集》，卷 8，〈金華時君德懋墓誌銘〉，頁 191；《南宋館閣錄》，卷 7，〈官職〉上，頁 12；《宋會要輯稿》，〈選舉〉12 之 15，頁 4455；《宋元學案》，卷 51，〈東萊學案〉，頁 1652；《古今萬姓統譜》，卷 75，〈宋・呂祖謙〉，頁 12；《東萊集》，附錄，〈年譜〉，頁 2 及 5、〈壙記〉，頁 16。
呂祖泰	11		進士及第	《道命錄》，卷 7 下，〈呂泰然論不當立偽學之禁〉，頁 80；《毗陵志》，卷 17，〈人物〉2，〈國朝・宜興・呂祖泰〉，頁 27。
呂 儻（文蔚）	11	金貞祐年間入宋（約 1213～1217）。	以經義登進士第	《滋溪文稿》，卷 7，〈元故翰林侍讀學士贈陝西行省參知政事呂文穆公神道碑〉，頁 1。
呂康年	12	嘉定 7 年（公元 1214 年）	眞德秀欲置呂康年於狀頭，同列以其言中書之務多觸時政，固爭不從，遂自甲置乙。	《四朝聞見錄》，乙集，〈洛學〉，頁 48 及〈甲戌進士〉，頁 74；《宋元學案》，卷 51，〈東萊學案〉，頁 1687。
呂應焱	13 或以後	景定 3 年（公元 1262 年）	進士及第	龔延明、祖慧，《宋代登科總錄》，頁 6289。

附表二　呂氏家族姻親表 [註1]

姓　名	譜代	姻親姓名	籍　貫	備　考	資料出處
呂韜	1	王氏（妻）	太原		《琬琰集》，上卷15，〈呂文穆公蒙正神道碑〉，頁1。
呂夢奇	2	陳氏（妻）	潁川		《琬琰集》，上卷15，〈呂文穆公蒙正神道碑〉，頁1。
呂龜圖	3	劉氏（妻）	彭城		《琬琰集》，上卷15，〈呂文穆公蒙正神道碑〉，頁1；《宋史》，卷265，〈呂蒙正傳〉，頁9146；《隆平集》，卷4，〈宰臣〉，頁11；《東都事略》，卷32，〈呂蒙正傳〉，頁3；《名賢氏族言行類稿》，卷36，頁13。
呂蒙正	4	●初娶宋氏 ●再娶薛氏 ●柴成務（934～1004）	長安（今陝西西安）	宋氏爲宋沆族人。宋沆中太平興國5年（980）進士，後爲文思副使，京西提點刑獄。	《宋史》，卷265，〈呂蒙正傳〉，頁9147；《琬琰集》，上卷15，〈呂文穆公蒙正神道碑〉，頁7。

〔註 1〕　爲謹愼見，部份未經嚴格考證之人物或史事不收於本表，例如李貴錄根據清人編修的《王氏宗譜》，指出王旦孫王恪的第二女嫁於呂嘉問、王震的女兒則嫁呂舜問，惟宋代史料未見有載，故不取。見李貴祿，《北宋三槐王氏家族研究》，濟南，齊魯書社，2004年，頁254～255。

				據《宋史·柴成務傳》載，成務中進士甲科。後「呂蒙正爲宰相，嘗與之聯外姻，避嫌辭職，不許。」惟未知成務與蒙正之確實關係。	《宋史》，卷306，〈柴成務傳〉，頁10114。
呂蒙亨	4	●王氏（妻） ●韓氏（妻）		范鎮撰〈呂惠穆公公弼神道碑〉及王珪撰〈呂諫議公綽墓誌銘〉均作王氏，但王安禮撰〈呂公弼行狀〉則作韓氏，未知是何人誤記。另一可能是蒙亨有二妻。	《琬琰集》，上卷26，〈呂惠穆公公弼神道碑〉，頁1；同書，中卷15，〈呂諫議公綽墓誌銘〉，頁1；《土魏公集》，卷7，〈呂公弼行狀〉，頁1。
呂居簡	5	馬氏（妻）	合肥（今安徽合肥）	馬氏爲馬亮女。亮舉進士，官至工部尚書，以太子少保致仕。	《琬琰集》，中卷1，〈馬忠肅公亮墓誌銘〉，頁12。
呂蒙正長女	5	孫暨（夫）	河南汝州（今河南臨汝）	孫暨舉咸平2年（999）狀元，光祿寺丞直集賢院。	《琬琰集》，上卷15，〈呂文穆公蒙正神道碑〉，頁8。
呂蒙正二女	5	趙安仁（夫）（958～1018）	河南洛陽（今河南洛陽）	雍熙2年（985）進士，官至尚書右丞。	《琬琰集》，上卷15，〈呂文穆公蒙正神道碑〉，頁8；《宋史》，卷287，〈趙安仁傳〉，頁9655～9656。
呂蒙正三女	5	周漸（夫）		進士，太常博士	《琬琰集》，上卷15，〈呂文穆公蒙正神道碑〉，頁8。
呂蒙正四女	5	丁度（夫）（990～1053）	祥符（今河南開封市）	呂氏爲丁度繼室。度大中祥符4年（1011）登服勤詞學科，後拜參知政事，再遷尚書右丞。	《琬琰集》，上卷15，〈呂文穆公蒙正神道碑〉，頁8；同書，上卷3，〈丁文簡公度崇儒之碑〉，頁15。
呂蒙正六女	5	楊巽（夫）		楊巽爲永州推官。	《琬琰集》，上卷15，〈呂文穆公蒙正神道碑〉，頁8。

呂夷簡	5	馬氏（妻）	合肥（今安徽合肥）	馬氏為馬亮女，亮仕至工部尚書。	《樂全集》，卷26，〈呂夷簡神道碑〉，頁9。
呂宗簡	5	魯氏（妻）			《南澗甲乙稿》，卷20，〈左太中大夫充龍圖閣待制致仕贈左正奉大夫呂公墓誌銘〉，頁394。
呂蒙亨女夷簡妹	5	陳詁（夫）	晉江（今福建晉江）	陳詁為在中子，大中祥符元年進士，歷官祠部員外郎、秘閣校理、知祥符縣，終兵部員外郎。	《長編》，卷170，天聖7年3月戊寅，頁2503；《東都事略》，卷44，〈陳堯佐傳〉，頁20；《隆平集》，卷5，〈宰臣〉，頁12。
呂蒙亨女	5	魯宗道（夫）（966～1029）	亳州（今安徽亳縣）	案：據魯宗道之傳記及呂氏傳記，不知宗道妻為何人，但據《塵史》所載，呂公著妻魯氏「父太師簡肅公（宗道）也，其舅呂申公（夷簡）也。」則可知魯宗道妻為呂夷簡之妹妹，即蒙亨之女。宗道登咸平2年進士（999），拜參知政事。	《塵史》，卷下，〈盛事〉，頁77。
呂蒙巽三女	5	王覃（夫）	華陽，後徙廬江（華陽為今四川成都，廬江為安徽）	王覃為王珪伯父，王珪為神宗時宰相。	《華陽集》，卷40，〈壽安縣太君呂氏墓誌銘〉，頁557。
呂昌齡	6	王氏（妻）		王氏為王世昌四女。世昌端拱元年（988）進士，補鳳翔郿縣主簿，轉都官郎中知絳州。	《歐陽修全集·居士外集》，卷11，〈都官郎中王公墓誌銘〉，頁441。
呂昌緒	6	蘇氏（妻）	泉州人，寓丹陽	蘇氏為蘇頌長妹。蘇頌慶曆2年	《蘇魏公文集》，卷62，〈萬壽縣令張君夫

			（泉州爲今福建泉州，丹陽爲江蘇丹陽）	（1042）進士，元祐中拜右僕射兼中書侍郎，以太子少師致仕。呂昌緒早卒，蘇氏後改嫁張斯立。	人蘇氏墓誌銘），頁951；同書，卷71，〈祭亡妹張氏五縣君〉，頁1077。
呂昌辰	6	劉氏（妻）			《忠肅集》，卷13，〈清海軍推官呂君墓誌銘〉，頁188。
呂惟簡女	6	舒昭敘（夫）	潁州沈丘人	據銘文載，其祖父爲舒元（923～977），父親爲舒知崇。舒元官終白波兵馬都監；知崇官至河北安撫副使，舒昭敘八遷至內殿崇班。	〈舒昭敘墓誌〉，收於《北京圖書館藏中國歷代石刻拓本匯編第三十九冊》，頁113。
呂居簡女	6	錢勰		錢勰父爲錢彥遠，祖爲錢易，爲吳越王之後。錢勰歷官工部侍郎、知開封、知制誥兼侍讀。	《梁谿集》，卷167，〈宋故追復龍圖閣直學士贈少師錢公墓誌銘〉，頁11～12。
呂公綽		上官氏（妻）		上官氏爲兵部員外郎上官佖女。	《琬琰集》，中卷15，〈呂諫議公綽墓誌銘〉，頁11；《華陽集》，卷38，〈翰林侍讀學士贈左諫議大夫呂公墓誌銘〉，頁511；《范太史集》，卷42，〈左中散大夫守少府監呂公墓誌銘〉，頁5。
呂公弼	6	●初娶扈氏 ●繼娶王氏	大名莘縣人（今河北莘縣）	王氏爲王旦女。王旦太平興國5年（980）進士，咸平3年（1000）拜給事中知樞密院事，次年參知政事，景德2年（1005）尚書左丞，3年工部尚書同中書門下平章事，封魏國公。	《琬琰集》，上卷26，〈呂惠穆公公弼神道碑〉，頁7；《王魏公集》，卷7，〈呂公弼行狀〉，頁34；《琬琰集》，上卷2，〈王文正公旦全德元老之碑〉，頁18。

呂公著	6	魯氏（妻）	亳州譙人（今安徽亳縣）	魯氏爲魯宗道女。	《童蒙訓》，卷上，頁6～7。
呂公孺	6	●張氏（妻） ●鄭氏（妻）	光化軍陽城（今湖北老河口市附近） 吳縣（今江蘇）	張氏爲張士遜女。張士遜淳化3年進士（992），累官同中書門下平章事，封鄧國公。 鄭氏爲鄭戩女。鄭戩天聖3年進士，累官樞密副使、吏部侍郎。	《琬琰集》，上卷4，〈張文懿公士遜舊德之碑〉，頁13～14。《王華陽集》，卷51，〈丹陽郡夫人李氏墓誌銘〉，頁11。
呂夷簡長女	6	王雍（夫）（988～1045）	大名莘縣（今河北莘縣）	王雍爲王旦長子。王雍歷殿中丞通判鄭州，後出爲淮南轉運使，充兩浙轉運按察使。	《蘇舜欽集》，卷15，〈兩浙路轉運使司封郎中王公墓表〉，頁229；《樂全集》，卷36，〈呂夷簡神道碑銘〉，頁9。
呂夷簡女	6	楊仲元（夫）	管城（今河南鄭州）	案：據《童蒙訓》、《盡言集》、《愛日齋叢鈔》等書記載，楊瓖寶、國寶兄弟爲呂公著外甥、呂希哲外弟，則楊氏母應爲呂公著之姊妹，即呂夷簡之女。而據《宋史翼》載，楊瓖寶父爲楊仲元，故知夷簡一女嫁楊仲元。楊仲元，《宋史》有傳，第進士，歷官光祿卿，改中散大夫。	《童蒙訓》，卷下，頁20；《樂全集》，卷1，〈論差除多執政親戚〉，頁6；《說郛》，卷17，《愛日齋叢鈔》，頁3；《宋史翼》，卷7，〈楊瓖寶傳〉，頁1；《宋史》，卷333，〈楊仲元傳〉，頁10714～10715。
呂公雅	6	安氏（妻）			《南澗甲乙稿》，卷20，〈左太中大夫充龍圖閣待制致仕贈左正奉大夫呂公墓誌銘〉，頁394。
呂希圓	7	●李氏（妻） ●韓氏（妾）			《景定建康志》，卷48，〈孝悌傳‧呂宣問傳〉，頁7～8。

呂希傑	7	王氏（妻）	大名莘縣（今河北莘縣）	王氏爲王雍女。	《蘇舜欽集》，卷15，〈兩浙路轉運使司封郎中王公墓表〉，頁229。
呂希道	1	王氏（妻）		王氏爲虞部郎中士珣瑜之女。	《范太史集》，卷42，〈左中散大夫守少府監呂公墓誌銘〉，頁10。
呂希俊	7	傅氏（妻）	考城（今河南民權縣附近）	傅氏爲傅求女。傅求天聖2年（1024）進士甲科，累遷龍圖閣學士，權知開封府。	《樂全集》，卷36，〈傅公神道碑〉，頁42。
呂希亞	7	王氏（妻）	開封咸平（今河南許）	王氏爲王拱辰女，拱辰爲天聖8年（1030）狀元，官至吏部尚書。	《公是集》，卷51，〈王開府行狀〉，頁23。
呂公綽長女	7	李中師（夫）（1015~1075）	內黃人，徙開封（內黃爲今河北內黃）	景祐元年（1034）進士，累官龍圖閣直學士，知河南府。	《華陽集》，卷38，〈翰林侍讀學士贈左諫議大夫呂公墓誌銘〉，頁511；《琬琰集》，中卷15，〈呂諫議公綽墓誌銘〉，頁12。
呂公綽二女	7	程嗣恭（夫）	博野人，徙河南（博野爲今河北博野）	程嗣恭爲程琳子，紹聖4年（1097）以光祿卿知楊州。程琳景祐4年（1037）拜參政，皇祐元年（1049）除中書門下平章事。	《華陽集》，卷38，〈翰林侍讀學士贈左諫議大夫呂公墓誌銘〉，頁511；《琬琰集》，中卷15，〈呂諫議公綽墓誌銘〉，頁12。
呂公弼長女 三女	7 7	均適韓忠彥（夫）（1038~1109）	安陽（今河南安陽）	韓忠彥以父韓琦蔭補官，復舉進士，徽宗即位拜門下侍郎，進尚書左僕射，封儀國公。父子同爲北宋名相。	《琬琰集》，上卷26，〈呂惠穆公公弼神道碑〉，頁7；同書，中卷50，〈韓儀公丞相忠彥行狀〉，頁15；〈西台集〉，卷15，〈丞相儀國韓公行狀〉，頁239；《少儀外傳》，卷上，頁23。

呂公弼 二女	7	向紀（夫）		爲宰相向敏中之孫，敏中登太平興國5年（980）進士。向紀爲保州軍事判官	《琬琰集》，上卷26，〈呂惠穆公公弼神道碑〉，頁7；《王魏公集》，卷7，〈呂公弼行狀〉，頁35。
呂公弼 四女	7	趙倧〔元緒〕 （夫）	南京 虞城	父爲趙槪，仕至吏部尙書，倧爲光祿寺丞。	《琬琰集》，上卷26，〈呂惠穆公公弼神道碑〉，頁7；《王魏公集》，卷7，〈呂公弼行狀〉，頁35。
呂公弼 女	7	王正國（夫）		登進士第，資料不詳。	《少儀外傳》，卷上，頁23。
呂希哲	7	張氏（妻）	武進（今江蘇常州市）	張氏爲待制張昷之女，亦爲魯宗道之外孫。	《童蒙訓》，卷上，頁7；《北山集》，卷23，〈（呂好問）故母齊安郡夫人張氏贈文安郡夫人〉，頁11。
呂希績	7	●錢氏（妻） ●吳氏（妻）	建州浦城 錢塘（浦城爲今福建浦城。錢塘爲今浙江杭州。）	錢氏爲錢暄女。錢暄爲錢惟演子、吳越王錢俶之孫，歷光祿卿，拜寶文閣待制。吳氏爲吳充女。吳充舉寶元元年（1038）進士高第，熙寧中代王安石爲同中書門下平章事。	《范太史集》，卷42，〈安康郡太夫人胡氏墓誌銘〉，頁4；《琬琰集》，中卷27，〈吳正憲公充墓誌銘〉，頁8。
呂希純	7	●宋氏（妻） ●程氏（妻）	趙州平棘博野，徙河南（平棘爲今河北趙縣。）	宋氏爲宋敏求女。宋敏求寶元2年（1039）賜進士出身，官至知制誥，卒贈禮部侍郎。程氏爲程嗣弼女。程嗣弼爲程琳子，以父蔭爲秘書省正字，積勳至上柱國。	《蘇魏公文集》，卷51，〈龍圖閣直學士修國史宋公神道碑〉，頁777；《范太史集》，卷38，〈朝議大夫致仕程公墓誌銘〉，頁17；《盡言集》，卷1，〈論差除多執政親戚〉，頁8。
呂公著 長女	7	范祖禹（夫） （1041～ 1098）	華陽（今四川成都）	范祖禹爲范鎭從孫，嘉祐8年（1063）進士，哲宗立，遷給事中。	《宋史》，卷336，〈呂公著傳〉，頁10778；《三朝名臣言行錄》，卷8之1，〈丞相申國呂正獻公〉，頁

					196；《童蒙訓》，卷上，頁6；《盡言集》，卷1，〈論差除多執政親戚〉，頁6。
呂公著女	7	邵鯲（大）	丹陽（今江蘇丹陽）	邵鯲爲邵亢次子，登熙寧6年進士，終除顯謨閣待制，知蘇州。	《北宋經撫年表》，頁88、109及245；《長編》，卷303，元豐3年4月丁酉，頁7377；同書卷413，元祐3年8月辛丑，頁10045；《盡言集》，卷1，〈論差除多執政親戚〉，頁6。
呂希朴	7	張氏（妻）			《南澗甲乙稿》，卷20，〈左太中大夫充龍圖閣待制致仕贈左正奉大夫呂公墓誌銘〉，頁395。
呂之問	8	李氏（妻）	內黃人，徙開封（內黃爲今河北內黃）	李氏爲李中師女兒。	《祠部集》，卷34，〈李中師行狀〉，頁14。
呂延問	8	梁氏（妻）	鄆州須城（今山東東平）	梁氏爲梁彥回女。梁彥回爲梁適第三子，至和元年（1054）賜進士出身，遷殿中丞通判瀛州，終知博州。	《蘇魏公文集》，卷58，〈屯田郎中知博州梁君墓誌銘〉，頁896。
呂昭問	8	郭氏（妻）	洛陽（今河南洛陽）	郭氏爲郭逵女。郭逵以戰功累官簽樞密院，哲宗初以左武衛上將軍致仕。卒贈武雄軍節度使，封秦國公。	《范太史集》，卷40，〈檢校司空左武衛上將軍郭公墓誌銘〉，頁17。
呂希道長女次女	8	張埴（夫）		張埴爲宣義郎	《范太史集》，卷42，〈左中散大夫守少監呂公墓誌銘〉，頁10。
呂希道三女	8	王博古（夫）		王博古爲通直郎。	《范太史集》，卷42，〈左中散大夫守少監呂公墓誌銘〉，頁10。

呂希道四女	8	張卿佐（夫）		張卿佐爲宣義郎。	《范太史集》，卷 42，〈左中散大夫守少監呂公墓誌銘〉，頁 10。
呂好問	8	王氏（妻）	青州益都（今山東益州）	據《北山集》及《東萊集》附錄載，呂好問妻爲王氏，背景不詳。然據《童蒙訓》記呂本中之外高祖爲王子融，可知王氏爲王子融曾孫女。王子融爲王曾弟，祥符進士，遷太常丞，累官兵部侍郎卒。	《北山集》，卷 23，〈（呂好問）故妻永嘉郡夫人王氏贈東萊郡夫人〉，頁 12；《東萊集·附錄》，〈呂祖謙壙記〉，頁 16；《童蒙訓》，卷下，頁 18。
呂切問	8	張氏（妻）	武進（今江蘇武進）	張氏爲張次元女。張次元爲張昷之子，累官江淮荊浙福建廣南提點坑冶鑄錢司事。	《道鄉先生文集》，卷 40，〈故朝請郎張公行狀〉，頁 4；同書卷 37，〈壽昌縣太君錢氏墓誌銘〉，頁 13。
呂希哲女	8	趙演〔仲長〕（夫）	汝漢（今河南）		《盡言集》，卷 1，〈論差除多執政親戚〉，頁 6；《長編》，卷 413，元祐 3 年 8 月辛丑，頁 10045；《童蒙訓》，卷上，頁 6 及卷中，頁 15；《三朝名臣言行錄》，卷 8 之 1，〈丞相申國呂正獻公〉，頁 196；《宋元學案》，卷 23，〈滎陽學案〉，頁 913。
呂公著孫	8	胡氏（妻）	常州晉陵（今江蘇常州市）	據《長編》及《盡言集》載，「胡宗愈之姪女適呂公著之親孫」，但不知此孫爲何人。胡宗愈，胡宿子，嘉祐 4 年進士，元祐初爲御史中丞，後召爲吏部尚書。	《長編》，卷 415，元祐 3 年 10 月甲申，頁 10072；《盡言集》，卷 1，〈論差除多執政親戚〉，頁 6；及卷 3，〈論胡宗愈除右丞不當〉，頁 43；及卷 3，〈論胡宗愈除右丞不當〉第 8，頁 37。
呂廣問	8	王氏（妻）		王氏爲太府寺丞王有之女。	《南澗甲乙稿》，卷 20，〈左太中大夫充龍

					圖閣待制致仕贈左正奉大夫呂公墓誌銘〉，頁 396。
呂廣問	8	陳康伯(姻親)	弋陽（今江西弋陽）	據《南澗甲乙稿》及《繫年要錄》載，「廣問自言與陳康伯連姻」，惟未知陳康伯與呂廣問之確實關係。陳康伯，宣和 3 年進士，累拜平章事，孝宗即位封魯國公，配享孝宗廟庭。	《南澗甲乙稿》，卷20，〈左太中大夫充龍圖閣待制致仕贈左正奉大夫呂公墓誌銘〉，頁 395；《繫年要錄》，卷 199，紹興 32 年壬午 4 月戊子，頁 3364。
呂安中	9	王氏（妻）	臨川（今江西撫州）	王氏為王雱女。王雱，王安石子，治平 4 年進士（1067），累官太子中允、崇政殿說書。	《長編》，卷 500，元符元年 7 月甲子，頁 11912；《宋會要輯稿》，〈禮〉61 之 6，頁 1690，及〈儀制〉，10 之 30，頁 2019；《景定建康志》，卷 13，〈建康表〉9〈國朝建隆以來年表〉，頁 31；《至正金陵新志》，卷 3 中，頁 61。
呂嘉問女	9	曾誠（夫）	泉州（今福建泉州）	曾誠為曾孝寬子，元符間官秘書監。曾孝寬為曾公亮子，召為吏部尚書。曾公亮天聖 2 年（1024）進士第五人，嘉祐 6 年（1061）拜同中書門下事，後以太保致仕。	《宋會要輯稿》，〈職官〉68 之 10，頁 3913。
呂嘉問女	9	蹇序辰	雙流（今四川雙流）	蹇序辰為蹇周輔子，累拜禮部侍郎。蹇周輔，累官刑部侍郎。	《宋史》，卷 355，〈呂嘉問傳〉，頁 11189；《長編》，卷 293，元豐元年多 10 月壬寅，頁 7145～7146；及卷 500，元符元年 7 月甲子，頁 11912。

呂嘉問女	9	劉逵（夫）	隨州隨縣（今湖北隨州市）	劉逵舉進士高第，官至中書侍郎。	《宋史》，卷355，〈呂嘉問傳〉，頁11189。
呂彌中	9	●章氏（妻） ●文氏（妻）	浦城，徙居吳（浦城為今福建浦城，吳為吳江縣）	章氏為章甫女。章甫熙寧3年（1070）進士，授山陰令，後忤宰相曾布出知泰州。 文氏為西京留守御史台文永世之女，文永世為文恭祖長子，文恭祖為文彥博長子。文彥博天聖5年（1027）進士，累官同中書門下平章事，封潞國公。	《龜山集》，卷35，〈章端叔墓誌銘〉，頁4；《東萊集・附錄》，〈呂祖謙壙記〉，頁166。〈呂彌中壙誌〉、〈呂彌中妻文氏壙誌〉。〔註2〕
呂用中	9	韓氏（妻）	開封	韓氏為朝奉大夫韓璹之女。韓璹曾祖父為億，咸平5年進士（1002），景祐4年（1037）參知政事。	〈呂用中壙誌〉、〈呂用中妻韓氏壙誌〉。〔註3〕
呂忱中	9	李氏（妻）	懷州（今河南沁陽市）	李氏為權刑部侍郎李與權之女，〈壙誌〉說：「李氏號大族」。	〈呂忱中壙誌〉、〈呂忱中妻李氏壙誌〉。〔註4〕
呂好問女	9	蔡興宗（夫）		蔡興宗為右朝奉郎。	《呂東萊文集》，卷9，〈家傳〉，頁212。
呂聰問女	9	錢受之（夫）	錢塘（今浙江杭州）	據《文定集》載，呂聰問女嫁錢受之，而謂「錢呂世姻也。」考呂氏之前諸代中，惟錢暄女嫁呂希績為妻，則可知錢受之為錢暄後人。錢受之為右朝奉郎，嘗為樞密計議官。（另一	《文定集》，卷23，〈樞密院計議錢君嬪夫人呂氏墓誌銘〉，頁17。

〔註2〕　鄭嘉勵，〈明招山出土的南宋呂祖謙家族墓誌〉，載於包偉民、劉後濱主編，《唐宋歷史評論》，第1輯，北京，社會科學文獻出版社，2015年，頁186～215。呂彌中夫妻的壙誌見頁189～192。

〔註3〕　鄭嘉勵，〈明招山出土的南宋呂祖謙家族墓誌〉，頁192～195。

〔註4〕　鄭嘉勵，〈明招山出土的南宋呂祖謙家族墓誌〉，頁195～198。

				可能是呂氏較疏一支呂居簡女與錢勰相關的錢氏族人，但都同為吳越王之後。)	
呂得中	9	李氏（妻）	宣城（今安徽宣城）	李氏為李宏女。李宏（1088～1154），政和5年進士，官至御史台主簿、淮南京西轉運判官。	《南澗甲乙稿》，卷20，〈左朝請大夫致仕李公墓誌銘〉，頁392。
呂廣問女	9	胡璉（夫）		胡璉為從事郎。	《南澗甲乙稿》，卷20，〈左太中大夫充龍圖閣待制致仕贈左正奉大夫呂公墓誌銘〉，頁395。
呂大猷	10	張氏（妻）			〈呂宜之壙誌〉。〔註5〕
呂大同	10	方氏（妻）	嚴州桐廬（今浙江桐廬）	方氏為朝散郎知建州方元矩女，元矩父為朝散郎尚書屯田員外郎方蒙，方蒙父為尚書駕部員外郎方楷。	《陸放翁全集·渭南文集》，卷36，〈呂從事夫人方氏墓誌銘〉，頁221。
呂大器	10	曾氏（妻）	河南人，後僑居茶山（今湖北浠水附近）	曾氏為曾幾女。曾幾（1084～1166）試吏部詮中優等，賜上舍出身，擢國子正，官終權禮部侍郎。	《陸放翁全集·渭南文集》，卷32，〈曾文清公墓誌銘〉，頁203；《茶山集》，卷5，〈送呂倉部治先守齊安〉，頁60；《東萊集·附錄》，〈呂祖謙壙記〉，頁16；《呂東萊文集》，〈呂東萊先生本傳〉，頁1；《宋詩紀事續補》，附錄2，〈厲輯小傳補正·呂大器〉，頁1348；《燭湖集》，卷9，〈蘭風酒庫廳壁記〉，頁22；《宋元學案》，卷36，〈紫微學案〉，頁1243。

─────────────

〔註5〕 鄭嘉勵，〈明招山出土的南宋呂祖謙家族墓誌〉，頁213。

呂大倫	10	程氏（繼室）	河南	程氏爲程易女，程易父程端中舉進士，父親爲程頤。	〈呂大倫繼室程氏壙誌〉。〔註6〕
呂大麟	10	薛氏（妻）	鄭州滎澤	薛氏爲右通直郎薛鎡女，鎡於政和 2 年（1112）中詞學兼茂科，父爲朝議大夫、直龍圖閣薛倉舒。	〈呂大麟妻薛氏壙誌〉。〔註7〕
呂彌中女	10	王復（夫）			〈呂彌中妻文氏壙誌〉〔註8〕
呂祖義	11	田氏（妻）			〈呂宜之壙誌〉。〔註9〕
呂大同女	11	曾棐（夫）	河南人，後僑居茶山。	曾棐爲曾幾孫，爲朝請郎通判鎮江府，亦曾監明州支鹽倉。	《陸放翁全集・渭南文集》，卷 32，〈曾文清公墓誌銘〉，頁 203；同書卷 36，〈呂從事夫人方氏墓誌銘〉，頁 222。
呂祖謙	11	●韓氏（妻） ●韓氏 2（妻） ●芮氏（妻）	開封（今河南開封） 胡州烏程（今浙江胡州市）	二韓皆爲韓元吉女。韓元吉（1118〜1187）爲韓維四世孫，累官吏部尚書，龍圖閣學士，封潁川郡公。 芮氏爲芮燁女。芮燁（1114〜1172）紹興 18 年二甲第十三名進士第，歷官國子正，秘書省正字、殿中侍御史、監察御史等，以右文殿修撰致仕。	《呂東萊文集》，卷 2，〈通芮氏婚書〉，40；同書，卷 7，〈祔韓氏誌〉，頁 166〜167；同書，卷 8，〈祔芮氏誌〉，頁 193；《南澗甲乙稿》，卷 12，〈回呂氏定婚書〉，頁 225；《東萊集・附錄》，〈呂祖謙壙記〉，頁 16；同書附錄，卷 1，〈呂祖謙年譜〉，頁 3、4、6、8 及 11；《宋元學案》，卷 27，〈和靖學案〉，頁 101；《宋史》，卷 14，〈韓元吉傳〉，頁 5。

〔註6〕　鄭嘉勵，〈明招山出土的南宋呂祖謙家族墓誌〉，頁 201〜202。
〔註7〕　鄭嘉勵，〈明招山出土的南宋呂祖謙家族墓誌〉，頁 203。
〔註8〕　鄭嘉勵，〈明招山出土的南宋呂祖謙家族墓誌〉，頁 192。
〔註9〕　鄭嘉勵，〈明招山出土的南宋呂祖謙家族墓誌〉，頁 213。

呂祖儉	11	曾氏（妻）	河南人，後徙居茶山	曾氏爲曾幾孫女。	《陸放翁全集·渭南文集》，卷32，〈曾文清公墓誌銘〉，頁203。
呂祖恕	11	滕氏（妻）	宋成（今河南商丘）	滕氏爲滕庚長孫女。滕庚兄弟登崇寧進士，歷秘書省正字，著作郎，終太常少卿。	《文忠集》，卷29，〈權太常少卿滕公神道碑〉，頁30。
呂祖恙	11	●馮氏（妻） ●葛氏（妻）		馮氏爲嚴州觀察支使馮鏞女。 葛氏爲宮轄南紀之女。	〈呂祖恙壙誌〉。〔註10〕
呂嵩年	12	時氏（妻）			〈呂宜之壙誌〉。〔註11〕
呂華年	12	潘景良（夫）	金華（今浙江金華）	潘氏爲金華名士。潘景良祖父潘宗回仕至左朝奉大夫，父潘好古授朝散郎致仕，景良兄景憲登隆興元年進士，景愈爲太學解魁，登進士第，景良亦爲進士。	《敬鄉錄》，卷13，〈鄭氏館中書事〉，頁9～10；《呂東萊文集·本傳》，頁3；同書，卷2，〈答潘氏定婚啓〉，頁39；《東萊集·附錄》，〈呂祖謙壙記〉，頁17及〈年譜〉，頁10。
呂僑年	12	沈氏（妻）	定海（今浙江鎮海）	沈氏爲沈煥女。沈煥（1139～1191）登乾道5年進士，歷太學錄事，後通判舒州。	《絜齋集》，卷14，〈通判沈公行狀〉，頁241～245；《定川遺書》，卷2，〈通判舒州沈君煥墓碑〉，頁17。
呂康年	12	劉氏（妻）	婺州武川	劉氏爲呂祖謙門人劉清臣女，清臣父爲承事郎劉昭忠。	〈呂康年妻劉氏壙誌〉。〔註12〕
呂宜之	13	田氏	縉雲	誌文謂：「娶縉雲田氏，世姻也。」反映其祖母田氏可能同爲縉雲田氏，亦可見二家聯絪之目的。	〈呂宜之壙誌〉。〔註13〕

〔註10〕鄭嘉勵，〈明招山出土的南宋呂祖謙家族墓誌〉，頁208～209。
〔註11〕鄭嘉勵，〈明招山出土的南宋呂祖謙家族墓誌〉，頁213。
〔註12〕鄭嘉勵，〈明招山出土的南宋呂祖謙家族墓誌〉，頁210～211。
〔註13〕鄭嘉勵，〈明招山出土的南宋呂祖謙家族墓誌〉，頁213。鄭嘉勵亦懷疑呂祖義之妻田氏是縉雲人，見頁214。

| 呂蒙正裔孫女 | ／ | 馬紹庭（夫） | 合肥（今安徽合肥） | 馬紹庭爲馬亮裔孫，呂氏則爲呂蒙正裔孫女。馬紹庭於北宋仁宗時曾任廬州（合肥）知府。 | 〈合肥北宋馬紹庭夫妻合葬墓〉；〔註14〕《合肥市志》（網頁版），卷28，〈文化〉，第8章，〈文物〉，第1節，〈古墓〉。〔註15〕 |

〔註14〕《考古》，1993年3月第3期，頁26～38，70。

〔註15〕網址：http://60.166.6.242:8080/was40/index_sz.jsp?rootid=58033&channelid=44443，點擊日期：2016年8月9日。

從墓誌銘看宋代河南
呂氏家族中的婦女

一、緒　論

　　宋代士族的興起與維持，族中婦女其實充當著很重要的角色，[註1] 日本學者衣川強和筆者曾對宋代兩大望族——韓億和呂蒙正家族——之一的河南呂氏家族作深入探討，[註2] 但對族中這「半邊天」的情形卻完全沒有道及，本文就是希望填補這一空白。

　　記載呂氏家族婦女的史料並不很多，主要來源有三種：第一種是散見於宋人文集、家訓和筆記中的片言隻語，對了解某一事件或有幫助，卻無法考知族中婦女的生平；第二種是附記於父親或丈夫墓誌銘中的記述，這類資料雖略有交代傳主妻女的數目，但所言亦極為有限，除個別例子外，用途也不大；最後一種是有獨立的墓誌銘者，其生平多有過人之處，撇除墓誌銘歌功頌德的缺點外，這些記載對傳主的生平提供較詳細的訊息，是最有用的資料。[註3] 可惜婦女能有墓誌銘傳世者並不多，而現存宋人文集中呂氏家族婦女的

〔註1〕　見陶晉生師，〈北宋士人的起家及其家族之維持〉，《興大歷史學報》，第 3 期，1993 年，頁 11～34。

〔註2〕　日・衣川強，〈宋代の名族——河南呂氏の場合〉，原刊於《神戸商科大學人文論集》，第 9 卷第 1、2 期，1973 年，頁 134～166，今收於日・衣川強，《宋代官僚社會史研究》，東京：汲古書院，2006 年，頁 77～122；王章偉，〈宋代河南呂氏家族研究〉，香港：中文大學歷史學部哲學碩士論文，1991 年，參看本書〈家族篇〉，第一章。

〔註3〕　關於宋代婦女的墓誌銘問題，可參考劉靜貞，〈女無外事？——墓誌碑銘中所

墓誌銘只有五個，分別是王珪的〈壽安縣太君呂氏墓誌銘〉、〔註4〕蘇頌的〈萬壽縣令張君夫人蘇氏墓誌銘〉、〔註5〕韓琦的〈故東平縣君呂氏墓誌銘〉、〔註6〕汪應辰的〈樞密院計議錢君嬪夫人呂氏墓誌銘〉，〔註7〕和陸游的〈呂從事夫人方氏墓誌銘〉。〔註8〕幸運地，近年在浙江省金華市武義縣明招山出土的南宋呂好問家族的十七通壙誌中，竟然有八篇是族中婦女的墓誌，包括呂大器寫的〈呂弸中妻文氏壙誌〉、〔註9〕呂大麟的〈呂用中妻韓氏壙誌〉、〔註10〕呂大信的〈呂忱中妻李氏壙誌〉、〔註11〕呂大器的〈呂大器妻曾氏壙誌〉、〔註12〕呂祖永的〈呂大倫繼室程氏壙誌〉、〔註13〕呂大麟的〈呂大麟妻薛氏壙誌〉、〔註14〕韓元吉的〈呂祖謙妻前韓氏墓誌〉〔註15〕及劉宗廙的〈呂康年妻劉氏

見之北宋士大夫社會秩序理念〉，載於宋史座談會編，《宋史研究集》，第25輯，臺北：國立編譯館，1995年，頁95～142；劉靜貞，〈歐陽修筆下的宋代女性——對象、文類與書寫期待〉，《臺大歷史學報》，第32期，2003年12月，頁57～76。

〔註4〕 宋・王珪，《華陽集》，卷40，〈壽安縣太君呂氏墓誌銘〉，《叢書集成初編》，上海：商務印書館，1936年，頁556～558。

〔註5〕 宋・蘇頌，《蘇魏公文集》，卷62，〈萬壽縣令張君夫人蘇氏墓誌銘〉，北京：中華書局，1988年，頁951～952。

〔註6〕 宋・韓琦，《安陽集》，卷48，〈故東平縣君呂氏墓誌銘〉，《四庫全書珍本四集》，臺北：商務印書館，1973年，頁8～9。

〔註7〕 宋・汪應辰，《文定集》，卷23，〈樞密院計議錢君嬪夫人呂氏墓誌銘〉，《四庫全書珍本十集》，臺北：商務印書館，1979年，頁16～18。

〔註8〕 宋・陸游，《陸放翁全集・渭南文集》，卷36，〈呂從事夫人方氏墓誌銘〉，北京：中國書店，1986年，頁221～222。

〔註9〕 呂大器，〈呂弸中妻文氏壙誌〉，見鄭嘉勵，〈明招山出土的南宋呂祖謙家族墓誌〉，載於包偉民、劉後濱主編，《唐宋歷史評論》，第1輯，北京：社會科學文獻出版社，2015年，頁191～192。

〔註10〕 呂大麟，〈呂用中妻韓氏壙誌〉，見鄭嘉勵，〈明招山出土的南宋呂祖謙家族墓誌〉，頁194～195。

〔註11〕 呂大信，〈呂忱中妻李氏壙誌〉，見鄭嘉勵，〈明招山出土的南宋呂祖謙家族墓誌〉，頁197～198。

〔註12〕 呂大器，〈呂大器妻曾氏壙誌〉，見鄭嘉勵，〈明招山出土的南宋呂祖謙家族墓誌〉，頁200。

〔註13〕 呂祖永，〈呂大倫繼室程氏壙誌〉，見鄭嘉勵，〈明招山出土的南宋呂祖謙家族墓誌〉，頁201。

〔註14〕 呂大麟，〈呂大麟妻薛氏壙誌〉，見鄭嘉勵，〈明招山出土的南宋呂祖謙家族墓誌〉，頁203。

〔註15〕 韓元吉，〈呂祖謙妻前韓氏墓誌〉，見鄭嘉勵，〈明招山出土的南宋呂祖謙家族墓誌〉，頁203～205。

壙誌〉，〔註16〕其中增加了不少有用的資料。

婦女問題是宋代社會史的重要環節，戰前的研究多指出婦女地位低微，近來則似有相反趨勢，往往強調宋代婦女地位獨立。惟這個問題極為複雜，不同階層的婦女，情況自然不同；研究角度的迥異，亦顯示要澄清的問題很多。關於這點，學者已有深入的評述，〔註17〕無須贅論。〔註18〕這篇短文就是希望借這幾個墓誌銘，一窺宋代河南呂氏家族中婦女的情況，並對其中一些問題如教育、守節、再嫁等略加討論，結果自不能代表宋代士族以至整個社會中婦女的概況，但相信也可反映部分士族婦女的情形，對了解宋代高門呂氏亦有很大幫助。〔註19〕

二、墓誌銘所見族中婦女的一般資料

呂氏為宋代最顯赫的高門大族，代出雄才，但女性族人事跡詳見於史傳

〔註16〕 劉宗奭，〈呂康年妻劉氏壙誌〉，見鄭嘉勵，〈明招山出土的南宋呂祖謙家族墓誌〉，頁210～211。案，後文中出自註4至註16這十三篇墓誌銘的資料及引文，均不再註明頁數。

〔註17〕 柳立言，〈淺談宋代婦女的守節與再嫁〉，《新史學》，第2卷第3期，1991年，頁37～76。

〔註18〕 參考下列幾部著作：Patricia B. Ebrey, *The Inner Quarters: Marriage and the Lives of Chinese Women in the Sung Period*, Berkeley, Los Angels and London: University of California Press, 1993；游惠遠，《宋代民婦的角色與地位》，臺北：新文豐出版股份有限公司，1998年；游惠遠，《宋元之際婦女地位的變遷》，臺北：新文豐出版股份有限公司，2003年；鄧小南主編，《唐宋女性與社會》，上海：上海辭書出版社，2003年；日‧大澤正昭，《唐宋時代の家族‧婚姻‧女性——婦は強く》，東京：明石書店，2005年；柳立言，《宋代的家庭和法律》，上海：上海古籍出版社，2008年；鐵愛花，《宋代士人階層女性研究》，北京：人民出版社，2011年；方建新、徐吉軍，《中國婦女通史‧宋代卷》，杭州：杭州出版社，2011年；王揚，《宋代女性法律地位研究》，北京：法律出版社，2015年。

〔註19〕 美國學者柏文莉（Beverly J. Bossler）精彩地剖析過宋代婦女的墓誌銘，指出跟唐代比較，宋代婦女的墓誌銘更多地提到她們踐行母親的責任，教育子女，勤儉持家，而不是對其儀容評頭品足；而宋代的墓誌銘在強調婦女相夫和合於婦道之餘，也不喜歡詳述夫妻的關係。柏文莉認為，宋代婦女墓誌銘的這種新模式，讓我們可以有全新的資料去認識當時的社會和環境。見 Beverly J. Bossler, *Powerful Relations: Kinship, Status, and the State in Sung China（960-1279）*, Cambridge, Mass. and London: Harvard University Press, 1998. pp.15-24。當然，這種墓誌銘背後的觀念也很清晰，強調婦女對家庭的貢獻和責任，銘文有套模之弊，也有誇大渲染的成份，但這也是所有傳記文體必有的毛病，是史料的客觀局限。

的卻很少，原因可能有四個：第一是早亡；第二是部分男性族人沒有娶妻或
生女；第三是可能姻家地位不顯，故不見載；第四則是在以男性父系爲中心
的傳記寫作傳統下，女性地位較爲次要，故受忽略。就筆者的初步分析，呂
氏族人早夭者，男性的比例不見得低於女性；至於大量族人沒有娶妻或生女
的可能性也不太大，因爲部分族人雖未見其妻女記錄，但記有他們後代或女
婿的名稱；至於姻家方面，筆者亦曾對呂氏家族的姻親細加考察，結果顯示
其多爲著名的官僚士族。〔註 20〕因此，最有可能令女性族人記載不多見者，
似爲第四個因素。

　　正如前面所說，除個別婦女因有過人之處而有獨立墓誌銘外，大部分女
性族人均只附載於父親和丈夫的銘文中而已，而更有甚者，不少這類銘文竟
只記有父祖及兒子的資料，對其母親和妻子卻隻字不提。事實上，在呂氏女
性族人中，只有呂祖謙在文集中提到自己的三個女兒名字是呂華年、呂復和
呂螺；〔註 21〕而上述呂氏女性族人的墓誌裡，也只偶有提及其女兒或孫女的
名稱，所以我認爲這種男性父系中心的史傳傳統是呂氏女性族人記載罕闕的
主因。〔註 22〕

　　這十三篇墓誌銘可分爲兩類，一是外嫁的呂姓族人：〈壽安縣太君呂氏墓
誌銘〉的傳主爲呂蒙巽三女，嫁王珪的伯父王覃；〈故東平縣君呂氏墓誌銘〉
的傳主爲呂公弼女兒，嫁韓忠彥；〈樞密院計議錢君嬪夫人呂氏墓誌銘〉的傳
主爲呂聰問女兒，嫁錢暄的曾孫錢受之。第二類是嫁入呂家的外姓族人：〈萬
壽縣令張君夫人蘇氏墓誌銘〉的傳主是蘇頌長妹，嫁呂蒙正孫呂昌緒；〈呂從
事夫人方氏墓誌銘〉的傳主是方元矩女兒，嫁呂本中兒子呂大同；〈呂弸中妻
文氏壙誌〉的傳主是文彥博孫文永世的女兒；〈呂用中妻韓氏壙誌〉的傳主是
韓億四世孫韓璹的女兒；〈呂忱中妻李氏壙誌〉的傳主是朝散大夫李與權的女
兒；〈呂大器妻曾氏壙誌〉的傳主是曾幾的女兒；〈呂大倫繼室程氏壙誌〉的
傳主是程頤孫程易的女兒；〈呂大麟妻薛氏壙誌〉的傳主是右通直郎薛鎡的女
兒；〈呂祖謙妻前韓氏墓誌〉的傳主是韓元吉的女兒；而〈呂康年妻劉氏壙誌〉

〔註 20〕王章偉，〈宋代士族婚姻研究──以河南呂氏家族爲例〉，《新史學》，第 4 卷
　　　第 3 期，1993 年，頁 19～58。

〔註 21〕宋・呂祖謙，《呂東萊文集》，卷 7，〈祔韓氏誌〉，《叢書集成初編》，上海：商
　　　務印書館，1936 年，頁 166～167；同書，卷 2，〈答潘氏定婚啓〉，頁 39。

〔註 22〕宋代女性墓誌銘也絕少提及傳主的姓名，這可能是對墓主的尊敬，諱稱其名。
　　　這十三通呂氏女性族人的墓誌銘中，只有韓元吉爲自己女兒寫的墓文才提到
　　　其姓名爲韓招。

的傳主則是承事郎劉昭忠的孫女，其父親是呂祖謙的學生劉清臣。

　　這兩類共十三篇的墓誌銘所透露關於傳主生平的訊息亦可分爲兩種：第一種是有關其生卒和出嫁的年歲、父親和夫家的背景、生育和子女的情況、墳塋所在等；第二種是一些表揚傳主功業和德行的記載，例如教養、家教和節行等，是立傳的主因。這兩種資料均對我們研究呂氏家族婦女的情況很重要。

　　就第一種訊息來說，這十三篇墓誌銘提供了頗爲有用的資料，筆者利用其生卒年等計算相關的年份或歲數，歸納繪製成下表：

表一：

傳　主	出嫁年歲	生卒年及死因	享壽	子 女 數 目	葬　　地
蒙巽女	不詳	989～1059（享天年）	70	3 子 孫男 15 人、孫女 3 人	死後合葬於其夫在揚州的墓穴。
公弼女	16	1038～1065（病亡）	27	3 子（長子及次子早夭）	葬於相州安陽縣豐安村其婆婆（丈夫的母親）墓穴側。
聰問女	18	1099～1148（享天年）	49	3 子、1 女 孫男 1 人	宜春縣湖崗里
昌緒妻	不詳	不詳（溺斃）	42	與呂昌緒育有 2 子、2 孫 與張斯立亦有 3 子，均早夭無後。	呂昌緒早卒，蘇氏後改嫁張斯立，死後與張斯立同穴。
大同妻	21	1127～1176（享天年）	49	1 子（呂祖平） 1 女，嫁曾幾孫曾棐 孫男 1 人（呂樗年），孫女 1 人（呂萊孫）	先葬於呂氏明招山祖墓，後因改葬呂大同，而將方氏也一併合穴同葬。
弸中妻	不詳	？ ～ 1154（暴終）	／	3 子（呂大器、呂大倫、呂大陽）、1 女。	終於桂林，後移葬於明招山呂氏祖墓，與丈夫呂弸中合穴。
用中妻	18	1101～1170（以疾終）	69	4 子（呂大鳳、呂大原、呂大麟、呂大虬） 4 女（皆幼亡） 孫男 5 人，孫女 7 人	跟丈夫一同葬於明招山呂氏祖墓。
忱中妻	33	1101～1176（以疾終）	75	2 子（呂大興，呂大信，大興早夭）	跟丈夫合葬於明招山呂氏祖墓。
大器妻	19	1115～1166（終於舟中）	51	3 子（呂祖謙、呂祖儉、呂祖節）	葬於明招山呂氏祖墓。

大倫繼室	20	1131～1177（終於正寢）	46	2 子（呂祖永、呂祖慈） 2 女（長適王枏）	與丈夫合葬於明招山呂氏祖墓。
大麟妻	17	1131～1163（感疾終）	32	4 子（呂祖恕、呂祖愍、呂祖憲、呂祖忞） 4 女（呂婆孫、呂越娘、蓬娘、雙娘，婆孫及越娘早卒）	葬於明招山呂氏祖墓。
祖謙前妻韓氏（韓招）	18	1140～1162（以疾終）	22	1 子（呂康年） 1 女（呂復）	墓文雖然沒有提到，但據祖謙之文集，加上本墓誌的出土地，可知亦葬於明招山呂氏祖墓。
康年妻	不詳	1181～1234（以疾終）	53	無子女	葬於明招山呂氏墓地丈夫呂康年墓側。

　　表中的資料對我們研究一個家族以至整個時代婦女的資料極為重要，以出嫁年歲為例，當時法律規定女性的最低結婚年齡是 13 歲，現實裡的士大夫家庭平均是 18 歲，初次出嫁最高不超過 27 歲。〔註 23〕呂家的情形如何呢？除了呂祖謙的年譜有載其女兒呂華年的出生及嫁潘景良之紀元，而知其結婚年齡為 17 歲外，〔註 24〕就只有這十三篇墓誌銘提供這方面的資料，結果顯示呂氏家族與其他士族的情況分別不大，締婚之齡為 16～21 歲，很是適中；惟呂忱中妻以 33 歲之高齡嫁為呂氏婦，墓誌中沒有記述情況，未知是否為再嫁者。

　　宋代婦女的壽命有多長？這是一個很有趣但又極難解決的問題，〔註 25〕筆者曾希望統計呂氏這個大族的情況，可惜並無這方面的完整資料。但這十三篇墓誌銘卻提供了一些重要訊息：十三人之中，呂忱中的妻子享壽最長，死時 75 歲；呂祖謙的妻子韓氏以疾卒，年紀最輕，只有 22 歲。除呂彌中妻

〔註 23〕 方建新，〈宋代婚姻禮俗考述〉，《文史》，第 24 期，1985 年，頁 157～178；方建新、徐吉軍，《中國婦女通史‧宋代卷》，頁 309～312。

〔註 24〕 宋‧呂祖謙，《東萊集》，附錄卷 1，〈年譜〉，《四庫全書珍本十一集》，臺北：商務印書館，1981 年，頁 10。

〔註 25〕 陶晉生師曾利用宋人文集中 120 個士族婦女的墓誌傳紀統計，計算出其平均壽命是 37 歲；而如果以曾鞏的《隆平集》中的資料統計，則為 59 歲。若與歐洲比較，1276 年左右歐人的平均壽命是 35.3 歲，而婦女的壽命一般都較短，在四十以下。不過，陶師亦指出，文集傳記多未記載未成年就死去的子女的資料，故這樣的比較未必是真況。見陶晉生，《北宋士族——家族‧婚姻‧生活》，臺北：中央研究院歷史語言研究所，2001 年，頁 147。

子死時年齡不詳外，十二位族中婦女的平均壽命是 48.75 歲，似乎顯示能夠撫育成人的婦女，一般的壽命也不算太短。早夭的例子中，疾病是主要元兇，除前述的韓氏外，呂公弼的女兒只有 27 歲，呂大麟的妻子則是 32 歲，都是因爲疾病亡故；而較長壽的族人裡，仍然有 7 人因病而不治（呂弸中妻「暴卒」、大器妻「終於舟中」，相信也是以病故）。呂大同妻子的墓誌銘謂其：「不幸得年不長，四十有九而卒」，49 歲死是「不幸」，而呂蒙巽女得享天年則有 70 歲，呂用中妻和呂忱中妻因病而亡也有 69 歲和 75 歲，由此可見當時族中婦女的壽命不會太短，想必在平均歲數 48.75 以上的五十多歲吧？

　　這批銘文除了記載族中婦女的出嫁和生卒年齡外，也交代了其生育狀況。從中可見傳主生育子女的數目不算太多，十三人共生有 34 男 18 女，平均每人只有四個兒女，情況合理。性別比例方面，兒子和女兒的數目差不多是 2 比 1，當中原因，或許是在「重男輕女」的傳統下，故沒有完全記述女兒的資料？可以肯定的是，呂氏家族這個不完整的取樣，未能反映宋代的普遍情況；事實上，據學者研究所得，宋代婦女一般生育的男女比例大致持平，當中只是男孩稍稍比女孩多點而已。〔註 26〕無論如何，以一個當世高門而言，即使到了南宋末年家族的衰落時期裡，我們也完全未發現有「生子不舉」或「溺女」的情況，值得肯定。〔註 27〕有一點值得注意，呂用中妻子和呂大麟妻子育養的子女數目較多，各有四子四女，雖然以國人的家庭情況而論，仍然屬於正常，惟呂用中妻子享壽 69 歲，但呂大麟妻子則只有 33 歲，她 17 歲嫁給大麟，十五年間生育八人，於此或可反映對婦女而言，生兒育女的確是其主要使命。

　　我們利用上述資料與呂氏其他族人相對照，發覺情況頗爲配合，根據筆者過去的研究，呂家只有第四代的呂蒙正和第七代的呂希道有較多子女，前者有九個兒子和四個女兒，後者則生了八個兒子和四個女兒。〔註 28〕案呂蒙正先後娶了宋氏和薛氏爲妻，故子女稍多並不意外；至於呂希道，若運用伊佩霞（Patricia Ebrey）的推測，這可能是納妾或偏房多的表現。〔註 29〕因此，

〔註 26〕方建新、徐吉軍，《中國婦女通史・宋代卷》，頁 395～434。
〔註 27〕關於宋代「不舉子」及「溺女」的問題，參見臧健，〈南宋農村「生子不舉」現象之分析〉，《中國史研究》，1995 年第 4 期，頁 75～83；劉靜貞，《不舉子──宋人的生育問題》，臺北：稻鄉出版社，1998 年，頁 138～145。
〔註 28〕資料出處見王章偉，〈宋代河南呂氏家族研究〉，附表一、二及附圖一、二，頁 212～242。
〔註 29〕Patricia B. Ebrey, "Women in Liu Kezhuang's Family", *Modern China*, Vol.10,

利用這十三篇銘文，再配合其他史料，大約可估計呂氏家族蓄妾的情況不會太嚴重；〔註30〕日後或更可借此研究這些士族家庭的人口及規模，對宋代的家、房、宗、族等作更深入的分析。

最後，上述銘文亦提供了女性族人的死葬壙塋資料，筆者會於後文討論中交代，暫且從略。總括來說，這十三篇墓誌銘爲我們提供了呂氏家族婦女的一些基本資料，至於族中婦女的活動情況，即前面提到的第二種訊息如教養、家教和節行等等，更是重要，且涉及宋代士族婦女的一些重要問題，現分點略析於下。

三、女子教育與治家

科舉成爲宋代取士主要途徑之一後，競爭愈趨激烈。呂氏家族以舉業崛興，自然深明科舉與宗族的關係，故在家中建有書院供子弟讀書，且供給甚是豐厚，作爲族人參予科舉的支持。此外，呂氏家族族人廣眾，分支極多，且又多放官於外，故其中不少族人均於其任官寄居處設有這類組織，延聘名師，教育子弟。因此，呂氏家族成員的教育水準極高，衣冠最盛，巨儒輩出，《宋元學案》凡九十一學案，呂氏諸儒居三十一，四人更爲學宗，全祖望謂其族登學案者，「七世十七人」。〔註31〕可是，族中的女性成員又如何呢？

十三篇墓誌銘顯示這些婦女的教育水平不低，就外嫁的呂氏宗女來看，

No.4, 1984, pp.426-427; Patricia B. Ebrey, *Women and the Family in Chinese History*, London and New York, Routledge, 2003, PP.89-106.

〔註30〕 就我收集的史料來看，呂氏家族中只有第三代的呂龜圖、第六代的呂公雅和第七代的呂希圖肯定有納妾。當然，在資料不完整下，呂氏蓄妾的情況只是推測而已。至於妻妾的關係，不能一概而論，如呂龜圖就因多內寵而將妻子劉氏和兒子呂蒙正趕走；但希圖與妾生的兒子呂宣問則迎其母與希圖妻共住。見宋・李燾，《續資治通鑑長編》，卷31，淳化元年9月戊寅，北京：中華書局，1979～1995年，頁705；宋・周應合，《景定建康志》，卷48，〈孝悌・呂宣問傳〉，《宋元地方志叢書》，臺北：大化書局，1980年，頁7～8。宋代墓誌銘所見的妻妾關係，未必是眞像，見陶晉生，《北宋士族——家族・婚姻・生活》，頁143～144；關於宋代妻妾及其在家庭中的角色問題，參見 Patricia B. Ebrey, *The Inner Quarters: Marriage and the Lives of Chinese Women in the Sung Period*, pp.217-234；Patricia B. Ebrey, "Concubines in Song China", in Patricia B. Ebrey, *Women and the Family in Chinese History*, pp.39-61。

〔註31〕 清・黃宗羲原著、全祖望補修，《宋元學案》，卷19，〈范呂諸儒學案〉，北京：中華書局，1986年，頁789。詳見王章偉，〈宋代河南呂氏家族研究〉，頁182～183。

蒙巽女兒的情形可謂巾幗不讓鬚眉，其墓誌銘記呂夷簡「少時嘗帥諸子弟屬志於學，夫人（即呂蒙巽女兒）方幼，見文字輒喜，於是汎通詩書百家之學。文靖嘆曰：『信矣諸父之言。』」而嫁呂昌緒爲妻的蘇氏，其家族同樣是宋代的官僚大族，故所受的教育也不淺，「始稚而孩已能言，漸誦章句。少長而承禮義之訓，又能秉筆爲詞語。」呂蒙巽女兒與兄長輩共學，且令堂兄呂夷簡大爲驚嘆；而蘇頌也極推崇這個妹妹，至於呂祖謙的妻子是名臣韓元吉的女兒，其父親即讚她「性慈惠，讀書識大指。」可見她們所掌握的學養，絕不低於一般士族的男兒，也絕非只是司馬光和朱熹等人所提倡爲治理家務所需的初級教育而已。〔註32〕

與前三人相比，其餘呂氏女性族人的學養似乎稍弱，但她們在家中和族中也擔當著極重要的角色。以呂公弼女兒爲例，她嫁韓忠彥後即隨其家姑崔氏治家，崔氏死後，韓琦「則以家事付之，呂氏奉其姑遺法，惕然不敢失。」結果韓氏族內族外欣服。呂聰問女兒嫁錢受之後，遇上靖康兵禍，夫妻轉徙道路千里，崎嶇山谷之間，最是艱苦；後來錢受之爲樞密院計議官，不足一年就罷官回家，自是閒居十年，家境拮据，但呂氏「躬服儉勤，經紀家事，無不自得之色」。到了南宋時代，呂氏家族播遷金華，但其姻親仍是衣冠望族，媳婦都持家有道，例如呂大同妻子方氏，丈夫雖然早卒，她卻能「篤禮孝義，哀死字孤，爲子求師擇友，日夜進其業，而教女以婦事，皆訖於成。」呂忱中妻子李氏「生而敏□□□原故家世系，族姻禮俗，皆記識亡遺。相先君治家□□□大畢舉。先君（即呂忱中）沒於番陽，太宜人（即李氏）獨護千里歸□□□戶。」呂大麟妻子薛氏的情況更是典型，大麟在其壙誌記云：

　　性溫柔，動有禮法，世事無所不解。事舅姑以孝聞，平日與姑
　　未嘗跬步相舍。姑有疾扶持抱挾，躬侍藥餌，晝夜不怠。繇是姑愛
　　之如女，家事盡以委之。夫人以隆興元年四月十五日感疾終於婺州，
　　享年三十有三。姑痛悼傷盡，如失左右手。……夫人爲先君冢婦，

〔註32〕關於司馬光和朱熹等人對女子教育與治家的關係，見 Bettine Birge, "Chu Hsi and Women's Education", in Wm. Theodore de Bary & John W. Chaffee（eds.）, *Neo-Confucian Education: The Formative Stage*, Berkeley, Los Angeles & London: University of California Press, 1989, pp.325-367；Patricia B. Ebrey, "Women, Money, and Class: Ssu-ma Kuang and Sung Neo-Confucian Views on Women", 載於中央研究院歷史語言研究所出版品編輯委員會編，《中國近世社會文化史論文集》，頁 613～669，後一文又見 Patricia B. Ebrey, *Women and the Family in Chinese History*, pp.10-38。

> 義當葬近地,遂以是年六月二十五日葬夫人於明招山之塘塢,邇先君之墓也。

薛氏能夠調和「婆媳關係」這種中國家族制度中最煩擾的問題,對於維繫呂氏家族而言,這種傳統女教至為重要,而呂用中妻子韓氏的壙誌就說她「乃淑德懿範」。不過,男尊女卑的傳統視角,有時又忽視了妻女在家庭中的「親情位置」,呂祖謙岳丈韓元吉為亡女韓招寫的墓文,就清楚可見士族婦女孝行背後的親情,在姻親兩家中激盪:

> 吾女性慈惠,讀書識大指,女功一見輒解。不妄喜怒,呂族無大細咸稱之。嫁五年矣,值吾官遠,不得歸寧,日夜以為言。今年春,始與其壻俱來,則又趣之前歸曰:「凡思侍父母心一也,豈以吾故滯子耶?」既而生子男也,喜以為無恨,乃病熱不能寐,若自知其不起者,曰:「兒不孝,累父母亦且負良人。」吾妻驚問之,則曰:「為人子者,不可斯須棄父母也。今命實短,棄父母而往,非不孝何?人之娶妻,將以終老也,今不俟其老而先焉,負之矣。」吾妻聞其言而悲,猶謂其譫也,吾聞其言而疑,不謂其果然也。將沒之夕,執吾手道後事,有不忍舍父之嘆,勸其母以勿慟,呼諸妹前,人人戒之,俾寬吾夫婦也。語其婢子寄謝舅姑,問其壻未至,曰:「不能待也。」取紙作字,祝其善視兒女而已。撫其嬰兒曰:「吾有一女而又一男,亦足奉吾祀矣。」左右皆號泣,則遽曰:「吾念欲正,毋相亂也。」囁嚅誦佛書終篇,遂革。嗚呼,尚忍言之哉!

> 始,黃州(即呂大器)教其子學以有立,謂非吾女不足為配。至是書來,吊曰:「君失此賢女,吾亡此孝婦矣。」夫以吾女之質不得見其成就,敢以為賢?唯其奉吾夫婦無違,事舅姑知禮節,於其夫敬而能助,處其家和而有則,不知古所謂賢婦人如何哉?

韓招病歿時只有二十三歲,從其父親那真摯感人的筆觸,我深受震撼。我認為,要了解宋代婦女在家庭中的角色與情況,單從生育、經濟等方面去討論,其實並不全面,這篇墓文記述呂祖謙的表現,足見夫妻感情之深:

> 吾壻慟而曰:「盍有以志之乎?」吾謂志無如子宜,則又慟而曰:「祖謙哀甚矣,不能文也。」然則吾又何文相與叙其哀,所以志吾女也。

讀史至此,當明白父女、夫妻間的感情,古今自有相同之處,不應盡以《女

孝經》等「剝削」、「壓迫」的說法以偏蓋全。可惜的是，呂氏家族女性族人以至宋代士族婦女在這方面的記錄不多，無法供我們再深入討論。〔註33〕

　　正如袁采（1163年進士）所言，「婦人自識書算」是治家保家的必要條件，〔註34〕而上述數位女性在治家方面都井井有條，加上都是名族之後，其教育程度自然不會很差。〔註35〕事實上，呂氏家族對男女族人的家教均極嚴，呂祖謙更作有《闇範》，以維持家族之不息；〔註36〕而女性族人除了接受良好的教育外，更在家庭裡扮演教育子女的角色。例如呂公著妻子爲魯宗道女兒，「性嚴而有法度」，雖極疼愛兒子呂希哲，但教其事事必須循規蹈矩，有一次當范仲淹和歐陽修過潁州探望呂公著時，談到一些道理，「夫人在廳後，聞其語，嘗舉以教滎陽公（呂希哲）。」呂希哲後來成爲當世巨儒，他自己和當時的人均認爲其母教是一個重要因素。〔註37〕而王安石亦認爲呂嘉問之賢能，其母親的教導，「著不可誣」。〔註38〕

〔註33〕伊佩霞具透析力地指出，單以婦女「服從」丈夫這個要素，是遠遠無法形容宋人的夫妻關係；跟其他任何一個地方相若，宋代的夫妻有深情相愛的，也有躁夫悍妻。見 Patricia B. Ebrey, *The Inner Quarters: Marriage and the Lives of Chinese Women in the Sung Period*, pp.152-171。

〔註34〕詳細的討論見 Patricia B. Ebrey, *Family and Property in Sung China: Yuan Ts'ai's Precepts for Social Life*, Princeton: Princeton University Press, 1984, pp.118-120.

〔註35〕陶晉生師指出，宋代士族的婦女，或生於富家，大都有機會讀書識字；雖然也有部份士大夫認爲婦女不必受良好的教育，但士族爲了維持其地位，實際上需要婦女能讀書明理，才能主持家政，以及照顧族人。能讀書也許是一個女子能嫁給士族的一個有利條件。見陶晉生，《北宋士族——家族・婚姻・生活》，頁153～170。

〔註36〕呂氏家教可參見宋・呂希哲，《呂氏雜記》，卷上，《四庫全書珍本別輯》，臺北：商務印書館，1975年，頁15；宋・呂本中，《酬酢事變》，《説郭三種》，卷43，上海：上海古籍出版社，1988年，頁10～11；呂本中，《紫微雜記》，〈家禮〉，《説郭三種》，卷31，頁1。關於呂祖謙的闇範，見宋・張栻，〈闇範序〉，載於曾棗莊、劉琳主編，《全宋文》，卷5733，〈張栻〉13，上海：上海辭書出版社，2006年，頁253～254；宋・呂祖謙，《呂東萊文集》，卷3，〈與朱侍講〉，《叢書集成初編》，上海：商務印書館，1936年，頁65。詳細的討論，見王章偉，〈宋代河南呂氏家族研究〉，頁185～190。

〔註37〕宋・呂本中，《童蒙訓》，卷上，《萬有文庫薈要》，臺北：商務印書館，1965年，頁6～7；宋・朱熹，《三朝名臣言行錄》，卷8之1，〈崇政殿説書滎陽呂公〉，《四部叢刊初編》，臺北：商務印書館，1967年，頁198～199；宋・朱熹，《伊洛淵源錄》，卷7，〈呂侍講家傳〉，《叢書集成初編》，臺北：商務印書館，1965年，頁65。

〔註38〕宋・王安石，《臨川先生文集》，卷86，〈祭呂望之母郡太文〉，香港：中華書

　　最能顯示女性在這方面的情形是寡婦治家的狀況，呂蒙巽女兒的例子最是典型。呂蒙巽女兒除了汎通詩書百家之學而爲堂兄呂夷簡讚嘆外，墓誌銘記載了她「治家亦有法度，閫內肅然如宮庭」，可惜在她三十多歲時丈夫王覃卻得疾早世，呂氏｜泣謂諸子曰：『汝父病且革，猶語我且善勖泌等，汝鍾罰不天，何以奉遺言？』諸子號頓，咸自言願夙夜勉力，不敢墜先人之緒業。夫人於是盡屏珠玉之飾，市書環室，親授經義，日月漸勵，卒至於有成。」更有甚者，除了自己的兒子外，呂氏對夫家王氏族人亦多有教益，「得宗族之歡心」，王覃姪子王珪即深以此爲念，難怪他爲呂氏寫的墓誌銘褒獎如此之厚。這樣一個出色的女子，身兼父母二職，且能「親授經義」，多少可反映呂氏家族婦女的教育背景及其與家族維持的關係。

　　比起呂氏家族的女教，呂家挑選的媳婦也毫不遜色，呂大同妻子方氏在丈夫死後教子育女的情況已見前段，呂大倫的繼室程氏在其歿後，也「拊育諸孤劬瘁」；而呂康年妻子劉氏的壙誌，亦詳述了她守寡前後肩負治家的重責：

> 　　性凝重有儀榘，家庭化之，伯姊類焉。（案，墓文是由劉氏族人劉宗奭所寫，故稱其爲「伯姊」。）既笄，歸於呂氏。呂爲中原名家，閫範飭於他族，伯姊始入，於服修盥饋之節無所失，及廟見，於執笄奠菜之敬無所驗，授以事，於伏臘饔饎之務無所遺。蓋儀足以稱禮，職足以稱功也。尤能孝於姑，而姑愛之；相於夫，而夫敬之；宜於家，皆與之曰：「眞呂氏婦也。」

> 　　初，錄參君（即呂康年）以諸生登第，主慶元鄞縣簿，再調，未上而卒。於時姑曾夫人壽已高，念之不置。伯姊不敢以戚其姑，曲意娛悅，凡膳饋湯餌之奉，非手不以進。曾夫人亦待之如孝女，用以釋其慢。錄參君卒，有二子一女，伯姊拊之若己出。而一子忽以死，未幾曾夫人即世，而一子又以死。至是，而伯姊之慢浸結，嘆善人之無子，傷母職之莫酬，將何以答錄參君及泉之望。……前三歲，錄參仲兄永嘉貳車（呂延年）命立會稽簿（呂）正之、（呂）安之爲錄參嗣，伯姊方以自慰，曾未及待其養，而伯姊遽死，嗚呼痛哉！

案宋代士族的家庭跟傳統家庭相若，丈夫的年齡往往長於妻子，如果妻子早卒，丈夫可以續弦；而夫死後妻子大概只能再嫁一次，且其新夫婿年紀也不

局，1971 年，頁 897～898。

會很輕。這樣的話，如果夫不先死於妻，也多半死於繼室亡歿之前，故夫死子幼的情況相當普遍，寡婦就成為治家育兒的支柱。〔註39〕呂家的情況並沒有例外，這十三篇墓文顯示，有八位傳主都是丈夫先死要負起持家養子的重任，故其中士族婦女的家庭教育自然很是重要。

　　呂公弼女兒的墓誌銘記其病危時對丈夫韓忠彥說：「我有幼妹在家，君若全舊恩以續之，必能卹我子，合二姓之好不絕如故。」我們的研究顯示，呂氏一族締婚的對象多為大族官僚，「合二姓之好」的政治動機固然很重要，〔註40〕但從前面的分析可見，教育與治家對家勢的維持如此重要，所以姻親的家庭背景便是個重要的條件，陸游為呂大同妻子寫的墓誌銘便說得最清楚：

> 維中國呂氏，自五代至宋，歷十二聖，常有顯人。忠孝文武，克肖先世，婚姻多大家名胄，婦姑相傳以德，先後相勉以義，富貴不驕汰，雖甚貧，喪祭猶守其舊，養上撫下，恩意曲盡，雖寓陋巷環堵之屋，鄰里敬化服之，猶在京師故第時。嗚呼盛哉！

因此，我以為韓忠彥最後繼娶呂氏之妹，除了慰其亡妻及政治上的考慮外，呂家宗女的教育保障未似不是一個原因。事實上，不少呂氏與姻族的定婚啟中都強調這一點，〔註41〕故家族中的女子教育、治家和婚姻有極大的關係，值得深思。

四、守節與再嫁

　　這十三個婦女中，有八人丈夫早卒，成為寡婦，其中大部份人都為亡夫守節，只有蘇頌妹妹在呂昌緒死後四年再嫁張斯立，她們對研究呂氏家族及當時士族官僚的貞節觀有很大的啟發和幫助。筆者利用墓文中的片言隻語，嘗試計算成一些有用的資料，例如傳主守寡時的歲數、守寡的年數等，制成下表，既能反映其生活狀況，也可以資討論。

〔註39〕陶晉生，《北宋士族──家族‧婚姻‧生活》，頁169。
〔註40〕對這方面的研究與批評，見王章偉，〈宋代河南呂氏家族研究〉，頁163～226。
〔註41〕《呂東萊文集》，卷2，〈代汀州叔父答李氏定婚啟〉，頁39；同卷，〈代右司叔父答李氏合定婚啟〉，頁39；同卷，〈通潘氏定婚啟〉，頁39；同卷，〈通芮氏定婚啟〉，頁39～40；卷8，〈祔芮氏誌〉，頁193。

表二：

傳　主	結婚年齡	守寡年齡	守寡年數	補　充
蒙異女	不詳	30餘歲	30～40年	以宋代婦女平均結婚年齡為 18 歲計，傳主只有十多年的婚姻生活。 傳主有 3 子，為人母親當有 50 年之久。
昌緒妻（蘇頌妹）	不詳	與呂氏結婚甫三年而寡改嫁張氏，七年再為寡婦	為呂氏守寡3年再嫁張氏，七年後再喪夫，直至身殁。	兩段婚姻合共 10 年。 蘇氏 42 歲過桐廬縣漏港灘失舟而亡，估計守寡時間約 10 年。 與呂氏育有 2 子，均較傳主早亡，但有兩孫。 與張氏育有三子，相繼死亡，張斯立一脈乃無後。
大同妻（方元矩女）	21	據右欄估算，約 30 餘歲	據右欄估算，約十多年。	方氏 49 歲卒，只知其夫大同早夭，估計其守寡時間在十多年間。 生 1 男 1 女，為人母親約 20 多年。
弼中妻（文彥博曾孫女）	據右三欄推算，約為24歲	據右欄估算，約 44 歲。	據右欄估算，守寡 8 年。	文氏 1126 年嫁呂弼中為繼室，1154 年暴卒於桂林，其壙誌有闕文，只記其享年□十二。如以婦女結婚年齡約 20 歲計，文氏最有可能在 24 歲時結婚，故其年齡應為 1154－1126＋24＝52 歲，切合墓誌的卒齡闕文。 據〈呂弼中壙誌〉，弼中之生卒年為 1089～1146，享年 57 歲，則文氏嫁弼中後 20 年弼中殁，守寡 8 年。 有子三人，以其卒年逆推，約為母親二十多年。
用中妻（韓億五世孫女）	18	據右兩欄推算卒年及守寡年數，約 61 歲為寡婦。	據右欄推算，守寡 8 年。	傳主卒於 1170 年，而據〈呂用中壙誌〉載用中卒於 1162，故可知韓氏守寡 8 年。 有 4 子 4 女，為人母親 40 多年。
忱中妻（李與權女）	33	據右兩欄推算，60 歲時為寡婦。	據右欄資料，守寡 15 年。	傳主生卒年為 1101～1176，而銘文載其夫死後又 15 年而李氏終於家，故可知其守寡年數。

大倫妻（程頤曾孫女）	20	36	守寡 10 年後終於正寢	程氏爲呂大倫繼室 育 2 子 2 女，
康年妻		據右兩欄計算，劉卒時 54 歲，守寡約 10 年，則約在 44 歲左右爲寡婦	據右欄，約 10 年	據墓誌，傳主的卒年是 1234 年，享年 54 歲，其丈夫呂康年則在主鄞縣簿後再任而卒。 史載呂康年在 1220 年爲鄞縣簿，距劉氏卒年十有三年，則劉氏守寡應該在 10 左右。 又，墓誌說呂康年有 2 子 1 女，劉氏「拊之若己出」，可見她是繼室。後 2 子夭，但未提及女兒的情況，猜想劉應曾爲呂氏前妻子女的繼母。

　　先談守節的情形，八名寡婦中，呂用中和呂忱中妻子都在年老時喪夫，分別再孀居八年和十五年就辭世。呂蒙巽女兒、呂昌緒妻、呂大同妻、呂弸中妻、呂大倫妻和呂康年妻等都在較年青時喪夫，其中呂蒙巽女兒和呂昌緒妻子的例子較特別，前者守寡多至近四十年才壽終正寢，昌緒妻則孀居四年後改嫁，而其餘三人則守寡十年後繼亡。呂用中妻子守寡後期，兒子肯定已長大成人（呂忱中無子），故正如伊佩霞的分析，她的社會身份更多是「婆婆」或「奶奶」，或許正享受長壽的果實；孀居生活其實充滿困難，〔註42〕而其餘年青喪夫者，要熬過近十年的孤獨生活，且肩負起教子育兒的重任，箇中苦況，實不足爲外人道也。無怪乎呂大同妻卒後，其兒子呂祖平請陸游代寫墓誌銘時哭說：「祖平不天，不得以斗升之祿養吾親，視斯世尚何聊？惟圖所以慰親于九原者，在墓隧文乎？」呂昌緒孀妻改嫁，或許正反映寡居之艱難，惟此等隱事均非當事人所願細說者，我們也無法詳論。

　　除呂昌緒妻後來改嫁外，呂蒙巽女兒及其他各人似乎都是在丈夫死後留在夫家守節，並且負起持家教子的重任。由於她們有良好的教育，故可避免袁采所說「夫死子幼，居家營生，最爲難事」的情況。其中呂蒙巽女兒的例子最堪注意，如前所述，她除了親授兒子經義及治閫有法度外，也有顧及夫家之宗黨，在其身教努力下，王覃諸孤終於克紹箕裘，而呂氏經歷了四十年的孀居生活，晚年生活美滿：

〔註42〕伊佩霞就深入析論寡居生活的困難處，見 Patricia B. Ebrey, *The Inner Quarters: Marriage and the Lives of Chinese Women in the Sung Period*, pp.188-203。

> 其後昆弟仕進，夫人或歲過諸子，始至必進壽於堂，子婦拜於
> 庭，諸孫誦誦於前。夫人喜甚，因曰：「其益思盡忠於乃事，若夫極
> 嘉旨之奉，殆匪親意也。」夫人素貴，能謙下其德，舉得宗族之歡
> 心。晚尤愛京洛之風，長子因請徙之大康。未幾，夫人感疾，終於
> 官第。

這裡值得深思的是，如果沒有呂氏之賢，王覃一族自然沒可能有如此風光的
發展；惟四十年的寡婦生涯，足證呂蒙巽女兒的堅毅，難怪呂蒙正當年如此
看重這個姪女，而呂氏之家教非凡，自可想見。這些例子充分顯示，寡婦在
夫家守節，除了對其家庭的維持舉足輕重外，亦對整個家族有深遠的影響。
〔註43〕

還可補充一點，在呂氏家族的其他例子中，有部分寡婦是「歸宗守義」
的，即離開夫家返回娘家守節，例如呂嘉問兒子呂安中的妻子是王雱（王安
石子）女兒，王氏在呂安中死後即回母家守節。〔註44〕歸宗守義的原因多是
因為夫家貧窮，難以維持孤兒寡婦的生計。〔註45〕前面曾詳細徵引呂康年妻
子劉氏的〈壙誌〉，其中亦記述劉氏在丈夫、家姑及丈夫前妻所生的二子先後
去世後，劉氏抑鬱成痀疽之疾，結果回娘家跟隨弟弟劉宗奭居住療病。呂康
年一門差不多全部辭世，最後要由旁枝過繼呂正之和呂安之以續香火，劉氏
的情況，相信就是因為生活無依而需要從弟之居；不過，劉氏為呂康年守節
盡義，故身歿之後，仍然得以葬於明招山呂氏祖墓裡，陪隨於丈夫呂康年之
墓側。

至於再嫁方面，呂昌緒妻子蘇氏是唯一在前夫死後再嫁者。據墓誌銘記
載，蘇氏是蘇頌長妹，是一個可憐的人，先嫁呂蒙正孫亳州司法呂昌緒，甫

〔註43〕伊佩霞從攜妝奩改嫁使夫家經濟陷入困境此一經濟角度，研究寡婦守節對士
族維持家勢的重要性，見 Patricia B. Ebrey, "Shifts in Marriage Finance from the
Sixth to the Thirteenth Century", in Rubie Watson & Patricia Ebrey（eds.），
Marriage and Inequality in Chinese Society, Berkeley, Los Angeles & London:
University of California Press, 1991, pp.97-132；又載於 Patricia B. Ebrey, *Women
and the Family in Chinese History*, pp.62-88。身為一個大士族的宗女，呂蒙巽
女兒除了有豐富的家教外，妝奩自必不少，故其留在夫家守節在經濟方面的
貢獻也可想見；惟筆者未見這方面的資料，故無法詳論。

〔註44〕清·徐松，《宋會要輯稿》，〈禮〉61之6，北京：中華書局，頁1690。

〔註45〕Patricia B. Ebrey, "Women in the Kinship System of the Southern Song Upper
Class", in Richard W. Guisso & Stanley Johannesen（eds.），*Women in China*, New
York: Philo Press, 1981, pp.121-122.

三年而寡，育有二子；後四年蘇氏再歸潁州萬壽縣令張斯立，又七年而斯立亦卒，育有三子。關於宋代婦女再嫁的問題，學者有很多討論，〔註46〕柳立言對此有詳細的評論，他統計過宋代婦女守節與再嫁的資料，結論是士大夫妻女再嫁的例子不出十個，守節的紀錄卻十倍於此，似乎反映士大夫對再嫁總是有點彆扭，所以少提為妙，而對守節總覺是種光榮，所以大書特書。〔註47〕持平地看，筆者也同意柳立言的觀點（不過，上述的統計數字或許也可以得出這樣的推論：由於再嫁是至為普通的情形，故除個別原因外，不值得特別記載；相反，守節是難得的光榮，故士人遂大加筆墨，這些資料可反映出宋代婦女再嫁是普遍的情況，守節只是特殊例子而已），中國士人素重「忠貞」，婦女能為丈夫守節，自然值得加以表揚，但對於再嫁，筆者卻以為士大夫未必會以此為羞，而蘇氏這一墓誌銘就是最好的例子。

〈萬壽縣令張君夫人蘇氏墓誌銘〉是由蘇頌執筆，文中詳細交代了其妹的聰慧、擇配呂昌緒及再歸張斯立的經過：

> 蘇氏，予長妹也。我先人太尉公翰林府君晚年得女，以其秀且慧，故特撫愛之。始稚而孩已能言，漸誦章句。少長而承禮儀之訓，又能秉筆為詞語。及笄，擇配且久，乃以適亳州司法呂昌緒。昌緒故相呂文穆公之孫也。甫三年而寡，後四年獲歸斯立。斯立賢而有文章，好學不倦，平居刻苦，奉養簡薄。吾妹從其所好，未嘗見於言色。又七年，而斯立卒且葬矣，乃歸寧太夫人河南郡太君。日侍膳外，則以未亡自處，不復接外事。惟閉閤冥心誦佛書而已，雖親戚亦少有見其面者。

綜觀全文，筆者完全看不到蘇頌對其妹的再嫁有甚麼諱言，而他在另一篇祭奠其妹的的文章中更謂：「始歸呂氏，呂大宗也，爾能恭順協睦，不失婦道。未幾而喪其夫，予以爾又歸張氏。」〔註48〕可見身為一個大士族、大官員，

〔註46〕這方面的論著汗牛充棟，不能盡引，近年最重要的研究，或可參考下列數文：Patricia B. Ebrey, *The Inner Quarters: Marriage and the Lives of Chinese Women in the Sung Period*, pp.204-217；陶晉生，《北宋士族──家族‧婚姻‧生活》，頁171～196；張邦煒，〈宋代婦女再嫁問題探討〉，載於張邦煒，《宋代婚姻家族史論》，北京：人民出版社，2003年，頁149～180；方建新、徐吉軍，《中國婦女通史‧宋代卷》，頁 339～394；王揚，《宋代女性法律地位研究》，頁13～77。

〔註47〕柳立言，〈淺談宋代婦女的守節與再嫁〉，頁54。

〔註48〕《蘇魏公文集》，卷71，〈祭亡妹張氏五縣君〉，頁1077。

蘇頌對此並未覺得有何不妥，且認為其妹「不失婦道」。事實上，銘文中的蘇氏，秀外慧中，知書識禮，孝義兩全，且為亡夫閉門孀居，完全是一個典型的模範婦女。當然，蘇頌為蘇氏兄長，自然偏愛其妹，但這點正正是本文要強調的，士人固然讚揚對夫忠貞不貳的節婦，但實際上對於寡婦再嫁，仍然予以同情，也沒有任何歧視；而當再嫁者為自己的親人時，更不諱言，蓋血濃於水，恩情至深之故也。因此，我以為宋代士族的貞節觀實在很複雜，在道德大義上，守節當然要大書特書，是以錢受之妻子呂聰問女兒的墓誌銘主要就是讚揚她遇賊「自投於水，以誓義不污」，但這是最高的德行標準，一般人未必能守，而為夫守寡也不是必須的。無論如何，呂聰問女兒的貞烈，也多少反映呂氏家族作為當世文化高門，其道德家風，教人景仰，故汪應辰就作銘曰：

> 呂氏之盛，實始文靖。典型之遺，女有卓行。見危靡他，處約
> 何病。其死有義，其生有命。曷觀于斯，惟命之聽。

當然，對於夫家的宗族來說，攜子再嫁可能會使夫家絕嗣，破壞宗族組織，而攜妝奩離開也會影響家內的經濟，所以最好是留在夫家守寡，呂蒙巽女兒等人的墓誌銘由子孫或夫家宗黨撰寫，予以隆譽，就是此理，而蘇氏的墓誌銘就只好由兄長代辦了。

蘇頌長妹再嫁的情況更帶出了一個很有趣而更複雜的問題，她嫁呂昌緒後生有兩子，丈夫死後她便回娘家守寡，銘文中沒有交代二子是否留予呂氏宗族撫養、抑或隨其歸於母家，而後文記述她再嫁張斯立後，亦有再提到呂氏二子，因此肯定這兩個孩子並沒有換宗改姓，是由張家代養嗎？銘文沒有記載，不得而知。那麼，蘇、呂、張三家的關係，在蘇氏再嫁後起何種連繫、何種變化？不過，呂氏二子後來亦卒，卻有二孫尚幼，情況也不清楚。宋代士族間有錯落的婚姻網絡，呂家也是其中一例，〔註49〕寡婦再嫁對其家族及其他士族的家勢、婚姻和宗族的重要性，仍待進一步探討。

最後，筆者曾經以墳塋所在地討論呂氏家族各支裔間的親疏關係，〔註50〕而上述十三篇婦女的墓誌銘也可反映婦女與夫族的連繫。在這十三名婦女

〔註49〕見陶晉生師，〈北宋幾個家族間的婚姻關係〉，載於中央研究院第二屆國際漢學會議論文集編輯委員會編，《第二屆國際漢學會議論文集‧歷史與考古組》，臺北：中央研究院，1989年，頁933～943；陶晉生，《北宋士族——家族‧婚姻‧生活》，頁101～135。

〔註50〕見王章偉，〈宋代河南呂氏家族研究〉，頁177～179。

中，沒有再嫁的全部都葬於丈夫的墳旁或其家族的公墓；而蘇頌長妹因爲再嫁張斯立，無論她與前夫宗黨的關係如何，她也自然葬於張氏之墓地，不過這同樣可見她跟其他例子沒有分別，與丈夫同穴。因此，在享受祭祀方面，宋代士族婦女的確是從屬於夫家之下。

五、結　語

　　這篇短文只就現存十三篇呂氏家族婦女的墓誌銘窺論其族內婦女的一些片段，由於篇幅及資料所限，所述自欠全面，請讀者原諒。

　　研究呂家，固然因爲她是宋代顯赫的高門大族之一，但筆者始終認爲，要了解宋代士族的情形，就必須盡可能考察其時各大名門的情形，集多個個案的研究成果後，似才可能進一步討論更深入的問題。學者在宋代科舉、恩蔭、婚姻等方面的研究有那麼多的爭論，原因即在於此。同樣地，要知道宋代士族婦女的情形、士人對婦女的貞節觀，除了需考核和統計一般的情況外，各個士族高門的例子也應多加研究，特別是關於統計數字的運用應非常小心，一千個守節的例子和一百個以至十多個再嫁的資料比較，究竟是否眞的可以顯示、解釋當時的貞節觀和婦女情形？而統計數字的詮釋程式究竟是如何？又當比例數字發生變化時，程式的函數和分析又是如何？

　　研究宋代婦女最力的伊佩霞曾指出，由於五四批判舊文化的影響，令學者只多從新儒學是否造成婦女地位低落這一角度探討問題，慢慢走向死胡同。她認爲我們應該多從不同角度考察宋代婦女的問題，並且接受在同一文化中存在著不同甚至是有衝突的性別觀和婦女觀。〔註51〕的確，就士族婦女的守節和再嫁問題來看，本文就顯示不同的情形：有其夫族極之推崇的〈壽安縣太君呂氏墓誌銘〉，也有不諱再嫁的〈萬壽縣令張君夫人蘇氏墓誌銘〉。由於資料的缺乏和欠完整，再加上運用統計出現的難題，要爲宋代士族的貞節觀問題給予一致的結論，目前似尚未可能。〔註52〕

　　＊後記：本文原題〈從幾個墓誌銘看宋代河南呂氏家族中的婦女〉，刊於

〔註51〕 Patricia B. Ebrey, "Engendering Song History", *Journal of Sung-Yuan Studies*, Vol.24, 1994, pp.340-346.

〔註52〕 本文初稿完成後，陶晉生師出版了研究北宋士族的經典之作，其中談到蘇頌妹妹的例子和士族婦女再嫁的問題時，與本文有很多相合之處，讀者必須參考。見陶晉生，《北宋士族——家族・婚姻・生活》，頁171～196。

楊炎廷編，《宋史論文集──羅球慶老師榮休紀念專輯》，香港：香港中國史研究會，1994年，頁132～143，為祝賀羅師榮退之作。原文所論，只建基於存世的五篇宋代河南呂氏家族婦女墓誌銘；惟近年考古學家在浙江省金華市武義縣明招山呂氏家族墓地，發現了八通南末時代呂灯問家族婦女成員的〈壙誌〉，內容彌足珍貴。因此，筆者參考了這批新的史料，大量修訂和擴充舊作，篇幅增加一倍之餘，對呂氏家族婦女的分析更加深入，而題目則改為〈從墓誌銘看宋代河南呂氏家族中的婦女〉。

宋代兒童的生活與教育
——評周愚文書[註1]

　　二十世紀的西方史學發展，自「年鑑」學派的三代大師布洛克（M.Bloch）、費弗爾（L.Febvre）、布勞代爾（F.Braudel）及勒高夫（J.Le.Goff）等的倡領下，已漸從精英史走向「總體史」（histoire totale）的研究，學者將眼光注向歷史的社會、經濟層次研究，並集中於作爲群體的人的研究。[註2] 1960 年代開始，社會史的研究與人口史相結合，使家庭結構和親屬關係的課題漸受重視，兒童史即爲其中的要項。[註3] 另一方面，社會科學家在探研社化問題時，最終亦會溯源歷史中兒童的情況，故科際間的合作、互補，實已無法避免，年鑑學派確立以史學爲中心的跨學科體系，雖突顯史學家的野心壯志，但亦可見其慧眼。

　　誠然，每一種社會都關心按照自己的文化和社會思想來培養自己的下一代，[註4] 故身爲一個教育學者，周愚文先生本書以歷史角度及方法來研究中國宋代的兒童生活和教育，這是可以理解的，也是必須的。就我所知，有關此一課題的中文專著，本書可謂開山之作，實足稱道。我自己身爲一個宋史工作者，兼又長期關注史學與社會科學之科際合作，故除了對本書特別感興

〔註 1〕　周愚文，《宋代兒童的生活與教育》，臺北：師大書苑有限公司，1996 年。
〔註 2〕　參見姚蒙，《法國當代史學主流——從年鑑學派到新史學》，臺北：遠流出版有限公司，1988 年。
〔註 3〕　1960 年一部有關的經典著作出版了，兩年後被譯爲英文，即 Philippe Aries, *Centuries of Childhood* , New York: Alfred A.Knopf, 1962。
〔註 4〕　Michael Mitterauer and Reinhard Sieder, *The European Family*, Oxford: Basil Blackwell Publisher Ltd., 1983, p.93.

趣外，也有很大的期望；可惜，筆者看畢本書後，覺得作者實未能適當運用史學及社會科學方法，而本書只停留在一部很原始、粗糙的史料彙集（但不完整）而已。

本書共分四部分，首三章交代研究緣起、目的與範圍、研究方法與史料；第二部分為「生活篇」，共四章，析述宋代兒童的養育、兒童負擔的工作、與兒童有關的節慶與習俗、遊戲等情況；第三部分為「教育篇」，共八章，析述官立小學教育、私辦兒童教育、學習與教學、蒙學教材、理學家的兒童教育理念、童子科及女童教育的情況；最後一章為結論部分。

首先，在序章部分已很有問題，對全書有很大影響。在交代研究緣起中，作者除指出中國兒童教育史向為人所忽視外，促使作者選擇宋代作為研究對象的原因主要有三：一是精力有限，故未及歷代；二是作者對宋代教育史略有心得；最後則是宋代在這方面留下的文獻較為豐富（頁 2～3）。本來，以這些文獻及私人有利條件揀選研究課題，實在無可厚非，可是若只有這些外緣因素，作者就無法突顯其研究的意義與重要性，讀者不禁會問，宋代兒童史在中國兒童史中處於何等位置？與其他朝代有何異同？身為一個宋史研習者，我是肯定研究宋代兒童史之重要性的。其實對宋史略有涉獵者，都知道「唐宋變革期」的問題，一個世紀多以前，日本京都大學史學大師內藤湖南提出了「唐宋變革期」的學說，指出宋代是中國近世的開端，無論在政治、社會、經濟各方面均與中古中國有很大不同，〔註5〕故要了解現代中國，必須對宋代有所認識。內藤學說即為「京都學派」的核心，在其學生宮崎市定等的努力下，已在宋史領域中佔有重要地位，且深切影響歐美的宋史研究。〔註6〕因此，要了解中國現代的兒童問題，宋代兒童史的重要性可以想見，這也是社科學者關心兒童史的原因。事實上，即使撇除觀念理論的問題，純由史料來看，宋代亦是中國史上首先關注兒童的時代，有學者稱之為「The Discovery of Childhood」，〔註7〕故宋代兒童問題實際是研究中國兒童史、家

〔註5〕 日・內藤湖南，〈唐宋時代の研究──概括的唐宋時代觀〉，《歷史と地理》，第 9 卷第 5 號，1922 年，頁 1～11。

〔註6〕 參見 Robert P. Hymes, *Statesmen and Gentlemen: The Elite of Fu-Chou, Chiang-Hsi, in Northern and Southern Sung,* Cambridge: Cambridge University Press, 1986。

〔註7〕 見 Thomas H.C.Lee（李弘祺），"The Discovery of Childhood: Children Education in Sung China（960-1279）", in Sigrid Paul（ed.）, *"Kultur": Begriff und Wort in China and Japan*, Berlin: Dietrich Reimer Verlag, 1984，頁 159～189。本文承李弘祺師自美國寄贈，謹此致謝。

庭史、社會史的重要課題。可惜，本書作者似乎未能掌握宋代史的重要性，更遑論洞悉宋代兒童史的相關問題，以宋代兒童爲研究對象，只是作者的美麗巧合而已，這個史識方面的不足，使本書以後所開展的論述，均未能掌控問題的核心。

在解釋研究目的與範圍時，作者指出本書是希望透過對宋代兒童的生活與教育兩個層面的探討，以了解宋代兒童生命世界的全貌。可是，對於研究的主體——兒童，作者只是說了這句：「自出生的嬰兒起，至十五歲成童以前，都包括在內。」（頁3）既沒有特別指明，那麼這裏的兒童自然包括宋代（967～1279）三百多年間各個階層、各個地域裡的有關年齡者？以歷史研究而言，筆者自然以爲作者會從橫向、縱向等層面討論宋代兒童的情況，但結果本書在此含糊的主體下，不分階層、地域、時間（即或有所區分，也極含糊），東拉西扯地將史料集合起來，得出的實在不是歷史的眞象。舉例說，作者謂「牧牛羊」、「助農事」是許多農家男童的工作（頁39），但「農家」所指究竟爲何？研讀宋史者都知道，宋代鄉村的戶等很複雜，貧富差距很大，〔註8〕且更包括了地主、佃戶等等，〔註9〕我們可以想到，這些「農家」中兒童的工作自有很大分別，根本不能一概而論。更有甚者，除了地域差距外，南宋歷史實在並非只是北宋的延續而已，當中在政治、社會、文化各方面均有很大的變化。〔註10〕時、空是歷史研究的兩大座標，本書「生活篇」的論述完全脫離此軌道，使論述者與閱讀者根本無法找到立足點，對所謂「宋代兒童生活」的認識，實是史料的堆集而已，〔註11〕意義不大，更遑論「了解宋代兒童生命世界的全貌」。

〔註8〕　參看日·柳田節子，《宋元鄉村制の研究》，東京：創文社，1986年；宋晞，〈宋代戶等考〉，載於氏著，《宋史研究論叢》，第2輯，臺北：中國文化研究所，1980年，頁1～12。

〔註9〕　朱瑞熙，《宋代社會研究》，河南：中州書畫社，1983年，頁23～43，55～72；梁庚堯，《南宋的農村經濟》，臺北：聯經出版事業公司，1985年。

〔註10〕　前引 Robert P. Hymes, *Statesmen and Gentlemen: The Elite of Fu-Chou, Chiang-Hsi, in Northern and Southern Sung* 一書對宋代士族的研究就是一個好例子。另見劉子健的卓論，〈略論南宋的重要性〉，載於劉子健，《兩宋史研究彙編》，臺北：聯經出版事業公司，1987年，頁79～85。

〔註11〕　因篇幅故，這裏只再舉一例：作者介紹宋代兒童習俗時，引蘇軾、孟元老等人的記述，謂兒童在除夕夜通宵不眠「守歲」（頁61～62）。可是作者忽略了時間問題，北宋末南宋初的袁文（1119～1190年），就已概嘆此俗廢棄已久，事見宋·袁文，《甕牖閒評》，卷3，上海：上海古籍出版社，1985年，頁26。

　　在微觀的史學方法上，作者也犯了史學工作者不應有的錯誤，作者宣稱「本書是屬於歷史研究，主要是透過對史料的蒐集、考證、整理、分析、歸納與解釋，反映宋代兒童的生活世界。」（頁 4）可是，本書在利用史料論證史事時，即犯了史學研究的大忌——引用孤證，例如作者僅以梅堯臣（1002～1060）的一首詩就謂宋人在生育方面是有男尊女卑的觀念（頁 14～15）；在析述宋代溺嬰的原因時，亦只引蘇軾的一條史料，就大膽說重男輕女也是一個原因（頁 296）。其實，在史學方法的基礎訓練裏，已清楚明定「孤證必不可得結論，憑孤證得結論，與憑臆度，相去幾希」，〔註 12〕特別是在這樣富爭論性的議題中，〔註 13〕引用資料必須謹慎，除不可用孤證外，在收集史料時更須注意反證，〔註 14〕宋代生子不舉的原因，就有與作者相反的論據，溺嬰其實是不分男女的。〔註 15〕此外，作者在介紹宋代兒科醫書的刊印增加後，討論到作者的出身背景時謂：「究竟這些書的作者，是何種出身背景？茲以錢氏《小兒方》八卷作者錢乙為例加以說明。」（頁 21）但結果他甚麼也沒有說明，而且他也沒有解釋錢乙這一個例子如何可作代表。上述諸例，令人頗懷疑作者對史料的「蒐集、考證、整理」究竟有多少理解？〔註 16〕

　　一本史著的價值，除了廣泛蒐集史料，小心爬梳外，更重要的是將史料消化，撰成歷史。而撰寫歷史的工作，主要包括了歷史敘述（historical narrative）

〔註 12〕　有關的討論，在所有論述史學方法的著作中都可見到，這裏引用的是杜維運，《史學方法論》，臺北：三民書局，1986 年，頁 69。

〔註 13〕　宋代女性地位的高低，近年的研究有很大發展，且極富爭議性，參考下列諸文：Patricia B. Ebrey, *The Inner Quarters: Marriage and the Lives of Chinese Women in the Sung Period,* Berkeley, Los Angeles and London: University of California Press, 1993；陶晉生師，〈北宋婦女的再嫁與改嫁〉，《新史學》，第 6 卷第 3 期，1995 年，頁 1～25；柳立言，〈淺談宋代婦女的守節與再嫁〉，《新史學》，第 2 卷第 4 期，1991 年，頁 37～76；王章偉，〈從幾個墓誌銘看宋代河南呂氏家族中的婦女〉，載於楊炎廷編，《宋史論文集——羅球慶老師榮休紀念專輯》，香港：中國史研究會，1994 年，頁 132～143。

〔註 14〕　這也是史學的基本訓練及規條，杜維運前揭書即謂：「反證是最須尊重的，一條反證，可以否定數條或數千百條正面的證據，歸納證據，從正面歸納類似的證據是消極的，應積極的歸納相反的證據，不顧反證的存在，結論必流於武斷。」見《史學方法論》，頁 60～70。

〔註 15〕　臧健，〈南宋農村「生子不舉」現象之分析〉，《中國史研究》，1995 年第 4 期，頁 75～83。

〔註 16〕　本文在 1997 年刊出後，劉靜貞教授在 1998 年出版了研究「不舉子」的傑出專著，更可證明宋人溺嬰殺子的問題其實很複雜，不能只歸因於性別問題。見劉靜貞，《不舉子——宋人的生育問題》，臺北：稻鄉出版社，1998 年。

和歷史解釋（historical interpretation），前者即將所發生的事敘述出來，後者則是闡明歷史發展的軌跡及其意義所在，而史家與史著的責任是兼具兩者。〔註17〕很可惜，本書只有前者而缺後者，而即使在敘述宋代兒童歷史時，本書的價值也不大。

　　由於對時空座標掌握不夠，本書所述的宋代兒童情況，誠如前論，只是一片浮光掠影而已，作者花了一半篇幅所析述的，其內容可謂平平無奇，完全顯示不到一個學術研究起碼的成果與貢獻。舉例說，本書指出宋代農家的男童擔任的工作主要是牧牛，除了牧牛外，也有牧羊、牧豬者，而其工作看似平淡，但其實有不少危險（如有老虎）（頁35～39）；此外，餵牛馬、打掃、飼養家禽、摘種疏果、拾薪等也是其工作（頁39～42）。

　　中國是一個農耕社會，上述內容，即便一般大眾，也會知曉，作者花了這麼多工夫，然後得出這些說法，實在令人氣餒。筆者認為，當中可供探究的問題其實很多，例如宋代是中國的商業革命時代，農業、手工業等有長足的發展，〔註18〕兒童勞動在農事的發展、社會分工、國家經濟上佔有甚麼位置等。當然，史料是否充分是個問題，但本書第二篇的敘述多如上論，〔註19〕作者是責無旁貸的。

　　作者是教育工作者，本書下半部「教育篇」是其專長，析述自然比「生活篇」優勝，卻未能超越過往的研究成果。〔註20〕而且，當一涉及有關宋代歷史問題時，本書的論述即嫌過時和欠深入。舉例說，在討論女童的教育及

〔註17〕　杜維運，《史學方法論》，頁211～232。

〔註18〕　日·斯波義信，《宋代商業史研究》，東京：風間書房，1968年；Mark Elvin, *The Pattern of the Chinese Past,* Stanford and California: Stanford University Press, 1973, pp.113-199。

〔註19〕　這裏因為篇幅所限，無法盡引，只再舉一例：作者析述宋代殺嬰風氣盛行的原因，謂「貧無以養，是關鍵因素。」（頁23）接著就無任何解釋。這個論點實在很膚淺，亦是人所共知，價值不大。其實，即使貧窮是主要因素，也應探究何以致之，前引臧健的文章就有深入分析。

〔註20〕　這方面優異的著作很多，例如前引李弘祺師的文章，還有下列諸文：Pei-yi Wu, "Education of Children in the Sung", in Wm. Theodore de Bary and John W. Chaffee（eds.）, *Neo-Confucian Education: The Formative Stage*, Berkeley, Los Angeles & London: University of California Press, 1989, pp.307-324；Thomas H.C. Lee, *Government Education and Examinations in Sung China*, Hong Kong: The Chinese University Press, 1985；苗春德主編，《宋代教育》，開封：河南大學出版社，1992年；袁征，《宋代教育》，廣東：廣東教育出版社，1991年。這幾部書均未見作者參考引用。

母親在家庭教育中的角色時，書中所述所論，均未見參考最新的論著，其實近年西方學者在這方面有很重要的成果，可資參考。〔註21〕又例如，作者花了很長篇幅討論蒙學教育及理學家的兒童教育觀，但他竟然完全沒有探討何以宋代會出現這麼多蒙學教材？何以時人那麼重視蒙學教育？

其實，更根本的問題是，宋代何以比前代增加了那麼多關於兒童的記載？宋人何以那麼注意兒童（包括其生活與教育）？換句話說，兒童何以在宋代「被發現」了？這些均非簡單的歷史敘述所能解決，史學工作者在此必須作出歷史解釋，而社會史及社會科學的經驗，正可給予我們支援，近數十年來有關兒童史的著作，均重視兒童與家庭、社會結構的關係，從而更引仲出親子關係、成人規範兒童等課題。宋代兒童史的研究也可向此借鏡，李弘祺師就在其一篇開創性的論文中借用 Philippe Aries 的方法，考究宋代繪畫中兒童的形象，結果發現宋代以前中國畫中的兒童與成人的形象並無分別，宋畫顯示宋代是中國人「發現」兒童的時代。他接著研究當時對兒童的撫養、兒童的遊戲、小兒醫學、新儒家對兒童教育的注意等，最後帶出兒童與其所處時代的家庭及社會的關係，論述極為精彩，且甚富啟發性。〔註22〕本書的作者在引用史料時，與李氏的方向很相似，但很可惜，由於他不明白宋代史的重要性，又沒有吸取社會科學對家庭、社化、親子關係等的研究，結果他只是羅列了一堆史料而已。

現代對兒童史的關注，無論是史學或社會科學者，均著重其在社會中之關係與位置；回顧歷史，運用韋伯的「移情」（empathy）方法，我們也可見成人對兒童的注意與其社會很有關係。我曾經長期研究宋代家族與社會結構的關係，再加上學者在這方面的研究成果，〔註23〕我深信，宋代由於以科舉取

〔註21〕參考前引 Ebrey 書及下列諸文：Bettine Birge, "Chu His and Women's Education", in *Neo-Confucian Education: The Formative Stage*, 頁 325～367: Dorothy Ko, *Teachers of the Chambers: Women and Culture in Seventeenth-Century China*, Stanford and California: Stanford University Press, 1994；Patricia B. Ebrey, "Women, Money, and Class: Ssu -ma Kuang and Sung Neo-Confucian Views on Women", 文載中央研究院歷史語言研究所編，《中國近世社會文化史論文集》，臺北：中央研究院歷史語言研究所，1992 年，頁 613～669。

〔註22〕Thomas H.C.Lee, "The Discovery of Childhood: Children Education in Sung China（960-1279）", pp.159-189。

〔註23〕陶晉生師，〈北宋士人的起家〉，載於第二屆宋史學術研討會秘書處編，《第二屆宋史學術研討會論文集》，臺北：中國文化大學，1996 年，頁 61～78；李弘祺師，〈宋代社會與家庭——評三本最近出版的宋史著作〉，《清華學報》，

士，士族為了保持其地位，一方面建立宗族組織以求互助，另一方面並教育下一代投資科舉考試，確保家族及個人的地位，結果令整個社會及家庭結構產生很大變化。而在這個變革中，作為下一代的兒童，自是士人所關心者，故宋人「發現了」兒童，注意兒童的撫育，小兒科大為發展，對規範、社化兒童的遊戲、教育更是關懷，母教和親子關係的重要性大增。宋代兒童史實在與宋代的社會發展分不開。

當然，上面只是我個人的觀點而已，本書作者大可不必認同，但我認為兒童史的研究絕不可與當代社會結構割裂，而宋代兒童史在中國歷史研究中的意義也在於此，社會史研究的意義亦是如此。作者宣稱這是一部兒童史研究，成績實在令人失望，除了前述在史學方法上的錯誤外，本書還有一個很嚴重的過失，作者在緒論中提到兒童史這個領域，仍待兩岸學者進一步開拓。（頁 2）但事實上，在研究情報上，本書作者做得很差，單從筆者本文所引的註釋就可想見，惟廣泛搜集資料（包括二手研究）實在是歷史研究的起碼工夫，而作者沒有參考李弘祺師及 Wu Pei-yi 二人的文章，更是難以接受，事實上本書無論在內容及論點方面，均無法與之匹比，倘若作者看過上述研究，或能取長補短，成果或會更大。

最後，欠缺「歷史解釋」更是本書之要害，年鑑學派大師布洛克曾說歷史學家應該像任何科學家一樣，「面對眾多紛雜的實在『進行』挑選」，這種挑選顯然不是武斷的或信手拈來的，而意味著科學地收集資料，進行分析，以便恢復歷史的本來面目和作出解釋。〔註 24〕史家的責任、史學的意義即在於此。

*本文原刊於《香港社會科學學報》，第 9 期，1997 年，頁 219～226。

新 19 卷第 1 期，1989 年，頁 191～207；王章偉，〈宋代士族婚姻研究——以河南呂氏家族為例〉，《新史學》，第 4 卷第 3 期，1993 年，頁 19～58；John W. Chaffee, *The Thorny Gates of Learning in Sung China: A Social History of Examinations*, Cambridge: Cambridge University Press, 1985。

〔註 24〕法‧雅克‧勒高夫，〈新史學〉，載於蔡少卿編，《再現過去：社會史的理論視野》，浙江：浙江人民出版社，1988 年，頁 92～122。

考試制度作為一種社會制度
——從李弘祺的中國教育史研究談起

一、引　言

　　十年前筆者在研究院唸碩士班時，因為研究宋代「新門閥」的形成，注意到科舉考試制度與社會結構轉變的關係，精讀了李弘祺老師兩部有關宋代教育史的專論，〔註 1〕後來受其影響而寫有〈考試與平民社會〉一文，批評一般人對考試制度的曲解，並希望香港的政策制定者能慎重思考當中的要害。〔註 2〕桃花依舊，十年以後，筆者的研究興趣已轉向民間宗教的問題，惟世事多有巧合，近又得閱李師的一本中國教育史新著《中國傳統教育：歷史篇》，〔註3〕掩卷思考之際，正值香港教育制度進行翻天覆地的改革，輿論鼎沸，其中有些意見對考試制度及其相關問題提出嚴苛的批評，反映十年以來，社會大眾對這個重要制度的意義誤解仍然很深，思之令人感慨良多。故筆者現再以李弘祺教授這部新著為出發點，輔以其他資料，草成此文，重申

〔註 1〕 李弘祺，《宋代教育散論》，臺北：東昇出版事業公司，1980 年；Thomas H. C. Lee, *Government Education and Examinations in Sung China*, Hong Kong : The Chinese University Press, 1985。後一書現已出版了中文版：李弘祺，《宋代官學教育與科舉》，臺北：聯經出版事業公司，1993 年。感謝李弘祺老師惠贈這兩部中文版大著。

〔註 2〕 王章偉，〈考試與平民社會〉，載於《政策透視學報》，創刊號，1991 年，頁 74～77。

〔註 3〕 Thomas H. C. Lee, *Education in Traditional China, a History*, Leiden, Boston, Koln : Brill, 2000.

考試制度的歷史社會意義，以供參考，當中不無逆耳之言，然亦聊盡知識份子的一份良知而已。

自九年免費教育施行以後，大量適齡兒童湧入學校，對香港的社會和教育制度造成極大影響。一方面，普及教育既能提高民眾的知識水平，爲社會培養人才，促進香港的經濟發展，貢獻至大；另一方面，傳統的精英教育也受到很大衝擊，制度和課程等各方面都作出了不少改革，以應轉變。然而，普及教育施行二十餘年以來，香港的教育發展屢受批評，社會輿論對香港的教育改革，意見更是紛紜。舉其大者，如「塡鴨式」教育窒息思維、學童缺乏創意、影響香港在國際貿易上的競爭能力。有部分人認爲，造成香港「塡鴨式」教育偏重背誦記憶、使學生缺乏學習動機和興趣，元凶就是頻繁的公開考試；而考試壓力太大，製造無數失敗者，青少年無心向學，引致連串社會問題，令人憂心。

因此，有必要減少甚至取消公開考試，繼廢除「中三評核試」及「小六學能測驗」後，中五及中七的「會考」也可能合併，而大學在錄取考生時應多考慮在考試成績以外的其他因素。教育統籌委員會於去年發表的《香港教育制度改革建議》中，就批評現行的收生機制皆偏重學生的學術成績，忽略其全面表現，且評核方式多以紙筆式的考試爲主，太著重知識的背誦。故教統會建議要「拆牆鬆綁」，小一入學應按「就近入學」的原則派位，而公開考試的評核方式也須適當地加入教師評核的部分，以便有助評估一般不能通過筆試進行的能力，鼓勵學生多參與多元化的學習活動，發展多方面的能力。〔註4〕而「家庭與學校合作事宜委員會」主席狄志遠也認爲，應改革考試制度，讓孩子愉快地學習。〔註5〕無論是官方或民間意見，大家似乎都認定，「愉快學習」至爲重要，沒有考試的壓力，教學就能更有創意，考生的學習動機自會提升。

筆者對教育學認識不深，對香港教育問題的了解也止限於皮毛，然而從歷史發展方面看，考試制度是中國對人類文明最偉大的貢獻之一，〔註6〕今天

〔註4〕 香港特別行政區教育統籌委員會，《終身學習，全人發展：香港教育制度改革建議》，香港，2000 年 9 月，頁 39。

〔註5〕 見 2001 年 5 月 24 日《明報》有關狄志遠〈讓孩子愉快地學習，改革制度，改變態度〉的短論。

〔註6〕 李弘祺，〈科舉——隋唐至明清的考試制度〉，載於鄭欽仁主編，《中國文化新論——立國的宏規》，臺北：聯經出版事業公司，1987 年，頁 259。

它仍然是世界各地甄別人才的最主要方法，當中的原因何在？本文要討論的
正是考試制度的公正、不可取代、以及社會變遷和考試之間的密切關係。作
為一種社會制度，其意義至大，鼓吹廢革考試制度者，必須慎加考慮。有一
點必須首先敘明，本文非欲為教育改革獻謀出策，也不認為考試制度能解決
任何問題。如果說研讀中國考試制度與教育的歷史，可以幫助我們判定香港
的教育改革，或許會給人有點穿鑿附會的感覺；然而回顧歷史，我們今天對
考試制度的不少批評和建議，前人走過的道路其實已留下不少可貴經驗，當
中不無可供反省之處。

　　《中國傳統教育：歷史篇》全書共分七章，第一章引論介紹中國教育的
理念和主要核心課題，討論儒家思想主張讀書是為了一己之論，並闡釋道家、
佛教等不同知識傳統如何與之匯流，凝合成中國教育的複雜遺產。第二章詳
述官學與考試制度的歷史，第三章討論中國教育的知識史，第四章交代課程
的轉變與學習的樂趣，第五章則討論識字教育、家庭教育和技術教育。這數
章深入研究學校與考試制度的發展，並分析私人講學的書院如何與官學教育
和科舉對抗，但最終卻又不得不受科舉影響而「官學化」，以致消沉，從中可
見教育與國家和社會的關係；此外，又仔細審察家庭教育、學者的生活、觀
點，及經典與理學傳統的形成與解說。第六章則以學生和學生運動為題，全
面論述學校生活、師生關係、學規及相關問題，並對傳統中國學生運動的起
伏，作深入分析。第七章為全書結論，既討論理想與現實的距離，又嘗試比
較中外不同的情況。

　　一部優秀的中國教育史，不但可令我們了解過去二千年的教育發展，更
應引發我們思考現況與未來，李教授此書正不乏這方面的洞察力。其中不少
討論均有助我們反省前面關於香港考試與教育的問題，值得深思。

二、社會流動與考試制度

　　二十世紀初俄國社會思想家梭羅金（P. A. Sorokin）提出社會流動（social
mobility）的理論，要旨為「社會流動是個人或社會的目標或價值，從一個社
會地位轉移到另一個社會地位。」如果一個社會具有高度的社會流動率，包
括縱橫兩面，則這個社會便比較開放和平等。〔註7〕自此之後，不少史家以之

〔註7〕　Pitirim A. Sorokin, *Social and Cultural Mobility*, London: The Free Press of
　　　　Clencoe Collier-Macmillian Limited, 1959,　p.133.

討論中國歷史，檢察社會的統治階層，是由自身階層內甄選產生，造成門閥社會；抑或挑選有能者用之，形成「平民社會」。〔註8〕其中，考試制度──科舉，乃成爲學者研究的重心。

有關中國的考試制度，本書有詳細的討論（頁104～170，筆者案：以後正文中所有括弧內的頁碼均指本書）。案春秋時代，我國猶是世卿大夫的局面，所謂「選賢與能」，其實僅行於貴族之間，至於人民則因「庶人不議」，根本不得推擇爲吏。降及戰國之世，封建崩潰，諸侯間相互吞併劇烈，貴族逐漸沒落，各國爲爭霸天下，乃爭相引用游士，於是勢不得不要求一套客觀標準來解決人才選仕問題。這種「尚賢政治」（meritocracy），即爲後世考試制度的源始，到了漢代，乃演爲「察舉」之制。所謂「察舉」，簡單而言就是「考察後予以薦舉」的意思，它是薦舉制在新的歷史條件下的發展，從薦舉而察舉，反映了古代統治階級在選取人才方面由簡單到比較複雜、由粗疏到比較嚴密的進步，且要求考選制度要有一定的標準。當然，其與科舉考試仍有一段距離。

察舉制度於人才甄拔方面雖已粗具規模，但其重在考察，而德行難有客觀準則；魏文帝（曹丕，187～226，220～226在位）咸康元年（220）尚書陳群（？～237）乃建議改行「九品官人法」，主要以家世、道德作爲標準，終於演成「上品無寒門，下品無世族」的現象，仕途全爲世族所把持。到了隋唐時代，乃實行科舉取士之法，所謂「科舉」，就是按照不同的科目通過考試來選取人才的考試制度。不過，唐代由科舉出身的官員數目實在不多，門第舊族的地位根深蒂固，朝廷官職仍多爲其壟斷，科舉作爲選士之主要途徑，實奠定於宋代（頁138）。

宋代科舉制度與社會流動的關係，曾經引起很大的討論。美國學者柯睿格（E. A. Kracker, Jr.）於二十世紀四十年代末起專研科舉與宋代的社會流動，他以紹興十八年（1148）和寶祐四年（1256）的登科錄計算登第者的背景，結論是超過半數的進士前三代都無人當官，故宋代的社會流動率很高，有一半以上的官僚是透過科舉從布衣階層晉升的。〔註9〕柯睿格的研究引起很大的迴

〔註8〕 最著名的有下列數人：E. A. Kracke Jr., *Civil Service in Early Sung China, 960-1067*, Cambridge, Mass. & London: Harvard University Press, 1953；Ping-ti Ho（何炳棣）, *The Ladder of Success in Imperial China*, New York & London: Columbia University Press, 1962；卡爾‧魏特夫（Karl A. Wittfogel）著、徐式谷等譯，《東方專制主義》，北京：中國社會科學出版社，1989年。

〔註9〕 E. A. Kracke Jr., "Family vs. Merit in Chinese Civil Service Examinations under

響，李弘祺及日本學者荒木敏一等都曾深入剖析宋代科舉制度，修正柯氏之論，雖然如此，他們均同意科舉制度造成門閥的消滅，開闢了寒俊出身的途徑。〔註10〕然而，多年後另一美國學者郝若貝（Robert M. Hartwell）批評柯氏之論，提出完全相反的論點，他指出宋代朝廷是由數個或數十個大家族壟斷，他們世代相襲爲官，互相通婚，以保持其對政府和社會的控制，故科舉並無打破唐代以來世族壟斷政府的情況。〔註11〕

　　八十年代中期，美國學者的研究，使我們對科舉與社會流動問題的認識更深入。柯睿格的學生賈志揚（John W. Chaffee）於芝加哥大學完成其關於宋代科舉社會史的博士論文。賈志揚雖爲柯氏的學生，但他比較謹慎，同意恩蔭（父祖爲官者得蔭庇子孫爲官）及與高官大族通婚在宋代的仕途來說是很重要的；可是他又指出科舉考試成功畢竟才是眞正的保證，故科舉仍能製造一定的社會流動。不過，賈志揚認爲宋代的科舉遠不如後代的公平，因爲宋代恩蔭制度的範圍很大，平民勢難佔優，是以對宋代科舉所造成的社會流動，不能過分樂觀和誇大。〔註12〕關於這個問題，不少學者確已注意到宋代官僚

the Empire", *Harvard Journal of Asiatic Studies*, X（1947），pp.103-123；*Civil Service in Early Sung China, 960-1067,* pp.68-70。

〔註10〕日‧荒木敏一，《宋代科舉制度研究》，東京：同朋社，1969 年；李弘祺，《宋代教育散論》及 *Government Education and Examinations in Sung China*。

〔註11〕Robert M. Hartwell, "Demographic, Political and Social Transformations of China, 750-1500", *Harvard Journal of Asiatic Studies*, Vol.42, No.2, 1982,　pp.354-442.

〔註12〕John W. Chaffee, *The Thorny Gates of Learning in Sung China: A Social History of Examinations* , Cambridge: Cambridge University Press, 1985。本書現在已有中譯本，美‧賈志揚，《宋代科舉》，臺北：東大圖書公司，1995 年。另一方面，郝若貝的學生韓明士（Robert Hymes）亦出版了研究宋代江西撫州精英的著作，指出南宋以後的地方地主有很強烈的地方色彩，他們雖多曾登第，然而其權力來源主要是來自和大族通婚。韓明士更指出柯睿格結論中從科舉晉身的布衣平民，倘若我們考查其母系親屬，把他們的外祖及母舅也算進去，那便會發覺其實很多人本已是豪族大官之裔，科舉成功只是其財富勢力以外之點綴而已。因此，韓明士以爲柯氏盛讚的科舉制度，實際爲當代提供了零的社會流動。換言之，宋代社會仍與魏晉隋唐時代無大分別，是一個不開放的門閥社會，孤寒難與世族競進。見 Robert P. Hymes, *Statesmen and Gentlemen: The Elite of Fu-Chou; Chiang-Hsi, in Northern and Southern Sung*, Cambridge: Cambridge University Press, 1986。郝若貝及韓明士師徒的理論，一度惹起廣泛討論，惟今天已受到學界普遍批評，參考下列各文，陶晉生師，《北宋士族──家族‧婚姻‧生活》，臺北：中央研究院歷史語言研究所，2001 年；李弘祺，《宋代官學教育與科舉》〈中譯本序〉；鄺重華，〈士族與學術──宋代四川學術文化發達原因探討〉，香港：中文大學歷史學部博士論文，1997 年；王章偉，〈宋代河南呂氏家族研究〉，香港：中文大學歷史學部碩士論文，1991 年。

間之婚姻網絡與其家勢的關係，〔註13〕更有指出北宋士族互相通婚，逐漸形成「新門閥」；〔註14〕但姻親集團與家勢興隆並無必然關係，現在大家都認同，與科舉入仕比較，婚姻關係對家勢的維持是不大保險的，使子孫讀書、考試、做官，仍是最正常和有效的手段。〔註15〕

從上面的歷史發展可見，考試制度與社會結構轉變的關係。在古代的中國，平民要擠身上階層並不容易，春秋以前的典型貴族社會及魏晉南北朝的門閥時代自不待言，漢朝即使是有了較具規模的察舉制，然選仕的權力仍然操於負責薦舉的少數官員手中，一直要到唐宋以後，科舉考試制度才為庶民建立一條晉身的階梯。宋代科舉與社會流動的討論，正反映其為考試制度引致社會結構轉變的一個過渡時期，明清以後，科舉成為仕進的最主要方法，中第者名列紳籍，享有免役免稅的權利，逐漸形成士紳。他們為了綿延其勢，於投資土地之餘，乃繼續教養家中的子弟，讓其考試任官，以便再回過頭來繼續照顧自己的家族，形成「耕讀世家」，士紳階級由是形成。〔註16〕科舉改變了家庭、宗族、階級以至整個社會的結構。

明清以後，中國社會結構演變為平民社會，考試制度是最主要的促成者；其後考試制度西傳，〔註17〕形成今日世界各地的文官考試制度，由此可見其影響之大。然而到了今天，不少香港人已遺忘了考試制度促進社會流動、幫助建立較為開放之社會的這段歷史，有些人更指責考試造就精英階級，形成「學歷社會」，使莘莘學子承受沉重壓力。但「學歷社會」其實並

〔註13〕 最新及最優異的討論，見下列二書，Beverly J. Bossler, *Powerful Relations: Kinship, Status, and the State in Sung China, 960-1279*, Cambridge, Mass. & London: Harvard University Press, 1998；陶晉生，《北宋士族──家族‧婚姻‧生活》。

〔註14〕 陶晉生，〈北宋幾個家族間的婚姻關係〉，載於中央研究院編，《第二屆國際漢學會議論文集‧歷史與考古組》，臺北：中央研究院，1989 年，頁 933～943；王章偉，〈宋代河南呂氏家族研究〉。

〔註15〕 李弘祺，〈宋代社會與家庭──評三本最近出版的宋史著作〉，《清華學報》，新 19 卷第 1 期，1989 年，頁 191～207；李弘祺，《宋代官學教育與科舉》，〈中譯本導論〉，頁 i～xxv；陶晉生，《北宋士族──家族‧婚姻‧生活》，頁 66；王章偉，〈宋代士族婚姻研究──以河南呂氏家族為例〉，《新史學》，第 4 卷第 3 期，1993 年，頁 55～56；日‧衣川強，〈宋代の名族──河南呂氏の場合〉，原刊於《神戶商科大學人文論集》，第 9 卷第 1、2 期，1973 年，頁 134～166，今收於日‧衣川強，《宋代官僚社會史研究》，東京：汲古書院，2006 年，頁 77～122。

〔註16〕 參考李弘祺，〈科舉──隋唐至明清的考試制度〉，頁 288～292。

〔註17〕 Ssu-yu Teng（鄧嗣禹），"Chinese influences on the Western Examination System", *Harvard Journal of Asiatic Studies*, Vol.8（1943），pp.167-212。

不一定是壞事，韋伯（Max Weber）就認爲它是現階段工業社會合理化的一種表現；〔註18〕至於精英，則更是每一個社會所必須要的。再者，無論你是否喜歡精英，但回溯歷史，傳統社會分成統治階級和被統治階級，精英之存在是不爭的事實；而考試制度只是其產物，而非造就精英之始源，考試制度只是精英流動之工具而已。因此，事實是先有了精英，然後才有考試制度，我們不能將精英之產生歸於考試制度。精英之出現，實由其他多項因素所造成。〔註19〕

三、公正與開放：考試制度的精神

　　科舉畢竟是一個「公正」的制度，任何人要晉身統治階級，祈獲擁有絕大的社會報酬（包括榮譽、財富及權力），唯一的辦法就是通過科舉考試；〔註20〕只要能克服經濟條件等的不利因素，〔註21〕考試是向所有人開放的，平民也可以與貴族決戰於科場之中，評分標準不會受出身背景所影響。隨著社會經濟的發展及宗族互助之流行，不少平民也可以投資科舉考試，〔註22〕躋身官僚精英階層。

　　考試制度所以能促進社會流動，改變社會結構，其最重要的精神就是「公正」與「開放」，也是整個制度的關鍵。東漢順帝（劉保，115〜144，126〜144 在位）陽嘉元年（132），鑑於察舉的種種流弊，如官員貪污濫薦、舉子德行不符等，乃據左雄（？〜138）提出的「限年考試法」，實行改革，其要點大略有三：第一、被舉者年紀限爲四十歲以上；第二、以儒生、文吏兩

〔註18〕　貴非，《考試制度研究》，成都：四川教育出版社，缺出版年份（內頁作者序日期爲 1991 年），頁 20。

〔註19〕　關於這方面的討論，見 T. B. Bottomore 著、尤衛軍譯，《精英與社會》，香港：社會理論出版社，1990 年。前面提到韓明士的觀點，就是顯示考試與精英之形成無關。

〔註20〕　李弘祺，《宋代教育散論》，頁 23〜72。

〔註21〕　正如李弘祺指出，科舉制度在隋代出現以後，平民要因之向上爬升，仍然非常困難，蓋大部份的家庭不僅無力出錢供養他們的子弟讀書，甚至於不出錢而讓其閒著上學都負擔不來。在農業社會的中國，每一個男子都是一份勞力，除非家庭實在供養得起，否則學校待遇再好也沒法去上學；而家庭環境富裕，有優良教師和資源充分的學生自然佔盡便宜（即使在今天，情形也很相似）。參加科舉考試，所費極高，對窮人並不容易。

〔註22〕　楊聯陞，〈科舉時代的赴考旅費問題〉，《清華學報》，新 2 卷第 2 期，1961 年，頁 116〜128。

科取人；第三、建立經術和箋奏的考試制度。這就是所謂的「陽嘉新制」。
〔註 23〕左雄倡議的這個改革極爲重要，李弘祺於本書中即指出由於要求一
個更客觀的評核方法，很明顯地犧牲了察舉的特徵：孝、廉等道德行爲標準。
這種趨勢，成爲以後中國考試制度歷史的要旨（頁 120～121）。的確，科
舉制的母胎察舉制還不是現代意義上的考試制度，它主要是以孝、廉爲標準
的薦舉制而已，惟如要爲國家覓得眞材，「公正」是很重要的，要做到這點，
「考試法」是最客觀的評核工具，察舉制作爲一種薦舉制度，也被迫採用這
個新方法，朝考試制度的方向發展。〔註 24〕

　　「選賢與能」這種「尙賢政治」一直是中國人選仕的理想（頁 106），
在唐代實行科舉制度後，爲了確保中第者非於考試中僥倖過關，且應兼備相
當的道德修養，於是乃有「行卷」、「通榜」和「溫卷」等風尙，重視考生在
科場外的表現，其意雖佳，後來卻演爲請託貪污之風，壓抑了眞正的人才。
〔註 25〕這些問題的最關要處，即損害了考試的公正性，無形中也破壞了考
試制度爲國家選才的作用。到了宋代，科舉成爲仕晉之要途，投考的人數激
增，據初步的估計，每次科舉之年，全國有百分之三的人口參與其中，落第
率很高，競爭激烈（頁 146）。投考科舉的人數日增，加上宋初諸帝刻意利
用科舉提拔寒俊，〔註 26〕朝廷和士子對考試制度的公正程度要求更高，結
果是防止作弊的規定愈趨嚴密，除了廢除唐代的「公卷」制度外，陸續實施
了一系列的科場關防措施，如將試卷糊名、重新謄錄，考生進入試場要搜身

〔註 23〕關於左雄的改制，除本書的分析外，詳細內容可參考閻步克，《察舉制度變遷
　　　　史稿》，瀋陽：遼寧大學出版社，1991 年，頁 61～79。

〔註 24〕單就左雄所提出的考試法而論，在古代選官制度上確是重要事件之一，不過
　　　　當時的考試，僅作爲察舉的輔助手段，而且總是察舉在先，考試在後，故實
　　　　非後世的科舉或文官考試制度。

〔註 25〕所謂「行卷」，即應試的舉子將自己素日所作詩文擇其佳者，投呈給當時的
　　　　名公巨卿及著名的學者，求其賞識，制造聲譽，向主考官推薦，以增加及第
　　　　的希望。「通榜」是與行卷伴生的，即在省試之前，達官貴人、社會名流、
　　　　文壇巨子與主考官相互通氣，共同擬定舉子才德聲望的榜貼（名單），稱作
　　　　通榜，行卷之目的即爲求助他人爲之延譽通榜。首次行卷，如沒有回音，則
　　　　隔數日再投其所爲之文，稱作「溫卷」。有關唐代這些情形及影響，參見劉
　　　　虹，《中國選士制度史》，湖南：湖南教育出版社，1992 年，頁 176～181；
　　　　黃留珠，《中國古代選官制度述略》，西安：陝西人民出版社，1989 年，頁
　　　　227～230。

〔註 26〕日·荒木敏一，〈北宋科場における寒畯の擢第〉，《東方學》，第 34 期，1967
　　　　年，頁 1～15。

等等。〔註 27〕科舉制度的公正性愈高，愈爲人所信賴，愈多有能之士願意參與，國家因此愈能取得人才，考試制度亦因而奠定於宋代，且爲以後各朝所樂於及必須採用。

公正原則與考試制度發展的過程，其內涵、影響與及所表現出來的智慧和經驗，有時實在出人意表，諸如考選方法、課程及識字教育等，無不包含其中。先談考選的方法。「筆試」容易造成考生背誦課本知識，「口試」反能挑戰其應變能力，這似乎是今天社會部份人士的「眞知卓見」，然而「口試」其實在考選制度中古老得很，也欠缺了進步的公正原則。李氏於本書中指出，「考選」的概念存在於每一個文明之中，不能說是中國獨有，但在近代以前，世界大部分地區的考選制度都是基於面試和口試的。中國在隋代以前，選仕制度也是以口試爲主，隋代施行科舉制度的最偉大發明，就是以筆試代替口試，筆試既爲評核訂定了一套客觀之標準，且能爲各種技術性的資歷提供一個有效證明，中國是世界上第一個採用筆試的文明（比西方早千多年），影響著當今世界每一個國家（頁 658～661）。事實上，一部研究考試制度的專著就認爲，口試不能用統一尺度去檢查全體學生，結果又易受主考和學生當時的主觀狀態左右，造成偏袒，筆試的出現和廣泛運用，使考試向客觀化和標準化邁進。〔註28〕筆試較口試公正可取，昭然若揭。

這種重視書寫的傳統，實在也有其淵源可尋。中國文化豐厚，可資學習的經驗包羅萬有，孔子（前 551～前 479）授徒即以「六藝」爲本，包括禮、樂、射、御、書、數等不同種類的技與藝，文武雙全。本書向我們解釋了一個很重要的轉變，當孟子（前 372～前 289）等儒家強調修養之學後，教育逐漸轉向對過往先賢的知識及技藝作重新認識和解說，智慧存於經典，學習逐本於文本。最後，學習課程由「六藝」轉爲《六經》（《詩》、《書》、《禮》、《樂》、《易》、《春秋》六部經書），歷代考選均以儒家理想和經典爲據，學子的學習自然與這種文本傳統相連（頁 16～22）。這個刺激的研究，或可啓發我們思考中國考試制度最早採用筆試這種書寫傳統之由來。

另一方面，宋代開始，爲了應付科舉制度下的教育和考試，兒童早於六歲時就要接授識字教育，記憶和背誦成爲教育的重要內容，與儒學重視德行

〔註27〕Thomas H. C. Lee, *Government Education and Examinations in Sung China*, pp.154-155 & 163-171。

〔註28〕賈非，《考試制度研究》，頁 7～9。

教育的原意不無相違（頁 4）。我們可以見到，儒學文本傳統教育影響科舉筆試制度，筆試制度又影響兒童識字教育，教育與考試制度間之「異化」至劇。考試制度自身也出現了「異化」，八股文可能是其中之最激烈者。

八股文作為科舉考試的文體，始於宋代王安石推行的「經義取士」，即用文章解釋儒家經典義理，以其作答之內容及文章的好壞為評核標準，明清時代乃成為科舉考試指定的文體（頁 158～161）。八股文是一種講究格式的文體，〔註29〕共分八段，考生答題除必須按指定段落位置使用對偶句外，作文亦要遵從「破題、承題、起講、入題、過接、收結、落下」（簡稱起、承、轉、合）等方式。破題必用對句，切中題旨，不得跳出題目；對句必須工整，言之有物，能合聲律更好；八股順序要敷暢，累積氣勢；委婉而不直率，富麗而不腐冗。平心而論，作文時果真可以做到如此好文字，且內容言之有物，未嘗不是一篇好文章。〔註30〕

我之所以如此不厭其煩地覆述八股文的文體，其實是想據之以思考考試制度的異化問題。八股文的確有其先天的缺病，正如批評者所指出，八股文行之久遠，題目總在經書中鑽牛角尖，學者僅注意於文字的堆砌，缺乏思想上創新的機會，忽視了義理的闡發。影響所及，大家只習作文，只讀坊間所刻的墨卷（類似今天《考試必讀》一類中的範文與標準答案），一旦登第，便把這些東西拋諸腦後。〔註31〕然而，大家或可細加思考一下，我認為當科舉制度趨向公正開放以後，投考的士子眾多，競爭愈趨激烈；而在公正原則下的筆試制度，考核的文本範圍總有個界限。這樣，經過十年苦讀的考生，部分必能完全掌握文本範圍的知識內容，於是想要分別出高下，只有向考核答卷的技巧去鑽；惟當考核的文本範圍有界限，則無論技巧要求如何高，坊間的書商就可據有限的試題和以往考卷答案中的佳作，編寫範文，而考生自然也樂於背誦，省卻臨陣時倉卒思考作答。香港「中學會考」裡中國歷史科的情形最為類似。但我們要弄情楚這不是考試制度的問題，只是課程和形式的毛病而已，正如背誦八股範文固不可取，但並不等於就不要考試，甚至八股

〔註29〕關於八股文的格式與其高超的藝術技巧，有兩本小書值得參考，王凱符，《八股文概說》，北京：中國和平出版社，1991 年；啟功、張中行、金克木，《說八股》，北京：中華書局，2000 年。

〔註30〕李弘祺，〈科舉——隋唐至明清的考試制度〉，頁 284～285。

〔註31〕李弘祺，〈科舉——隋唐至明清的考試制度〉，頁 285。

文自身也不一定完全捨棄。〔註32〕

　　考試制度自身這個異化矛盾，也許再一次反映維護公正原則下的一些局限：教育其中之一個目的本來是要爲國家選拔賢能之士，惟德行難以量度，國家和投考者都要求公正爲最高原則，於是放棄考核修養表率之餘，退而求其次即爲對知識的測量。經典既爲科舉的指定知識內容，則八股文的死胡同也是其必然的悲劇宿命，我們不應過份深詬，畢竟，考試制度自有其限制，但堅守公正原則、向平民階級開放是其最尊貴的精神，〔註33〕而公正和開放是要付出代價的，歷史就是如此告訴我們。

四、不可替代：作爲社會制度的考試制度

　　的確，考試制度在維護公正和開放之餘，卻也不無缺陷，當中最重要的是放棄了對道德的關懷。本來，中國傳統的選仕理想是「賢」與「能」，但由於要維持公正的原則，宋代科舉制度結果放棄了考核士子的道德表率，試卷實施糊名、謄抄以後，評卷者根本無法得知考生的德行爲人；明清以後，官方於科場最關心的是如何防止作弊，其對彌封、謄錄、對讀諸事極其講究，考試制度爲了維護公正性，原始的道德理想就難再維持了。〔註34〕

　　但是我們要緊記，德行或考生平時的表現難有客觀標準，唐代科舉制度中的「行卷」和「通榜」，原意就是要用「推薦」這個方法彌補缺點，結果卻導致貪污和偏袒等不公現象，眞正有才能的人反而受到抑壓。今天香港正逐步施行大學在錄取考生時，中學校長的推薦列爲一個重要的條件；又有人指責僅以公開考試制度決定學生的前路，是未能考核其平時的表現，故應外加校內日常表現。這不是唐代科舉不公的現代翻版嗎（只是將「德行」換上「平

〔註32〕賈非認爲教育之目的決定了考試的內容和方法，見其《考試制度研究》，頁65。的確，清代以八股取士的部分原因，就是要消磨士子的心力，使其無暇與政府對抗，採用朱子的欽定經義，則是要鞏固上下有序這種有利統治的思想，這是人所共知的。因此，我們不能將八股的缺點等同科舉的缺點。

〔註33〕當然，我們不能過份誇大統治階級對平民的同情，袁征就認爲中國的古代教育始終是爲政治統治服務的，各階層間的流動，貌似公正平等，給社會中下層造成上升的希望，並且把各階層中有能力的人才吸收進政權，使國內不易形成足以威脅皇權的強大家族勢力。見袁征，《宋代教育——中國古代教育的歷史性轉折》，廣東：廣東高等教育出版社，1991年，頁313。

〔註34〕李弘祺，〈科舉——隋唐至明清的考試制度〉，頁277～288；*Government Education and Examinations in Sung China*, pp.165-166。

時表現」而已）？這又是否符合（或如何保證）公正的原則呢？

我們完全明白前引批評考試制度缺陷的善良動機，但歷史的發展證明了這並不可取，反對也是徒然的。事實上，宋代私人書院的興起，就是理學家對官學教育及科舉制度欠缺道德關懷的一種反動，代表學者獨立於政府的控制，李弘祺甚至認為是一種「公共領域」（public sphere）的表現（頁14～15，85，149～150，278～281）。不過，中國傳統的知識份子，要將所學到的道德抱負實踐，「學而優則仕」是必經之管道，書院的發展由是不免受到科舉的影響，最終走向「官學化」。〔註35〕考試制度造成的限制，有時確也使人感到無奈；但考試作為社會選取人才的最重要渠道，為了確保其效用，這種無奈是必須忍受的。

一千年來的考試制度發展史顯示，人們對其雖多有批評，卻仍願意繼續。蓋在前科舉的魏晉南北朝時代，政治權力全為世族壟斷，寒士難有進身之機會；高門子弟不須建功立業，便可扶搖直上，故生活多尚奢華，崇尚清談，縱情聲色，生活腐化。士族在社會上居優越的地位，而輕視庶族寒門，以致士庶不相坐語、不通婚姻，致使社會上階級森嚴，士庶對立。在這種門閥制度下，高門大族世居顯要地位，控制了「九品官人法」，社會選取人才的制度失效，〔註36〕遂使世族壟斷利益，貧富懸殊嚴重。〔註37〕考試制度最可取的地方，就是在公正原則下，在歷史上為布衣平民打開仕進之途，打破門閥士族壟斷統治階層的局面，即使在今天，作為一種重要的社會制度，考試這種社會功能仍是其最主要的功能，對社會的變革、發展和穩定起重要的作用，沒有其他制度能夠取代。

時下輿論，多批評考試對學生構成沉重壓力，製造精英與失敗者，這是可以理解的，日本已故漢學泰斗宮崎市定在其研究中國科舉的經典中，就將

〔註35〕李弘祺，〈絳帳遺風——私人講學的傳統〉，載於林慶彰主編，《中國文化新論——浩翰的學海》，臺北：聯經出版事業公司，1981年，頁343～410。

〔註36〕九品官人法曾對門閥制度之確立起一定的鞏固作用，惟要強調的是，當「士庶之別」成為選人原則後，正如唐長孺先生的經典研究指出：「門閥制度發展到這一階段，九品官人法已不是士族專政必需的工具。」見唐長孺，〈九品中正制度試釋〉，載於唐長孺，《魏晉南北朝史論叢》，北京：生活、讀書、新知三聯書唐，1978年，頁123。

〔註37〕參考下列諸書，毛漢光，《兩晉南北朝士族政治之研究》，臺北：中國學術著作獎助委員會，1966年；王伊同，《五朝門第》，香港：中文大學出版社，1978年；何啟民，《中古門第論集》，臺北：學生書局，1982年；蘇紹興，《兩晉南朝的士族》，臺北：聯經出版事業公司，1986年。

這種制度稱為「試驗地獄」。〔註38〕考試成為社會流動的主要工具後，上述調節社會的功能愈來愈大，競爭率也愈來愈高，其對整個社會產生的指揮棒效應也愈來愈強，〔註39〕其為莘莘學子的「試驗地獄」，自屬必然。事實上，考試制度在宋代確立後，其與教育理念間的矛盾愈益彰現（頁13），批判之聲，此起彼落，但歷代所有嚴謹的學者最終都同意，作為選仕制度，考試制度實在是一種「必需的惡靈」（a necessary evil）（頁38）。這種踏實和客觀的評論，我們應該深切反思。

　　一個社會，必須要有精英，香港也不例外。但我們必須確保社會開放，防止精英壟斷各項利益，造成門閥貴族式的世襲社會，阻礙真正有能之士躋身精英階層。但我們要緊記，精英不等於門閥，精英並不可惡，也不可排除。考試制度比較起其他方法而言，既能較有效地為社會選取人才／精英，又可以促進社會流動。若我們不顧現實，胡亂代之以「隨機抽籤」、「就近上學」、「分區派位」等平均主義式的方法，是否又真正有效和可取呢？我們只要翻一翻名校區的售樓廣告，就可以嗅出那種凌人的貴族氣味，而兄姐就讀的紀錄竟然可以蔭及弟妹，更是門閥世襲式的荒謬現代版本，也令我們深深感受到公正原則被破壞後貧民子弟的悲涼；至於壓力問題，入學非取決於真材實料，時下家長早至幼稚園教育就要為子女奔競名校之門，其承受的壓力又是否低於應付考試呢？

　　指責考試制度帶來沉重的壓力，這是不錯的，但要公正就必然有競爭（依靠門閥庇蔭、以金錢賄賂就無須競爭），有競爭就必有壓力，這個社會難道就可以沒有競爭嗎？考試的確有很多缺點和限制，但我們可以輕率地摒棄它嗎？文化大革命期間，廢除了考試制度，結果並沒有消滅競爭，而只是消滅了文化，「走後門」的情況嚴重，社會付出了極大的代價，我們必須警惕這個歷史教訓。〔註40〕因此，考試制度為「必需的惡靈」，清楚明白。

　　驟然聽來，這似乎是諸般無奈，但積極地看，卻可以令人有一個振奮的立足點：走向真理。本世紀最偉大的科學哲學家、被譽為「真理的捍衛者」的卡爾・波普爾（Karl Popper）指出，一切活的事物都在尋求更加美好的世界，永恆地想著解決問題的任務，但一種嘗試性的解決辦法常常誤入歧途，繼之

〔註38〕日・宮崎市定，《科舉──中國の試驗地獄》，東京：中央公論社，1984年。
〔註39〕賈非，《考試制度研究》，頁59。
〔註40〕楊學為，〈片面追求升學率與考試競爭〉，《教育研究》，1987年，第1期，頁84。

而來的便是進一步的對解決辦法的嘗試──進一步的試錯活動，科學的任務就是與錯誤作鬥爭，這意味著尋求客觀真理，我們主要通過尋求錯誤來這樣做，人類亦因此通過知識而獲得解放。〔註41〕中國從春秋時代以前「庶人不議」的貴族政治，經戰國之世的尚賢政治，而歷漢代的察舉制度，而魏晉南北朝的九品官人法、隋唐的進士科、而宋明清諸代的科舉制度，最後發展至今天通行世界的文官考試制度，其實就是這種試錯法的過程，科舉考試制度史其實就是這一理性化過程的歷史。歷史經驗告訴我們，考試制度最經得起試錯考驗，我們有其他方法可以採用嗎？它是不可替代的。

五、小結：讀書的苦與樂

最後，讓我們談談一個既理性又感性的問題。目下香港的青少年多缺乏學習動機，論者往往歸咎於考試導向的課程，使勤力的學生只懂死記背誦，較被動的則往往放棄自己，故無論是精英或平庸者，其學習生活均乏味無趣，是以近年上至教育當局，下及一般輿論，均倡議「愉快學習」。〔註42〕

本來，從兒童成長的心理角度而言，從愉快中進行學習，既可促進其身心發展，而學習的效率自亦事半功倍，實在無可厚非；然而，過分強調「愉快」，會將求學之目的與手段混淆，且不易辦到。我們試舉一例，老一輩人搖頭擺腦背讀白居易（772～846）的《長恨歌》時，趣味盎然，現在的青少年既不明白何以要學習唐詩，朗背如此冗長的詩篇，又何來愉快？不如遊戲去也。我們不禁要問，求學之目的是甚麼？愉快是終極之目的嗎？它們與考試的關係又是如何？

求學之目的，李弘祺師於本書中引領我們重溫孔子這個說法：「學而時習之，不亦說乎？」自《論語》而下，中國教育史傳統中求學之目的這個理念非常清晰：學問既為完善自己，其自身就是有趣快樂的。李氏更指出，道家和佛教的看法與儒家是一致的（我們必須緊記此點，它表明中國文化在這方面的一致），而孟子則將教育的價值說得更清楚：求學首先是為了個人一己之

〔註41〕英·卡爾·波普爾著，范景中、李本正譯，《通過知識獲得解放》，杭州：中國美術學院出版社，1996年，頁1～32。

〔註42〕官方及輿論關於這方面的評論很多，不詳引，最近有關學童的自殺事件，再次引起「愉快學習」的討論，其中可以「家庭與學校合作事宜委員會」主席狄志遠為代表，他於本年（2001年）5月24日的《明報》有〈讓孩子愉快地學習，改革制度，改變態度〉的短論。

滿足，其次則爲社會之用（頁 2～16）。的確，教育由個人推至社會，我們讀書既爲一己之修養快樂，也應該以所學服務人群，「才能政治」或「賢治」（meritocracy）就是傳統中國官方教育與個人自我完善的接合點：由修養臻善的儒者治理國家，儒家所謂的修身、齊家、治國、平天下，即是此意。

上述《論語》關於學習這個記錄，我們自然不會感到陌生，然而我們當中又有幾人眞正認識及記得孔子對學習及快樂的詮釋呢？孟子對教育目的之分析，足夠我們警惕：香港教育之目的究竟是甚麼？按孟子的第一義，教育如果是爲了個人人格的修養，則正如李氏的分析，讀書樂的眞義就是找到價值，但要獲得箇中的樂趣，苦學是必須的（頁 400～401）。不先苦讀、背誦《長恨歌》，又怎能領略到其中的樂趣？更遑論從詩歌的意境學習知識道理、以求達致自我完善。

況且，當代中外醫學界和教育學界都已論證，基於我們對左右腦功能的認識愈多，背誦之於左右腦的均衡發展，加強記憶力、靈感、注意力、判斷力和創造力，以及使腦波從 β 波轉換到 α 波，從而舒解小孩的身心壓力，等等有積極作用。君不見教改步伐比香港早得多成功得多的臺灣，約六年前起由臺中師範學院王財貴教授發起「兒童讀經運動」（按：即背誦經典），一呼萬應，推算參加者超過一百萬，保守估計長期持續的兒童超過三十萬。[註43]

當然，對香港大部分學生、甚至對香港大部分人來說，教育或求學之目的，是要爲社會提供人力資源，並達成追求財富或名譽等個人夢想，修養云云，何其天眞。其實，這個目的亦暗合孟子的第二義，但正如本書所示，當求學目的是「學而優則仕」，就要通過科舉，其中的艱苦自可想見，不少傳統故事就是鼓勵學子要不畏辛苦，才能成功（頁 400）。香港學生金錢掛帥，選讀科目時至爲功利，那又何來樂趣可言？而令人費解的是，讀書既爲前途，則自應如競考科第的莘莘學子一般，不畏艱難，勇往直前。俗云「一分耕耘，一分收穫」，香港人求學只問效益，卻又要「愉快學習」，何其矛盾。我們不禁要問，「愉快學習」是否只是學生逃避責任的藉口？

要強調的是，在這種教育目的下，將問題推在考試制度上，殊欠公允。正如研究考試制度的教育學者指出，在社會制度中，勞動就業制度對考試制度影響最大，一些勞動就業制度給考試制度帶來的社會壓力，迫使考試制度

〔註43〕翟本瑞，《教育與社會》，臺北：揚智，2000 年，第三章。

不斷強化，調節自身的結構。〔註44〕香港人求學只爲擇業，資本家則視教育
爲提供合適僱員的生產工具，這種教育目的自然制約了考試制度，當計程車
司機或市場菜販都被要求考英語時，我們又焉能將責任歸咎於考試制度呢？
香港是一個高度發展集中的城市，社會大眾無休止地要求增值，這種帶病態
的「社會契約」，自然帶來惱人的競爭，單單呼籲要讓學童愉快學習，將所有
問題推卸在教育界身上，又是否眞能解決問題？我們應該深思，何以歐洲不
少地方的兒童和青少年對其深邃的歷史和文化傳統充滿關懷，對學習充滿興
趣，而紐約、東京、香港等等高度發展城市之文化卻如此短視功利，學童天
天或困鬥於考試之中，或沉溺於享樂自暴自棄之地？當然，前者要付出的就
是經濟力稍遜，後者則是病態的經濟增值，但這又怎可能愉快呢。

　　歷史是人類文明的寶貴經驗，但對於香港人來說，中國教育和考試制度
的歷史源遠流長，難以理解，也無暇理解（又一次反映何其短視）；再加上現
代學術研究日趨專業化，分工愈加精細，有關中國各個朝代的教育史著作多
不勝數，除供專科學者研讀之外，實在令人望而生畏。不過，李弘祺教授這
部剛由荷蘭漢學重鎮布里爾（Brill）出版社出版的中國教育史新著，塡補了這
個缺憾，是書實爲具透析力、能全盤鳥瞰中國教育史的不可多得之作，關心
教育與考試制度者，應列爲必備《手冊》。〔註45〕

　　綜觀全書，讀者可發現其與一般的教育史著極爲不同，其突破性新貢獻
處是，作者沒有將論述僅僅局限於教育政策、學制或教育思想等某一方面，
而是從堅實的史料入手，全面分析二千年來的教育史，並將教育作爲社會重
要的一環，縷述其與家庭、社會和國家的關係，既重視教育自身的演變發展，
也突顯作爲一種社會制度，其與政治及社會的互動和影響。李氏爲傑出的史
學家，既能駕馭浩翰的史料，又深受西方治學方法的影響，對宋代及以後的
社會變化有深入的研究，且長期關注中國教育史、兒童史、書院及理學發展
等課題，〔註46〕本書正是在這種豐厚基礎下的成熟之作，溶史學、教育學及

〔註44〕賈非，《考試制度研究》，頁84～87。
〔註45〕本書爲布理爾出版社「東方研究手冊」（HandBook of Oriental Studies）叢書IV
　　　　「中國」的第十三冊，叢書的主編爲漢學泰斗 E. Zurcher、S. F. Teiser 及 M. Kern。
〔註46〕除本書外及前引各文外，李氏有關中國教育史的論文而與本課題有關的，有下
　　　　列數文："The Discovery of Childhood: Children Education in Sung China", in
　　　　Sigrid Paul（ed.）, *Kultur-Begriff und Wort in China und Japan*, Berlin: Dietrich
　　　　Reimer Verlag, 1984, pp.159-189；"The Social Significance of the Quota System in

各種不同的社會科學於一爐，故卓見時出。當然，任何著作都不可能是十全十美的，本書也不例外，由於其涉及之時間與內容廣泛，故全書篇幅雖然如此豐厚，但部分章節述來仍嫌簡略。此外，加洲大學的班杰明・艾爾曼（Benjamin A. Elman）教授剛完成了一部關於中華帝國晚期科舉文化史的鉅著，〔註47〕由於出版事間相若，作者未能及時參考，實爲憾事。

　　如果讀書是爲了求滿足、求心境愉快，則李弘祺教授此書洋洋七百多頁，筆者讀畢後竟有不忍離手之感覺，不亦說（悅）乎，其之謂也。

　　＊本文原刊於《香港社會科學學報》，第 20 期，2001 年，頁 111～130。

Sung Civil Service Examinaions", in *The Journal of the Institute of Chinese Studies of the Chinese University of Hong Kong*, vol. xiii（1982）, pp.287-318；"Life in the Schools of Sung China", in *Journal of Asian Studies* , vol.37（1977）, pp.45-60。

〔註47〕 Benjamin A. Elman, *A Cultural History of Civil Examinations in Late Imperial China*, Berkeley, Los Angeles, London: University of California Press, 2000.

「士族篇」參考書目

一、史　源

1. 丁傳靖，《宋人軼事彙編》，北京：中華書局，1981 年。
2. 宋・于欽，《齊乘》，《宋元地方志叢書》，臺北：大化書局，1980 年。
3. 宋・上官融，《友會談叢》，《說苑》100 卷本，臺北：新興書局，1963 年。
4. 宋・方勺，《泊宅編》，北京：中華書局，1983 年。
5. 宋・文瑩，《湘山野錄・續錄》、《玉壺清話》，北京：中華書局，1984 年。
6. 宋・王元恭，《至正四明續志》，《宋元地方志叢書》。
7. 宋・王安石，《臨川先生文集》，香港：中華書局，1971 年。
8. 宋・王安禮，《王魏公集》，《四庫全書珍本別輯》，臺北：商務印書館，1986 年。
9. 宋・王明清，《揮麈錄》，北京：中華書局，1961 年。
10. 宋・王柏，《魯齋集》，《叢書集成初編》，上海：商務印書館，1936 年。
11. 宋・王珪，《華陽集》，《叢書集成初編》。
12. 宋・王得臣，《塵史》，上海：上海古籍出版社，1986 年。
13. 宋・王楙，《野客叢書》，北京：中華書局，1987 年。
14. 宋・王稱，《東都事略》，臺北：文海出版社，1967 年。
15. 宋・王銍，《默記》、王栐，《燕翼詒謀錄》，北京：中華書局，1981 年。
16. 宋・王闢之，《澠水燕談錄》、歐陽修，《歸田錄》，北京：中華書局，1981 年。
17. 宋・尹焞，《尹和靖集》，《叢書集成初編》。
18. 孔凡禮，《宋詩紀事續補》，北京：北京大學出版社，1987 年。
19. 中國社會科學院歷史研究所宋遼金元史研究室點校，《名公書判清明

集》，北京：中華書局，1987 年。

20. 宋・司馬光，《司馬文正公傳家集》，《叢書集成初編》。

21. 宋・司馬光，《涑水記聞》，北京：中華書局，1989 年。

22. 北京圖書館金石組編，《北京圖書館藏中國歷代石刻拓本匯編》，第 39 冊，鄭州：中州古籍出版社，1990 年。

23. 北京大學古文獻研究所編，《全宋詩》，北京：北京大學出版社，1991 年。

24. 宋・史能之，《咸淳毘陵志》，《宋元地方志叢書》。

25. 宋・江少虞，《宋朝事實類苑》，上海：上海古籍出版社，1981 年。

26. 宋・朱弁，《曲洧舊聞》，《筆記小說大觀》，江蘇：揚州古籍書店，1983 年。

27. 宋・朱長文，《吳郡圖經續記》，《宋元地方志叢書》。

28. 宋・朱熹，《伊洛淵源錄》，《叢書集成初編》。

29. 宋・朱熹，《五朝名臣言行錄》、《三朝名臣言行錄》，《四部叢刊初編》，臺北：商務印書館，1967 年。

30. 宋・汪應辰，《文定集》，《四庫全書珍本十集》，臺北：商務印書館，1979 年。

31. 明・汪砢玉，《珊瑚網書錄》，《適園叢書》，民國烏程張氏刊本，1916 年。

32. 宋・汪藻，《浮溪集》，《叢書集成初編》。

33. 宋・沈遘，《西溪文集》，《四部叢刊續編》，臺北：商務印書館，1966 年。

34. 宋・沈括撰、胡道靜校注，《新校正夢溪筆談》，香港：中華書局，1978 年。

35. 宋・沈煥，《定川遺書》，《四部叢書》，臺北：國防研究院，1966 年。

36. 宋・宋庠，《元憲集》，《叢書集成初編》。

37. 宋・宋敏求，《長安志》，《宋元地方志叢書》。

38. 吳廷燮，《北宋經撫年表》、《南宋制撫年表》，北京：中華書局，1984 年。

39. 宋・吳曾，《能改齋漫錄》，上海：商務印書館，1984 年。

40. 元・吳師道，《吳正傳先生文集》，《元代珍本文集彙刊》，臺北：國立中央圖書館，1970 年。

41. 元・吳師道，《敬鄉錄》，《四庫全書珍本十一集》。

42. 宋・吳處厚，《青箱雜記》，北京：中華書局，1985 年。

43. 宋・呂本中，《東萊呂紫微師友雜志》，《叢書集成初編》。

44. 宋・呂本中，《東萊呂紫微詩話》，《叢書集成初編》。

45. 宋・呂本中，《紫微雜說》，《叢書集成初編》。

46. 宋・呂本中，《紫微詩話》，載於明・陶宗儀等編，《說郛三種》，上海：上海古籍出版社，1988 年。

47. 宋・呂本中，《少儀外傳》，《叢書集成初編》。

48. 宋・呂本中，《酬酢事變》，《說郛三種》。

49. 宋・呂本中，《童蒙訓》，《萬有文庫薈要》，臺北：商務印書館，1965 年。

50. 宋・呂本中，《軒渠錄》，《說郛三種》。

51. 宋・呂希哲，《呂氏雜記》，《四庫全書珍本別輯》。

52. 宋・呂祖謙，《呂東萊先生文集》，《叢書集成初編》。

53. 宋・呂祖謙，《東萊集》，《四庫全書珍本十一集》。

54. 宋・呂陶，《淨德集》，《叢書集成初編》。

55. 宋・李心傳，《建炎以來繫年要錄》，北京：中華書局，1988 年。

56. 宋・李心傳，《建炎以來朝野雜記》，《叢書集成初編》。

57. 宋・李心傳，《道命錄》，《叢書集成初編》。

58. 宋・李元綱，《厚德錄》，臺北：臺灣商務印書館，1979 年。

59. 元・李好文，《長安志圖》，《宋元地方志叢書》。

60. 宋・李綱，《梁谿集》，《文淵閣四庫全書》，臺北：商務印書館，1986 年。

61. 宋・李彌遜，《筠溪集》，《四庫全書珍本初集》，上海：商務印書館，1934 年。

62. 宋・李燾，《續資治通鑑長編》，北京：中華書局，1979～1995 年。

63. 宋・杜大珪，《名臣碑傳琬琰集》，《四庫全書珍本十一集》，臺北：商務印書館，1981 年。

64. 宋・何薳，《春渚紀聞》，北京：中華書局，1983 年。

65. 宋・佚名，《宋大詔令集》，北京：中華書局，1962 年。

66. 宋・佚名，《異聞總錄》，《筆記小說大觀》。

67. 元・佚名，《河南志》，《宋元地方志叢書》。

68. 宋・佚名，《愛日齋叢鈔》，《說郛三種》。

69. 元・佚名，《排韵增廣事類氏族大全》，《文淵閣四庫全書》。

70. 宋・林表民，《天台續集別編》，《文淵閣四庫全書》。

71. 宋・邵伯溫，《邵氏聞見錄》，北京：中華書局，1983 年。

72. 宋・周必大，《文忠集》，《四庫全書珍本二集》。

73. 清・周城，《宋東京考》，北京：中華書局，1988 年。

74. 宋・周淙、施諤，《南宋臨安兩志》，杭州：浙江人民出版社，1984 年。

75. 宋・周密，《癸辛雜識》，北京：中華書局，1988 年。

76. 宋・周紫芝，《太倉稊米集》，《四庫全書珍本二集》，臺北：商務印書館，1971 年。

77. 宋・周應合，《景定建康志》，《宋元地方志叢書》。

78. 宋・秦少子，《新編分門古今類事》，北京：中華書局，1987 年。

79. 宋・岳珂，《桯史》，北京：中華書局，1981 年。

80. 宋・洪咨夔，《平齋文集》，《四部叢刊續編》。

81. 宋・洪适，《盤州集》，《四部叢刊初編》。

82. 宋・洪邁，《容齋隨筆》，上海：上海古籍出版社，1978 年。

83. 宋・洪邁，《夷堅志》，北京：中華書局，1981 年。

84. 宋・施宿，《嘉泰會稽志》，《宋元地方志叢書》。

85. 宋・度正，《性善堂稿》，《四庫全書珍本初集》。

86. 宋・胡寅，《斐然集》，《四庫全書珍本初集》。

87. 宋・胡宿，《文恭集》，《四庫全書珍本別輯》。

88. 宋・范祖禹，《范太史集》，《四庫全書珍本初集》。

89. 宋・范成大，《吳郡志》，《宋元地方志叢書》。

90. 宋・范仲淹，《范文正公文集》，《叢書集成初編》。

91. 宋・范鎮，《東齋記事》、宋敏求，《春明退潮錄》，北京：中華書局，1980 年。

92. 元・俞希魯，《至順鎮江志》，《宋元地方志叢書》。

93. 宋・高似孫，《剡錄》，《宋元地方志叢書》。

94. 宋・高承，《事物紀原》，北京，中華書局，1989 年。

95. 宋・馬永卿，《懶真子》，《筆記小說大觀》。

96. 宋・馬純，《陶朱新錄》，《說郛三種》。

97. 元・馬端臨，《文獻通考》，北京：中華書局，1986 年。

98. 宋・袁文，《甕牖閒評》，上海：上海古籍出版社，1985 年。

99. 宋・袁采，《袁氏世範》，《知不足齋叢書》，臺北：藝文印書館，1966 年。

100. 元・袁桷，《延祐四明志》，《宋元地方志叢書》。

101. 宋・袁燮，《絜齋集》，《叢書集成初編》。

102. 宋・真德秀，《真西山文集》，臺北：商務印書館，1968 年。

103. 宋・孫應時，《燭湖集》，《四庫全書珍本四集》，臺北：商務印書館，1973 年。

104. 宋・孫覿，《鴻慶居士集》，《四庫全書珍本十二集》，臺北：商務印書館，1982 年。

105. 宋・徐自明撰、王瑞來校補，《宋宰輔編年錄校補》，北京：中華書局，1986 年。

106. 清・徐松，《宋會要輯稿》，北京：中華書局，1987 年。

107. 宋・徐度，《卻掃編》，《叢書集成初編》。

108. 元・徐碩，《至元嘉禾志》，《宋元地方志叢書》。

109. 宋・徐夢莘，《三朝北盟會編》，上海：上海古籍出版社，1987 年。

110. 宋・梁克家，《三山志》，《宋元地方志叢書》。

111. 明・凌迪之，《古今萬姓統譜》，臺北：新興書局，1971 年。

112. 宋・凌萬頃，《玉峰續志》，《宋元地方志叢書》。

113. 宋・章定，《名賢氏族言行類稿》，《四庫全書珍本初集》。

114. 宋・張九成，《橫浦集》，《四庫全書珍本四集》。

115. 宋・張方平，《樂全集》，《四庫全書珍本初集》。

116. 宋・張世南，《游宦紀聞》、李心傳，《舊聞證誤》，北京：中華書局，1981 年。

117. 宋・張孝祥，《于湖居士文集》，上海：上海古籍出版社，1980 年。

118. 宋・張邦基，《墨莊漫錄》，《筆記小說大觀》。

119. 宋・張栻，《張南軒先生文集》，《叢書集成初編》。

120. 宋・張津，《乾道四明圖經》，《宋元地方志叢書》。

121. 宋・張淏，《會稽續志》，《宋元地方志叢書》。

122. 宋・張嵲，《紫微集》，《四庫全書珍本別輯》。

123. 元・張鉉，《至正金陵新志》，《宋元地方志叢書》。

124. 宋・張綱，《華陽集》，《四庫全書珍本三集》，臺北：商務印書館，1972 年。

125. 宋・張載，《張載集》，北京：中華書局，1985 年。

126. 宋・張擴，《東窗集》，《四庫全書珍本初集》。

127. 宋・強至，《祠部集》，《文淵閣四庫全書》。

128. 宋・梅堯臣，《梅堯臣集》，上海：上海古籍出版社，1980 年。

129. 宋・梅應發，《開慶四明續志》，《宋元地方志叢書》。

130. 宋・陳公亮，《嚴州圖經》，《宋元地方志叢書》。

131. 宋・陳亮，《陳亮集》，北京：中華書局，1987 年。

132. 宋・陳耆卿，《嘉定赤城志》，《宋元地方志叢書》。

133. 宋・陳師道，《後山談叢》、朱彧，《萍洲可談》，上海：上海古籍出版社，1989 年。

134. 宋・陳與義,《陳與義集》,北京:中華書局,1982 年。

135. 宋・陳騤,《南宋館閣錄》、佚名,《南宋館閣續錄》,《四庫全書珍本別輯》。

136. 宋・陸九淵,《陸九淵集》,北京:中華書局,1980 年。

137. 清・陸心源,《宋史翼》,臺北:文海出版社,1967 年。

138. 清・陸心源,《宋詩紀事補遺》、《宋詩紀事小傳補正》,臺北:鼎文書局,1971 年。

139. 宋・陸游,《陸放翁全集》,北京:中國書店,1986 年。

140. 宋・畢仲游,《西台集》,《叢書集成初編》。

141. 清・畢沅,《續資治通鑑》,北京:中華書局,1957 年。

142. 清・莊仲方,《南宋文範》,《國學名著珍本彙刊》,臺北:鼎文書局,1975 年。

143. 宋・莊綽,《雞肋編》,北京:中華書局,1983 年。

144. 元・脫脫等,《宋史》,北京:中華書局,1977 年。

145. 宋・曾鞏,《隆平集》,臺北:文海出版社,1967 年。

146. 宋・曾敏行,《獨醒雜志》,上海:上海古籍出版社,1986 年。

147. 宋・曾幾,《茶山集》,《叢書集成初編》。

148. 宋・費袞,《梁谿漫志》,上海:上海古籍出版社,1985 年。

149. 清・黃宗羲原著、全祖望補修,《宋元學案》,北京:中華書局,1986 年。

150. 宋・程大昌,《雍錄》,《宋元地方志叢書》。

151. 宋・程顥、程頤,《二程集》,北京:中華書局,1981 年。

152. 宋・程俱,《北山集》,《四庫全書珍本三集》。

153. 宋・舒璘,《舒文靖公類稿》,《四明叢書》,陽明山:中國文化學院出版部,1964～1966 年。

154. 宋・趙升,《朝野類要》,《筆記小說大觀》。

155. 宋・趙令時,《侯鯖錄》,《筆記小說大觀》。

156. 宋・趙彥衛,《雲麓漫抄》,《叢書集成初編》。

157. 宋・趙與時,《賓退錄》,上海:上海古籍出版社,1983 年。

158. 宋・趙鼎,《忠正德文集》,《文淵閣四庫全書》)。

159. 宋・趙鼎臣,《竹隱畸士集》,《文淵閣四庫全書》。

160. 清・趙翼,《廿二史箚記》,臺北:世界書局,1970 年。

161. 清・趙翼,《陔餘叢考》,上海:商務印書館,1957 年。

162. 宋・楊時,《龜山集》,《四庫全書珍本四集》。

163. 宋・楊時,《龜山先生語錄》,《四部叢刊》,臺北:商務印書館,1966 年。

164. 宋・楊萬里,《誠齋集》,《文淵閣四庫全書》。

165. 宋・楊簡,《慈湖先生遺書》,《四明叢書》。

166. 元・楊譓,《至正崑山郡志》,《宋元地方志叢書》。

167. 宋・葉紹翁,《四朝聞見錄》,北京:中華書局,1989年。

168. 宋・葉適,《葉適集》,北京:中華書局,1989年。

169. 宋・葉夢得,《石林燕語》,北京:中華書局,1984年。

170. 清・董皓,《全唐文》,臺南:經緯書局,1965年。

171. 宋・鄒浩,《道鄉集》,《宋名家集彙刊》,臺北:漢華文化事業股份有限公司,1970年。

172. 宋・樓鑰,《攻媿集》,《叢書集成初編》。

173. 清・厲鶚,《宋詩紀事》,上海:上海古籍出版社,1983年。

174. 宋・潛説友,《咸淳臨安志》,《宋元地方志叢書》。

175. 宋・鄭瑤、方仁榮,《景定嚴州續志》,《宋元地方志叢書》。

176. 宋・鄭克,《折獄龜鑑》,北京:中華書局,1987年。

177. 宋・鄭樵,《通志》,北京:中華書局,1987年。

178. 宋・鄭虎臣,《吳都文粹》,《四庫全書珍本六集》,臺北:商務印書館,1976年。

179. 宋・鄭獬,《鄖溪集》,《四庫全書珍本三集》。

180. 宋・談鑰,《嘉泰吳興志》,《宋元地方志叢書》。

181. 宋・歐陽修,《歐陽修全集》,北京:中國書店,1986年。

182. 宋・鄧肅,《栟櫚集》,《四庫全書珍本四集》。

183. 宋・蔡絛,《鐵圍山叢談》,北京:中華書局,1983年。

184. 宋・蔡襄,《端明集》,《四庫全書珍本四集》。

185. 宋・鮑廉,《琴川志》,《宋元地方志叢書》。

186. 宋・黎靖德,《朱子語類》,北京:中華書局,1986年。

187. 宋・劉一止,《苕溪集》,《四庫全書珍本二集》。

188. 宋・劉安世,《盡言集》,《叢書集成初編》。

189. 宋・劉昌詩,《蘆浦筆記》,北京:中華書局,1986年。

190. 宋・劉攽,《彭城集》,《叢書集成初編》。

191. 宋・劉斧,《青瑣高議》,上海:上海古籍出版社,1983年。

192. 宋・劉宰,《漫塘集》,《四庫全書珍本九集》,臺北:商務印書館,1979年。

193. 宋・劉敞,《公是集》,《文淵閣四庫全書》。

194. 宋‧劉摯，《忠肅集》，《叢書集成初編》。

195. 明‧錢穀，《吳都文粹續集》，《四庫全書珍本初集》。

196. 宋‧薛居正，《舊唐書》，北京：中華書局，1986 年。

197. 宋‧薛居正，《舊五代史》，北京：中華書局，1986 年。

198. 宋‧薛季先，《浪語集》，《文淵閣四庫全書》。

199. 宋‧韓元吉，《南澗甲乙稿》，《叢書集成初編》。

200. 宋‧韓琦，《韓魏公集》，《叢書集成初編》。

201. 宋‧韓維，《南陽集》，《四庫全書珍本二集》。

202. 宋‧魏了翁，《鶴山先生大全文集》，《四部叢刊》。

203. 宋‧魏泰，《東軒筆錄》，北京：中華書局，1983 年。

204. 元‧蘇天爵，《滋溪文稿》，《元代珍本文集彙刊》。

205. 宋‧蘇洵，《嘉祐集》，臺北：商務印書館，1977 年。

206. 宋‧蘇舜欽，《蘇舜欽集》，北京：中華書局，1961 年。

207. 宋‧蘇軾，《蘇東坡全集》，北京：中國書店，1986 年。

208. 宋‧蘇軾，《東坡志林》，北京：中華書局，1981 年。

209. 宋‧蘇頌，《蘇魏公文集》、蘇象先，《丞相魏公譚訓》，北京：中華書局，1988 年。

210. 宋‧蘇轍，《欒城集》，上海：上海古籍出版社，1987 年。

211. 宋‧蘇轍，《龍川略志》、《龍川別志》，北京：中華書局，1982 年。

212. 宋‧羅大經，《鶴林玉露》，北京：中華書局，1983 年。

213. 宋‧羅志仁，《姑蘇筆記》，《說郛三種》。

214. 宋‧羅憲，《嘉定鎮江志》，《宋元地方志叢書》。

215. 宋‧羅濬，《寶慶四明志》，《宋元地方志叢書》。

216. 宋‧羅頤，《新安志》，《宋元地方志叢書》。

217. 清‧顧炎武，《日知錄》，上海：上海古籍出版社，1985 年。

二、中文專著

1. 方建新、徐吉軍，《中國婦女通史‧宋代卷》，杭州：杭州出版社，2011 年。

2. T. B. Bottomore 著、尤衛軍譯，《精英與社會》，香港：社會理論出版社，1990 年。

3. 王伊同，《五朝門第》，香港：中文大學出版社，1978 年。

4. 王善軍，《宋代宗族和宗族制度研究》，石家莊：河北教育出版社，2000 年。

5. 王揚，《宋代女性法律地位研究》，北京：法律出版社，2015 年。

6. 王凱符，《八股文概說》，北京：中國和平出版社，1991 年。

7. 中央研究院歷史語言研究所出版品編輯委員會編，《中國近世家族與社會學術研討會論文集》，臺北：中央研究院歷史語言研究所，1997 年。

8. 中國譜牒學研究會，《譜牒學研究》，第 1 輯，北京：書目文獻出版社，1989 年。

9. 孔東，《宋代東萊呂氏之族望及其貢獻》，臺北：商務印書館，1988 年。

10. 毛漢光，《兩晉南北朝士族政治之研究》，臺北：中國學術著作獎助委員會，1966 年。

11. 毛漢光，《中國中古社會史論》，臺北：聯經出版事業公司，1988 年。

12. 英·卡爾·波普爾著，范景中、李本正譯，《通過知識獲得解放》，杭州：中國美術學院出版社，1996 年。

13. 美·卡爾·魏特夫（Karl A. Wittfogel）著、徐式谷等譯，《東方專制主義》，北京：中國社會科學出版社，1989 年。

14. 日·衣川強著、鄭樑生譯，《宋代文官俸給制度》，臺北：商務印書館，1977 年。

15. 朱瑞熙，《宋代社會研究》，河南：中州書畫社，1983 年。

16. 宋晞，《宋史研究論叢》，第 2 輯，臺北：中國文化研究所，1980 年。

17. 日·吾妻重二著，吳震編，吳震、郭海良等譯，《朱熹〈家禮〉實證研究》，上海：華東師範大學出版社，2012 年。

18. 吳自甦，《中國家庭制度》，臺北：商務印書館，1973 年。

19. 杜維運，《史學方法論》，臺北：三民書局，1986 年。

20. 李正富，《宋代科舉制度之研究》，木柵：國立政治大學出版社，1963 年。

21. 李弘祺，《宋代教育散論》，臺北：東昇出版事業有限公司，1980 年。

22. 李弘祺，《宋代官學教育與科舉》，臺北：聯經出版事業公司，1994 年。

23. 李貴祿，《北宋三槐王氏家族研究》，濟南：齊魯書社，2004 年。

24. 李華瑞主編，《「唐宋變革」論的由來與發展》，天津：天津古籍出版社，2010 年。

25. 何炳松，《浙東學派溯源》，北京：中華書局，1989 年。

26. 何淑宜，《香火——江南士人與元明時期祭祖傳統的建構》，臺北：稻鄉出版社，2009 年。

27. 何啟民，《中古門第論集》，臺北：學生書局，1982 年。

28. 余英時，《中國知識階層史論——古代篇》，臺北：聯經出版事業公司，1980 年。

29. 周愚文，《宋代兒童的生活與教育》，臺北：師大書苑有限公司，1996 年。

30. 邱添生，《唐宋變革期的政經與社會》，臺北：文津出版社，1999 年。

31. 金發根，《永嘉之亂後北方的豪族》，臺北：中國學術著作獎助委員會，1964 年。

32. 柳立言，《宋代的家庭和法律》，上海：上海古籍出版社，2008 年。

33. 柳立言主編，《近世中國之變與不變》，《第四屆國際漢學會議論文集》，臺北：中央研究院，2013 年。

34. 苗春德主編，《宋代教育》，開封：河南大學出版社，1992 年。

35. 姚紅，《宋代東萊呂氏家族及其文獻考論》，北京：中國社會科學出版社，2010 年。

36. 姚蒙，《法國當代史學主流——從年鑑學派到新史學》，臺北：遠流出版有限公司，1988 年。

37. 浙江省武義縣政協文史資料委員會編，《呂祖謙與浙東明招文化》，北京：社會科學文獻出版社，2006 年。

38. 唐長孺，《魏晉南北朝史論叢》，北京：三聯書店，1978 年。

39. 唐長孺，《魏晉南北朝史論叢續編》，北京：三聯書店，1978 年。

40. 唐長孺，《魏晉南北朝史論叢拾遺》，北京：中華書局，1983 年。

41. 袁征，《宋代教育》，廣東：廣東教育出版社，1991 年。

42. 孫國棟，《唐宋史論叢》，香港：龍門書店，1980 年。

43. 徐儒學，《婺學之宗——呂祖謙傳》，杭州：浙江人民出版社，2005 年。

44. 淡江大學中文系主編，《晚唐的社會與文化》，臺北：學生書局，1990 年。

45. 日・清水盛光著、宋念慈譯，《中國族產制度考》，臺北：中國文化大學出版社，1986 年。

46. 梁天錫，《宋代祠祿制度考實》，香港：龍門書店，1978 年。

47. 梁庚堯，《南宋的農村經濟》，臺北：聯經出版事業公司，1985 年。

48. 張邦煒，《婚姻與社會——宋代》，成都：四川人民出版社，1989 年。

49. 張邦煒，《宋代婚姻家族史論》，北京：人民出版社，2003 年。

50. 陳其南，《家族與社會——臺灣和中國社會研究的基礎理念》，臺北：聯經出版事業公司，1990 年。

51. 陳開勇，《宋代開封——金華呂氏文化世家研究》，北京：中國社會科學出版社，2010 年。

52. 陳捷先，《中國的族譜》，臺北：行政院文化建設委員會，1989 年。

53. 陳義彥，《北宋統治階層社會流動之研究》，臺北：嘉新水泥公司文化基金會，1977 年。

54. 美‧Arthur F. Wright 等著、陶晉生等譯,《唐史論文選集》,臺北:幼獅文化事業公司,1990 年。

55. 陶晉生,《北宋士族——家族‧婚姻‧生活》,臺北:中央研究院歷史語言研究所,2001 年。

56. 啓功、張中行、金克木,《説八股》,北京:中華書局,2000 年。

57. 游彪,《宋代蔭補制度研究》,北京:中國社會科學出版社,2001 年。

58. 游惠遠,《宋代民婦的角色與地位》,臺北:新文豐出版股份有限公司,1998 年。

59. 游惠遠,《宋元之際婦女地位的變遷》,臺北:新文豐出版股份有限公司,2003 年。

60. 曾棗莊、劉琳主編,《全宋文》,上海:上海辭書出版社,2006 年。

61. 黃留珠,《中國古代選官制度述略》,西安:陝西人民出版社,1989 年。

62. 黃敏枝,《宋代佛教社會經濟史論集》,臺北:學生書局,1989 年。

63. 黃寬重,《宋代的家族與社會》,臺北:東大圖書股份有限公司,2006 年。

64. 美‧賈志揚,《宋代科舉》,臺北:東大圖書公司,1995 年。

65. 賈非,《考試制度研究》,成都:四川教育出版社,缺出版年份（内頁作者序日期爲 1991 年）。

66. 楊松水,《兩宋壽州呂氏家族著述研究》,合肥:黃山書社,2012 年。

67. 葛金芳,《唐宋變革期研究》,武漢:湖北人民出版社,2004 年。

68. 鄒重華、粟品孝主編,《宋代四川家族與學術論集》,成都:四川大學出版社,2005 年。

69. 潘富恩、徐餘慶,《呂祖謙思想初探》,杭州:浙江人民出版社,1984 年。

70. 潘富恩、徐餘慶,《呂祖謙評傳》,南京:南京大學出版社,1992 年。

71. 鄭欽仁主編,《中國文化新論——立國的宏規》,臺北:聯經出版事業公司,1987 年。

72. 閻步克,《察舉制度變遷史稿》,沈陽:遼寧大學出版社,1991 年。

73. 鄧小南主編,《唐宋女性與社會》,上海:上海辭書出版社,2003 年。

74. 鄧嗣禹,《中國考試制度史》,臺北:學生書局,1967 年。

75. 劉子健,《歐陽修的治學與從政》,臺北:新文豐出版股份有限公司,1984 年。

76. 劉子健,《兩宋史研究彙編》,臺北:聯經出版事業公司,1987 年。

77. 劉昭仁,《呂東萊之文學與史學》,臺北:文史哲出版社,1986 年。

78. 劉虹,《中國選士制度史》,湖南:湖南教育出版社,1992 年。

79. 中國思想研究委員會編,劉紉妮等譯,《中國思想與制度論集》,臺北:

聯經出版事業公司，1981 年。

80. 劉靜貞，《不舉子──宋人的生育問題》，臺北：稻鄉出版社，1998 年。

81. 盧向前主編，《唐宋變革論》，合肥：黃山書社，2006 年。

82. 聯合報文化基金會國學文獻館編，《第一屆亞洲族譜學術研討會議紀錄》，臺北：聯經出版事業公司，1984 年。

83. 魏峰，《宋代遷徙官僚家族研究》，上海：上海古籍出版社，2009 年。

84. 蘇紹興，《兩晉南朝的士族》，臺北：聯經出版事業公司，1986 年。

85. 羅瑩，《宋代東萊呂氏家族研究》，北京：人民出版社，2011 年。

86. 鐵愛花，《宋代士人階層女性研究》，北京：人民出版社，2011 年。

87. 龔延明、祖慧，《宋代登科總錄》，桂林：廣西師範大學出版社，2014 年。

三、日文專著

1. 大澤正昭，《唐宋時代の家族・婚姻・女性──婦は強く》，東京：明石書店，2005 年。

2. 井上徹、遠藤隆俊編，《宋──明宗族の研究》，東京：汲古書院，2005 年。

3. 衣川強，《宋代官僚社會史研究》，東京：汲古書院，2006 年。

4. 寺地遵，《南宋初期政治史研究》，廣島：溪水社，1988 年。

5. 多賀秋五郎，《中國宗譜の研究》，東京：日本學術振興會，1981 年。

6. 河原由郎，《宋代社會經濟史研究》，東京：勁草書房，1980 年。

7. 宮崎市定，《科舉──中國の試驗地獄》，東京：中央公論社，1984 年。

8. 荒木敏一，《宋代科舉制度研究》，東京：同朋社，1969 年。

9. 梅原郁，《宋代官僚制度研究》，東京：同朋社，1985 年。

四、英文專著

1. Aries, Philippe, *Centuries of Childhood*, New York: Alfred A.Knopf, 1962.

2. Baker, Hugh, *Chinese Family and Kinship,* London: Macmillan Press, 1979.

3. Bossler, Beverly J., *Powerful Relations: Kinship, Status and the State in Sung China（960-1279）*, Cambridge, Mass., and London: Harvard University Press, 1998.

4. Chaffee, John W., The *Thorny Gates of Learning in Sung China: A Social History of Examinations*, Cambridge: Cambridge University Press, 1985.

5. Chang, Chung-li, *The Income of the Chinese Gentry*, Seattle: University of Washington Press, 1962.

6. Davis, Richard L., *Court and Family in Sung China, 960-1279: Bureaucratic Successs and Kinship Fortunes for the Shih of Ming-Chou*, Durham: Duke

University Press, 1986.

7. Eberhard, Wolfram, *Social Mobility in Traditional China*, Netherlands: E.J. Brill, 1962.

8. Ebrey, Patricia B., *The Aristocratic Families of Early Imperial China: A Case Study of the Po-Ling Ts'ui Family*, Cambridge: Cambridge University Press, 1978.

9. Ebrey, Patricia B., *Family and Property in Sung China: Yuan Ts'ai's Precepts for Social Life*, Princeton: Princeton University Press, 1984.

10. Ebrey, Patricia B., & Watson, James（eds.）, *Kinship Organization in Late Imperial China, 1000-1940*, Berkerly, Los Angeles & London: University of California Press, 1986.

11. Ebrey, Patricia B., *Chu Hsi's Family Rituals: The Twelfth-Century Chinese Manual for the Performance of Cappings, Weddings, Funerals and Ancestral Rites*, Princeton : Princeton University Press, 1991.

12. Ebrey, Patricia B., *Confucianism and Family Rituals in Imperial China: A Social History of Writing about Rites*, Princeton: Princeton University Press, 1991.

13. Ebrey, Patricia B., *The Inner Quarters: Marriage and the Lives of Chinese Women in the Sung Period*, Berkeley, Los Angeles and London: University of California Press,1993.

14. Ebrey, Patricia B., *Women and the Family in Chinese History*, London and New York: Routledge, 2003.

15. Elman, Benjamin A., *A Cultural History of Civil Examinations in Late Imperial China*, Berkeley, Los Angeles and London: University of California Press, 2000.

16. Elvin, Mark, *The Pattern of the Chinese Past*, Stanford and California: Stanford University Press, 1973.

17. Faure, David W., *The Structure of Chinese Rural Society*, Hong Kong: Oxford University Press, 1986.

18. Freedman, Maurice, *Lineage Organization in Southeastern China*, London: The Athlone Press, 1970.

19. Ho, Koon-wan, *Politics and Factionalism: K'ou Chun（962-1023）and his T'ung-Nien*, Unpublished Ph.D. Dissertation, The University of Arizona, 1990.

20. Ho, Ping-ti, *The Ladder of Success in Imperial China*, New York: Columbia University Press, 1962.

21. Hsu, Cho-yun, *Ancient China in Transition: An Analysis of Social Mobility, 722-222 B.C.*, California: Stanford University Press, 1965.

22. Hymes, Robert P., *Statesmen and Gentlemen: The Elite of Fu-Chou, Chiang-Hsi, in Northern and Southern Sung*, Cambridge: Cambridge

University Press, 1986.

23. Hymes, Robert P. and Schirokauer, Conrad (eds.), *Ordering the World: Approaches to State and Society in Sung Dynasty China*, Berkeley, Los Angeles & Oxford: University of California Press, 1993.

24. Ko, Dorothy, Teachers of the Chambers: Women and Culture in Seventeenth-Century China, Stanford and California: Stanford University Press, 1994.

25. Kracke, E. A. Jr., *Civil Service in Early Sung China, 960-1067*, Cambridge, Mass. & London: Harvard University Press, 1953.

26. Lo, Winston W., *An Introduction to the Civil Service of Sung China: With Emphasis on Its Personnel Administration,* Honolulu: University of Hawaii Press, 1987.

27. Lee, Thomas H. C., *Government Education and Examinations in Sung China*, Hong Kong: The Chinese University Press, 1985.

28. Lee, Thomas H.C., *Education in Traditional China, a History*, Leiden, Boston, Koln : Brill, 2000.

29. Liu, James T. C., *China Turning Inward: Intellectual Political Changes in the Early Twelfth Century*, Cambridge, Mass. & London: Harvard University Press, 1988.

30. Liu, Wang Hui-chen, *The Traditional Chinese Clan Rules*, New York: J.J. Augustin Pub., 1959.

31. McKnight, Brian E., *Village and Bureaucracy in Southern Sung China*, Chicago & London: The University of Chicago Press, 1971.

32. Menzel, Johanna M.（ed.）, *The Chinese Civil Service*, Washington: D.C. Heath and Company, 1963.

33. Meskill, John T.,（ed.）, *The Pattern of Chinese History: Cycles, Development or Stagnation?*, Boston: D.C. Heath, 1965.

34. Mitterauer, Michael and Sieder, Reinhard, *The European Family*, Oxford: Basil Blackwell Publisher Ltd., 1983.

35. Nivison, David & Wright, Arthur（eds.）, *Confucianism in Action*, California: Stanford University Press, 1959.

36. Smith, Paul J., & von Glahn, Richard（eds.）, *The Song-Yuan-Ming Transition in Chinese History*, Cambridge, Mass. & London: Harvard University Press, 2003.

37. Sorokin, Pitirim A., *Social and Cultural Mobility*, London: The Free Press of Glencoe Collier-Macmillan Ltd., 1959.

38. Tillman, Hoyt C., *Utilitarian Confucianism: Ch'en Liang's Challenge to Chu Hsi*, Cambridge, Mass. & London: Harvard University Press, 1982.

39. Walton, Linda A., *Academies and Society in Southern Sung China*, Honolulu: University of Hawaii Press, 1999.

五、中文論文

1. 方亞蘭，〈呂公著研究〉，上海：上海師範大學碩士論文，2011 年。

2. 方建新，〈宋代婚姻禮俗考述〉，《文史》，第 24 期，1985 年，頁 157～178。

3. 王志雙，〈呂夷簡與宋仁宗前期政治研究〉，保定：河北大學碩士論文，2000 年。

4. 王章偉，〈試論張邦昌〉，《史潮》，新刊號，第 12 期（無出版年份），香港：中文大學聯合書院歷史學會，頁 10～26。

5. 王章偉，〈宋代河南呂氏家族研究〉，香港：中文大學歷史學部哲學碩士論文，1991 年。

6. 王章偉，〈考試與平民社會〉，《政策透視學報》，創刊號，1991 年，頁 74～77。

7. 王章偉，〈宋代士族婚姻研究——以河南呂氏家族爲例〉，《新史學》，第 4 卷第 3 期，1993 年，頁 19～58。

8. 王章偉，〈從幾個墓誌銘看宋代河南呂氏家族中的婦女〉，載於楊炎廷編，《宋史論文集——羅球慶老師榮休紀念專輯》，香港：中國史研究會，1994 年，頁 132～143。

9. 王德毅，〈呂夷簡與范仲淹〉，載於氏著，《宋史研究集》，第 2 輯，臺北：鼎文出版社，1962 年，頁 119～184。

10. 日・內藤湖南著、黃約瑟譯，〈概括的唐宋時代觀〉，載於劉俊文主編，《日本學者研究中國史論著選譯》，第 1 卷，《通論》，北京：中華書局，1992 年，頁 10～18。

11. 甘懷眞，〈略論唐代百官家廟〉，《史原》，第 16 期，1987 年 11 月，頁 66～70。

12. 左雲鵬，〈祠堂族長族權的形成及其作用試說〉，《歷史研究》，1964 年，第 5、6 期，頁 97～116。

13. 包偉民，〈精英們「地方化」了嗎？——試論韓明士《政治家與紳士》與「地方史」研究方法〉，載於鄧小南、榮新江主編，《唐研究》，第 11 卷，「唐宋時期的社會流動與社會秩序研究專號」，北京：中華書局，2005 年，頁 653～671。

14. 合肥市文物管理處，〈合肥北宋馬紹庭夫妻合葬墓〉，《文物》，1991 年第 3 期，頁 26～38,70。

15. 荷・宋漢理（Zurndorfer）著、葉顯恩譯，〈《新安大族志》與中國士紳的發展〉，《中國社會經濟史研究》，1982 年，第 3 期，頁 55～73；1983 年，第 2 期，頁 43～56。

16. 杜正勝，〈傳統家族試論〉上、下，《大陸雜誌》，第 65 卷第 2 期，1982 年，頁 57～84；第 65 卷第 3 期，頁 127～151。

17. 杜正勝，〈中國傳統社會的重心——家族〉，《歷史月刊》，1989 年，第 12 期，頁 48～58。

18. 杜培響，〈明清之際新安呂氏家族及文學研究〉，福州市：福建師範大學博士論文，2012 年。

19. 李弘祺，〈絳帳遺風——私人講學的傳統〉，載於林慶彰主編，《中國文化新論——浩翰的學海》，臺北：聯經出版事業公司，1981 年，頁 343～410。

20. 李弘祺，〈科舉——隋唐至明清的考試制度〉，載於鄭欽仁主編，《中國文化新論——立國的宏規》，臺北：聯經出版事業公司，1987 年，頁 257～315。

21. 李弘祺，〈宋代的舉人〉，載於國際宋史研討會秘書處編，《國際宋史研討會論文集》，臺北：中國文化大學史學研究所，1988 年，頁 297～313。

22. 李弘祺，〈宋代社會與家庭——評三本最近出版的宋史著作〉，《清華學報》，新 19 卷第 1 期，1989 年 6 月，頁 191～207。

23. 李成學，〈呂夷簡評傳〉，湘潭市：湘潭大學碩士論文，2010 年。

24. 何冠環，〈宋初三朝武將的量化分析——北宋統治階層的社會流動現象新探〉，《食貨月刊》，復刊第 16 卷，第 3、4 期，1986 年 2 月，頁 115～127。

25. 何晉勳，〈宋代鄱陽湖周邊士族的居、葬地與婚姻網絡〉，《臺大歷史學報》，第 24 期，1999 年 12 月，頁 287～328。

26. 周揚波，〈宋代家族史研究的創新——並就正於柳立言先生〉，《華南師範大學學報（社會科學版）》，2011 年第 3 期，頁 18～24。

27. 邱添生，〈論「唐宋變革期」的歷史意義〉，《國立臺灣師範大學歷史學報》，第 7 期，1979 年，頁 83～111。

28. 金中樞，〈北宋科舉制度研究〉，《新亞學報》，1965 年，第 6 卷第 1 期，頁 205～181；第 2 期，頁 163～242。

29. 馬雪、吉成名，〈1991 年以來宋代家族史研究述略〉，《中國史研究動態》，2007 年第 4 期，頁 10～16。

30. 美·柯睿格（E. A. Kracke）著、劉紉妮譯，〈中國考試制度裡的區域、家族與個人〉，載於中國思想研究委員會編，劉紉妮等譯，《中國思想與制度論》，臺北：聯經出版事業公司，1981 年，頁 123～161。

31. 柳立言，〈從官箴看宋代的地方官〉，載於國際宋史研討會秘書處編，《國際宋史研討會論文集》，頁 393～417。

32. 柳立言，〈淺談宋代婦女的守節與再嫁〉，《新史學》，第 2 卷第 3 期，1991 年，頁 37～76。

33. 柳立言，〈宋初新興武將家族成名之條件——以真定曹氏為例〉，載於中央研究院歷史語言研究所出版品編輯委員會編，《中國近世社會文化史論文集》，臺北：中央研究院歷史語言研究所，1992 年，頁 39～88。

34. 柳立言，〈北宋吳越錢家婚宦論述〉，《中央研究院歷史語言研究所集刊》，第 65 本第 4 分，1994 年，頁 903～955。

35. 柳立言，〈書評：Beverly J. Bossler, *Powerful Relations: Kinship, Status, and the State in Sung China*（960-1279）〉，《臺大歷史學報》，第 24 期，1999 年 12 月，頁 433～443。

36. 柳立言，〈士人家族與地方主義：以明州爲例〉，《歷史研究》，2009 年第 6 期，頁 10～18。

37. 柳立言，〈宋代明州士人家族的形態〉，《中央研究院歷史語言研究所集刊》，第 81 本第 2 分，2010 年，頁 289～364。

38. 柳立言，〈科舉、人際網絡與家族興衰：以宋代明州爲例〉，《中國社會歷史評論》，第 11 卷，天津：天津古籍出版社，2010 年，頁 1～37。

39. 柳立言，〈南宋在室女分產權探研──史料解讀及研究方法〉，《中央研究院歷史語言研究所集刊》，第 83 本第 3 分，2012 年，頁 445～505。

40. 日·島田正郎著、卓菁湖譯，〈南宋家產繼承法上的幾種現象〉，《大陸雜誌》，第 30 卷第 4 期，1965 年 2 月，頁 15～16。

41. 紀雲華，〈宋代河南呂氏家族研究〉，濟南：山東大學中國古代史碩士論文，2004 年。

42. 姚紅，〈北宋東萊呂氏家族婚姻考論〉，《紹興文理學院學報》，第 32 卷第 1 期，2012 年 1 月，頁 85～93；又載於杭州社會科學院、浙江大學歷史系主編，《第三屆海峽兩岸「宋代社會文化」學術研討會論文集》，杭州：浙江大學出版社，2013 年，頁 306～319。

43. 梁庚堯，〈南宋的貧士與貧官〉，《臺大歷史學報》，第 16 期，1991 年 8 月，頁 91～138。

44. 梁庚堯，〈南宋城居民戶與士人的經濟來源〉，載於中央研究院歷史語言研究所出版品編輯委員會編，《中國近世社會文化史論文集》，頁 133～188。

45. 許懷林，〈「江州義門」與陳氏家法〉，載於鄧廣銘、漆俠主編，《宋史研究論文集》，1987 年年會編刊，河北：河北教育出版社，1989 年，頁 387～400。

46. 郭恩秀，〈八○年代以來宋代宗族史中文論著研究回顧〉，《新史學》，第 16 卷第 1 期，2005 年 3 月，頁 125～157。

47. 張月嬌，〈章獻明肅劉皇后與北宋眞、仁二朝之政治〉，香港：中文大學碩士論文，1988 年。

48. 張邦煒，〈黃寬重《宋代的家族與社會》讀後〉，《歷史研究》，2007 年第 2 期，頁 170～179。

49. 張菫，〈北宋呂氏官僚家族問題研究〉，西安：西北大學碩士論文，2001

年。

50. 張廣達，〈內藤湖南的唐宋變革說及其影響〉，載於鄧小南、榮新江主編，《唐研究》，第 11 卷，「唐宋時期的社會流動與社會秩序研究專號」，頁 5～71。

51. 陳振，〈關于宋代的知制誥和翰林學士〉，載於鄧廣銘、漆俠主編，《宋史研究論文集》，1987 年年會編刊，頁 36～48。

52. 陳智超，〈《袁氏世範》所見南宋民庶地主〉，載於中國社會科學院歷史研究所宋遼金元史研究室編，《宋遼金元史論叢》，北京：中華書局，1985 年，頁 110～134。

53. 陳義彥，〈從布衣入仕情形分析北宋布衣階層的社會流動〉，《思與言》，第 9 卷第 4 期，1972 年，頁 48～57。

54. 陶晉生，〈北宋幾個家族間的婚姻關係〉，載於中央研究院第二屆國際漢學會議論文集編輯委員會編，《第二屆國際漢學會議論文集·歷史與考古組》，臺北：中央研究院，1989 年，頁 933～943。

55. 陶晉生，〈北宋士族的婚姻關係〉，「中國近世社會的構成研究計劃報告之一」（手稿），未刊，頁 1～35。

56. 陶晉生，〈北宋韓琦的家族〉，載於中央研究院歷史語言研究所出版品編輯委員會編，《中國近世社會文化史論文集》，頁 89～103。

57. 陶晉生，〈北宋士人的起家及其家族之維持〉，《興大歷史學報》，1993 年，第 3 期，頁 11～34。

58. 陶晉生，〈北宋婦女的再嫁與改嫁〉，《新史學》，第 6 卷第 3 期，1995 年，頁 1～25。

59. 陶晉生，〈北宋士人的起家〉，載於第二屆宋史學術研討會秘書處編，《第二屆宋史學術研討會論文集》，臺北：中國文化大學，1996 年，頁 61～78。

60. 常建華，〈近十年宋遼金元宗族研究綜述〉，《安徽史學》，2011 年第 1 期，頁 108～115。

61. 費成康，〈漫談家譜中的史料應用〉，《檔案與史學》，2003 年第 4 期，頁 79～80。

62. 粟品孝，〈宋代家族研究論著目錄〉，載於四川大學古籍整理研究所、四川大學宋代文化研究中心編，《宋代文化研究》，第 8 輯，成都：巴蜀書社，1999 年，頁 305～311。

63. 粟品孝，〈宋代家族研究論著目錄續一〉，載於四川大學古籍整理研究所、四川大學宋代文化研究中心編，《宋代文化研究》，第 13、14 輯，下冊，成都：四川大學出版社，2006 年，頁 822～833。

64. 粟品孝，〈組織制度、興衰浮沉與地域空間——近八十年宋代家族史研究

走向〉，《社會科學戰線》，2010 年第 3 期，頁 81～87。

65. 黃寬重，〈宋代四明袁氏家族研究〉，載於中央研究院歷史語言研究所出版品編輯委員會編，《中國近世社會文化史論文集》，頁 105～131。

66. 葛紹歐，〈宋代湖州莫氏事蹟考〉，載於陶希聖先生九秩榮慶祝壽論文集編輯委員會編，《陶希聖先生九秩榮慶祝壽論文集》，臺北：食貨出版社，1987 年，頁 129～139。

67. 葛劍雄，〈家譜：作爲歷史文獻的價值與局限〉，《歷史教學問題》，1997年第 6 期，頁 1～6。

68. 法·雅克·勒高夫，〈新史學〉，載於蔡少卿編，《再現過去：社會史的理論視野》，浙江：浙江人民出版社，1988 年，頁 92～122。

69. 楊果，〈翰林學士與宋代政治初探〉，載於鄧廣銘、漆俠主編，《宋史研究論文集》，1987 年年會編刊，頁 49～76。

70. 楊聯陞，〈東漢的豪族〉，《清華學報》，第 11 卷第 4 期，1936 年，頁 1007～1062。

71. 楊聯陞，〈科舉時代的赴考旅費問題〉，《清華學報》，新 2 卷第 2 期，1961年，頁 116～128。

72. 趙丹、程漢傑，〈宋代家族史、宗族史研究狀況略述〉，《考試周刊》，2007年第 46 期，頁 144～145。

73. 趙璐，〈宋代東萊呂氏家族教育研究〉，上海：華東師範大學碩士論文，2009 年。

74. 美·詹森著、耿立群譯，〈世家大族的沒落──唐末宋初的趙郡李氏〉，載於美·Arthur F. Wright 等著、陶晉生等譯，《唐史論文選集》，臺北：幼獅文化事業公司，1990 年，頁 231～339。

75. 鄒重華，〈士族與學術──宋代四川學術文化發達原因探討〉，香港：中文大學歷史學部博士論文，1997 年。

76. 廖咸惠，〈祈求神啟──宋代科舉考生的崇拜行爲與民間信仰〉，《新史學》，第 15 卷第 4 期，2004 年，頁 41～90。

77. 翟本瑞，《教育與社會》，臺北，揚智，2000 年。

78. 臧健，〈南宋農村「生子不舉」現象之分析〉，《中國史研究》，1995 年，第 4 期，頁 75～83。

79. 鄭欽仁，〈鄉舉里選──兩漢的選舉制度〉，載於《中國文化新論──立國的宏規》，頁 187～211。

80. 鄭欽仁，〈九品官人法──六朝的選舉制度〉，載於《中國文化新論──立國的宏規》，頁 213～256。

81. 鄭嘉勵，〈明招山出土的南宋呂祖謙家族墓誌〉，載於包偉民、劉後濱主編，《唐宋歷史評論》，第 1 輯，北京：社會科學文獻出版社，2015 年，

頁 186～215。

82. 劉子健，〈宋初改革家──范仲淹〉，載於中國思想研究委員會編，劉紉妮等譯，《中國思想與制度論集》，頁 123～161。

83. 劉玉民，〈呂祖謙與南宋學術交流〉，武漢：華中師範大學博士論文，2013 年。

84. 劉靜貞，〈女無外事？──墓誌碑銘中所見之北宋士大夫社會秩序理念〉，載於宋史座談會編，《宋史研究集》，第 25 輯，臺北：國立編譯館，1995 年，頁 95～142。

85. 劉靜貞，〈歐陽修筆下的宋代女性──對象、文類與書寫期待〉，《臺大歷史學報》，第 32 期，2003 年 12 月，頁 57～76。

86. 錢穆，〈唐宋時代的文化〉，載於國立編譯館主編，《宋史研究集》，第 3 輯，臺北：國立編譯館，1985 年，頁 1～6。

87. 簡杏如，〈宋代莆田方氏家族的婚姻〉，《臺大歷史學報》，第 24 期，1999 年 12 月，頁 257～286。

88. 魏峰、鄭嘉勵，〈出土文獻與族譜文獻研究簡論──試以武義呂祖謙家族為例〉（討論稿），宣讀於「十至十三世紀中國史國際學術研討會暨中國宋史研究會第十七屆年會」，廣州：中山大學，2016 年 8 月 20 日至 21 日，頁 3～7。

89. 瞿林東，〈唐代譜學和唐代社會〉，載於氏著，《唐代史學論稿》，北京：北京師範大學出版社，1989 年，頁 90～116。

六、日文論文

1. 小島毅，〈宋朝士大夫の研究をめぐって〉，《中國──社會と文化》，1986 年 6 月，頁 110～118。

2. 內藤湖南，〈唐宋時代の研究──概括的唐宋時代觀〉，《歷史と地理》，第 9 卷第 5 號，1922 年，頁 1～11。

3. 衣川強，〈宋代の名族──河南呂氏の場合〉，原刊於《神戶商科大學人文論集》，第 9 卷第 1、2 期，1973 年，頁 134～166；今收於衣川強，《宋代官僚社會史研究》，東京：汲古書院，2006 年，頁 77～122。

4. 佐竹靖彥，〈宋代の家族と宗族──宋代の家族と社會に関する研究の進展のために──〉，刊於東京都立大學人文學部編，《人文學報》，第 257 期，1995 年 3 月，頁 1～49。

5. 青山定雄，〈宋代における華北官僚の婚姻關係〉，《中央大學八十周年紀念論文集》，第 4 卷，東京，1965 年，頁 363～388。

6. 荒木敏一，〈北宋科場における寒畯の擢第〉，《東方學》，第 34 期，1967 年，頁 1～15。

七、英文論文

1. Birge, Bettine, "Chu Hsi and Women's Education", in de Bary, Wm. Theodore & Chaffee, John W.（eds.）, *Neo-Confucian Education: The Formative Stage*, Berkeley, Los Angeles & London: University of California Press, 1989, pp.325-367

2. Bossler, Beverly J., "Book Review: Court and Family in Sung China", *Bulletin of Sung-Yuan Studies*, Vol.19, 1987, pp.74-89.

3. Ebrey, Patricia, B., "Women in the Kinship System of the Southern Song Upper Class", in Guisso, Richard W. & Johannesen, Stanley,（eds.）, *Women in China*, New York: Philo Press, 1981, pp.121-122.

4. Ebrey, Patricia B., "Conceptions of the Family in the Sung Dynasty", *Journal of Asian Studies*, Vol.43, No.2, 1984, pp.219-245.

5. Ebrey, Patricia B., "The Dynamics of Elite Domination in Sung China", *Harvard Journal of Asiatic Studies*, Vol.48, No.2, 1988, pp.493-519.

6. Ebrey, Patricia B., "The Women in Liu Kezhuang's Family", *Modern China*, 10:4, October, 1984, pp.415-440.

7. Ebrey, Patricia B., "Redesigning Ancestral Rites for a New Elite in the Eleventh Century, paper presented for the Conference on Confucian Intellecturals, Hong Kong: The Chinese University of Hong Kong, July, 1990.

8. Ebrey, Patricia, B., "Shifts in Marriage Finance from the Sixth to the Thirteenth Century", in Watson, Rubie & Ebrey, Patricia B.（eds.）, *Marriage and Inequality in Chinese Society*, Berkeley, Los Angeles & London: University of California Press, 1991, pp.97-132.

9. Ebrey, Patricia B., "Women, Money, and Class: Ssu-ma Kuang and Sung Neo-Confucian Views on Women", 載於中央研究院歷史語言研究所出版品編輯委員會編，《中國近世社會文化史論文集》，頁 613～669。

10. Ebrey, Patricia B., "Engendering Song History", *Journal of Sung-Yuan Studies*, Vol.24, 1994, pp.340-346.

11. Hartwell, Robert M., "Demographic, Political and Social Transformations of China, 750-1500", *Harvard Journal of Asiatic Studies*, Vol.42, No.2, 1982, pp.354-442.

12. Johnson, David, "The Last Years of a Great Clan: The Li Family of Chao Chun in Late T'ang and Early Sung", *Harvard Journal of Asiatic Studies*, Vol.37, No.1, 1977, pp.5-102.

13. Kracke, E. A. Jr., "Family vs. Merit in Chinese Civil Service Examinations under the Empire", *Harvard Journal of Asiatic Studies*, X（1947）, pp.103-123.

14. Lee, Thomas H.C., "Life in the Schools of Sung China", *Journal of Asian Studies* , vol.37（1977）, pp.45-60.

15. Lee, Thomas H.C., "The Social Significance of the Quota System in Sung Civil Service Examinaions", *The Journal of the Institute of Chinese Studies of the Chinese University of Hong Kong*, vol. xiii（1982）, pp.287-318.

16 Lee, Thomas H.C., The Discovery of Childhood: Children Education in Sung China（960-1279）", in Sigrid Paul（ed.）, "*Kultur":Begriff und Wort in China and Japan*, Berlin: Dietrich Reimer Verlag, 1984, pp.159-189.

17. Lee, Thomas H.C., "Book Review: *Statesmen and Gentlemen : The Elite of Fu-Chou, Chiang-Hsi, in Northern and Southern Sung*", *Journal of the American Oriental Society*, 109.3（1989）, pp.494-497.

18. Lee, Thomas H. C., "The Fulfillments of Education: Social Alienation and Intelletcual Dissent in Paradox", Paper presented for the Conference on Confucian Intellectuals, Hong Kong, The Chinese University of Hong Kong, July, 1990.

19. Teng, Ssu-yu, "Chinese influences on the Western Examination System", *Harvard Journal of Asiatic Studies*, Vol.8（1943）, pp.167-212.

20. Wang, C. K., "Lu Meng-cheng in Yuan and Ming Drama", *Monumenta Serica: Journal of Oriental Studies*, Vol.XXXVI, 1984-1985, pp.303-408.

21. Wu, Pei-yi, "Education of Children in the Sung", in de Bary,Wm. Theodore and Chaffee, John W.（eds.）, *Neo-Confucian Education: The Formative Stage*, pp.307-324.

22. Zurndorfer, Harriet T., "The Hsin-an ta-tsu Chih and the Development of Chinese Gentry Society 800-1600", *T'oung Pao*, Vol.67, issue 3, 1981, pp.154-215.

八、政府刊物及報紙

1. 狄志遠，〈讓孩子愉快地學習，改革制度，改變態度〉，《明報》，香港：2001 年 5 月 24 日。

2. 香港特別行政區教育統籌委員會，《終身學習，全人發展：香港教育制度改革建議》，香港：2000 年 9 月

九、網上資源

1. 〈考古才子鄭嘉勵：武義明招山，一場理想主義者的族葬〉，點擊日期：2016 年 9 月 10 日。網址見：http://zj.zjol.com.cn/news/135962.html。

2. 《合肥市志》（網頁版），卷 28，〈文化〉，第 8 章，〈文物〉，第 1 節，〈古墓〉。點擊日期：2016 年 8 月 9 日。網址見：http://60.166.6.242:8080/was40/index_sz.jsp?rootid=58033&channelid=44443